公共关系
——理论·案例·实训

韩 金 主编

清华大学出版社
北京

内 容 简 介

本书以应用能力培养为主线,以"实用、适用、够用"为原则,从职业分析入手,根据公共关系职业岗位要求确定教材的具体内容,分为公共关系基础、公共关系程序、公共关系传播、公关专题活动、新媒体与公共关系五大任务单元,每个任务单元包含案例导入、任务分析、知识储备、案例讨论、实践训练、课后练习等项内容,便于教师在教学中以实际任务为载体,突出技能训练,让学生在做中学、学中练、学做结合,使学生更好地理解和把握各项公共关系任务,切实提高公共关系实务操作能力。

本书可作为本科院校、职业技术学院、高等专科学校各专业学生的公共关系教材,还可作为市场营销人员、商业服务人员、对外贸易人员、公共关系人员以及广大的基层公务员等各界人士提高公共关系能力的良好读物和训练手册。

本书封面贴有清华大学出版社防伪标签,无标签者不得销售。
版权所有,侵权必究。举报:010-62782989,beiqinquan@tup.tsinghua.edu.cn。

图书在版编目(CIP)数据

公共关系:理论·案例·实训/韩金主编.—北京:清华大学出版社,2019(2023.7重印)
ISBN 978-7-302-51318-6

Ⅰ.①公… Ⅱ.①韩… Ⅲ.①公共关系学 Ⅳ.①C912.31

中国版本图书馆 CIP 数据核字(2018)第 227123 号

责任编辑:张龙卿
封面设计:徐日强
责任校对:袁 芳
责任印制:宋 林

出版发行:清华大学出版社
  网　　址:http://www.tup.com.cn, http://www.wqbook.com
  地　　址:北京清华大学学研大厦 A 座　　邮　编:100084
  社 总 机:010-83470000　　邮　购:010-62786544
  投稿与读者服务:010-62776969, c-service@tup.tsinghua.edu.cn
  质量反馈:010-62772015, zhiliang@tup.tsinghua.edu.cn
  课件下载:http://www.tup.com.cn,010-83470410

印 装 者:北京国马印刷厂
经　　销:全国新华书店
开　　本:185mm×260mm　　印　张:16.75　　字　数:380 千字
版　　次:2019 年 4 月第 1 版　　印　次:2023 年 7 月第 5 次印刷
定　　价:49.80 元

产品编号:078401-02

前言

习近平总书记在党的二十大报告中指出：教育、科技、人才是全面建设社会主义现代化国家的基础性、战略性支撑；必须坚持科技是第一生产力、人才是第一资源、创新是第一动力；深入实施科教兴国战略、人才强国战略、创新驱动发展战略，这三大战略共同服务于创新型国家的建设。

当今，在市场经济条件下，要在激烈的竞争中取胜，不掌握和应用公共关系这门学科是不行的。正如一位公共关系专家所说："公共关系不是万能的，但没有公共关系是万万不能的！"为适应这种形势发展的需要，让更多的人了解和掌握这门学科，我们结合多年教学实践经验编写了这本书。它吸收、借鉴了国内外公共关系研究的最新成果，突出了公共关系实务运作的特点，具有极强的操作性，特别适合本科院校和职业院校学生、公共关系人员及企事业单位管理者学习与阅读。另外，通过本书的学习，大学生们能够掌握公共关系学的基本理论与实务操作知识，正确认识公共关系学与市场经济及其他学科间的关系，树立公共关系为市场经济服务、为社会发展服务的观念，从而掌握公共关系为社会实践服务的本领。

本书除具有体系独到、实用性强、任务驱动等特点外，尤其在内容上力求与时俱进，反映公共关系发展前沿，这体现在"任务5　新媒体与公共关系"上。在该任务中重点探讨了新媒体的概念、特点与发展趋势，新媒体对公共关系的影响、挑战以及在新媒体环境下应采取的公共关系策略等，以期各类组织更好地开展新媒体公关，取得良好的公关效果。本书在公共关系基础知识的编写上，为了适应碎片化阅读习惯，中间还穿插了"小案例""小贴士""小故事"等，大大增强了可读性、趣味性和指导性。

本书由韩金担任主编。具体分工如下：韩金编写任务1和任务2；周晓红、薛大明编写任务3和任务4；张岩松、韩金编写任务5。全书由韩金统稿。

本书在编写过程中参考了大量报刊文献以及相关网站，吸收了国内学者最新的研究成果，在此向各位专家、学者表示衷心的感谢。本书的出版也得到了清华大学出版社的大力支持与帮助，在此一并致谢。由于水平有限，不足之处在所难免，敬请各位读者多提宝贵意见。

实践已经证明：没有哪一个事业成功者不具备现代公共关系意识，也没有哪一个获得成功的社会组织不谙熟公共关系之真谛，"没有人能够随随便便成功"！编写本书的真正目的是培养大学生的公共关系意识，提高其公共关系能力。正如日本松下公司的经营理念："在制造松下产品之前先培育松下人。"愿与各位读者以本书结缘——不握你的手，也是好朋友！

编　者

2023年1月

目 录

任务 1　公共关系基础 ·· 1
　案例导入 ··· 2
　任务分析 ··· 3
　知识储备 ··· 3
　　一、公共关系的含义 ··· 3
　　二、公共关系的要素 ·· 10
　　三、公共关系的职能 ·· 13
　　四、公共关系的观念 ·· 19
　　五、公共关系的人员 ·· 25
　案例讨论 ·· 40
　实践训练 ·· 43
　课后练习 ·· 45

任务 2　公共关系程序 ··· 48
　案例导入 ·· 49
　任务分析 ·· 51
　知识储备 ·· 51
　　一、公共关系调查 ··· 51
　　二、公共关系策划 ··· 71
　　三、公共关系实施 ··· 91
　　四、公共关系评估 ·· 100
　案例讨论 ··· 112
　实践训练 ··· 116
　课后练习 ··· 119

任务 3　公共关系传播 ·· 126
　案例导入 ··· 127
　任务分析 ··· 128
　知识储备 ··· 129

一、新闻发布会 ……………………………………………………… 129
　　二、制造新闻 ……………………………………………………… 135
　　三、企业危机沟通 ………………………………………………… 146
　案例讨论 …………………………………………………………… 162
　实践训练 …………………………………………………………… 166
　课后练习 …………………………………………………………… 168

任务 4　公关专题活动 …………………………………………………… 172
　案例导入 …………………………………………………………… 173
　任务分析 …………………………………………………………… 173
　知识储备 …………………………………………………………… 174
　　一、展览 …………………………………………………………… 174
　　二、赞助 …………………………………………………………… 180
　　三、庆典 …………………………………………………………… 186
　　四、参观 …………………………………………………………… 190
　　五、会议 …………………………………………………………… 194
　　六、仪式 …………………………………………………………… 202
　案例讨论 …………………………………………………………… 206
　实践训练 …………………………………………………………… 208
　课后练习 …………………………………………………………… 210

任务 5　新媒体与公共关系 ……………………………………………… 215
　案例导入 …………………………………………………………… 216
　任务分析 …………………………………………………………… 218
　知识储备 …………………………………………………………… 218
　　一、新媒体的概念、特点与发展趋势 …………………………… 218
　　二、新媒体对公共关系的影响 …………………………………… 222
　　三、新媒体在公共关系中的应用 ………………………………… 227
　　四、新媒体环境下的公共关系策略 ……………………………… 232
　案例讨论 …………………………………………………………… 242
　实践训练 …………………………………………………………… 247
　课后练习 …………………………………………………………… 248

参考文献 ………………………………………………………………… 254

后记 ……………………………………………………………………… 259

任务 1　公共关系基础

公共关系是无价之宝,我愿意牺牲太阳底下所有的财富去获取它。

——[美]洛克菲勒

案例导入

中国农业银行"e时代,赢精彩"

大学生热爱新事物,喜欢表达自我,在互联网上尤其活跃,他们已成为最有消费潜力的群体。越来越多的品牌将他们视作黄金受众,作为国有银行品牌之一的中国农业银行也不例外。然而,在这群"新新人类"眼中,中国农业银行引发的品牌联想往往是"传统""古典",甚至"刻板"。所以由IM 2.0广告代理的这次公关活动,联合中国众多大学生实名的社交网络人人网,在人人网上开设品牌主页"e时代,赢精彩",建立中国农业银行电子银行金e顺与大学生沟通的品牌触点。入学时赢得学业、在校时赢得认可、毕业时赢得工作……大学生关注的话题往往离不开一个"赢"字。金e顺品牌主页结合大学生生活大事件,建立"赢"阵地,宣扬"赢"心态,并肩"赢"未来。

在执行过程中,通过人人小站,发动许多贴近大学生生活的网上活动,引起大学生的共鸣,并在活动过程中推广理财的理念,从而加深推广效果。

1. 许愿墙

"拜"考神,不挂科。金e顺顺应风靡校园的"拜"文化,在品牌主页树起"2011许愿墙"。逢考试、毕业高峰期,金e顺还联动"四级""六级""考研""卧佛寺(offers)"等人人网高人气百科类公共主页,并提供"必赢"礼物,供大学生许愿还愿。

2. 测形象

进入品牌主页的虚拟"e校园",测试个人未来卡通形象。获得Sad(差)形象不必气馁,使用金e顺产品道具,Sad形象即刻变Nice(好)形象。卡通形象还可同步到人人网个人相册。

3. 赢基金

大学生以社团为单位,将活动方案上传到金e顺在人人网上的品牌主页。优秀方案将赢得基金,实现梦想。

通过这次为期138天的活动,生成形象超过500万张,上传案例超过1万个,品牌曝光次数超过25亿,品牌好友超过10万人,并且获得了很高的客户评价。中国农业银行电子银行部副总经理翟翼对这次活动的评价:"人人网庞大的用户基数、优质的内容、丰富的功能模块及活动,为品牌营销建立了多个与用户对话的触点,为我们全面展示品牌和介绍业务提供了较好的平台。"

【问题】

(1)中国农业银行"e时代,赢精彩"是什么性质的活动?

(2)从公共关系角度看它有何意义?

任务分析

中国农业银行"e时代,赢精彩"是成功的公共关系运用的典范。那么,究竟什么是公共关系呢?

公共关系是一种科学的现代管理方法,是协调处理现代社会组织与公众之间的各种关系,保证事业成功的一门不可缺少的学问。国外学者将以计算机为代表的科学技术水平,以旅游业为代表的富裕生活程度,以公共关系为代表的经营管理效能,并列为衡量一个国家发达程度的三大标志。公共关系作为一种管理职能、经营策略、传播行为和现代交往方式,被广泛地应用于整个社会的各个领域,在企业经营管理中更是得到了普遍的应用。公共关系具有特定的理论和实务操作程序。这里,我们在探讨现代公共关系之前,首先必须对公共关系最基本的理论问题有全面的把握,这样才能自觉开展各类公共关系活动,为塑造良好的组织形象,实现组织的公共关系目标服务。

通过本任务的学习实现以下目标。
- 深刻把握公共关系的本质含义和特征。
- 明确公共关系与相关概念的区别。
- 明确公共关系的基本要素。
- 明确公共关系的职能和作用。

知识储备

一、公共关系的含义

什么是公共关系,近百年来一直众说纷纭。在中国就有"形象说""传播说""管理说""协调说""功能说"等几种流派,分别从不同的角度,对公共关系加以阐释。在此,我们将对公共关系作一个客观的科学阐述和辩证分析。

(一)"公共关系"一词的来源

"公共关系"一词来自英语 Public Relations,简称 PR 或 P. R.。由于它是由两个英文词汇组成,所以它包括两层含义:一层是 Public;另一层是 Relations。Public 以两种词性表现出来:一种是形容词,意为公众的、公共的、公众事务的,与 Private(私人)相对应,表明它是非私人的,非秘密性的;另一种是名词,意为公众、大众,表明它不是个体,而是集团、群体。Relations 为名词,意为关系、交往等。一般来说,简单的关系是以个体与个体的形式联系在一起并进行交往的,是一种简单的、直接的交往,这种关系我们称为"人际关系"。由于 Relations 以特定的形式出现,其内涵更丰富,意义更深远。

首先,这种关系被复数所限定,表明它只能是在复杂的交往中体现出的多种关系。这种关系可能是直接关系,也可能是间接关系;可能是单向关系,也可能是双向乃至多向关系。

其次,这种关系被英语 Public 所限定,表明它只能是社会组织在复杂的社会交往中与各类公众及公众群体之间所建立起来的非个体、非秘密、非私人的关系,这种关系具有公众性、公开性、群体性和社会性等特点。

综合两个英语词汇的内涵和特点进行分析,将 Public Relations 译为"公众关系"更为确切,因为它是站在一个固定的角度——社会组织来分析其所面临的各种关系。不同的社会组织,由于其业务特点、工作对象不同,因而会面临不同的公众对象,从而形成不同的公众关系。同一个社会组织,由于不同时期工作的重点不同,也会面临不同的公众,形成不同的公众关系。这说明"公众关系"并不具有"公共"性,它不可能像"公共电话""公共汽车""公共图书馆""公共浴室""公共厕所"那样具有普遍意义,但是因"公共关系"已经约定俗成并广为流传,这里也将其叫作"公共关系",以便容易被更多的读者所接受。

(二) 公共关系的定义

"公共关系"简称"公关",这一词语最早出现于 1807 年美国《韦氏新九版大学辞典》中。有人认为 Public Relations 应译为"公众关系",其实,它与"公共关系"在译法上无本质的区别,但译为"公共关系"更容易被国人准确理解,理由有三点:一是公共关系的"公众"不仅由人群构成,还包括政府、社区、媒介等机构,而政府、社区、媒介等机构在中国人的心中是公共事业单位,因此译为"公共关系",理解上更为准确;二是全世界华人著述多是这样译法,已成为主流译法;三是全国的公关协会被法律认可的也是"公共关系"协会。公共关系在 1903 年发展成为专门职业,1923 年成为一门学科。随着历史的推移,英文 Public Affairs 和 Public Communication 也被译为公共关系。公共关系逐步发展,并被赋予了越来越丰富的内容。

中文中的"公共关系"也是多义词,因此,对公共关系含义的理解和定义的表述也必然是多层次的。这一概念至少有好几层含义,例如:
- 长城饭店的公共关系不错。(指静态评价)
- 张三是干公关的。(指职业)
- 李四是学公关的。(指学科)
- 王五很有公关头脑。(指观念意识)
- A 公司赞助希望小学是搞公关。(指活动、专项活动)
- 尼克松下台是公共关系的失败。(指形象和舆论环境)
- 刘老师写了本《公共关系》。(指公关理论)
- 有人说,张骞通西域、郑和下西洋就是中国的公关。(指古代不自觉的"公关萌芽")

根据近 20 年的研究成果,公共关系这个概念至少可以归纳为以下五层含义。

1. 公共关系是一种状态

有人说:世界上有了两个人就有了人际关系,有了两个集团、组织,就有了"公共关系"。这是说公共关系是一种客观存在,是自古就有的,不管你承认与否,它都会影响组织的生存与发展。

2. 公共关系是一种活动

当人们逐步认识到外界关系的重要性，并主动去调整这种关系时，就产生了一些类似于现代公共关系的活动。这些活动可视为公关实务的前奏。但是，尽管它们自古就存在，却均非自觉的公关活动，而只是一种谋求发展的本能与努力。只有现代科学的公共关系产生之后的自觉的公关活动才被统称为公关实务。

 小案例

公关秀出雪佛兰

由上海通用汽车雪佛兰全程支持的"雪佛兰·红粉笔乡村教育计划"（Chevrolet Red Chalk Program），是以"精神扶贫，启迪心智"为理念的大型公益活动。该活动通过号召都市商务人士前往边远农村进行短期支教，使孩子们获得前所未有的新鲜启蒙。

其实，中国农村并非雪佛兰的市场，上海通用对一般的捐资助教未必会感兴趣。而这次与以往由在校大学生为主体的各种支教活动不同，参与"红粉笔计划"的支教志愿者均为都市商务人士，这与上海通用雪佛兰用户的职业特征恰好相符，双方目标人群达到最大化重叠。同时，"红粉笔计划"旨在呼唤都市年轻一族用自己的行动传递爱心，以强烈的社会责任感体现人生的意义。这也与雪佛兰"值得信赖、聪明务实、亲和友善、充满活力"的品牌个性不谋而合。更令企业闪光的价值观在用户群体中得到充分释放，最终形成三点共鸣。也正因如此，对雪佛兰品牌而言，本次公关活动已经完成了协助建立新品牌、影响特定目标群体、利于表现品牌个性的三大公关任务。

在"红粉笔计划"推广方面，上海通用采用线下、线上联动的方式，除了借助主办媒体——《21世纪经济报道》自身影响力外，也在少数报刊媒体发布少量的每站教案征集广告，更用心经营"红粉笔计划"的线上平台。公众可以进入雪佛兰中文官方网站显著的"红粉笔"频道，也可拨打800咨询热线，更可登录在新浪开通的"雪佛兰爱心支教"博客。

本次活动无论其新颖的主题还是契合的人群都体现了雪佛兰亲民、大众的品牌特征，堪称一次完美的企业公益公关活动。

3. 公共关系是一种职业

1903年艾维·李成立宣传事务所，以收费的形式为企业进行公共关系策划，公共关系职业由此正式诞生，艾维·李也被誉为"公共关系之父"。

4. 公共关系是一门学科

1923年，著名公共关系教育家、实践家爱德华·伯纳斯出版了世界上第一本公共关系专著《舆论明鉴》，并在纽约大学开设了公共关系课。这是对公共关系实践的总结与提炼，是公共关系的飞跃性发展与突破。

5. 公共关系是一种意识、观念与思想

公共关系状态的客观存在、公共关系实践的发展与理论的日渐深入人心，使公共关系的观念得以逐步传播。公共关系观念作为人类精神文明的一种成果为越来越多的人所接

受,对社会进步发挥着日益重要的作用。

以上所述中都有"公共关系"一词,而它们的含义各不相同。那么,怎样把握公共关系这一概念,公共关系到底是干什么的呢?美国著名公共关系学者克莱斯·哈罗博士收集了20世纪以来的近500种有代表性的公共关系定义,至今仍没有为人们普遍接受的定论。原因在于公共关系学的复杂性,为复杂的社会现象、社会活动下定义有一定的难度。再者,由于人们研究与观察的角度不同,侧重点不同,得出的结论也不同。比较分析这些定义,可以看出它们均包含了公共关系的三个要素:社会组织、公众、传播。这三个要素构成了公共关系的定义:公共关系是一个社会组织为树立自身良好形象,运用各种传播手段使自己和公众相互了解、相互适应的一种活动或职能。

对这一定义加以分析,可以看出以下几个特征:第一,公共关系是一种现代经营管理活动或职能。第二,公共关系是指一个社会组织与其公众之间的关系。第三,公共关系的主体是具体的社会组织。第四,公共关系的客体是公众。第五,公共关系的工作方法主要是传播。第六,公共关系的目的是使社会组织与公众相互了解、相互适应,树立组织的良好形象。

具体分析表明,一个组织通过努力,通过有效的传播,将自己的宗旨、政策、行动告诉公众,同时也通过传播,将公众的意思、建议让组织了解,使组织与公众相互了解对方,这样才能达到双方相互理解和适应,组织才能得到公众的支持,才能营造一个有利于自身生存、发展的最佳环境。从这个意义上来说,公共关系是一门内求团结、外求发展的"人和学"。

(三)公共关系的基本特征

公共关系的特征是由它的自身性质、主体目标和客体特征及工作方式决定的,可以概括为以下几个方面。

1. 以公众为对象

公共关系是社会组织与构成其生存环境的内外公众的关系,公众构成公共关系客体一方,它与公共关系的主体构成公共关系的基本矛盾。公众是公共关系的主要研究对象,一切工作均围绕公众展开。

 小案例

花旗银行公众第一

花旗银行是世界上最大的银行之一,每天营业额高达数十亿美元,公务十分繁忙。一天,一位陌生的顾客走进豪华的美国花旗银行营业大厅,要求换一张崭新的面值100美元的钞票。接待这位陌生顾客的银行职员微笑着听完这位顾客的要求后,请他稍候,然后立即先在一沓沓钞票中寻找,又拨了两次电话,15分钟后终于找到了一张这样的钞票,并把它放进一个小盒子里递给这位陌生顾客,同时附上一张名片,上面写着"谢谢您想到了我们银行"。事隔不久,这位偶然光顾的陌生顾客又回来了,这次是到这家银行开个账户。在以后的几个月中,这位顾客所在的律师事务所在花旗银行存款25万美元。

2. 以美誉为目标

公共关系不是一种政治关系,也不是一种经济关系,其评价尺度不是政治立场,不是经济指标,而是美誉度。俗话说就是关系好不好,表明客体愿不愿意与之交往。而形象中的知名度是以美誉度为基础的,因此,公共关系是以追求高美誉度为工作目标的。

小故事

只有一名乘客的飞行

英国航空公司对一次意外事件的处理方法颇值得借鉴。英国航空公司所属波音747客机008号班机飞行航线是伦敦到东京,因故障推迟起飞20小时,英国航空公司及时帮助在东京等候此班机的190名乘客换乘其他飞机飞往伦敦。但是,有一位名叫大竹秀子的日本女子几经劝说,就是不肯换乘其他飞机,非要乘坐008号班机不可。英国航空公司紧急磋商,决定让008号班机只载1人飞回伦敦。这样,在长达7300千米的航线上,008号班机只载1名乘客,大竹秀子1人独享353个座位以及6位机组人员和15位服务人员的热情周到的服务。有人估计,这次飞行英国航空公司至少损失10万美元。此事被许多新闻媒介竞相报道,广为传播。英国航空公司坚持"信誉第一""顾客至上",其做法赢得了社会的普遍赞誉,得到了顾客的拥护和信任。英国航空公司损失的仅仅是10万美元,换来的却是用金钱买不到的信誉。信誉就是财富,信誉就是资源,建立一流信誉就是公共关系追求的目标和努力的方向。

3. 以互惠为原则

公共关系不是以血缘、地缘为基础,而是以一定的利益关系、业缘关系为基础的。社会组织要生存发展必须得到公众的支持,而要想得到支持就必须让公众得到利益,因此,要想持久地赢得公众支持,必须做到与公众互利互惠,最终实现双赢。

小案例

"洗地瓜洗衣机"

1996年,一位四川农民投诉海尔洗衣机排水管老是被堵。服务人员上门维修时发现,这位农民居然用洗衣机洗地瓜,泥土多,当然容易堵塞!但服务人员并没有推卸责任,依然帮顾客加粗了排水管。农民感激之余说:"如果能有洗地瓜的专用机器就好了。"技术人员一开始是把此事当笑话讲出来的,但是,海尔集团董事局主席兼首席执行官张瑞敏听了之后立即要求技术人员马上开发能洗地瓜的洗衣机。技术人员对开发能洗地瓜的洗衣机想不通,因为按"常理"论,客户这一要求太离谱乃至太荒诞了!但张瑞敏说:"要开发创造出一个全新的市场。"终于,"洗地瓜洗衣机"在海尔诞生了!它不仅具有一般洗衣机的全部功能,还可以洗地瓜、水果!

4. 以长远为方针

组织凭借公共关系在公众中塑造良好的形象,绝非一日之功。它有树立过程的长期性,同时一旦树立起来它又同形象的滞后性相关,而不会轻易改变。因此,公共关系的长远性是与组织生存的长远性相互依存的。

 小案例

同仁堂长盛不衰的奥秘

同仁堂创始于清康熙八年(1669年),至今已有300多年历史。几个世纪以来,同仁堂历经清朝九代变迁,闯过1949年前数十年战乱,金字招牌始终屹立不倒,从未失去过在中国中医药界最强势品牌的地位。同仁堂现象不仅在中国罕见,从世界范围来看也是凤毛麟角。

透过历史,同仁堂兴旺不衰的奥秘如下:第一,济世养生市场大,踏入天地由我宽;第二,几代供职太医院,技术人脉得天独厚;第三,产品列出有阵容,质量控制成体系;第四,精制良药成御药,枝生顶端得优势;第五,老板多行家里手,伙计多术理专家;第六,同修仁德铸商魂,名牌背后是文化;第七,一门心思专业化,经营战略稳与健;第八,牌子当作命根子,商誉爱护如幼子;第九,做广告别出心裁,搞公关点到为止。

总之,同仁堂300多年来长盛不衰的原因是多方面的,但是,以"仁和诚信"为主体的传统文化,不能不说是一个必要条件。正是基于此,同仁堂很早就提出"修合无人见,存心有天知"的诚信实践准则,坚持货真价实、童叟无欺。在这样的理念指导下,同仁堂推出了一流产品,赢得了顾客的忠诚。

5. 以真诚为信条

公共关系要追求长久的美誉度,就一定要以真诚为信条。互利互惠也只有依靠真诚才能做到。特别是市场经济条件下,公众对真诚的期望越来越迫切。唯有真诚才能长久赢得公众的合作与社会美誉。

 小案例

一张坦诚的说明书

日本美津浓体育用品有限公司生产的运动衣口袋里,无一例外都有一张这样的说明书:"这件运动衣在日本是用最优秀的染料、用最优秀的技术染色,但是我们仍觉得遗憾的是,茶色的染料还没有达到不褪色的程度,还是会稍微褪色。"如今在日本,美津浓已成为体育用品的代名词。

同样,《北京晚报》曾刊登了一则广告为"好来西向上帝道歉",广告用不长的文字告诉消费者:"凡是好来西衬衣,在衣领洗破前,如因正常水洗,领口、袖口出现起泡,公司予以调换或者全部赔偿,并赠送好来西西服一套。""4万件名衫已有主,却有6件仍不满意,尽管承诺已兑现,负疚之意仍未去,因为6件对我们属于0.015%的偶然,对'上帝'却是百分之百遗憾。因此,我们怀着深深的歉意向您道一声'对不起'!"

6. 以传播沟通为手段

公共关系依靠信息产业,信息只有传播沟通才能实现价值。形象在传播沟通中塑造,美誉在传播沟通中提高,合作在传播沟通中促成,目标在传播沟通中实现,无形资产在传播沟通中建立与积累,因此,公共关系目标与价值的实现离不开传播沟通。

小案例

小燕子的"道歉信"

　　日本奈良的旅馆每到春天都会迎来大群可爱的小燕子在房檐下筑巢,但小燕子排泄粪便,留下斑斑污渍,服务人员不停地擦也无济于事,人们怨声载道。于是,一家旅馆的经理就以小燕子的名义给客人们写了一封道歉信。

女士们、先生们:

　　大家好!我们是刚从南方赶到这儿来过春天的小燕子,没有征得主人的同意,就在这儿安了家,还要生儿育女。我们的习惯不好,常常弄脏你们的玻璃和走廊,致使你们不愉快。我们很过意不去,请女士们、先生们多多谅解。

　　还有一事恳请女士们和先生们:请千万不要埋怨服务员小姐,她们是经常打扫的,只是擦不胜擦,这完全是我们的过错。请你们稍等一会儿,她们就来了。

您的朋友:小燕子
××××年××月××日

　　客人们见到这封信,都给逗乐了,肚子里的怨气也烟消云散。人们总是带着美好的记忆,依依不舍地离开古都奈良,离开这逗人的旅馆。

　　以上六个方面综合地、系统地、多角度地构成了公共关系的基本特征。公关意识以此为基础,公关工作由此而展开,公关职能缘此而设定,所以有人说,公共关系内核小、外延大,即是此理。

(四)公共关系形成的原因与条件

公共关系不是凭空产生的,其形成有深刻的社会基础与必备条件。

1. 公共关系产生的社会基础

当社会发展到一定阶段,过去那种组织程度比较低的初级社会群体已不能适应需要,形式多样的社会组织应运而生。一个社会组织必须从外界环境得到支持,才能生存和发展,当社会组织有意识地与环境互动,同环境相互依赖、相互作用,公共关系就产生了。所以,社会组织的建立和分化,是公共关系产生的社会基础。

2. 公共关系形成的内存机制

社会组织与公众之所以能建立关系,最根本的原因是相互之间在利益上能够互补。企业用产品或服务从消费者那里获取利润,消费者用货币从市场上得到企业提供的自己所需的产品和服务。如果没有各自利益的实现和满足,双方就不会建立良好的关系。各自利益需求的驱动,使社会组织与公众发生接触、形成协作、建立起关系。利益的互补、合作的需要是公共关系形成的内存机制。

3. 公共关系产生的思想条件

在现代社会,良好的社会关系是一种资源、是生存和发展的必要条件,这一问题已被人们深刻地认识到。从强调以个人为中心到提倡团队合作精神,从重视个人间的竞争到重视组织成员间的协作,从强调对抗斗争到注重和平与发展,这些均表明人类开始增强相互帮助、相互合作的意识。在相互合作的思想指导下,人类相互关系越来越密切。人类协调、合作意识的增强是公共关系产生和发展的思想条件。

4. 公共关系产生的经济条件

商品经济发展导致社会分工越来越细,竞争越来越激烈。分工越细越需要协作,竞争加剧的同时合作的要求也在增加。所以,商品经济的发展促使社会组织必须与公众加强联系和合作。

5. 公共关系产生的政治条件

社会政治生活的民主化发展,是公共关系产生和发展的政治条件。公众被认可,公众权益被尊重,使公众在社会政治生活中地位大大提高。公众参与意识的增强、参与实践的增多,对社会组织产生了重要影响。公众的信任和支持,已成为社会组织生存和发展的重要条件。

6. 公共关系产生的物质技术条件

传播媒体的发达与技术手段的现代化是公共关系产生和发展的重要的物质技术条件。尤其是计算机网络的发展,使我们当今的社会联系更加紧密。社会组织的信息可以在瞬间通过计算机网络图文并茂地传送到世界各地,迅速而又广泛地影响着公众。物质技术条件的现代化使社会组织与公众相互作用的范围、程度和节奏等发生了很大变化。

 小贴士

公共关系的比喻

一个男生喜欢上一个漂亮的女生。他主动走到这位女生面前,急不可耐地说:"我非常喜欢你,你也喜欢我吧,我是一个德、智、体、美、劳全面发展的好学生!"这是不是公共关系?

这不是公共关系,这是推销。

这一招不行以后,这位男生又通过对自己进行修饰(穿名牌衣服、戴名表)来吸引这位女生的注意。那么,这是不是公共关系?

这也不是公共关系,这是广告。

第二招不行以后,这位男生又想出了第三招,通过邀请这位女生去高档酒店吃饭来追求她。请问,这又是不是公共关系?这同样不是公共关系,这是交际。

【问题】既然以上三种行为都不是公共关系,那么,到底什么才是公共关系呢?

【答案】上面的三种做法虽然花费了大力气,但显然成功的机会不大。真正的公共关系应该是这样:一步一个脚印。先在旁边观察女生,用最少的语言和举止大概了解一下女孩的品行爱好,也就是"择偶标准",然后投其所好,适当地应用一点推销、广告和交际手段来打动这位女孩,这才是公共关系。

二、公共关系的要素

公共关系是社会组织通过开展传播沟通活动协调和改善组织机构与其他相关公众的

关系,是社会组织与公众真诚合作、互惠互利、彼此相互适应而形成的一种关系状态。由此,我们可以看出公共关系有三个构成要素:社会组织、公众、传播。社会组织是公共关系的主体要素,是公共关系工作的策动者、承担者、发起者;公众是公共关系的客体要素,是公共关系的对象和接收者;传播是公共关系的中介要素,是连接主体和客体的桥梁,也是开展公共关系工作的重要手段。

(一)公共关系的主体——社会组织

我们这个社会之所以会丰富多彩、不断发展,就是因为各种组织之间在不停地相互影响和作用,新的组织不断地产生并努力壮大,已有的组织竭力维护自己的利益以实现扩张。

组织的生存和发展与很多因素有关,自身的实力、良好的管理、适宜的环境是组织成功的基础,公共关系作为一种管理职能,则是从如何建立和维护组织与公众之间的互利互惠关系、树立组织良好形象的角度来促进组织的发展。

公共关系是一种组织活动,而不是个人行为,因此,组织是公共关系活动的主体,是公共关系的实施者、承担者。我们在理解公共关系时,特别要注意这一点,不要把一些个人的行为也说成是公共关系。如某公司总裁以个人名义向野生动物基金会捐款,这是个人行为,而不是公共关系;但当他以公司的名义捐这笔款时,我们便可把这种行为理解为一种旨在提高组织(公司)的知名度和美誉度、扩大组织影响的公共关系行为。

为了使公共关系活动的针对性更强,在公共关系学中,我们一般把组织分成四种类型。

1. 营利性组织

营利性组织以营利为目的,追求经济利益的最大化,如工商企业、旅游服务业、保险公司、金融机构等。

2. 服务性组织

服务性组织不以营利为目的,而以服务对象的利益为目标,包括学校、医院、慈善机构、社会公共事业机构等。如学校的首要公众是学生,其目的则是教书育人;慈善基金会的宗旨就是更好地为社会弱势群体或那些需要帮助的特定公众提供服务。

3. 公共性组织

公共性组织通常是指为整个社会和一般公众服务的组织,如政府、军队、消防部门、治安机关等。这类组织的目标是保证社会安定,不受内部不良因素的影响和外来干涉。

4. 互利性组织

互利性组织是一种以组织内部成员间相互获取利益为目标的组织,这类组织追求的是组织内部成员之间的互惠互利,如政党、工会组织、职业团体(学会、协会、研究会等)、宗教团体。

(二)公共关系的客体——公众

任何组织都有其特定公众。公众是任何因面临某个共同问题而形成的、有着某种共同利益并与某一特定组织的工作产生互动效应的社会群体。以企业为例,一般的就有内部的股东、员工公众,企业外部的消费者(顾客)公众、媒介公众、社区公众、政府公众、国际公众、竞争对手公众等。组织的公众具有共同性、相关性、多元性、变化性、心理性和诱导性特征。

可以说，公共关系便是组织主动地去与公众建立和维护良好关系的过程。但这并不意味着作为客体和对象的公众是完全被动的、随意受摆布的，公众随时都可以表达自己的意志和要求，主动地对公共关系主体的政策和行为做出积极反应，从而对公共关系主体形成舆论压力和外部动力。公众还有一个最有效的权利——用脚投票。当公众因为不满意而使用这一权利时，他们可能不会当面抗议，也不会大吵大闹，但他们会抛售股票，不再光顾某一商店、某一银行、某一饭店、某一旅游点。因此，组织在计划和实施自己的公共关系工作时，必须认清自己的公众对象，分析研究自己的公众对象，并根据公众对象的特点及变化趋势去制定和调整公共关系政策和行动。

小案例

埃克森石油公司的危机

美国埃克森石油公司油轮触礁，造成原油泄漏，附近海域的生态环境遭到破坏。然而，该公司对这一事件无动于衷，对问题的解决采取消极的态度，轻视海域附近渔民及环境保护组织的合理要求，于是公众环境恶化，公共关系危机出现了。美国政府以及当地政府、新闻界、环境保护组织、社会各界公众纷纷谴责该公司无视公众的行为。该公司的业务范围遍布全世界，但由于该公司的企业形象受到破坏，新老客户纷纷抵制其产品，使该公司遭到巨大的经济损失。

【点评】 企业应将自身面临的公众视作一个完整的环境，要用全面、系统的观点来分析和研究，否则就会重蹈美国埃克森石油公司的覆辙。

（三）公共关系的中介——传播

从词源上来说，"传播"（communication）与"社区"（community）来自共同的拉丁文词根（communis，意为"使共享"或"共享"），这绝非偶然，这是因为：如果没有人类的传播行为，就不会有社区；同样，没有社区，也就不会有传播。

中国人把衣、食、住、行称为"人生的四大需要"。实际上，人类对传播的需要既是普遍的，又是迫切的。我们通常说人是社会性动物，实质上就是强调人的社会交往、交流的普遍性和重要性。一般来说，在现实生活中，一个人无论是学习和工作，都需要与周围的人和物打交道，都在进行着某种形式的传播活动，如听、说、读、写、看等。即使是默默不语，在他人看来，也传达了确切的含义。

那么，什么是传播呢？关于这个问题，由于研究者的角度不同，对传播做出的解释也存在着某种程度上的差异。传播学理论家威尔伯·施拉姆认为传播就是"对一组先知性符号采取同一意向"；西奥多森认为传播是"个人或团体主要通过符号向其他个人或团体传递信息、观念、态度或情感"；沃伦·韦弗则认为传播是"一个心灵影响另一个心灵的全部程序"；查尔斯·科利认为传播是"全人类关系赖以存在和发展的机制，是一切智能的象征和通过空间传达它们和通过时间保存它们的手段"。这些定义揭示着传播的丰富内涵。在这里，我们并不奢望给出一个综合各种解释的传播定义，只指出传播的基本内涵是指信息的传递和交换过程，由传播者、接收者和传播媒介等要素构成。人们常说的交流、对话、宣传、沟通、交际等，都是传播的具体形式。为了便于研究，人们又根据传播者、接收者和传播媒介的相互关系和特点,把传播分为五个基本类型。

1. 人际传播

人际传播又称"人际沟通",是指人们之间直接传播或交换知识、意见、感情等社会行为,一般无须专门的传播媒介,并有机会立即得到反馈。例如,在公共关系活动中,公共关系人员在很多场合下需要与顾客、专家、记者等进行直接的、小范围的接触。因此,它是开展公共关系活动的重要方式之一。

2. 组织传播

组织传播是指在一个正式的组织或机构内其成员之间进行信息或思想交流的过程,目的是使全体成员达成共识,提高工作的效率。在公共关系学中常称为"内部公共关系工作"。

3. 群体传播

群体传播是指某一社会组织或个人对具有一定数量、有共同目标和兴趣的公众在特定时间和场合进行的传播活动。如公共关系活动中的新闻发布会、展览会等。

4. 大众传播

大众传播是指特定的社会组织通过报刊、广播和电视等大众传播媒介,向广大而不确定的公众传播信息的过程。它越来越受到社会组织的重视,不少组织利用它树立形象和提高知名度,成为社会组织开展公共关系活动最为有效的方式之一。

5. 网络传播

网络传播是指在互联网上的传播。在新经济时代,网络传播作为一种新的传播模式,正逐步成为公共关系工作中最重要的传播工具之一。今天的互联网已经延伸到世界的每个角落,信息在互联网上流通已经不再受到时空的限制。互联网将全世界的计算机网络连接起来,从而形成一个巨大无比的数据库。任何组织和个人,都可以通过互联网去发现自己有用的信息。互联网还可以综合大众传播媒介中不同媒介的优势,可以集文字、图形、声音和图像于一体,起到"多种媒体"整合的传播效果。网络传播还可以克服大众传播"单向性"的局限性,可以采用多种形式的互动,更有利于公共关系信息传播和信息收集。

总之,公共关系的三个基本构成要素是相互依存、缺一不可的。没有组织这个主体,就没有公共关系的对象。这里不存在没有主体的客体,同样不存在没有客体的主体,二者是对立统一的。传播是连接主体和客体的媒介,没有主体与客体之间的双向信息传播,公共关系的目标和计划就不可能实现与实施。因此,公共关系又是组织与其公众之间的传播关系和传播活动。

公共关系的构成要素如图 1-1 所示。[①]

三、公共关系的职能

公共关系的职能是公共关系在组织中所发挥的作用和应承担的职责。对公共关系职

---

① 张芹.公共关系学[M].武汉:华中科技大学出版社,2014:6.

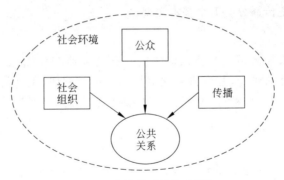

图 1-1 公共关系的构成要素

能的概括,长期以来存在着不同的表述。我们认为:从广义上讲,公共关系的职能就是调动一切可以调动的力量,运用各种手段,塑造良好的组织形象,赢得良好的生存环境,促进组织的生存与发展,使组织在激烈的竞争中取胜。公共关系的职能可以概括为以下几个方面。

(一)采集信息,监测环境

采集信息是公共关系工作的必要前提。在信息社会中,信息已成为公认的巨大资源。公共关系是信息产业。不采集信息,公共关系就成了无米之炊。因此,无论是内部公共关系还是外部公共关系,任何策划都应从采集信息开始,这样才能做到"知己知彼,百战不殆"。采集信息的职能要求公共关系人员具备信息意识,注意随时采集有关组织的信息。

所谓监测环境,是指观察和预测影响组织目标实现的公众情况与各种社会环境的情况,使组织对环境的发展和变化保持清醒的头脑与敏锐的感觉以及灵敏的反应,从而保证科学地塑造组织形象,实现组织目标。

小案例

本田的眼光

1975年有几个美国环保主义者到日本去谈论汽车排放废气问题时,就受到了日产、丰田这些大汽车公司的冷落。而本田公司的总裁却独具慧眼,他从这些人的活动中发现了有价值的信息。为此,该公司派人把这批人请到公司,热情款待,奉为上宾,并请他们给设计人员讲解环保主义者的要求以及美国国会1970年通过的净化空气法案的内容。在这一基础上,本田公司开始了新型汽车的设计,确定的设计目标要突出"减少排废"和"节省汽油"这样两个优势。在本田的新产品——主气缸旁有一辅助气缸的"复合可控旋涡式燃烧"汽车面世一个月后,就遇上了第一次石油危机。本田汽车凭借排废少、省汽油的优势,一举打进美国市场,公司总裁因此赢得了"日本福特"的声誉。

【点评】 信息、物质和能源已经被喻为现代经济和社会发展的三大支柱。把信息作为资源来认识,善于采集信息、监测环境,是企业取得巨大发展和成功的基础。本田公司设计生产"减少排废""节省汽油"的新型汽车的决策,就是在综合汽车消费者信息、立法信息以及能源信息三方面信息的基础上做出的。

（二）咨询建议，参与决策

这是公共关系最有价值的职能，因此公共关系也称"咨询业""智业"。1978年在墨西哥召开的世界公共关系大会上提出的公共关系定义，着重强调了公共关系咨询建设、参与决策的职能。人们经常把公共关系人员当作"智囊""开方专家"，把公共关系部当作"思想库"，就是从这个角度讲的。公共关系的咨询建议就是指组织公共关系人员向决策层和各管理部门提供公共关系方面的意见和建议，使决策更加科学化、系统化，并照顾到社会公众的利益。

组织公共关系咨询建议的主要内容有：①对本组织内方针、政策和行动提供咨询意见，发挥公共关系对组织的5个导向作用，参与决策，制定出合乎组织发展的目标。②对本组织公共关系战略、经营销售战略和广告宣传战略、CIS战略、组织文化战略提供咨询意见，使原来分由几个部门负责的工作发展成一个系统，并制订科学的实施方案供决策者参考。③对组织生存环境的有关发展和变化进行预测与咨询，使组织决策者拥有一套乃至几套可以选择的方案，以适应这些变化。

小案例

谁挽救了雀巢公司

享誉全球的雀巢公司是世界上最大的食品公司之一，已经有近150年的历史，总部设在瑞士。

该跨国公司在世界市场的销售量一直处于领先地位，但是，20世纪六七十年代曾出现过一种舆论，称雀巢食品的竞销导致了发展中国家母乳哺育率下降，从而致使婴儿死亡率上升。最有影响力的当数英国记者迈克·穆勒撰写的题为《婴儿杀手》的报告。在这篇长达28页的报告里，穆勒谴责了一些食品制造商怂恿母亲们放弃母乳喂养而代之以人工喂养的做法，同时承认就业等其他因素也是促进母亲们转向人工喂养的原因。穆勒的小册子是批评整个食品行业的，但瑞士的一个支持不发达国家的援外活动组织"第三世界工作团"中的一些人，对该小册子略加修改后出版，题目改为《雀巢杀死婴儿》。修改后的小册子略去了其他影响母乳喂养的各种因素，并在"前言"中专门指出，雀巢公司在第三世界国家运用欺诈的销售方式进行营销活动应受到谴责。这就引发了一场世界性的对雀巢食品的抵制运动，雀巢食品的销售因此大大受阻。

为了扭转不利局面，雀巢公司用重金聘请了世界著名的公共关系专家柏根来商讨对策，解决难题。柏根发现，在舆论开始兴起并逐渐发展的过程中，雀巢决策者拒绝听取批评，同时对雀巢的经销行为始终保密，这种做法适得其反，反而助长了抵制运动的爆发。于是，他选用"与社会对话"的技术，把工作重点放在抵触情绪最严重的美国。他带领助手们专心听取社会的批评，开展游说活动，并成立了由公众代表参加的权威的听证委员会，全面审查雀巢的经销行为。另外，公司还通过法律手段与"第二世界工作团"对簿公堂。法庭调查的结果表明，导致婴儿死亡的不是雀巢公司的产品，而是产品用户不卫生的饮用方法。这一系列活动逐步挽回了雀巢的信誉。最后，历时7年的抵制运动终于被取消了。公司总裁感慨地说："该事件的教训说明，任何企业都少不了公共关系部门，是公共关系的技巧把事件的真实情况告诉了公众。"

（三）传播沟通，塑造形象

这是公共关系与其他传播在目的和技巧方面不同的特有职能。公共关系的传播沟通职能主要体现在两个方面：一是组织运用传播沟通的手段同公众进行双向交流，与公众交心，赢得公众的信任和支持；二是顺时造势，实现舆论导向，通过策划新闻、公共关系广告、专题活动等手段，制造声势，提高组织的知名度和美誉度，为组织创造良好的舆论环境。很多组织的公共关系部均有专人撰稿、专人负责媒介关系，就是为了保证这一职能的有效实现。从某种意义上说，丧失了传播沟通的职能，公共关系将一事无成。

公共关系工作目标为树立组织形象，首先要为组织进行形象定位、设计形象、传播形象，还要对形象进行评估反馈和修正；其次要突出品牌意识，从创名牌产品到创名牌组织，实行名牌战略，为组织创造和积累无形资产。

小案例

加多宝第三季《中国好声音》创意传播

2014年，加多宝以高价竞标夺得第三季《中国好声音》的独家冠名权，开启"三度联姻"之路。然而，《中国好声音》前有世界杯占位，后有《爸爸去哪儿2》正面交锋，在大事件传播和娱乐营销传播高发期，加多宝如此策划了自己的传播策略。

1. 传播

传统的娱乐节目营销重点集中于节目播出的过程。对于2014年7月开播的第三季《中国好声音》，必须直面已经播出近一个月的《爸爸去哪儿2》，直面人群已经形成周五晚上看湖南卫视的习惯，而扭转局势的关键在于开播之夜。加多宝第三季《中国好声音》将传播资源集中于开播之前，打造了"刷墙体""抱歉体"等自媒体上的社会化广告，在开播之际便一鸣惊人，"刷墙体"等内容已经成为各大品牌争相模仿的对象，之后持续引导用户在周五晚上收看《中国好声音》。加多宝在所有的赞助商包括《中国好声音》官方的推广中，是唯一一家持续强化"周五晚9点10分"开播时间点的企业，而最终电视收视的数据也证明，9点10分是浙江卫视收视率跃升的一个重要节点。

2. 内容

在节目内容传播方面，信息告知的时代已经过去，新媒体时下流行的微海报依然话题性不足。在加多宝第三季《中国好声音》的传播中，基础内容不断升级，创造了大量拥有自传播能力的社会化广告。每一期节目开播，便推出一张或一个系列独到的创意海报，如"革命体""四大名著系列"等，不仅受到华少、那英等明星的关注及采纳，更是被其他品牌争相模仿。以学员为基础的传播中，在节目开播前，便建立多个学员粉丝群，以64位转身学员的粉丝团为阵地，全力配合加多宝品牌传播，让学员粉丝向加多宝粉丝转化。

3. 渠道

在渠道方面，加多宝与中国最强的快递品牌顺丰达成合作，以大数据的方式，筛选顺丰7亿用户当中的10万目标用户，定向投递"史上最严肃的好声音观看指南"，以内容丰富而风趣的邀请函，激发目标用户的分享和参与加多宝的互动。此外，还将《中国好声音》的互动活动深入全国数百个居民社区,将节目推广做到了前所未有的基层深度。

4. 技术

在技术方面,加多宝致力于将官方微信打造成《中国好声音》多屏互动的核心。过去收看电视节目的观众无法及时表达自己的喜好及感受,而在第三季《中国好声音》期间,崭新的加多宝微信让观众在收看节目的同时,可采用摇一摇的方式,为正在演唱的选手投票。那些怀有唱歌梦想,或者观看节目后也想高歌一曲的观众,则也可以对着手机唱歌,加多宝微信甚至能做到像导师一样以即时的原音回复你的歌唱,让用户仿佛置身于《中国好声音》赛场上。针对新一季《中国好声音》,加多宝推出的多达数十亿罐《中国好声音》促销装,全面开通的微信、PC、短信三大兑奖通道,实现了趣味性与实用性的掌上融合,也帮加多宝微信积累了超过20万的粉丝。

【问题】

(1) 加多宝第三季《中国好声音》的传播策略为什么会获得成功?

(2) 加多宝为什么花巨资争夺第三季《中国好声音》冠名权,这一活动对加多宝的影响有哪些?

(四) 平衡利益,协调关系

马克思说过,人们奋斗的一切都同他们的利益有关。公共关系也是以利益为基础的。"公共关系第一人"艾维·李成功地通过平衡利益、协调关系解决了大罢工,从而确立了职业公共关系的地位。社会进入市场经济以后,许多过去用武力、行政手段调节的关系,现在需要通过经济规律来调节组织利益、员工利益、股东利益等日益尖锐的矛盾。组织作为一个开放系统,面对各类公众和各类公众各自的利益要求,要想为组织创造一个良好的内外部环境,就必须协调各种关系。本着真诚互惠的原则首先承认这些利益,然后按公共关系双向对称原则来尽量满足这些利益;当各种利益发生矛盾时,应本着公平对待的原则加以协调、平衡,既不能无视正当要求,也不能厚此薄彼。

协调既是目的,又是手段,具有双重性。协调是与传播平行的一种手段,甚至有人认为协调是公共关系的基础,足见其重要性。我们认为:协调主要表现在公共关系的功能与职能上。作为目的,协调指的是一种关系的良好状态;作为手段,协调指的是一种调整工作,通过协调使关系达到良好状态。协调在公共关系中主要是一种手段,目的是使组织更好地生存与发展。公共关系能够发挥平衡、协调关系职能的领域主要有三个:①协调组织内部领导与职工之间的利益与关系;②协调组织内部各部门、各环节之间的利益与关系;③协调组织与外部公众之间的利益与关系。

小案例

日本名古屋褚木电力公司的"消费者亲善运动"

1972年6月的一天,一大群愤怒的渔民闯入了日本名古屋褚木电力公司大楼。他们的呼叫声、斥骂声使经理们惊呆了。渔民们是来抗议的。该公司下属的一座发电厂没有处理好废水问题,严重地影响了渔民们的谋生资源。其实,这家电力公司正处在进退维谷的境地。为了减少环境污染,他们被迫采用低硫燃料。可这样一来,用电的成本提高,用户们怨声载道;公司计划造几座大的核电厂来改变这个局面,但每次选定地点时,又遭到当地农民的反对。渔民们的抗议,使他们意识到问题已经到了非解决不可的地步了。在着力建立新电厂的同时,他们立即实行公司政策的一大转变——成立公共关系部。

公共关系部成立后,制订了一个相当庞大的长远计划,展开持续几年的"消费者亲善运动"。每半年为一个阶段,都有不同的主题。比如,第一个主题是"让我们关心生活与电力";第二个主题是"说说未来的能源"。目的在于提供各种知识、背景,让公众了解当前日本公用事业面临的困难,说明公司采取的某些积极措施的意义。"消费者亲善运动"采取的方式多种多样,例如,邀请消费者来参观、座谈,组织公开演讲,上门访问等。

最能显示公司决心与魄力的是,它所确定的上门访问的工作计划。这家公司共有400万顾客,计划访问的是其中的1/10,即40万名。公司把这个任务落实到全公司1.8万名职工身上,不惜抽出工作时间,让每位职工各走访20位顾客。为了让职工访问时心中有数,公司编写了访问指南,给员工提供各种必需的资料。这真是一次大规模的访问活动。当职工对这项活动产生兴趣以后,他们不仅登门访问,连走在路上也会沿途与市民聊天,他们与市民的关系渐趋缓和、密切。后来,不少员工还主动参与当地亲善活动,到养老院去演戏、清洗马路上的交通标志符,每次有目的地参加各项活动的时候,他们都爱穿上公司的工作服,市民们一看就说"公司又在做好事了"!几十万条渠道打通了,市民的意见、建议源源不断地流到公司里来,这些意见都经一个由推销部、公共关系部、人事部、高级经理人员组成的委员会加以处理,做出答复。公司在消费者心中的形象也随着这些亲善活动而变化着,消费者知道这是一家具有社会责任感的公司,理解了公司的方针,也谅解了公司暂时的缺点与不足。

(五)社会交往,组建网络

公共关系被誉为"广交朋友的艺术"。社会交往、组建网络是对沟通、协调的细化。随着现代化的发展,组织需要不断同外界进行物质、能量和信息的交流。公共关系追求长期效益,因此要加强社会交往。公共关系的对外交往主要是建立在利益一致基础上的沟通信息和相互帮助。公共关系要建立的网络是一种信息网络、互助网络,绝不是有些人理解的结交公款吃喝的酒肉朋友,更不是以个人利益结党营私。有些人借公共关系的社会交往职能为请客送礼,不正之风戴上"公共关系"的帽子,这是对公共关系的歪曲和误解。

(六)教育引导,培育市场

公共关系要完成其社会职能、促进社会发展,就需要加强教育引导,提高美誉度,更需要教育引导。组织公共关系的教育引导职能主要表现在对内、对外两个方面。对内,公共关系的主要职能是传播公共关系意识,传播公共关系的思想和技巧,进行知识更新,不仅要对每个员工进行教育引导,也要说服组织领导接受公共关系思想。对外,组织公共关系主要是对公众进行教育引导。人们常说"公众永远是对的",这是从服务的角度将"正确"让给对方。但是,客观地讲,公众不可能永远正确,而是需要加以引导,使消费群体与组织认同。

(七)科学预警,危机管理

组织危机是组织生存与发展的大敌,处理不好往往给组织造成重大损失,甚至断送组织的"生命",因而组织公共关系将危机处理作为公共关系的主要职能和工作重点之一。随着公共关系理论和实践的发展,事前预测管理危机已成为公共关系对待危机的主流方法,这是组织公共关系的新发展。

小案例

麦当劳过期食品风波

2012年3月15日,中央电视台"3·15"晚会报道了位于北京三里屯的一家麦当劳发生鸡翅超过保温期后不予取出、甜品派以旧充新,以及食材掉地上不加处理继续备用等违规情况。

当晚9点左右,北京市卫生监督所数名工作人员赶到现场,对麦当劳三里屯店进行突击检查。记者跟随检查人员进入后厨,发现其卫生情况并不乐观,夹道等处有不少面皮,且记者未在操作间发现任何计时设备。

约一小时后,卫生监督所工作人员向媒体公布了检查结果,发现麦当劳后厨有数处违规现象,并相应提出了《卫生监督意见书》。检查人员介绍,检查期间发现麦当劳操作间的垃圾桶没有加盖,冷库内存放的食品有些未上架存放,食品和外包装材料有混放情况,且在夹道内发现数批面包坯子未存放在食品专用库内。

麦当劳公司方面相关负责人也赶到现场。面对媒体,其公关部相关负责人田女士没有提供央视报道中提及的员工手册,她表示,麦当劳方面对此事十分重视,将借此契机加强内部管理,并启动系统自查,如果查明属实,将对相关员工进行惩罚。

当天晚上9点50分,距被曝光违规操作仅一小时,麦当劳新浪官方微博做出回应:央视"3·15"晚会所报道的北京三里屯餐厅违规操作的情况,麦当劳中国对此非常重视。我们将就这一个别事件立即进行调查,坚决严肃处理,以实际行动向消费者表示歉意。我们将由此事深化管理,确保营运标准切实执行,为消费者提供安全、卫生的美食。欢迎和感谢政府相关部门、媒体及消费者对我们的监督。

四、公共关系的观念

公共关系的观念也被称为公共关系的意识,是组织用以指导自身行为、树立组织良好形象、处理组织内外关系的一整套具有哲学意义的指导思想。作为一种制约和影响组织政策与行为的经营观念和管理哲学,它不但指导着组织公共关系实务工作的开展,而且渗透到管理者日常运行的各个方面,成为引导、规范组织行为的一种价值观念和行为准则。公共关系观念既是组织建立良好公共关系的必要前提,也是现代职业人员,特别是公共关系人员必备基本素质的核心。

(一)公共关系观念的历史演变

公共关系的观念既是对组织公共关系实践和其他经营管理活动的一种总结,又反过来指导了组织的公共关系活动和其他经营管理活动。公共关系观念并不是固定不变的,也必将随着组织公共关系实践和管理实践的发展而不断演变。

1. 愚弄公众观念

现代公共关系活动的前身是19世纪中叶在美国兴起的报刊宣传活动，报刊宣传活动是企业为了自身的利益，雇用报刊宣传员、新闻代理人在报刊上进行的宣传活动，以此来扩大影响。

报刊宣传活动出现的背景是便士报运动。19世纪30年代，美国报界掀起了一场便士报运动。便士报就是所谓的廉价报纸。便士报以低廉的价格、通俗的内容获取了大量的读者，从此，以普通大众为读者对象的通俗化报纸大量出版刊行。一些公司雇用专门人员，在便士报上制造煽动性新闻，制造关于自己的神话，以此来扩大自身的影响，从而形成了所谓的报刊宣传活动。这个时期的特点是为宣传而宣传。其代表人物巴纳姆的信条是凡宣传皆好事。由于巴纳姆的观念和行为代表了19世纪中叶报刊宣传活动的主要特征，人们也把这一时期称为巴纳姆时期。菲尼亚斯·泰勒·巴纳姆是美国巡回演出团老板和马戏团老板，因展现畸形人的表演而闻名。巴纳姆曾经制造了一个关于一百多年前养育过美国第一任总统乔治·华盛顿的黑人女奴海斯的神话。巴纳姆还人为地在报纸上挑起争论，以引起公众的好奇心和对自己的注意。巴纳姆通过编制神话、制造新闻为主要手段，不惜欺骗公众以吸引公众的关注，扩大自身的影响。巴纳姆甚至说，只要没有把他的名字拼错，报纸上其他内容都是假的都无妨。在这种观念的指导下，组织为了达到宣传扬名的目的，置公众利益和社会道德于不顾，肆意制造假新闻，利用新闻媒介愚弄公众。

虽然巴纳姆时期被称为公众受愚弄时期或公共关系的黑暗时期，但人们还是倾向于将这一时期看作现代公共关系的发端，这是因为在这个时期，公共关系的三个基本要素已具备了雏形：作为宣传主体的公司，作为大众传媒的便士报，以及作为受众的普通读者。作为现代职业活动的公共关系由此出现端倪。之所以把这一时期定性为黑暗时期，是因为这一时期企业的报刊宣传活动全然不顾公众利益，不择手段地为自己编造神话，以获取报纸版面，欺骗公众，这显然与公共关系的宗旨相悖。

2. 门户开放观念

企业在报刊宣传活动时期视新闻媒介为异己或利用新闻媒介愚弄公众的现象，引起了新闻界的不满，新闻界掀起了一场揭露工商企业界管理丑闻的运动，史称清理垃圾运动，又称揭丑运动、扒粪运动。

19世纪下半叶，美国的商品经济得到高速发展，资本主义从自由竞争走向垄断。少数经济巨头控制了美国的经济命脉，他们为了巩固垄断地位，对内无视员工利益，对外损害社会利益，奉行"只要我能发财，让公众利益见鬼去吧"的经营哲学。这些做法引起了社会公众的强烈不满，一批有良心的记者发起了扒粪运动。据统计，从1903年到1912年期间，报刊共发表揭丑文章20000多篇，同时还有社论和漫画。清理垃圾运动使工商企业意识到了正确处理舆论关系的重要性，在清理垃圾运动的冲击下，企业管理的象牙塔摇摇欲坠，企业与外界的隔绝消除了，象牙塔被玻璃屋所取代，企业管理的透明度大大增加。例如，当时的杜邦公司，原先对公司发生的爆炸事件一律采取封锁消息的做法，以致形成了杜邦——杀人的社会印象。杜邦公司邀请了一位报界人士担任新闻局局长，并接受了他的建议，实行门户开放政策，提出了"化学工业能使你生活得更美好"的口号，从而改善了杜邦的社会形象。杜邦公司的做法逐渐被更多的企业所效仿。许多企业开始聘请懂行的人员专门从事改善与新闻界关系的工作。公共关系活动自此开始了职业化的发展阶段。

清理垃圾运动时期的代表人物是艾维·李，1939年他被《时代》杂志颂扬为公共关系的第一个阐述者。公共关系职业化的标志是1903年艾维·李在纽约开办了第一家宣传顾问事务所，使其成为公共关系发展史上第一个接受客户委托、为客户提供公共关系服务、并向客户收取费用的职业公共关系人员。艾维·李先后受聘于多家巨型公司（如美国电话电报公司、洛克菲勒财团、宾州铁路公司等），处理劳资纠纷和社会摩擦，取得了令人瞩目的成效。艾维·李认为：一个组织要获得良好的声誉，必须把真实情况告诉公众；如果真实情况对组织不利，那么就应该调整组织的行为；企业与员工和社会关系的紧张摩擦，主要是由于管理者采取保守秘密的做法，妨碍了意见和信息的充分沟通。艾维·李同时提出了公众利益的观念，他认为：凡是有益于公众的事业必将有利于组织。1906年，艾维·李发表了《共同原则宣言》，明确提出了门户开放原则。艾维·李的信条是公众必须被告知，通过向公众提供准确而有价值的资料，求得公众的认同与接纳。在这种观念的指导下，公众的利益开始进入公共关系的视野。《共同原则宣言》成为现代公共关系的第一个行业宣言，明确了公共关系应扮演的社会角色。

艾维·李杰出的公共关系实践，使公共关系成为一门专门的职业被社会普遍接受，推动了公共关系的职业化发展。艾维·李提出的讲真话、公众必须被告知的命题，将公众的利益和诚实的原则带进了公共关系领域，使公共关系走上了正规化的发展道路。艾维·李被称为公共关系的开山鼻祖。

3. 公共关系咨询观念

公共关系的职业化发展，促进了公共关系由对一些简单问题的探讨上升为带有某些规律性的原则和方法的探求，推动了公共关系学科的发展。公共关系科学化时期的代表人物是爱德华·伯纳斯。1923年，爱德华·伯纳斯首次在纽约大学开设公共关系课程，同年，他出版了公共关系发展史上第一本理论专著——《公众舆论的形成》，1928年出版《舆论》，1952年出版了专门的教材《公共关系学》。他把公共关系理论从新闻传播领域中分离出来，并对公共关系的原理和方法进行较系统地研究，完整地提出了公共关系的原则、实务方法和职业道德守则等，使公共关系理论系统化，最终成为一门相对独立完整的新兴学科。爱德华·伯纳斯被后人誉为"现代公共关系之父"。1990年，美国《生活》杂志评选出了影响20世纪美国社会进程的100位重要人物，他是唯一获选的公关人士，《生活》杂志盛赞他构想并设计了现代公关业。

相对艾维·李而言，爱德华·伯纳斯不但是一位公共关系的实践家，而且是一位公共关系的理论家。爱德华·伯纳斯的公共关系思想集中体现在以下两个方面。

（1）公共关系咨询。爱德华·伯纳斯第一次提出并定义了公共关系咨询的观念，他认为公共关系就是一种咨询职能，既要向公司提供有关公众方面的咨询，又要向公众提供有关公司方面的咨询。

（2）投公众所好。爱德华·伯纳斯的公共关系信条是投公众所好。他认为，一个组织在决定政策之前，必须首先了解公众对组织的期望与要求，确定公众的价值观念，这是公共关系的基础性工作。

4. 双向对称观念

到了20世纪50年代,卡特利普和森特两人明确提出了双向平衡的公共关系原则。在这种观念的指导下,组织重视与公众之间的双方利益,并且通过双向沟通,使双方的利益得以实现。1952年,他们合作出版了被后人誉为公共关系圣经的专著——《有效的公共关系》,标志着现代公共关系理论的成熟。在《有效的公共关系》中,他们提出了以下公共关系思想。

(1)双向对称的公共关系模式。卡特利普和森特认为,公共关系应该把公众利益与组织利益置于同等重要地位,推行双向传播沟通战略,也就是说,公共关系一方面要向公众传播和解释组织的信息;另一方面又要把公众的意见的信息向组织进行传播和解释,目的是使组织与公众之间形成一种和谐的关系。在这里,对称意味着公共关系在目标上要将公众利益与组织利益置于同等重要的位置,双向意味着公共关系在方法上坚持与公众之间的双向传播与沟通。双向对称的公共关系模式说明了组织与公众之间关系的状态和原则。双向对称观念的实质是双向沟通和双向发展,在组织和公众双向传播和沟通的基础上,结成一种对称和谐的关系,使双方的利益和谐拓展。

(2)四步工作法。四步工作法说明了大型、专题型公共关系活动的运作程序,包括公共关系调研、公共关系计划、公共关系实施、公共关系评估。这四个阶段或者步骤是相互衔接、不断循环的,体现了公共关系运作的计划性、系统性和动态性的特点,公共关系开始进入了系统化、完善化的发展时期。

以上通过公共关系发展史的回顾,探讨了公共关系观念演变的轨迹,不难发现,公共关系观念在发展演变过程中呈现出由自发到自觉、由追求功利到谋求信誉、由单向到双向、由组织导向到公众导向的特点。

(二)现代公共关系观念的主要内容

关于公共关系观念,有各种各样的概括和总结,比如诚信观念、形象观念、沟通观念、互惠观念、服务观念、环境观念、整合观念等,不一而足。所有这些都在更宽泛的意义上揭示了组织在运行发展过程中应该恪守的行为准则。组织公共关系活动开展必须以公众为导向、以全面公共关系为基础、以组织与其利益相关者的利益实现为目的。据此,杨加陆将现代公共关系观念概括为公众导向观念、全面公关观念和依存共生观念。

1. 公众导向观念

公众导向观念是现代公共关系观念的核心。公众导向观念强调组织一切活动,包括公共关系活动都必须以公众的利益和需要为出发点,以公众的需要和利益的实现为归宿点。换句话说,就是组织必须高度重视公众的利益,将公众的意愿作为决策和行动的依据,使组织的政策和行为与公众的要求、社会的利益相容。

 小案例

服务公众的新加坡航空公司

新加坡航空公司(以下简称新航)在国际航空业群雄角逐的激烈竞争中独占鳌头,多年连续被国际民用航空组织评为优质服务第一名。新航的服务有很多独特之处,他们把西方的先进技术及管理手段与东方的殷勤待客传统有机地融合在一起,把"乘客至上"的公共关系思想贯穿于服务的全过程,给每一位乘客留下极为深刻的良好印象,使来自各国的乘客自然成为新航的义务宣传员,再加上通过新闻媒体做广告宣传,使公司的形象不胫而走,誉满五洲。新航的服务准则是对所有乘客一视同仁地施以关心和礼貌,在一切微小的服务细节上给乘客留下难忘的印象,并树立公司的整体形象。这些服务准则通过每一位工作人员的良好举止体现出来。

(1) 订票时可得座位号,登机时对乘客以姓相称。

(2) 殷勤款待,乘飞机如同做客。

(3) 照顾乘客休息用餐,将饭店服务方式搬进机舱。

(4) 纪念品加优待券,希望你再来光顾。

以上这些及其他各项服务措施,构成新航充满活力的公共关系,使新航在国际航线上赢得了声誉,赢得了顾客,在激烈的国际竞争中胜人一筹。

【问题】

(1) 新加坡航空公司完善服务体现了它怎样的公共关系观念?

(2) 新加坡航空公司何以能胜人一筹?

2. 全面公共关系观念

全面公共关系是通过确立公众为导向的理念,在全民参与、全过程落实、全方位整合的基础上,形成组织内部自觉的、浓厚的公共关系文化氛围的管理途径。

实现全面公共关系观念的前提是领导者重视。公共关系最早隶属于企业的新闻宣传活动和广告宣传活动。随着公共关系职能的提升,公共关系在组织管理中的战略地位正在确立,公共关系已经日益成为组织战略管理的一个重要组成部分。一个组织的领导必须对自己组织的声誉和形象承担直接的最终的责任。领导者应该具备强烈的公共关系意识和优良的公共关系素养,关注组织的公共关系状态,在经营管理中提出公共关系方面的要求,在实际工作中支持和指导公共关系的工作,从而从全局和战略的角度加以协调管理。全面公关的具体要求有三个方面:一是全员参与公关,即组织全体成员都具有公共关系的观念和公共关系素养,并按照公共关系的要求去做好工作。这就需要对各级各类人员进行有针对性的公关观念的普及、公共关系原理的教育、公共关系艺术的培训、公共关系评比和奖励等,从而在组织中形成自觉的、浓厚的公共关系文化氛围。二是全过程落实,即将公共关系观念的要求贯彻落实在组织运行的各个部门和各个环节,将公共关系的经常性工作与组织内部的日常行政、业务、生产工作结合起来,并在有关的规章制度中明确每一部门或岗位对公共关系应负的责任。三是全方位整合,即在整体公关战略的指导下,形成组织的整体发展战略,这就要求通过整合,把组织的形象、关系以及各种传播活动、传播资源统一起来,形成整体优势,发挥组织公共关系的整体作用。

小案例

于细微处见"公共关系"

日本东京一家贸易公司有一位秘书小姐专门负责为客商购买车票。客商中有一位德国大公司的商务经理经常请她购买来往于东京、大阪之间的车票。不久,这位经理发现:每次去大阪,座位总在右窗口,返回东京时又总坐在左窗口。经理问秘书小姐其中有什么缘故,秘书小姐笑着答道:"从东京去大阪时,富士山在您的右边;返回东京时,富士山又到了您的左边。我想,外国人都喜欢日本富士山的壮丽景色,所以我替您买了不同位置的车票。"就是这样一桩不起眼的小事,使这位德国经理大为感动。他想:"在这样一些微不足道的小事上,这家公司的职员都能做得这么周到,那么跟他们做生意有什么不放心的呢?"于是决定大幅度提高同日本公司的贸易额。

无独有偶,法国巴黎有一家里兹大饭店,如果客人在这家大饭店预订了房间,乘出租车去饭店时,车刚在饭店门口停下,就会有看门人及时帮助客人打开车门,待客人下车后,又会马上记下出租车的车号。饭店看门人解释说:"巴黎共有14500辆出租车,如果客人有物品遗忘在车上,这是帮助客人找回遗失物品的最有效、最便捷的方法。"

【问题】 在本案例中,日本的贸易公司、法国的大饭店的做法所体现的公共关系观念是什么?

3. 依存共生观念

依存共生观念是组织处理各种复杂关系时的一种新思维。在现代公共关系观念里,依存共生观念的思想主要体现在组织处理竞争关系、顾客关系和员工关系时,必须将平等互利、共生共赢作为处理各种关系的行为准则。此外,依存共生观念同样也表现在组织处理与各种合作组织的关系以及社区关系之中。

当今,企业越来越需要与其他企业共同发展,既有竞争,又有合作。这包括建立对未来的共识、组织联盟、谈判交易以及处理复杂的关系等多个方面。因此,建立共生关系将更为重要。共生是借自生态学的一种观念,指两种或多种生物相互合作以提高生存能力。在生态系统中,共生系统经常存在于原本可能相互为敌的物种之间。多数传统企业视市场为零和竞争,如同战场一样,有赢家也有输家。他们从不考虑互利或共生关系,所以总想独享所有利润。这种心态使他们无法彼此合作。因为一方有收获,另一方必有损失。共生观念要求企业之间、企业与各类公众之间建立双赢的共生关系,企业想方设法把蛋糕做大,在更多利益的前提下,共享资源,友好合作,形成双赢的结果。①

 小案例

五羊城酒店

广州有家五羊城酒店,店内设施属于中档,收费又不高,但服务水平却达到上乘,他们热情地为顾客服务,让顾客来到这里就像回到自己的家一样。因此,这家酒店受到了顾客高度赞扬。

这家酒店是如何做好服务工作的呢?他们要求每一位员工必须处理好同顾客的关系,为顾客着想,提供服务要热情、周到,富有人情味。如只要顾客来投宿,不管当时是否已经客满,都尽量安排居住。顾客住下后,服务员马上递上一块香巾让顾客净面,沏上一杯热茶

---

① 杨加陆.公共关系学[M].上海:复旦大学出版社,2016:14-24.

让顾客解渴去乏。服务员每天都认真打扫房间，让顾客生活在清洁卫生的环境中。顾客离店时，服务员则帮助提着行李送到门口等。

一次，湖南湘潭市三位女同志深夜来到五羊城酒店投宿。当时已经客满，值班服务员马上把会议室整理出来安排她们居住，并说明可以降低收费标准。部门领导也来到临时客房，亲切问候。服务员又立即递上香巾，沏上热茶，让她们好好休息。她们住了几天后，临走时，服务员帮助提行李到门口，表现出恋恋不舍之情。她们很受感动，说道："我们下次来广州，一定再住你们店！"

凡是在这里住过的顾客，都对五羊城酒店留下了很好的印象。温州个体户中跑广州做生意的比较多。许多温州个体户，每次来广州都喜欢投宿五羊城酒店，因为这里的服务周到、热情。于是，在五羊城酒店的客人中，"回头客"占很大的比重，而这批老顾客又常常带来许多新顾客，使该酒店客源不断。

【问题】 本案例中的五羊城酒店的服务工作，体现出哪些现代公共关系观念？

五、公共关系的人员

（一）公共关系人员的工作任务

1. 制订计划

公共关系人员需要分析组织的内外部环境，来确定组织目标和公众，并制订具有针对性的公共关系计划和活动，甚至包括新闻发布会、特别会展、庆典活动等能吸引公众注意并获得公众认可的特别活动。

2. 写作和编辑

公共关系工作需要实现组织内外部的顺畅交流，因此，公关人员要有较强的文字功底与编辑意识。文字运用能力在新闻报道、宣传册、演讲稿、产品信息和技术资料、内部刊物、股东报告中都是极为重要的。

3. 维护关系

成功的公关人士要善于从组织内外部获取信息，无论是外部的媒体、社区领导人、政府官员、投资者、教育机构、消费者，还是内部的管理层、员工，公关人员都要及时获取信息，并维系这些人员对自身及组织的信任。

4. 收集和发布信息

公共关系人员需要了解媒体的运作规律、各种出版物的专业领域以及编辑的兴趣所在，这样公关人员才能在获取信息的时候尽可能发挥其价值，为组织带来潜在效益，推动组织与媒体建立良性的、可持续的合作关系。

5. 制作

公共关系从业者并不需要一位美术编辑或排版专家，但如果具备了相关的技术背景知识，就能在特别报道、影片拍摄、多媒体项目上一展所长。

6. 演讲

公关人员应具备流利、亲切的表达技巧，能够抓住个人或团体的注意力，既能为别人准备演讲稿,也可以自己进行演讲。

7. 调研和评估

公共关系人员需要花费相当多的时间来进行研究,研究各种事件、组织、公众、机会、竞争、威胁等,然后再将研究成果应用到他们的立场声明、公关计划、传播活动、媒体材料里面。

(二)公共关系人员的素质

所谓素质,单从字面上讲,素即本来、原有的意思,是指构成事物的基本成分;质是指一事物区别于他事物的内存规律性,是由事物内部特殊矛盾规定的。而对人的素质的理解,一般来说又有两种解释:一种是从纯粹生理角度去理解,把人的素质归纳为天赋的生理现象;另一种认为素质是人的性格、魄力、兴趣、精神、气质、水平、能力、学识、经验、风度和文化等后天修养的综合反映。公共关系人员的素质则基本上属于后一种,主要包括政治思想素质、品德素质、科学知识素质以及心理素质等。

公共关系活动是一项复杂、艰巨的系统工程。公共关系从业人员的舞台是全方位、多角度的,能否在纷繁复杂的社会关系网络中应付自如,创造性地开展公共关系工作,在很大程度上取决于公共关系人员的职业素质。"向阳花木易为春",只有具有较高的素质,才能更好地开展公共关系活动,实现公共关系目标。

 小案例

一副脏眼镜毁掉3000万美元

前几年,日本有家大企业准备在上海浦东投资三千万美元,与上海某厂合资,前期准备工作进展得十分顺利,就等着日本企业的总裁和这家厂的厂长坐到一起举行签约仪式了,谁知日本企业的总裁和这家厂长坐下来刚寒暄了几句,就站起身来走了。浦东新区有关方面的领导赶忙追出去问个究竟,这位日本总裁说出了一番"惊天动地"的话来,他竟然说:"你没有看见中方厂长的眼镜上有许多污垢吗?一个连自己眼镜都管不好的人,怎么可能管好我的三千万美元呢?"

【问题】

(1)你认为这位日本老板的话有没有道理?为什么?

(2)结合本案例,请谈谈你对公共关系人员礼仪素养的理解。

1. 优秀的品德素质

良好的道德品质也是公共关系人员必须具备的基本素质之一。公共关系工作是一项塑造形象、建立信誉的崇高事业,要求它的从业人员必须具备优秀的道德品质和高尚的情操。

(1)诚实、守信、公道正派的工作作风

诚实,就是说公共关系工作要实事求是,忠诚老实,这是公共关系工作的职业道德准则,也是公共关系工作的生命。公共关系人员是通过传播的手段来协调组织与公众的关系。因此,公共关系人员一方面无论在何时何地、何种情况下都要以事实为依据,认真准确地进行公共关系调查,收集各方面公共关系信息,为组织提供真实、准确的信息;另一方面也要真实地向各方面公众反映组织的情况,绝不能不顾事实真相进行"讨好式的宣传",夸大其词故弄玄虚,甚至违背事实,散布假信息,这样只能适得其反,造成被动局面,给组织和公共关系人员今后的工作造成恶劣影响。曾经发生过这样一个故事:一位在饭店就餐的顾客发现三鲜汤里有只苍蝇,气愤地责问服务员。公共关系人员闻声起来,二话没说拿起汤勺就把苍蝇舀起来吃了下去,并对顾客说:"先生,大概您看错了吧?这只是一片葱花。"然后让服务员换了一碗汤了事。这位公共关系人员为了维护声誉敢于吃苍蝇,精神固然令人"钦佩",但颠倒黑白、消灭证据、反诬的做法委实不可取。这样不但伤害了顾客的感情,而且会损害组织的形象。正如最早为我国培训公共关系人员的美国公共关系专家露易·布朗所说:"歪曲、耍花招和掩盖事实,是公共关系之大敌。"公共关系人员是组织的代言人,应该做到讲信誉、守信用,他们自身的信誉,直接影响公众对组织的信任度。我们现在有些厂家,在推销商品、做广告时,说得天花乱坠,什么售后服务、保修期、维修站等,而后来实际上并未真正兑现和实施。这样必然会引起公众的不满,甚至会严重地影响组织的形象和声誉。因此,公共关系人员一定要注意自己的言行,要一言九鼎,要恪守信用。

公道正派的工作作风是指公共关系人员在面对公众,和公众打交道时,不论职位高低、不论单位大小,都应一视同仁、平等相待。对人不能以成败论英雄,对事不能以荣辱定是非。比如,举办记者招待会,对到会记者,无论是大报记者还是小报记者,无论是本地记者还是外地记者,无论是国内记者还是国外记者都应热情对待,一视同仁。这样才能使公众对其组织有信任感,才能有利于公共关系工作的开展。

(2) 恪尽职守的工作态度和廉洁奉公的敬业精神

现实生活中,很多人以为公共关系工作轻松潇洒,公共关系人员经常是鲜花、美酒陪伴,出入酒吧、饭店等高级娱乐场所。其实,公共关系工作除了日常繁杂的事务性工作外,更多的是难度比较大,需要花相当多的精力、心力和时间的工作。比如,一些高层次的策划工作、危机公共关系等,有时甚至是一连几个晚上都没有时间闭一下眼的工作。因此,公共关系人员必须具有恪尽职守的工作态度、尽心尽责做好每一项工作。

同时,公共关系工作又要求公共关系人员严格遵守职业道德,廉洁奉公。美国《公共关系协会职业规范守则》第十条规定:"公共关系人员在向客户或雇主提供服务时,在没有充分说明并取得有关方面同意的情况下,不得因这种服务与其他方面有关而接受任何其他人给予的服务费、佣金或其他报酬。"之所以做这样的规定,显然是因为这种情况是会经常发生的。随着经济活动的频繁展开,这种情况在我国也会越来越多地出现。因此,要求我们的公共关系人员必须有一种拒腐蚀、不谋划私利、不徇私情、廉洁奉公的敬业精神。事实上,有些公共关系人员正是因为抵不住这种诱惑、私欲膨胀,做出了有损组织形象和利益的事情,甚至触犯了法律,从而也葬送了自己的前途。

(3) 高度的社会责任感和道德感

公共关系人员是一只脚在组织内,另一只脚在组织外。他们一方面要代表组织和各类公众交往;另一方面还要及时把公众的意见、看法、要求及各种信息反馈给组织,这就需要具有高度的社会责任感和道德观念,把组织利益和公众利益很好地结合起来;把组织利益和社会整体利益结合起来,当组织利益和社会整体利益产生矛盾时,要自觉地、无条件地使组织利益服从于社会整体利益。社会上有许多企业,当他们的产品达不到国际或国内质量要求标准时,尽管产品仍很畅销,但他们仍以高度的事业心和社会责任感,以及对顾客的负责精神,毅然收回所有已销售的产品,并予以全部销毁或重新检修,即使自己蒙受巨大损失也绝不坑害公众,这是公共关系道德准则的最高体现。

 小案例

三鹿奶粉事件

2008年8月2日至9月12日,三鹿集团共生产含有三聚氰胺的婴幼儿奶粉2432吨,已售813.737吨。这些奶制品流入市场后,对广大消费者特别是婴幼儿的身体健康、生命安全造成了严重损害。中国政府投入巨额资金用于患病婴幼儿的检查和医疗救治。

2009年1月22日,河北省石家庄市中级人民法院一审宣判三鹿问题奶粉系列刑事案件,包括原三鹿集团董事长田文华在内的21名被告,分别被处以死刑、死缓、无期徒刑或有期徒刑。

石家庄市中级人民法院于2009年1月12日上午召集三鹿集团债权人举行第一次债权人会议,法院合议庭当场宣读了三鹿集团破产的有关法律文书,发出三鹿集团破产民事裁定书,被申请人三鹿集团因不能清偿到期债务,并且资产不足以清偿全部债务,符合法定破产条件,被依法宣布破产。

【问题】 三鹿集团走向破产的原因是什么?公共关系是否能拯救濒临破产的三鹿集团?职业道德对于公共关系的意义是什么?

 小贴士

《中国公共关系职业道德准则》(节选)

(1991年5月,全国省市公共关系组织第四次联席会议正式通过)

(1) 公共关系工作者应当坚持社会主义方向,自觉地遵守我国的宪法、法律和社会道德规范。

(2) 公共关系工作者开展公关活动首先要注重社会效益,努力维护公关职业的整体形象。

(3) 公共关系工作者在公共关系活动中,应当力求真实、准确、公正和对公众负责。

(4) 公共关系工作者应当努力提高自己的政治水平、文化修养和公关的专业技能。

(5) 公共关系工作者应当将公关理论联系中国的实际,以严肃认真、诚实的态度来从事公共关系学教育。

(6) 公共关系工作者应当注意传播信息的真实性和准确性,防止和避免传播使人误解的信息。

(7) 公共关系工作者不能有意损害其他公关工作者的信誉和公关实务。

(8) 公共关系工作者不得借用公关名义从事任何有损公关信誉的活动。

(9) 公共关系工作者应当对公关事业具有高度的责任感,不得利用贿赂或其他不正当手段影响传播媒介人员真实、客观的报道。

(10) 公共关系工作者在国内外公共关系实务中应该严守国家和各自组织的有关机密。

2. 广博的科学知识素质

广博的科学知识素质是公共关系人员整体职业素质的又一要求。公共关系人员知识体系的完善,需要掌握公共关系专业知识以及相关学科知识,包括个人运用自己的智力对知识加以吸收内化处理的环节。如同蜜蜂采蜜,要善于将各种知识有选择性地输入、储存、加工。相反,杂乱无章的知识堆积,将无助于公共关系工作水平的提高。

(1) 公共关系的基本理念和实务知识

公共关系的基本理念是指导公共关系实践的法宝。它包括公共关系的基本概念、定义及特征;公共关系的产生、发展史;公共关系的主要职能及其在决策管理中的作用;公共关系的工作原则和实施程序;公众的分类及影响方法,类型及设置原则;公共关系从业人员的素质及培训。

公共关系是一门应用性很强的学科。公共关系人员除了掌握基本理论之外,还应熟悉各种公共关系实务知识。公共关系实务知识包括公共关系大众传播与人际传播的种类、特点及传播技巧;公共关系调查分析的方法与步骤;公共关系策划知识;公共关系评估途径与方法;社交礼仪常识;撰写公共关系文书技巧;演讲的运用;专题公共关系实务活动的选择与开展;几种常见的行业公共关系等。

(2) 公共关系的边缘学科知识

公共关系是一门新兴的边缘学科,而且是"聚合型"的边缘学科,因此,它与众多学科之间有着极为密切的相关性。认识和了解公共关系学与其他学科之间的相关性,不仅有助于扩大知识面、开阔眼界,还能加强对公共关系本身更深层次的理解和认识。

与公共关系密切相关的学科有以下几类:现代管理类学科,包括管理学、经济学、市场学、营销学等;语言文字类学科,包括中文写作、新闻学、英文等;社会科学类学科,包括社会学、心理学、法律学等;传播学类学科,包括传播学、媒介学、广告学、动作语言学、组织环境学等。

(3) 有关组织自身的知识

不管是公共关系部还是公共关系顾问公司,在从事公关服务活动中,都必须对自己所属组织或所服务的组织自身做全面的了解,包括组织的从业性质、生产方式、服务特点;组织的长远发展目标和近期工作目的;组织自身的发展史;目前的运作情况;竞争对手的实力;组织内部员工的文化素质;现有的生产能力……对组织情况了解得越多,越能客观全面地分析问题、解决问题。相反,对组织情况一无所知或一知半解,公共关系人员就很难做出符合客观情况的结论和决策。

(4) 开展特定公共关系工作所需要的专业知识

开展特定的公共关系工作所需要的专业知识,主要是指公共关系人员在工作中时常会根据环境的变化和工作的需要,从事某些特定公共关系活动。例如,处理某化工厂与所在社区间因环境污染问题而造成的纠纷,必然要涉及一定的环保知识和某些化工知识;开展某些特定行业的公共关系,包括政府公共关系、军队公共关系、银行公共关系、邮电公共关系、铁路公共关系等行业,也需要相应掌握每个行业的专业知识,这样有助于提高工作效率,获得良好效果。

此外,还要掌握迎来送往的一些基本礼仪和要求,同时,应对一些国家和地方的风土、民情、民俗、礼仪有所了解。据说,曾有一位美国客人当着中国主人的面赞扬对方的妻子如何美丽动人,并赠送她一个精美的维纳斯塑像作为礼物,最后还以亲吻告别。结果中国主人大为生气,骂美国客人不正经,双方不欢而散。如果旁边有一位了解美国风土人情、美国文化背景的公共关系人员加以协调,事情可以友好解决。可见,掌握一定的礼俗和风土人情也是公共关系人员所必备的。

 小案例

入乡不问俗的"仟村佰货"败走羊城

1996年,作为中原劲旅,郑州"亚细亚"集团挟中原商战一枝独秀的威势,决心实施全国战略,北上南下、东征西伐,广州"仟村佰货"应运而生。"亚细亚"的管理者为了南下,从论证到选址,从落成开业到日常运转,各个方面可谓苦心孤诣,欲实现其一年不亏、两年盈利、五年超过广州同行的宏伟构想,但是他们却忽略了入乡需随俗。他们照葫芦画瓢地在"仟村佰货"门前进行升国旗仪式,殊不知久经商家奇招怪式的广州人对升旗反应冷淡;他们对员工进行半军事化管理犯了众忌(广东商家的员工一向以宽松的环境为自豪且自得其乐);还有电梯边的礼仪人员不停地向顾客鞠躬,被认为是日本文化的"移植",广州人不但不领情,反而认为"仟村佰货"的管理者太不人道;他们采用降价措施,想发动商战,却惹怒同行,被同行联名上告。1997年5月的一天,"仟村佰货"没有开门,据说是进行内部整顿。

3. 健康的心理素质

公共关系人员要胜任公共关系工作,还必须具备全面健康的心理素质。全面健康的心理素质主要体现在以下方面。

(1) 执着的自信心和坚强的意志

自信是取得事业成功的基石,自信也是公共关系人员具备健康心理素质的基本要求。一个公共关系人员只有对自己的能力和力量有自信,才能敢于竞争、敢于拼搏、敢于追求卓越。中国人常常出于谦虚,当取得成就时,往往说"我不行""还差得很远"。而美国人却往往非常自信,认为:自己是世上唯一的,所做的事是最好的。正如著名学者卡耐基所说:"你应庆幸自己是世上独一无二的。"法国哲学家卢梭也曾说过:"自信心对事业简直是奇迹,有了它,你的才智可以取之不尽,用之不竭。一个没有自信心的人,无论他有多大才能,也不会有成功的机会。"可见,培养自信心是十分重要的。

建立自信心首先要清楚地认识"自我"。认识"自我"主要应把握好与社会的距离、与他人的心理距离,清楚自己所处的位置、所扮演的角色价值及其实现程度;其次要清楚地认识到所奋斗的目标与现实条件之间的距离,这要通过详细的调查分析,掌握第一手资料。离开对客观现实的了解和掌握,就不会有自信。

意志是克服困难以实现预定目标的一种心理素质,它与自信心是相辅相成的。自信心会培养出坚强的意志,坚强的意志又会强化自信。公共关系工作是开拓性、创造性的工作,必然伴随着一系列困难,要想获得成功,必须磨炼自己百折不挠、勇往直前的韧劲儿,在困难、挫折、枯燥、孤寂面前毫无惧色、勇于战斗,最终才能完成艰巨复杂的任务。郑板桥曾写诗一首:"咬定青山不放松,立根原在破岩中。千磨万击还坚韧,任尔东西南北风。"这正是对意志最形象的描述。公共关系人员若意志薄弱,知难而退或任凭感情支配,是不会做好工作的。

(2) 广泛的兴趣与好奇心

兴趣是人们力求认识某种事物或爱好某种活动的倾向,它影响人们对事情的注意、选择和态度。好奇心较强的人也是易于对人和事产生兴趣的人,好奇心强,才能萌发想象力和创造意识;感兴趣才能使这种想象力和创造性持续下去,进而导致公共关系活动的展开,取得公共关系效应。公共关系人员的好奇心和兴趣是与公共关系职业紧密相连的。

公共关系人员需要与各行各业、各种公众、各种人物打交道,因此,公共关系人员要有广泛健康的兴趣,才能与各类公众有共同的语言区域和接近点,从而产生认同感和亲近感,才能和公众建立密切的关系与友情。兴趣不仅会影响一个人的工作态度,影响他对问题的钻研,甚至会影响他的敏感性。一个人对其所从事活动的兴趣越浓厚,事业心就越强,就越能排除一切干扰,全身心地投入创造性的活动中去。广泛的兴趣还可以使人博采众长,见多识广,善于在复杂的形势和关系中随机应变,使自己的组织立于不败之地。同时,也能团结不同特点的公众,创造一种和谐、愉快的气氛,顺利开展工作。相反,一个对什么也不感兴趣的人,性情木讷、反应迟钝,他的信息必然枯竭,他的思想必然僵化,他的生活必然乏味,他的工作也必然毫无生气。

(3) 良好的情绪与宽广的胸怀

良好的情绪是指乐观向上的稳定的情绪,这种情绪往往受人喜爱。公共关系人员在与公众交往时要像一团火,要富于感染力,要保持充沛的精力和热情。这样,人们会感到因为有了你而感到愉悦、兴奋、安定,充满生机和活力。同时,在保持这种乐观向上的情绪时,还要学会善于控制情绪,即使在自己受到委屈和痛苦时,也不能因此而给别人带来不快。如果不善于控制自己的情感,动辄狂喜、暴怒或极度忧伤,情绪波动,不稳定,就会使自己的言行失去理智控制,造成失误,甚至使长期的努力毁于一旦,即使再花十倍的努力也难以挽回局面。

胸怀与情绪在心理素质上是相通的,良好的情绪往往和宽广的胸怀有关。豁达大度,与人交往不计较一时一事的得失,能容忍别人与自己不同的意见、看法和习惯,不仅是良好的交友之道,也是公共关系人员必备的素质之一。大千世界,无奇不有,公共关系人员要同各种各样的公众交往,要为组织建立和协调上下左右、四通八达的关系网络,就必须具备这种"大肚能容,容天下难容之事,开怀一笑,笑世间可笑之人"的容人之道和宽广胸怀。老子曾说过:"容则大,大海不择细流,故能成其大;高山不择土壤,故能遂其高。"我们公共关系人员必须具备这种宽广的胸怀,在与公众交往时,善于关怀别人、体谅别人,求大同、存小异,遇事多为别人着想,多从别人角度考虑问题,这样才能加强与公众的理解和谅解,才能朋友遍天下,才能做好公共关系工作。

小故事

善于调控情绪的林肯

第16届美国总统亚伯拉罕·林肯出生于一个鞋匠家庭,而当时的美国社会非常看重门第。林肯竞选总统前夕,在参议院演讲时,遭到一个参议员的羞辱。这位参议员说:"林肯先生,在你开始演讲之前,我希望你记住,你是一个鞋匠的儿子。"

那位参议员的目的就是要打击林肯的自尊心,好让他退出竞选。

此刻,人们都沉默了,静静地看着林肯,听他会说些什么话来反击那位议员。林肯听了极为愤怒,但是他很快平静下来。"我非常感谢你使我想起我的父亲,"林肯说,"他已经去世了。但我一定会记住你的忠告,我知道我做总统无法像我父亲做鞋匠那样做得那么好。"

众人不约而同地为林肯鼓起了掌。

林肯转过头,对那位傲慢的参议员说:"据我所知,我的父亲以前也为你的家人做过鞋子,如果你的鞋子不合脚,我可以帮你改正它。虽然我不是伟大的鞋匠,但我从小就跟父亲学到了做鞋子的技术。"

接着,林肯又对所有的参议员说:"对参议院的任何人都一样,如果你们穿的哪双鞋是我父亲做的,而它们需要修理或改善,我一定尽可能帮忙。但是,有一件事是肯定的,我无法像他那么伟大,他的手艺是无人能及的。"

说到这里,林肯流下了眼泪。而此时,所有的嘲笑都化为真诚的掌声。

后来,林肯如愿以偿,当上了美国总统。

(4) 高雅的气质和开朗的性格

气质是人的一种典型的、稳定的心理特点,这些特点以同样的方式表现在各种活动中,有人称气质为"固态表情"。气质是一个人一生经历的凝固,是岁月流逝的痕迹和记录。《三国志》上曾记载,有一次曹操要接见匈奴使者,自认为容貌丑陋而不能扬威国外,而让别人代替他。他自己则执刀于王坐榻旁站立守护。接见完之后,他派密探到匈奴使节那里去探听反应,匈奴使者说:"魏王确实貌相非常,但是气宇轩昂的是站在旁边执刀守护的那个卫士,他才是真正的英雄气度啊!"可见,气质是长期社会实践的一种凝练,在交际中具有非常重要的作用。公共关系人员在长期的公共关系实践中,应注意不断克服自己气质中的弱点,注意发挥培养类似于热情、高雅、敏捷、坚定、整洁、稳定、落落大方、善解人意等气质方面的优点。

性格也是人的个性心理特征的重要方面,是人们对待他人和外界事物的态度与行为方式上所表现出来的特点,它和气质往往是相通的。心理学家一般把气质分为多血质、胆汁质、黏液质和抑郁质四种类型。认为多血质和胆汁质为外向型性格,黏液质和抑郁质都多为内向型性格。一般认为,外向型性格较适宜于搞公共关系工作。不过,性格本身都具有互补性,外向型的公众未必都喜欢外向型的公共关系人员,关键是要把握好分寸,一方面要积极交往;另一方面又要注意善于控制,切忌举止咄咄逼人、言语夸夸其谈。总之,要注意让自己的性格服从于工作的需要,而不是工作服从于你的性格,这样,才能开展好公共关系工作。

4. 全面的能力结构

能力是人们通常所说的"才能"或"本事",即人们运用知识和智力成功地进行实际活动的本领,是人的基本素质和智力因素在各种不同条件下的综合表现。公共关系人员应具备多方面的综合能力。

(1) 组织协调能力

公共关系工作是一项有计划、有步骤的活动。公共关系人员在从事每项公共关系活动时,需要做大量的事务性工作:收集整理有关信息、协调各方面人员、负责实施相应的计划、组织领导每一项具体活动、随时控制整个工作过程、及时进行调整和修正、处理应急事件等。诸多千头万绪的繁杂工作,要求公共关系人员必须具备较强的组织协调能力,尤其对一些重大的专题活动更需要做到计划周全、安排合理,以保证活动有条不紊地进行。

组织领导及协调能力的培养是多方面的。首先,要掌握与人合作的工作方法,善于听取别人的意见,注重调动和激发下属的积极性,人尽其用,充分发挥各自的才能。其次,判断和决策必须果断明确、指挥有方,同时善于协调各方面的关系,同心协力,共同致力于公共关系目标的实现。最后,应熟知一些常见活动的组织方法。比如,主持会议的程序,搞专题活动应做的筹备工作,处理应急事件应注意的事项等。只有熟练掌握公共关系的工作技巧与方法,才有可能充分发挥组织协调能力,否则将事倍功半、效率低下。

小案例

公司巧渡难关

某公司成立以来,事业可谓蒸蒸日上。但因受国际上恐怖活动的影响,今年的利润却大幅滑落。董事长知道,这不能怪员工,因为大家为公司拼命工作的情况,丝毫不比往年差,甚至可以说,由于人人意识到经济的不景气,干得比以前更卖力。这也就越发加重了董事长心头的负担,因为马上要过年,在往年,年终奖金最少发三个月的工资,多的时候甚至再加倍。今年可惨了,算来算去,顶多只能给一个月的工资做奖金。

"这要是让多年来已被惯坏了的员工知道,士气真不知要怎样滑落!"董事长忧心忡忡地对总经理说,"许多员工都以为最少会发两个月工资数额的奖金,恐怕飞机票、新家具都订好了,只等拿奖金就出去度假或付账单呢!"

总经理也愁眉苦脸地说:"好像给孩子糖吃,每次都抓一把,现在突然改成两颗,小孩子一定会吵。"

"对了!"总经理突然触动灵机,"你倒使我想起小时候到店里买糖,总喜欢找同一个店员,因为别的店员都先抓一大把,拿去称,再一颗一颗往回减。那个比较可爱的店员,则每次都抓不足重量,然后一颗一颗往上加。说实在话,最后拿到的糖没什么差异,但我就是喜欢后者。"总经理有了主意。

没过两天,公司突然传来小道消息——"由于营业不佳,年底要裁员,上层正在确定具体实施方案"。顿时人心惶惶了。每个人都在猜,会不会是自己。最基层的员工想:"一定由下面杀起。"上面的主管则想:"我的薪水最高,只怕从我开刀!"但是,不久之后,总经理就宣布:"公司虽然艰苦,但大家在同一条船上,再怎么危险,也不愿意牺牲共患难的同事,只是年终奖金,可能没法发了。"听说不裁员,人人都推掉被压在心头上的一块石头,那不致卷铺盖的窃喜,早胜过了没有年终奖金的失落。

眼看新年将至,人人都做了过个穷年的打算,取消了奢华的交往和昂贵的旅游计划。突然,总经理召集由各单位主管参加的紧急会议。看主管们匆匆上楼,员工们面面相觑,心里都有点儿七上八下:"难道又变卦了?"

是变了卦!没几分钟,主管们纷纷冲进自己的单位,兴奋地高喊着:"有了!有了!还是有年终奖金,整整一个月的,马上发下来,让大家过个好年!"

整个公司大楼,爆发出一片欢呼,就连在顶楼办公的总经理似乎都感觉到了地板的"震动"。

【点评】 从上例中不难看出,总经理的一个奇思妙想,在帮助企业渡过难关的同时,也保持了高昂的士气。除此之外,我们还发现,不管是流言、小道消息还是正式宣布,这一切都是组织安排好、丝丝入扣的,其中任何一个环节失败都会使这一计划失败。所以,好的创意如果没有较强的组织能力作为保障,永远只能停留在创意阶段。

(2) 表达传播能力

表达传播能力主要是指口头表达与书面表达两大能力。能写会说是公共关系人员应该掌握的两项最基本的传播技巧。

小故事

但津博士给雷纳尔教授的电报

雷纳尔教授是一位研究心脏移植的专家,但津博士是他的助手和搭档,两人多年来配合默契,成就斐然。雷纳尔教授回家乡法国里昂探亲时受到里昂市市长的诚恳邀请,希望他能留在里昂从事心脏移植研究,并承诺为他建造一所条件超过美国的实验室。雷纳尔教授久居他乡,十分思念故土,也想用自己所学的知识报效祖国,所以他当场就答应了市长的邀请。然而,就在当天晚上,他接到但津博士的电报,整页电报只有一句话:"一颗活着的心脏跳动在玻璃瓶里等您回来呢!"就是这句话促使雷纳尔教授不顾与市长的约定,立刻果断地回到美国的实验室。雷纳尔教授的行为完全在但津博士的意料之中,因为他深知,活的心脏,对研究心脏移植的专家雷纳尔的吸引力远大于任何物质的诱惑。可见,但津博士已经掌握了说话的奥秘:要用打动人心的语言与人沟通才能达到最佳的沟通效果。

公共关系人员在工作中,常常要撰写通讯、新闻稿件,拟订工作计划与活动方案,编纂企业简报和年鉴,撰写公文、贺词、柬帖、通知等公共关系文书。因此,公共关系人员必须具备良好的文字功底和写作技巧,这就需要熟练地掌握一些常用文体的书写形式和撰写技巧,文字表达的准确性、简洁性、生动性等规律,力求在全面、客观、真实的基础上,突出重点,加强趣味性和可读性,吸引各类社会公众,达到传播的目的。

口头语言表达能力要求公共关系人员必须掌握说话的艺术。公共关系人员与公众接触的机会较多,应充分利用一切交际场合,发表适时适地的演说,向社会公众传播信息、沟通感情、施加影响,使公众建立起对本组织良好的信誉和形象,为组织发展创造有利的舆论环境。为此,公共关系人员应充分掌握说话技巧,注意语词、语气、节奏的运用,把握好说话的分寸和时机,并利用"动作语言"传达感情、表露心绪,从而提高自身表达能力和传播效果。

小案例

一句唐诗减税千金

法国是盛产葡萄酒的国家,有较高的酿酒技术和鉴别能力,因此想打入法国的葡萄酒市场是很困难的。若干年前,四川农学院留法研究生李华博士经过几年的努力,终于使中国内地的葡萄酒奇迹般地打入法国市场。可是,当中国内地葡萄酒从我国香港地区转口时,港方说:土酒征80%的关税,洋酒征300%的关税,中国内地的葡萄酒要按洋酒征税。面对这种艰难的局面,李华博士吟出"葡萄美酒夜光杯,欲饮琵琶马上催"的唐诗诗句,并解释说,这说明中国唐朝就能生产葡萄酒了,唐朝距今已有1000多年了,英国和法国生产葡萄酒的历史恐怕要比中国晚几个世纪吧!香港地区的相关工作人员无言以对,只好承认中国内地的葡萄酒是土酒(自己国家生产的),只收80%的关税。

一句唐诗减税千金,这说明口头语言表达能力是多么重要啊!

(3) 社会交往能力

公共关系人员素有"企业外交家"之称,这主要是由于公共关系人员肩负着为本组织建立良好的社会关系网、创造良好的工作环境的职责,需要经常参加或组织各种社交活动,广交朋友、善结人缘。因此,公共关系人员必须具备较强的社会交往能力。

所谓社会交往能力,即在社交活动中跟人相处、打交道的能力。良好的社会交往能力主要表现在特别善于外交辞令而讨人喜欢,能快速有效地与交往对象建立起亲密融洽的人际关系等。同时还体现在通晓交际礼仪、掌握人际交往的技巧、恰到好处地运用交际手段去实现公共关系目标等方面。

可以说,公共关系人员只有具备了较强的交往能力,才能潇洒自如地走向各种社交场合,更好地施展自己的魅力和才能,更有效地推销组织形象,组建畅通无阻、四通八达的社会关系网。如果缺乏较强的交际能力,就会人为地在自己与社会、与周围环境、与别人之间设置一道心理屏障,保留一定的距离,从而不能很好地获取各种公众了解和支持的信息,就难以完成公共关系人员承担的"架桥铺路"的职责。可以说,是否具备善于与人交往的能力,已成为衡量一个公共关系人员能否适应现代社会需要的标准之一。

小案例

善于交际的小芳

一个星级宾馆的公共关系部经理小芳,在得知某日本大公司驻上海办事处正在为预订300人的大型宴会场地而发愁后,决定主动与之交往,做成这笔不小的生意。据悉,该公司的董事长、总经理等日方高层人物将去广州访问,行程包括上海。在上海访问期间,日方访问团将答谢上海有关方面的人员,该宴会就是为此而准备的。本来,在接到日本总部的指令之后,该公司驻上海办事处的代表已在上海的一家著名饭店预订了席位。但是,他们对该饭店不是十分满意,想寻找更好的宴会场所。日方代表的这一意向被小芳知悉,她准备用一种特殊的交往方式让日方代表将宴会地点改在自己所在的宾馆。为此,她托人从无锡带来一对包装精美的泥塑"乌龟",并带着这一特殊的礼物直奔日方驻上海办事处代表的办公室。小芳先进行了一番自我介绍,并把宾馆以及宴会厅的有关资料交给对方,还热情邀请对方实地考察,当然,不忘把那包特殊的礼物留下。看到小芳的热情、大方,令人折服的交往能力和得体的特殊礼物,对方爽快地将宴会举办地改在了小芳所在的宾馆。后来,日方代表团对宴会非常满意,对日方驻上海代表处的明智选择也大加赞赏。

原来,小芳对日本文化十分了解,日本人特别喜爱乌龟,认为它是长寿的象征,所以,这个礼物被对方欣然接受。小芳完全凭着自己的经验和才智做成了这笔生意。

较强的社会交往能力对于有效地开展公共关系工作是必不可少的。公共关系人员在交际中要注意下列一些基本问题。

① 明确社交目的。公共关系社交的直接目的是树立组织的良好形象,不仅要注重社会效益,还要注重本组织的经济效益。组织与公众通过正当社交可创造良好的人际环境,而公共关系社交与一般个人的社交是有区别的。

② 注意社交形象。公共关系人员充当着两种角色,既是企业代表又是具体个人,因此,公共关系人员的形象,在一定意义上也代表组织的形象,公共关系人员形象的好坏将直接关系到组织的形象优劣。公共关系人员要时刻记住自己是组织的人,举手投足之间代表的是组织。公共关系人员要努力做到遵守社会道德,注重社会礼仪,讲究社交方式,为本组织树立良好的社会形象。

③ 开拓社交面。开拓社交面就是要扩大外部公众的数量和范围,广泛结交朋友,提高组织的知名度和美誉度,促进组织公共关系的改善和发展。有些敌对面往往是由于社交面没有展开所造成的,由于彼此不了解,按照先入之见形成对立面。扩大社交面甚至还可以把敌对公众转化过来,成为组织的有利公众。要想在社交过程中获得理想效果,就需要既注意在交往内容上真诚平等、互利互惠,又注意仪表、谈吐、礼貌等礼仪。这样,既与交往对象以诚相见,又从心理上获得对方的认可、联络感情、产生共鸣,从而不断拓宽组织的社交范围,建立起组织与公众沟通的社会关系网络。

④ 控制人际距离。人类学家霍尔提出,在人际交往中有四种人际距离,即亲密区、熟人区、社交区和疏远区。在人际交往中,各人应根据自己的角色来选择和保持适当的人际距离,否则就会引起他人的不适和反感。比如,亲密区是相恋的人、家庭成员和莫逆之交等关系最为亲密的人才可以涉足的,这一区域的距离一般为 0~45 厘米;熟人区的距离一般为 45~72 厘米;社交区为 72~120 厘米;疏远区一般为 120 厘米以上。作为公共关系人员,一定要善于控制这些不同的距离。在公共关系场合,一般要和对方保持在社交区,有时甚至需要保持在疏远区。根据这四种不同的距离,人际交往中相应地就有四种与自我有关的反映开放程度的区域,即开放区、秘密区、盲目区和未知区。公共关系人员要适当地扩大自己的开放区。

小案例

创造融洽的交谈气氛

1971 年 9 月,基辛格为尼克松总统访华一事前来谈判。当时中美关系冷冻了二十几年,刚开始有些微妙变化。美国代表时时猜测着周总理会以什么样的态度对待他们,当周总理出现在美国代表团面前时,美国人都不免有些紧张。周总理会意地微笑着,伸手与基辛格握手,并友好地说:"这是中美两国高级官员二十几年来第一次握手。"基辛格一一将自己的随员介绍给周总理。"这是约翰·霍尔德里奇。"基辛格指着一位大高个的人说。周总理握着霍尔德里奇的手说:"我知道,你会讲北京话,还会讲广东话。广东话连我都讲不好,你在香港学的吧?"基辛格介绍斯迈泽:"理查德·斯迈泽。"周总理握着斯迈泽的手说:"我读过你在《外交季刊》上发表的关于日本的论文,希望你也写一篇关于中国的。"洛德没等周总理开口,自报姓名"温斯顿·洛德"。周总理握住洛德的手:"小伙子,好年轻。我们该是半个亲戚,我知道你的妻子是中国人,在写小说。我原来读过她的书,欢迎她回来访问。"

在这次接见中,周总理熟记了美国代表团每位成员的名字及背景材料,对他们分别做了恰如其分的赞美,调节了气氛,美国人紧张的心情为之放松,隔阂被打破,交谈在融洽的气氛中进行。

(4)策划创新能力

公共关系活动讲究借势、造势。公共关系人员要根据环境的态势、企业的要求设计出新颖独到、令人耳目一新的公共关系活动,才能引起公众对企业及其产品的关注,这就需要公共关系人员具有较强的策划创新能力。

"创新"原意是指首创前所未有的事物,但对于公共关系人员来说,主要是指能设计、开展有助于组织塑造形象的活动,使公共关系工作充满"生机与活力"。在公共关系活动中,公共关系人员要敢于想别人没有想过的事,敢于做别人没有做过的事,要敢于突破常规并大胆设想,要勤于思索、刻意求新。

 小案例

创意:化被动为主动

美国实业界巨子华诺密克参加了在芝加哥举行的美国商品展览会,遗憾的是他被分配在一个极偏僻的角落,这个角落是很少有游客光顾的。因此,为他设计摊位布置的装饰工程师萨孟逊劝他索性放弃这个摊位,等待明年再来参加商品展览会。华诺密克却回答说:"萨孟逊先生,机会要靠自己去创造,不会从天而降。"华诺密克随即向他的公共关系部求援。公共关系人员了解到他的处境和要求之后,召开会议,最后得出一条妙计:设计一个美观且富有东方色彩的摊位。萨孟逊不负所托,果然为他设计了一个古阿拉伯宫殿型的摊位,摊位前面的大路,变成了一个人工做成的大沙漠,使人们走到摊位面前,就仿佛置身于阿拉伯一样。华诺密克对这个设计很满意,他让雇用的200多名男女职员全部穿上阿拉伯的服装,并且特地派人去阿拉伯买回6只双峰骆驼来运输货物。他还派人定做了一大批气球,准备在展览会开始时使用。这一切都是秘密进行的,在展览会开幕之前,不许任何人说出去。这个阿拉伯式的摊位设计引起了参加展览会的商人们的兴趣,不少报纸、电台的记者都报道了这个新奇的设计。这些报道引起了市民们的注意。展览会开幕式的那天,有很多人都怀着好奇的心情前来参观。这时,展厅内升起无数个彩色气球,升空不久,便自动爆破,落下来一片片印有一行很美观的小字的胶片,上面写着:"当你拾到这小小的胶片时,亲爱的女士或先生,你的好运气就开始了,我们衷心祝贺你。请你拿着这胶片到华诺密克的阿拉伯摊位去,换取一份阿拉伯的纪念品。谢谢!"这消息马上传开了,人们纷纷挤到华诺密克偏僻的摊位,而冷落了那些开设在黄金地段的摊位。第二天,芝加哥城里又升起许多华诺密克的气球,吸引了更多的市民前来。

45天后,展览会结束了。华诺密克做成了2000多笔生意,其中有500多笔是超过100万美元的大生意,他的摊位成为展览会中顾客光顾最多的摊位。

公共关系人员应具备的策划创新能力一般表现在两方面:一是善于思索。公共关系人员应养成勤于思索的习惯,善于寻找开展公共关系活动的最佳时机,选择公共关系活动的最佳形式。二是刻意求新。公共关系活动最忌讳因循守旧、墨守成规、照葫芦画瓢。因为,公共关系人员要经常同社会各行各业公众打交道,而公众又是最易于变化的因素,所以,在开展公共关系活动时,绝不能只踏着别人的脚印亦步亦趋,更不能仅仅做一个组织的"传声筒"。必须具备较强的创新能力,以自己丰富的想象力和创造力去影响组织的决策层,并感染公众,这样才能有所创新,闯出自己的路子。

 小案例

碧浪冲击吉尼斯

1999年国庆节前夕,一件高40.6米、宽30.8米、重达930千克的大衬衣,在北京的东二环路附近一家大楼上悬挂起来,该衬衣约有12层楼高。这件衬衣在此悬挂了半个月,吸引了大量路人的目光。这是爱德曼国际公关公司为美国宝洁公司策划的一次重要的媒介事件。宝洁公司的碧浪洗衣粉是其旗下著名的品牌,如何让中国公众接受它呢?为此,爱德曼国际公关公司绞尽脑汁,想出了这样一个用大衬衣冲击吉尼斯世界纪录的活动。这件大衬衣的布料,足以缝制2350件普通衬衣,衬衣上还印制有"全新碧浪漂渍洗衣粉"的字样,其中红色的"碧浪"两字高5.9米、宽9.8米,非常醒目。更妙的是,这件大衬衣在悬挂了15天以后,经风吹雨淋和空气污染变得非常肮脏,在大衬衣的揭幕仪式上,还有一些嘉宾将更难洗净的墨汁泼在衬衣上。7月23日,宝洁公司用全新的碧浪洗衣粉,洗净了这件衬衣,使新推出的碧浪洗衣粉一举成名。爱德曼国际公关公司策划的这次媒介事件,其意义并不仅仅在于打破吉尼斯世界纪录,更主要的是要使中国的消费者认识碧浪洗衣粉。他们首先用大衬衣冲击吉尼斯世界纪录吸引公众的视线,引起新闻媒介的广泛报道;其次再通过洗净如此肮脏的衬衣,强化碧浪洗衣粉的功效,在市场上产生强大的冲击力。

(5) 应变与自控能力

应变能力是指应付情况突然变化的能力。公共关系人员在工作中,常常会遇到一些令人尴尬的事件和场合,甚至可能发生意外。当这种情况发生时,能否使自己处变不惊,能否使自己在不利的形势下扭转局势,以自己的语言或行动挽救可能出现的,甚至已经出现的失误,这就看公共关系人员是否有灵活的头脑、冷静的思考、果断的措施以及技高一筹的应变能力。

 小案例

经理的应变

有一个餐馆素以代办喜庆宴席享有盛名。一次夜晚,正值餐馆内十分热闹之时,突然停电,屋内顿时漆黑一片。宾客正觉惊愕和扫兴之时,只听得餐馆经理高声道:"各位来宾,下一个节目新郎与新娘为大家点燃蜡烛,让我们鼓掌,感谢新郎、新娘,感谢他俩亲手为大家献上一片光明!"话毕,服务员呈上烛台十余盏。全场欢声如雷,胜似当初。自此之后,这家餐馆喜庆宴席上,便真的有点蜡烛这一节目。可见,这位经理具备了很强的应变能力。

自控能力是指一个人自我控制自己情绪和感情的能力,公共关系人员在与公众打交道时,特别是当有的公众平白无故地指责你和你的组织时,你能否做到心平气和、宽容大度地听取公众的指责、批评和建议,这就看你是否有很强的自我控制能力。

 小案例

客人的评价

据说,有一家宾馆来了几位美国客人,或许是因为不了解中国,或许是对中国抱有某种偏见,他们无论对宾馆的客房设备还是对宾馆的饭菜质量,都过于挑剔,在5天的住宿时间内,他们几乎每天都要打电话给宾馆的公共关系部,反映这个问题或那个问题。开始时,对宾客反映的问题均能做出回答和解释。可是,接二连三的电话以及毫不客气的指责语言,终于使宾馆公共关系部的接待人员耐不住性子了。当那几位美国客人要离开宾馆回国,他们又拿起了电话打给公共关系部说:"我们这几天要求您解决的问题,您一件也没解决,真是太遗憾了。"听到这句话,那位公共关系部的接待人员也反唇相讥:"倘若你们以后再来中国,就请到别的饭店去体验一下吧!"于是一场舌战在电话里爆发了。当那些美国客人离开这家宾馆以后,客房服务员在他们住过的写字台上发现了一张纸条,上面用英文写着:"世界第一差。"由于这位公共关系部接待人员缺乏自控能力,使该宾馆的形象受到了损害。后来,这位接待人员离开了公共关系部,该宾馆的领导对他的评价是:"毫无自控能力,不适合从事公共关系工作。"

合格的公共关系人员必须具备良好的自控能力,必须时刻意识到自己是组织的代表,自己的一举一动关系到组织的声誉,自己的责任就是以真诚的服务来树立组织的良好形象,这样,才能做到以自己的冷静平息对方的不冷静,以自己的和颜悦色和微笑服务消除对方的指责和怒气。

应变和自我控制能力不是与生俱来的,是在实践中不断培养的。首先,公共关系人员要注意培养自己博大的胸怀、高瞻远瞩的精神境界,做到凡事冷静观察、细致分析、从长计议,不为小事所扰,不为小利所诱,不为小人所恼,其自控和应变能力就会随之提高。其次,要培养自己临危不惧、处变不惊的心理素质。公共关系人员应该懂得,万事万物之中,变是绝对的,不变是相对的,巨变是必然的,微变是随时的。懂得了这一点,在接触到某件事情时就会做好承受各种变化,甚至是突然的、灾难性变故的思想准备。当变化真的发生时,就会将变化引起的心理震荡降到最低限度,就会冷静地在变化中做出最佳的前景选择。最后,要多进行发散性思维训练,这种思维训练的要点就是给自己提出一个问题,然后随意探索与之相关的可能性答案,由此得出的答案越多、越特别,就越好。坚持进行类似的思维变通训练,就会为公共关系活动中迅速反应突然变故、妥善解决突然变故打下良好的基础。

(6)专业技术操作能力

公共关系人员除了应具备上述能力外,还应该相应地具备一些具体的专业技术操作能力。比如,美工、摄影、编辑、采访、翻译、印刷、广告设计、录音、录像、市场调查与预测及民意测验等。对于一个公共关系人员来说,虽然不可能完全精通所有的专业技术,但应大体上有所了解,并精于一项或几项。这样,在开展公共关系活动时,才能使公共关系人员在发挥各自优势的基础上,实现多种技能的互补,从而使公共关系机构正常、高效地运转起来。

 小贴士

一个理想的公共关系人员应具备哪些素质

(采访公共关系专家哈乐德·伯森)

今天的公共关系业务活动范围非常大,以至于很难对所有从事公共关系工作的人员制定出一套具体的规范。但一般来说,就我所认识的成功的公共关系人员来看,我觉得他们一般具有以下几种重要特质。

(1) 他们非常聪明、灵活,学习速度很快,只会提出正确的问题,一眼看上去就会给人带来信赖感。

(2) 他们知道如何与人融洽地相处。他们和其老板、同事及下属合作得很好,也能同他们的客户和像新闻媒体以及供货商这样的第三方良好协作。他们的情绪即便是在压力之下,也都非常稳定。他们经常用的说法是"我们",而不是"我"。

(3) 他们充满活力与动力,这种动力也包括创造解决问题的办法。他们不需要任何人来告诉他们下一步该做什么,凭直觉他们就知道该怎么做。他们不怕从头做起。对他们而言,从头做起更是一种挑战和机会。

(4) 擅长写作,能以一种具有说服力的方式清楚地表达他们的想法。

案例讨论

IBC公益计划——2013"人·沙·敦煌"沙裸艺术活动

一、案例介绍

项目简介

公共关系行业作为一个创意产业,在通过创意帮助各企业践行CSR(企业社会责任)、提升品牌美誉度的同时,对解决社会问题同样有着义不容辞的责任。带着这种责任感,2013年5月,中国国际公共关系协会与森博公关集团联合主办,发起了"IBC公益计划"。

IBC(Idea Beautify China,创意美丽中国)公益计划旨在用极具创意的艺术活动,呼吁公众关注自然环境保护、文化生态保护、社会留守儿童等公共话题。IBC不仅是一次活动,更是一种呼吁大家利用自身优势向善的理念。

项目背景

2013年,IBC公益计划聚焦文化生态保护问题,重点关注"敦煌文化生态保护",将敦煌作为"创意美丽中国"大型公益活动的第一站。

敦煌壁画,距今已有2000多年历史,是中华文明的瑰宝。今天,随着环境的破坏,正面临着消失的危险!

在敦煌莫高窟,壁画霉变、腐蚀、脱落的情况十分普遍,例如156窟原有墨书《莫高窟记》,在20世纪60年代仍依稀可见,但现在已经看不到了。敦煌研究院早前的调查结果称,敦煌莫高窟4.5万平方米的壁画中,有20%受到不同程度的损坏。

而最新的统计显示,在敦煌莫高窟目前存有壁画、彩塑的492个洞窟中,一半以上的壁画和彩塑出现了起甲、空鼓、变色、酥碱、脱落等病害。

千年彩绘的褪色、剥落,窟墙的腐蚀、风化,正对敦煌莫高窟构成前所未有的威胁。有考古学者曾感叹说,敦煌莫高窟的衰颓与毁坏速度惊人,正以"比古代快100倍的速度走向死亡"。

全球10处将消失的美景中,国内敦煌莫高窟唯一上榜。

我们该如何通过IBC公益计划,呼吁人们关注敦煌莫高窟的消亡,从而发动全社会的力量,保护敦煌莫高窟的文化瑰宝呢?

项目调研

敦煌研究院研究人员的一项模拟试验表明,相对湿度反复上下起伏,是造成洞窟常见病——酥碱的主要原因。"二氧化碳长时间滞留窟内以及窟内相对湿度增加,空气温度上升,都有可能侵蚀壁画,加速已有病害的发展。"敦煌研究院的负责人表示,"虽然旅客过多对壁画的损害短时间内看不出来,但会加速对壁画的损害这一点是非常肯定的。"

小结:二氧化碳和空气温度,是敦煌莫高窟壁画消亡的两大祸首。而日益增多的游客量,成为敦煌莫高窟的致命杀手。

对于风沙的侵害,或许难以在短时间内得到有效改善;但对于人为的破坏,却可以通过公益活动,唤醒人们的保护意识,从而起到有效的保护作用。

因此,我们的IBC公益计划,将针对敦煌莫高窟的游客而展开。

项目策划

根据专家研究,在人流量不断增大的情况下,戴口罩是目前现实环境中保护敦煌莫高窟的最有效措施。

因此,我们需要一个呼吁游客戴上口罩进行参观的活动。

除此之外,如果把敦煌的这些文化遗产看成一个人,水草树木就是她们抵御寒冷、抵御风沙的衣服。在历史演绎的过程中,敦煌文化的防护——她们的衣服,在一件一件被剥掉。失去"衣物"的抵挡,在风沙漫天的环境中,面对沙尘、寒风的侵袭,她们不停地颤抖、战栗着……满身病痛的敦煌文化,正在发出生命消亡前的最后嘶鸣:快来救救我吧……

然而,敦煌文化所遭遇的这种痛苦,离普通人的生活又太遥远,绝大多数人都难以感知到!

如何运用最具冲击力的创意表现形式,引发社会的高度关注?

发起一场"口罩会议"将"口罩"的元素在活动的启动会上进行无限放大,举办一场人人都戴着口罩的发布会!

"人·沙·敦煌"沙裸艺术活动:失去"衣物"的敦煌莫高窟,就像是被剥光了衣服的人被遗弃在寒风凛冽的沙漠中一样。我们通过在人体上彩绘莫高窟的相关元素,并将其置身于敦煌的沙漠中,以种种痛苦、抗争的肢体语言,暗喻敦煌莫高窟壁画的悲惨境遇。

项目执行

1. 名家助阵

(1)邀请艺人公益大使闫妮全程参与、支持活动。

(2) 中国国际公共关系协会常务副会长兼秘书长赵大力代表中国国际公共关系协会加盟 IBC 公益计划。

(3) 众多志愿者加入 IBC 公益计划：中国摄影家协会副主席、著名军旅摄影家张桐胜，森博公关志愿者赵刚与名模赵媖樨拍摄沙裸艺术。

2. 层层推进

(1) 北京"口罩会议"——启动 2013"人·沙·敦煌"沙裸艺术活动，最大限度地减少二氧化碳的呼出量，将是游客观光敦煌莫高窟时可采取的直接保护措施。通过一场佩戴口罩的启动会，全国招募公益志愿者，表明公益主张，呼吁社会各界参与活动。国内著名艺人闫妮，作为公益行动大使，出席现场活动发出倡导。

(2) 敦煌 2013"人·沙·敦煌"沙裸艺术活动组织一支包括新闻媒体记者、专业摄影师、公益志愿模特、彩绘师、化妆师在内的拍摄团队。拍摄期间，整合强势媒体资源，覆盖五大门户网站，进行多角度的报道；公益大使闫妮参与其中。

——敦煌之美：以此主题，摄影师记录下敦煌之行的秀美风光。

——敦煌之痛：以此主题，摄影师的镜头中，彩绘模特将用身体语言，哀怨、痛苦、无助、惨遭踩踏的表情，展示敦煌莫高窟惨烈的生态环境。

(3) 北京"留住敦煌"——敦煌沙裸艺术影展以一场现场感十足的敦煌沙裸摄影展，重温现场，扩大影响力，传递公益主张，为本次"人·沙·敦煌"沙裸艺术活动画上完美的句号。

项目评估

——IBC 公益计划启动仪式召开首周，实现平面、网络、电视、视频、微博、微信媒体全方位连续报道；搜索覆盖 IBC 公益计划、敦煌沙裸艺术、壁画保护等多个关键词信息；覆盖行业首个创意公益、外媒关注、登上纽约时代广场等多角度内容；引发各大主流媒体高度关注，具有极强的话题性……

——百度指数：近一周内，IBC 用户关注度提高 34%，媒体关注度提高 300%。

——合作媒体：IBC 公益计划相关新闻在重点合作媒体的公益频道"首页焦点图""明星公益""企业公益""志愿者""推荐活动""公益资讯"等多个平台实现落地；落地形式涵盖网站头条、首页焦点图、首页文字链新闻等位置，并获得大幅转载；同时，中国公关网、17PR、我爱公关网的微博、微信等平台，均已同步报道本次活动及后续进展。

——"口罩行动引爆华尔街"：同时，此次 IBC 公益计划还成功登陆美国纽约时代广场的大屏幕，引发近 30 家外媒竞相报道，其保护世界文化遗产的理念得到了世界范围内的极大认同。

(资料来源：佚名.IBC 公益计划——2013"人·沙·敦煌"沙裸艺术活动[EB/OL].[2013-07-15]. http://www.cenbo.cc/news_con.php?action=2&aid=69.)

二、思考·讨论·训练

1. 请指出 IBC 公益计划——2013"人·沙·敦煌"沙裸艺术活动中的公共关系三要素各是什么。

2. IBC 公益计划——2013"人·沙·敦煌"沙裸艺术活动运用了哪些公共关系传播媒介？其传播有何特点？

3. IBC公益计划——2013"人·沙·敦煌"沙裸艺术活动收到了怎样的公共关系效果？为什么能收到这样的效果？

实践训练

项目1　进行××企业公共关系工作总结

1. 实训目的

通过总结某企业近3年来公共关系工作的开展情况，进一步把握公共关系的内涵、特征、构成要素、功能及作用。

2. 实训要求

（1）通过互联网、报纸、杂志等形式收集第一手资料。

（2）拟定调查提纲，用走访的方式进一步了解这家企业对公共关系的认识，特别是公共关系工作的开展情况，发现其公共关系的成功做法和案例。

（3）撰写"××企业公共关系工作总结"。

3. 实训组织

（1）将全班同学分成若干个小组，每组5～6人，并选出小组组长，与组员一起做好分工写作工作。

（2）以小组为单位收集资料，讨论后完成调查提纲。

（3）以小组为单位撰写出"××企业公共关系工作总结"，并在全班交流。

（4）教师对各组进行指导。

4. 实训考核

（1）学生自我总结占40％。

（2）同学相互评价占30％。

（3）教师总结指导占30％。

项目2　走访你所在学校的内部公众

1. 实训设计

访问你所在学校的各类内部公众（提示：学校各类内部公众包括学校和系领导、教师、行政人员、学生、后勤人员等）。

2. 实训目的

通过访问学校的内部公众，了解学校各类公众对公共关系的看法和认识，纠正他们对公共关系的片面误解或错误认识，向他们传播正确的、科学的公共关系概念和认识。

3. 实训内容

（1）观察你所在学校的各类公众的行为和活动哪些属于公关行为和活动。

(2) 写一份如何向学校各类公众普及和传播正确的、科学的公共关系概念和认识的建议书。

4. 实训组织

分析学校有哪几类内部公众,然后将全班同学分成几大组,各个组分别走访调查各类学校的内部公众。

5. 实训考核

(1) 要求每位学生写出访问报告或小结。

(2) 要求学生填写实训报告。其内容包括:①实训项目;②实训目的;③实训内容;④本人承担任务及完成情况;⑤实训小结。

(3) 教师评阅后写出实训评语,将实训体会在全班交流。[①]

项目3 公共关系人员的协调沟通能力训练

1. 实训内容

仿照案例材料,3～5人为一小组,分别扮演不同的角色。学习用公共关系的原理来解决问题。

一位客人预订了去上海的机票,可第二天饭店接到通知,客人预订的那一天航班因团体包机临时取消个人票,服务员打电话到客房,不料那个客人一天都没有回来,第三天早上客人来取票时才知道此事,他顿时大发雷霆。

一位老年宾客已住进饭店多日,服务员知道她是总经理的朋友,是来本地治病的,一天上午她到总台结了账,可12点以后仍然没有要走的迹象。

有位推销员是饭店的常客,某日他结账离开房间的时候,服务员发现一幅小型的挂毯不见了,她马上打电话给值班经理。

一位外宾饮酒过量,提出要服务员陪他继续喝酒,遭到拒绝后,他大吵大闹起来,还摔坏了一只酒杯。

一只老鼠窜进某外宾住的房间,将客人的皮包咬破。服务员向他道歉,他根本不听,还生气地说,回国后要向新闻界透露,要转告他的亲戚朋友们以后不住这家饭店了。

有位客人刚刚结完账,正遇到一位老朋友来探望,他带老朋友回到房间后想取点饮料招待朋友,却发现服务员已将冰箱锁住,于是找到服务员大发脾气。

有位客人来饭店登记住宿,服务员此时正在为一位先到的外宾办理登记手续,并且在耐心地回答外宾的问题,这位内宾等了半天,不禁焦急地冲着服务员大吵大闹起来。

2. 实训目的

通过解决危机公共关系事件,考查公共关系人员的综合素质以及在解决问题的过程中运用公共关系知识的能力。

---

① 张亚.公共关系——原理与实务[M].北京:北京理工大学出版社,2014:35.

3. 实训步骤

(1) 实训准备

① 组建3~5人规模的项目团队,选出项目组组长,建议每次的组长不同。

② 根据自己的特长,自己报任务,组长协调。

(2) 实训过程

① 教师给出题目。

② 团队成员对题目进行剖析。

③ 每个成员根据自己的特长,进行角色分配。

④ 团队成员进行讨论并排练。

⑤ 准备表演道具。

(3) 实训结束

① 团队表演。

② 团队自评。

③ 教师点评。[①]

课后练习

1. 如何理解公共关系的基本含义?你原来心目中的公共关系是什么?学习之后呢?

2. 如何认识公共关系的基本特征?

3. 公共关系的要素是什么?

4. 试分析一下某企业的公共关系公众。

5. 公共关系传播媒介有哪些?

6. 结合相关实践活动理解公共关系的基本职能。

7. 学习公共关系对个人素质提升有哪些作用?

8. 运用公共关系理论分析评价"好酒不怕巷子深"和"王婆卖瓜,自卖自夸"。

9. 请判断下列行为是否属于公共关系活动。

(1) 为本单位偷税,请税收征管人员吃饭。

(2) 因孩子上重点学校给校长送礼。

(3) 出资帮助社区建公园而通知报社报道。

(4) 商场开展买一赠一活动。

(5) 主动上门调解与客户的关系。

(6) 商场设置奖励顾客意见箱。

10. 有一家企业与当地的公共关系公司比邻,却从来没有打过交道,这家企业的老总说:"哼!我绝不会用到公共关系,根本没有必要与这家公司有任何往来!"你认为这位老总的话对吗?

[①] 邢伟,徐盈群.公共关系[M]北京:高等教育出版社,2015:29-30.

11. 从报纸、书籍、网络上收集有关公共关系的各种资料,结合所学专业,自编一期小报,要求以班、组、室为单位,相互协作,设计报头,刊名要鲜活、新颖、别致,内容要丰富多彩,图文并茂,色彩缤纷。

12. 在网络搜索观看电视连续剧《公关小姐》,然后谈谈你对公共关系的理解。

13. 在网络搜索观看崔永元主持的《公关不怕难》节目,然后谈谈你的感想。

14. 案例思考。

留意隐藏的上帝

日本的麦当劳汉堡包店记载了约60万名小朋友的"生日档案"。小朋友生日的前几天,可收到该店寄来的贺卡;生日当天,小朋友持卡到该店做客。按一般惯例,小朋友得到一份生日礼物也就心满意足了,可这家汉堡包店却特别郑重其事,每天都要在一部分顾客心中产生一种"忠诚"的"感情",这样就"可以赚他们下一辈子的钱"。商家的这种眼光是够势利的了,但在市场竞争十分激烈的今天,这种做法不能说没有道理,哲学家说:是人创造了上帝。我们则说:是企业和员工制造了"上帝"。把潜在的顾客变成现实的顾客,"上帝"也就被创造出来了。

思考题:

(1) 从公共关系角度来看,麦当劳建立"生日档案"有何意义?

(2) 企业应该如何才能赢得公众的支持?

玛氏巧克力的"冷吃理念"

澳大利亚有着漫长的炎炎夏季。过去,巧克力制造商发现在夏季的月份里,他们的销售量要下降60%,因为夏季人们不想吃巧克力。研究表明这主要是感觉上的问题,不是巧克力食客夏天不喜欢巧克力的滋味,而是他们觉得巧克力夏天会融化,吃起来黏黏糊糊的,很难在商店货架上保存好,即使买的时候好好的,回家也很难保存好。玛氏巧克力生产商提出了一个简便而有效的解决办法:提供冷藏的玛氏巧克力。

首先,它们对经销商进行宣传,让经销商把巧克力保存和摆放在冰箱里。其次,它们发动一场大规模的媒介公关活动,告诉公众有一种夏日品尝巧克力的方法——"冷吃"。在"冷吃"的口号下,消费者被邀请吃一包冷藏的玛氏巧克力,并参加一系列夏日活动,如航海、冲浪、游泳等。因此,在消费者心目中,"冰凉的玛氏巧克力"总是同他们夏天所喜爱的活动连在一起。与此同时,成千上万的人得到一包免费的冷藏玛氏巧克力。穿着得体的推销员出现在人群聚集的地方,向人们提供直接从冰箱里拿出来的一包包玛氏巧克力。各种各样的娱乐比赛也举行起来,全都围绕着凉爽夏日游乐和玛氏巧克力主题。例如,一袋玛氏巧克力被嵌进一块大冰坨子里摆放在主要的购物中心,公众被邀请猜测冰块融化需要多长时间;带有"冷吃"字样的自行车被免费分发;冲浪艇被免费赠送给救生俱乐部——每条船上都装饰有特有的"冷藏的玛氏巧克力"字样。第一个夏天,玛氏巧克力的销售量剧增,以后每年夏天都成了畅销货。这场公共关系活动获得了很大的成功,后来其他巧克力制造商都效仿这一做法。

思考题:

(1) 玛氏巧克力的"冷吃"理念是如何造热市场的?

(2) 本案例对你有何启示?

新年第一瓶可口可乐你想与谁分享

2009年春节,可口可乐深入地了解到消费者在不平凡的2008年到2009年的情感交界,抓准了受众微妙的心态,倡导可口可乐积极乐观的品牌理念,推出"新年第一瓶可口可乐,你想与谁分享"?这个新年期间的概念,鼓励人们跨越过去,展望未来,以感恩与分享的情境,营造了2009年新年伊始的温情。

活动充分整合了目前国内年轻人热衷的大部分网络资源:社交网站、视频网站,以及每日都不可离开的手机。利用社交网站、视频等途径让数以万计的消费者了解"新年第一瓶可口可乐"的特殊含义,并积极参加分享活动,分享自己的故事,说出自己心里想说的话。

除了使用在年节时最广为应用的短信拜年外,向iCoke会员发出"新年第一瓶可口可乐"新年祝福短信,同时也在iCoke平台上提供国内首次应用的全新手机交互体验,让拥有智能手机的使用者,通过手机增强现实技术(Augmented Reality Code,ARCode),用户收到电子贺卡时,只要将手机的摄像头对准屏幕上的贺卡,就能看见一瓶三维立体的可口可乐"新年第一瓶可口可乐,你想与谁分享?"的动态画面浮现在手机屏幕上,同时伴随着活动主题音乐。新技术的大胆运用带给年轻消费者与众不同的超前品牌体验。

自活动开始,参与人数随时间呈几何倍数增长。超过500万的用户上传了自己的故事及照片,超过300万的SNS(社交网站)用户安装了定制的API(应用程序编程接口)参与分享活动。近200万的用户,向自己心目中想分享的朋友发送了新年分享贺卡。同时,论坛、视频网站和博客上,一时间充满"新年第一瓶可口可乐"的分享故事。除了惊人的数字外,消费者故事的感人程度与照片、视频制作的精致程度,均显示了该活动所创造的影响力及口碑,也证明了可口可乐在消费者情感诉求与网络发展趋势掌握方面的精准度。

思考题:

(1) 本案例的公共关系传播有何独到之处?

(2) 本案例对你有何启示?

任务 2　公共关系程序

天下之事,虑在贵详,行之贵力,谋在于众,断在其独。

——(明)张居正

案例导入

sloggi——做舒服的"自己"

盐城国际妇女时装有限公司上海分公司针对其女性内衣品牌 sloggi 开展了成功的公共关系工作。

项目概述

当今国内女性内衣消费市场品牌林立，竞争激烈，作为 2015 年年初才成为独立品牌的 sloggi，虽然有德国品牌黛安芬集团的背景优势和过硬的产品品质，但是在诸多国内外品牌中，知名度并不高，所以企业迫切需要为 sloggi 寻找新的品牌定位，塑造差异化形象，并提高自身知名度。

当下内衣品类的市场需求被刻意引导为追求性感，而忽略了消费者真实的基本需求，sloggi 品牌提倡重塑内衣选择新理念——不仅要满足人们生理上的舒适体验，更要体现一种心理状态和生活主张。

随着社会的发展，女性的生活方式和态度也在不断改变，经济的独立和知识的提升让她们更注重自我感受，因此并不需要内衣时刻凸显性感，大多数时候，内衣是为自己而穿的，舒服远比其他属性更重要。内衣作为基本穿着，给予女性最贴身的呵护。一件舒服的好内衣，能够让女性更自在从容地面对生活，做舒服的自己。

项目调研

sloggi 作为国际知名内衣品牌黛安芬旗下的时尚宠儿，2015 年成为独立品牌。产品秉承德国理念，做工精良、品质高端，拥有相当数量的忠实消费者。通过实际市场调研，sloggi 目标消费群为 19~35 岁人群，以大学生和白领族群为主，她们不必时刻都保持性感，有穿着舒适内衣的需求，认同舒适的生活态度。她们正处在事业和人生的上升期，对生活和工作充满热情，人格独立，个性鲜明，有自我主张和态度，是社交媒体的忠实拥趸，乐于参与其中，喜欢发表自己的观点，乐于分享。

sloggi 通过调查问卷的形式，以上海为样本城市，对 1000 名女性进行调研，发现女性消费者对于内衣的根本需求并不是性感而是舒服，而市场上主要的内衣品牌都以功能性作为主要卖点，主打集中、聚拢等性感元素，偏少女系的竞品也以可爱、年轻的性感为主要卖点，而忽略了内衣作为基础穿着的舒适本质。

同时，sloggi 还发现，消费者需要的不只是产品层面的推广，还包括自己选择的品牌能够与自己的消费观甚至世界观相符合。所以，sloggi 倡导的"做舒服的自己"，不仅传递了品牌的核心理念和产品的主要卖点，也表达了一种自在随心的生活态度，从精神层面与消费者产生共鸣。

项目策划

策划目标：sloggi 作为国际知名内衣品牌黛安芬旗下的子品牌，迫切需要打破集团品牌桎梏，打造自己独特的品牌形象。通过品牌诊断明确品牌定位，运用新媒体代言人的影响力，引发目标消费者的共鸣和互动，进而提升品牌知名度。

策略：sloggi以"做舒服的自己"为主题，从舒服的代言（代言人推广）、舒服的话题（微博讨论）、舒服的互动（微信直播及H5游戏）和舒服的体验（线下活动）四个方面入手，从社交媒体平台对品牌理念进行传播。为了重塑消费者对于内衣选择的认知，除了在社交媒体平台全面推广外，sloggi还以代言为核心KOL，延展不同等级KOL进行扩散式传播，针对核心目标受众重点推广。

目标受众：目标消费群为19～35岁人群，以大学生和白领族群为主。这个年龄段的女性既面临来自学业、事业和生活琐事等多方面的压力，需要舒适的内衣和生活理念来帮助她们纾解，又是社交媒体的忠实拥趸，乐于参与、分享和传播。

传播内容：sloggi的所有产品线均以穿着舒适作为主打卖点，所以在传播过程中，并没有刻意强调某一款产品，而是从品牌角度出发，以"做舒服的自己"这句品牌口号作为传播的核心要素，多渠道向消费者传递同一种声音，即sloggi是一个由唐嫣代言的舒适内衣品牌，穿sloggi，做舒服的自己！

媒体策略：sloggi以代言人唐嫣为核心传播要素，吸引消费者关注；通过微博话题引领传播节奏，以话题"做舒服的自己"联系各种微博活动，并对参与的粉丝给予奖励；通过微信输出优质内容，与KOL以合作软文形式推广活动；通过传统时尚媒体的网络渠道报道提升品牌格调，从行业影响力和搜索引擎收录角度刷出品牌存在感。

项目执行

（1）活动开始之初，通过发布新闻通稿和自媒体消息，正式宣布代言人信息，把唐嫣舒适亲和的气质和品牌舒适调性完美结合，为接下来的传播打好舆论基础。

（2）接下来公布艺人拍摄视频，由艺人直接展示产品，并在视频中向消费者传达舒适理念，号召大家参与接下来的活动，认同"做舒服的自己"这一品牌理念。

（3）围绕代言人和品牌理念，在微博持续发布多轮活动，在统一主题下，开展形式多样的互动，把"做舒服的自己"作为话题，加深其在消费者心中的印象。

（4）微信平台同步传播，先后发布"唐嫣约你ba内衣"和"夏日美臀挑战赛"活动，以直播形式传递品牌理念，增加消费者黏性，以趣味H5游戏阐释产品，增加自传播。

（5）sloggi携手微信大号"深扒深夜八卦"和"金融八卦女"及六大微博KOL，共同发布品牌活动，传播舒适理念，与粉丝进行互动，不断扩大活动影响。

（6）作为本轮活动的收尾，sloggi以一场线下活动"唐嫣舒适睡衣派对"完美落幕。现场明星、KOL和粉丝等都穿着sloggi家居服出席，在舒适的环境布置中，以闺蜜聚会的形式，创造一场舒适的视觉盛宴。

项目评估

本轮活动结束后，微博曝光量达9173万，超出KPI（关键绩效指标）58.65%；微信曝光量达32.3万，超出KPI 53.81%；微博微信互动数15万次，超出KPI 66.67%；微信粉丝增长3951人，超出KPI 97.55%。

共有1家电视台、6家视频媒体、39家网络媒体参与报道，媒体总价值达1060万元，代言人微信品牌相关阅读量为17万次，微博阅读量为5633万次，KOL发稿阅读量超17万次。

在2016年年初，sloggi国际总部对中国地区的品牌知名度进行了一次整体调研，数据显示,"做舒服的自己"活动之后,sloggi品牌知名度提升了10.8%,绝大多数消费者知道了sloggi是一个由唐嫣代言的舒适内衣品牌。这对刚刚拥有独立品牌的sloggi来说,标志着品牌个性的初步确立及核心卖点为消费者所接受,奠定了品牌之后发展的良好基础。①

【问题】

(1) sloggi"做舒服的自己"活动取得成功,你认为其亮点表现在哪些方面?

(2) 谈谈"四步工作法"在本项目中的运用。

任务分析

公共关系工作不仅具有较高的艺术性,还有较强的科学性。它使组织的形象管理具有高度的计划性、连贯性、节奏性和规范性。从事公共关系工作的人员应当按照调查、策划、实施和评估这四个步骤,运用科学的理论和有效的方法处理与解决各种问题。这四个步骤就是公共关系的工作程序,也就是公共关系专家常说的"四步工作法"。

通过本任务的学习实现以下目标。

- 掌握有效开展公共关系工作的基本步骤和方法。
- 掌握公共关系调查的方法,熟悉公共关系调查的内容。
- 培养公共关系调查问卷的设计能力,能够撰写公共关系调查报告,具备进行公共关系调查的初步能力。
- 掌握公共关系策划的程序,能根据组织情况进行基本策划并制订具体的活动计划。
- 能够有效地实施公共关系方案。
- 掌握公共关系效果评估的内容和方法。

知识储备

一、公共关系调查

先搞清这些问题

有一家宾馆新设了一个公共关系部。开始,该部配备了豪华的办公室、漂亮迷人的公关小姐、现代化的通信设备等,但该部部长却不知下一步要做些什么了。后来,这位部长请来了一位公共关系顾问,向他请教"怎么办"。于是,这位顾问一连问了以下几个问题:"本地共有多少宾馆?总的铺位有多少?旅游旺季时,来本地的外国游客每月有多少?我国港澳台地区游客有多少?国内的游客有多少?贵宾馆最大的竞争对手是谁?去年一年中,有

---

① 金旗奖编委会.2016最具公众影响力公共关系案例集[M].北京:新世界出版社,2017:89-94.

哪些因服务不周而引起房客不满的事件?服务不周的症结在哪里?"这样一些极为普通而又极为重要的问题,使这位公共关系部部长无以对答。于是,那位被请来的顾问说:"先搞清这些问题,然后开始你们的公共关系工作。"

这个事例清楚地昭示我们:要开展公共关系活动,必须从调查研究开始。调查研究作为组织开展公关活动的先导,是整个公关活动的"轴心"。正如西蒙所说:不论人们如何表达公共关系活动的流程,调查研究都是举足轻重的。因此,作为一个组织,应充分认识开展公共关系调查研究的重要性,将调查研究视为正确、妥善地解决问题和纠纷的基本前提。

(一)公共关系调查的内容

公共关系调查的内容及范围主要涉及组织的基本情况、组织形象、公众评价和组织开展公共关系活动条件调查等。

1. 组织的基本情况调查

组织的基本情况是公众评价的首要对象。要正确地评价公众的意见,公共关系人员必须对组织的基本情况了如指掌。关于组织基本情况调查,主要有两方面的内容。

(1)组织的经营发展情况。组织的经营发展情况主要包括组织创建的时间、组织经营发展的目标(包括近期、中期、远期的目标);组织发展过程的重大事件及在社会上、舆论界的反响;组织对社会的贡献;企业组织的市场分布、市场占有状况以及市场竞争状况;企业组织的产品、服务及价格特点;组织的管理特点;企业组织的外观、厂名及商标特点等。

(2)组织成员的基本情况。组织成员的基本情况包括组织成员人数的变化、组织成员的精神面貌、一般成员的状况以及对组织发展做出过重大贡献的成员的情况和组织领导者的总体情况。员工的一般状况包括年龄、文化程度、专业特长、兴趣爱好、家庭生活等;为组织做出重大贡献的员工、劳模的成就与经历;组织主要负责人的一般情况。

2. 组织形象调查

组织是通过评价和衡量组织形象的两个指标——知名度和美誉度来完成组织形象调查的。

(1)知名度。知名度表示有多少公众知道和了解组织,以及其知道和了解的程度,包括机构的名称、标识、经营内容、历史、规模、产品、服务等。组织的知名度在一定意义上决定着组织获得公众理解与支持的范围,所以该调查的公众范围一般比较广泛,可以是对组织诸多因素的综合考察,也可以是对其中的单项因素进行调查。通过知名度调查,能明显示组织在公众心目中排名榜上的地位,而且可以详细了解组织的诸多构成因素对其知名度形成的具体作用,同时,也能为其他项目的调研工作提供基础资料。

表2-1和表2-2是组织知名度、美誉度的调查表,可供组织在公共关系调查实践中参考。

表2-1 知名度调查问卷设计

项 目	1	2	3	4	5	6	汇总
机构名称							
地点							

续表

项目	1	2	3	4	5	6	汇总
标记							
代表色							
历史							
规模							
经营内容							
产品A							
产品B							
服务							
	(低)					(高)	

注：请被调查者对准项目在空格中打"√"，根据总分及各项得分，综合评价机构知名度。表中1～6分别表示不知道、好像知道、知道、有些了解、了解、非常了解。

（2）美誉度。美誉度表示有多少公众信任和赞赏组织以及其信任和赞赏的程度，包括对机构名称、标识、经营方式、产品或服务是否喜欢、信任等。组织美誉度的高低，基本上反映了组织的信誉与社会形象。该项调查一般是在组织知名度调查基础上进行的更深层次的调查工作。通过美誉度调查，在一定程度上能为组织指明努力的方向。一个组织可能会为自己的高知名度而沾沾自喜，然而如果美誉度调查显示出反向结果，则表明效果适得其反，组织要及时追根溯源，努力修正不良影响，以免后患无穷。

表2-2 美誉度调查问卷设计

项目	1	2	3	4	5	6	汇总
产品A							
产品B							
售前服务							
售中服务							
售后服务							
	(低)					(高)	

注：请被调查者对准项目在空格中打"√"，根据总分及各项得分，综合评价机构美誉度。表中1～6分别表示不怀疑、怀疑、一般、比较信任、信任、非常信任。

 小贴士

不同的公共关系对策

根据企业的组织形象状况，可以采用不同的公共关系对策。

高知名度和高美誉度的企业，通过公共关系工作维持现状即可。

低知名度和高美誉度的企业，可以在维持高美誉度的基础上，利用较好的组织形象设法提高知名度。

高知名度和低美誉度的企业，应该先降低其已享有的较高知名度，一段时间里隐姓埋名，改善产品和服务形象，然后进行策划，并恢复较高的知名度。

低知名度和低美誉度的企业，暂时保持低姿态，努力提高工作质量，改变组织形象，在此基础上，首先争取较高的美誉度，然后通过公共关系工作争取扩大知名度，达到知名度和美誉度都高的形象地位。

3. 公众评价调查

所谓"公众评价调查"，就是通过评估公众意见和公共关系的活动效果，了解社会公众对组织相关行为的具体反应和建议。

（1）公众意见。公众意见表示社会公众对组织有关问题的反应以及形成反应的具体原因，包括组织的产品、服务、价格、管理、人员素质等问题。

公众意见调查要探明组织在目标公众心目中的形象以及他们之所以会有如此评价的形成原因。该项调查一般可以通过对相关公众的广泛了解，也可以聘请一些熟悉业务、具有经验和综合分析能力的专家，运用座谈、信函的形式，请他们对组织面临的问题进行诊断并提出解决问题的建议。

公众意见调查不但需要针对不同公众的知识水平、理解能力等，多方面、多层次进行有的放矢的调查，而且对各方面意见的汇总、整理也需要花费比较多的精力。例如，某个企业在消费者心目中形象不佳，那这种不信任究竟源于何处呢？是产品质量不过关，还是推销方式不适宜？是不相信企业的经营水平，还是对企业存有偏见？只有追根溯源，才能找到解决问题的关键。

（2）活动效果。活动效果是了解社会公众对组织实施的公共关系专门活动的评价。正确评价公共关系活动的真实效果并不简单。作为一种长期为组织树立良好形象、为组织获取最大经济效益创造条件的公共关系活动，相当多的情况下是无法要求它直接创造利润的，所以，对组织实施的公共关系活动，往往不能用数量式的硬性指标来衡量，必须考虑到它所产生的滞后效应。

然而，通过公共关系调查，可以在一定范围内用定量分析的方式，了解组织的公共关系活动是否达到以最少的投入使信息传递到最大空间的目标。

$$接触率 = \frac{目标公众接触媒体人数}{目标公众人数} \times 100\%$$

$$单位宣传费用 = \frac{宣传费用}{受众人数}$$

$$单位宣传费用效果 = \frac{宣传后销售业绩 - 宣传前销售业绩}{宣传费用}$$

4. 公共关系活动条件调查

所谓"公共关系活动条件调查"，是指在开展公共关系活动之前，组织对开展活动的主客观条件进行调查研究。为了避免闭门造车，给组织带来不必要的损失，组织的公共关系人员在开展公共关系活动之前或是在公共关系活动策划时，对支持公共关系活动的具体条件进行调研工作。其内容主要包括以下三个方面。

（1）公共关系活动主体的人力分析。组织要使公共关系活动达到预期的目的，应该考虑由哪些人员参加,人力是从组织内部挑选还是由外部公共关系公司承担,人员具备哪些特长、工作能力、经验和业绩如何、能否胜任工作等。

(2) 公共关系活动主体的财力分析。从某种意义上讲,这是一种投入—产出比分析。针对公共关系活动来说,就是组织所能投入的资金和活动所产生的效益是否成比例、资金的使用是否合理等。

(3) 公共关系活动的客观环境调研。客观环境分为宏观调研和微观调研两部分。宏观调研是对组织的经济环境、政治法律环境和社会文化环境的认识。组织在开展公共关系活动之前应对社会、政治、经济形势进行冷静分析,对市场和公众的社会心理进行认真研究。在市场活跃或疲软的不同环境下,公共关系活动的内容和效果是不大一样的。微观调研是对开展公共关系活动的具体条件进行调研,对活动的场地、设备以及各类有关规定等进行调研。公共关系活动的场地分为室内和露天。事先要调查场地面积、人员交际、食宿场所和流动的通道等。公关活动设备的调研一方面要调查清楚活动所需家具(桌椅、餐具、茶具)的数量、质量和档次;另一方面要调查清楚电子设备(电话、电视、音响、扩音器、投影仪、照明设备、话筒等)的数量及使用效果。

 小案例

西达·斯普林斯社区医院的公关调查

美国的奥蒂斯·巴斯金、克雷格·阿伦诺夫、丹·拉铁摩尔在其合著的《公共关系:职业与实践》中有关于西达·斯普林斯社区医院的公共关系案例。

西达·斯普林斯社区医院是由两个以前相互竞争的医院合并而成的。两年前,一个新的管理队伍被引入,以帮助解决疑虑,这些疑虑是关于新形成的医院是否能满足病人的要求的。新的行政管理者和助手们上任后,很快就听到了雇员工作士气低下、病人护理质量下降的报告。大量的这类输入信息来自医生,他们感觉到合并产生的新环境更例行公事、更缺少人际交流。很多医生感到他们与其他雇员的关系被暗中削弱,因为新的组织试图减少岗位重复,建立一种更为有效的机构。总体上,医生们越来越强烈的共同看法是合并后,病人护理质量严重下降了。

因为对任何医院来说医生都是重要公众,所以他们的焦虑迅速得到管理部门的关注。医生们曾经提出建议发起一项公共关系运动,让雇员们更加清楚地意识到他们对医疗质量的责任。但是,公共关系经理认为在策划有效的沟通运动前,需要更多的信息,于是开始调查医院合并的背景以及医院雇员与医护人员的关系。

一方面,通过对医院记录的详细回顾以及当地报纸档案,再加上与一些长期雇员的对话,形势的复杂性开始被揭示出来。在合并前,这两家医院不但是竞争对手,而且他们由两个不同的宗教团体建立,因此形成了两组截然不同的支持者。虽然在合并前医院的宗教附属关系很早就中断了,但是对立的气氛延续了下来。特别是当两家医院借着为医生们谋利的名义试图胜过对方时,这种对立尤其明显。

另一方面,医生确信病人护理的质量无法令人接受,然而雇员及病人的意见却无法轻易确定。因此,公共关系部设计了一个调研方案来衡量这两组公众的意见。公共关系部随机选取了一些雇员,要求他们填写调查问卷,内容关系到病人护理的各个方面,同时,在最近出院的病人中进行了一次电话调查,来衡量他们对同样问题的意见。

调查结果令人惊讶。在范围从1～10的等级里,雇员给医院全面表现打分为6.6分,但是对以前病人的调查结果则为8.5分,对于其他关于病人护理质量的问题,从雇员那里得到的分数也远远低于病人打的分数。

为了解释雇员给出低分数的原因,公共关系部又分别对五名代表进行了深入访谈,他们分别是:三名来自护士服务部门的代表、一名来自辅助部门的代表和一名来自财务部门的代表。经过访谈发现,尽管雇员认为医院总体上提供中等水平的医疗,但他们觉得自己的专门领域的医疗质量远远超出医院其他部门,而且他们自己也超出了本部门的平均水平。这些雇员还暗示他们的同事也察觉到组织中存在的问题,但不清楚问题是什么。这导致个体的无助情绪,并且产生了高度的压力和挫折感。

【问题】

(1) 在医生提出问题和解决问题的意见后,公共关系部为什么还要进行调查?

(2) 通过调查,西达·斯普林斯社区医院到底存在什么样的问题?与当初医生提出的问题一致吗?

(二) 公共关系调查的程序

公共关系调查研究是一门艺术,既有科学性,又有技巧性。掌握公共关系调查的科学程序是提高调查艺术、强化调查效用的基础。

1. 确定公共关系调查的选题

确定公共关系调查的选题,实际上就是确定调查的方向。对于公共关系人员而言,需要调查的情况十分繁杂。但是,在一次具体的调查活动中,由于时间、人力以及调查容量自身的限制,不可能也没有必要进行全方位、大规模的调查,通常只能开展有针对性的、专题性的、围绕某一个方面内容的调查活动。

(1) 确定公共关系调查选题的原则。公共关系调查选题的确定,是一项科学性与艺术性很强的工作,需要遵循以下几个原则。

① 需要性原则。所谓"需要性原则",即根据社会组织的需要来选择和确定调查选题。根据社会组织的发展战略与规划,优先选择的调查选题应当是公众问题、市场问题、内部自身问题和环境问题。公共关系调查具有很强的功利性和服务性,应当针对社会组织当前迫切要解决的问题进行调查。例如,在开发新产品时,企业亟待了解的是公众的需求、对老产品的意见、经济承受能力等,故多以公众愿望、经济生活情况为调查选题。在处理经营危机时,社会组织亟待了解的是造成危机的原因、危机事件的动态情况、公众受损害的情况、危机事件的影响范围等,以便制定消除危机事件不良影响的对策,故此时多以危机事件本身作为调查选题。

② 创新性原则。对于公共关系调查而言,创新不但可以提高公共关系调查成果的社会价值,而且可以提高公众参与调查、回答问题的积极性。这就要求我们在选择公共关系调查课题时,善于运用新理论、新思维、新方法,从新的角度提出有别于以前的调查选题和有别于竞争对手的新选题,确保公共关系调查活动的顺利开展。当前,公共关系调查有自己的独特性,不同于一般的公共关系宣传活动,"创新求异"有自己的"度",不能一味地求新

求异,而应以社会组织需求为前提。也就是说,在公共关系调查选题确定的过程中,需要性原则与创新性原则相比,需要性原则是第一位的。

③ 可行性原则。所谓"可行性原则",即社会组织所选择的公共关系调查课题在规模上、深度上要符合社会组织现有的调查工作的能力水平。如果公共关系调查选题规模过大,社会组织没有相应的人力、物力、财力条件就不可能达到预期的调查目的。如果公共关系调查选题既深又难,而社会组织没有具备相应知识和文化素养的调研者,同样也不可能完成公共关系调查的任务。

④ 科学性原则。任何事物都有其内在的科学规律性。在确定公共关系调查选题过程中,要进行科学分析和科学假设,运用相关学科、专业知识判断公共关系现象之间的内在联系,提出源于科学判断的课题,以保证公共关系调查活动的科学性。

(2) 确定公共关系调查选题的过程。公共关系调查选题的确定不是一蹴而就的,它需要经过筛选、判断、分析的过程。该过程由一系列环节构成。

第一步,根据社会组织需要,尤其是公共关系决策的需要,明确公共关系调查选题的基本概念与内涵,指出公共关系调查的方向和必须达到的目标。

第二步,运用文献调查方法和直觉判断方法,明确公共关系调查选题的中心内容。公共关系人员在明确了选题概念以后,可以运用文献调查方法,了解以往相关的调查研究成果,为确定本次公共关系调查选题的中心和重点内容提供参照体系,以便找出本次公共关系调查选题的关键所在。

第三步,运用相关的学科理论和方法,形成公共关系调查选题的假设命题。在收集了与公共关系调查选题概念相关的文献资料的基础上,公共关系人员即可根据相关的学科理论进行推理分析,在学科理论指导下,围绕选题概念,撰写本次调查选题的假设命题。

第四步,运用比较、判断方法,对调查选题的假设命题进行综合评估。评估的标准有实用性、创新性、可行性、科学性等。如果判断结果表明:假设命题对社会组织亟待解决的问题具有实用性,与以往课题相比具有新颖性,同社会组织人力、物力、财力等条件又相符,用学科理论来衡量又具有科学性,那么选题就有价值,应当及时据此撰写调查问题,开展调查活动。反之,就说明选题工作有问题,需要重新设定标准,重新选择公共关系调查的重点,重新设定调查选题。

2. 制定公共关系调查方案

为了使公共关系调查工作能够顺利、系统并且有针对性地进行,拟订调查计划方案是必不可少的。它是公共关系调查的总体方案,是进行实际工作的行动纲领。

(1) 确定公共关系调查的目的。公共关系调查的目的是了解社情民意,通过征询公众意见,分析社会趋势,研究公众的社会需要,寻找建立信誉、协调经济效益和社会服务效益的途径。调查的任务是寻求解决问题的具体办法,了解公众有哪些具体看法、具体要求和具体建议,希望解决问题的实际内容,达到解决问题的目的。例如,确定了产品换代问题是企业组织中长期的最大的问题,就应围绕这一问题搞清以下情况:①企业所面临的经济、政治、技术、社会等因素的变化趋势;②企业应采取哪些行动影响公众在产品换代问题上取得成效,并适应环境变化;③社会公众对产品换代问题的关心程度、紧迫感和提出问题所考虑的因素。

(2) 确定公共关系调查的对象。对象是调查的客体。明确了公共关系调查的目的后，就应该确认调查对象。调查对象首先是"公众"。这些个人或团体具有一些共同的特征，受相同关系或问题的影响。例如，面对相似的问题，对该问题有各自的看法、态度、主张，试图处理解决这一问题。确定了调查对象后，还要注意以下两点：一是对目标"公众"进行分类，借以确定调查对象的类别及其组合；二是考虑到目标"公众"数量的大小、分布集中与分散程度各不相同，"公众"的背景、对问题的知晓程度和参与的积极程度也各不相同。应该考虑决定公共关系调查对象的具体构成，包括调查对象的总量、分布地区、涉及的"公众"类型、涉及的社会领域、对象的知晓度和积极性。

(3) 确定公共关系调查的项目。项目是调查内容的具体化。按照一定的逻辑顺序在调查项目下面注册需要调查的具体问题。公共关系调查主要有四项内容，即组织情况调查、组织形象调查、公众评价调查、公共关系活动条件调查。

(4) 确定公共关系调查的方法。公共关系调查的方法是公共关系调查所采取的手段。确定公共关系调查方法的根据：①有利于定量与定性分析；②能达到公共关系调查的目的；③考虑现有条件。公共关系调查多以统计、社会测量、抽样和民间测验为主，这就要设计好统计表和问卷。

3. 实施公共关系调查方案

实施公共关系调查方案，实际上就是调查者根据调查方案的既定计划，在既定的范围和时间内，利用既定的调查方式、方法，向既定的公众收集信息资料。这是整个公共关系调查过程中最重要的环节。公共关系调查实施过程中的主要工作有以下几项。

(1) 组织公共关系调查对象。群体公众是分散的，而且数量庞大。我们要根据公共关系调查工作计划中的抽样方案选择调查样本，把符合调查样本要求、具有代表性的公众挑选出来，作为本次公共关系调查活动的调查对象。

(2) 积极协调各种公共关系。公共关系人员根据抽样方案选择的调查对象，一般与企业没有任何直接的关系。即使存在一定的关系，多半也是顾客关系，公共关系人员对他们没有任何行政约束力。因此，在调查工作中，公共关系人员是否积极主动地协调好各种公共关系，取得公众组织、群众网络、公众代表的配合与支持，就成为整个调查工作成败的关键。

(3) 发放问卷引导调查对象回答问题。为了提高问卷资料的可信度，在公众填写问卷前，公共关系人员应做好动员、教育工作，使调查对象理解本次调查活动的价值以及他们填写问卷的注意事项，提高他们填写问卷的主动性和规范性。

(4) 回收、清理问卷。调查对象填写完问卷后，公共关系人员应及时回收问卷，并进行初步的问卷整理，把不符合要求的问卷作为无效问卷清理出来，归档另外收藏。一般出现以下情形的问卷都应列为无效的问卷：①常规项目填写明显失误的问卷；②只对少数问题做出回答而对大多数问题没有做出回答的问卷；③问卷回答带有明显不认真标志的问卷，如整张问卷中所有问题都填写一个答案序号，这说明调查对象是未加思考、随意填写，虽有答案，但并未反映出调查对象的真实状况。

(5) 观察、记录公众的言行。在公共关系调查中，调查者要认真观察公众的言行，收集公众在言谈举止中流露出的真实信息资料，并及时做好记录。利用这种方式收集到的资料比用问卷收集到的资料更加真实、典型，因而更加具有公共关系价值。

4. 整理公共关系调查资料

资料收集任务完成后，即可转入信息整理阶段。资料整理不但有利于分析、研究资料，而且有助于调查工作的后期总结。

(1) 公共关系调查资料的整理环节。公共关系调查资料的整理，在操作上有以下几个环节。

① 对问卷进行核实与清理。公共关系人员根据本次调查活动的特点，定出核实问卷的标准和要求，确定有效问卷。

② 建立分类体系和分类标准，对资料进行归类。

③ 资料主题小结。对于一些文字类资料，如问卷调查中的开放题答案、调查人员的观察记录材料等，相对来说比较凌乱，公共关系人员应列出主题项目，对各种资料按主题项目进行小结、归纳，制作出"主题项目资料登记文摘卡"。

④ 资料统计。对于问卷调查中的封闭答案资料，公共关系人员可以借助计算机进行统计，计算出公众在每个问题上的意见分布数值。

⑤ 进行数据处理，建立数据库。根据问卷的问题设置分项目编制表格，把统计的数据结果填入相应的表格项目中，建立起本次调查结果的数据库。

(2) 公共关系调查资料的类型。公共关系调查资料经过整理后，主要有两大类型，即文字类资料和数据类资料。文字类资料就是把公众在发放题中所写的意见、在交谈过程中所表达的观点、调查者在观察中所记录的资料等，经过归类以后所形成的公众意见信息资料记录下来。数据类资料一般是指公共关系调查资料数据库和数据表。

5. 总结公共关系调查工作

总结是公共关系调查工作的最后一个环节。在这个阶段，涉及的工作主要有两个方面的内容。

(1) 撰写公共关系调查报告。公共关系调查报告是调查者根据公共关系调查活动获得的信息资料和据此形成的分析结论所拟写的一种应用文。公共关系调查报告有其基本文体格式、写作内容方面的要求，但在具体写作过程中仍应针对具体情况灵活安排其写作结构。表2-3是作为一般意义上设置的公共关系调查报告文体格式与写作要求。

表2-3 公共关系调查报告文体格式与写作要求

文字格式	常用形式	基本内容	写作要求
标题	公文式标题、新闻式标题		醒目、精练、新颖
导言	叙述式、提问式、总结式	介绍调查工作概况（如调查时间、范围、方式、内容、目的等）	点明主题、高度概括、精练简短
正文主体	逻辑分叙式、表格说明式、条文列举式	现状资料分项目汇总叙述；分析造成该现状的内外原因和影响因素；提出建议和措施	主题明确、中心突出、材料典型、逻辑性强、条理清晰
结尾	归纳式、警告式、口号式	全文小结	渲染全文、加深印象
署名	标题之下或全文之后	调查单位、写作时间	简单明确
附件	原件、资料卡、表格等	调查表、典型材料、数据库	为正文服务

(2) 撰写公共关系调查工作总结报告。公共关系调查工作结束时,应及时进行工作总结,找出经验与教训,并撰写公共关系调查工作总结报告,为以后开展调查活动提供参照体系。公共关系调查工作总结报告是一个总回顾。在写作格式上,一般包括标题、正文和署名三个部分。标题可以用公文式的写法,也可以只有内容概括。正文的内容主要有调查工作基本情况概述、成绩、经验、缺点、问题。

(三) 公共关系调查的方法

要顺利地完成公共关系调查任务,必须借助于行之有效的科学调查方法。公共关系调查所运用的主要方法有访谈调查法、问卷调查法、网络调查法、媒体研究法等。

1. 公共关系访谈调查法

公共关系访谈调查法是指调查者通过口头交谈等方式向被调查者了解公众情况的方法。它表现为公共关系调查人员根据设计要求,围绕某个主题,通过与被调查者谈话,以讨论有关问题及了解人们的行为特征和动机,达到收集材料的目的。

(1) 公共关系访谈调查法的特点。了解公共关系访谈调查法的特点,运用时扬长避短,对公共关系调查人员来说,无疑是重要的。公共关系访谈调查法具有以下特点。

① 具有灵活性。它既可提高被调查者的兴趣,达到很高的回复率;也可限定某一特定的人回答,增加回答问题的针对性。调查人员可根据访谈时的具体情况而调整访谈的方式、内容及时空。

② 调查的范围比较广泛。它不仅可以了解当时当地正在发生的各种现象,还可以询问过去和外地发生过的现象。

③ 适用于各种调查对象。它不仅能适用于有一定文化程度的人,也可以适用于文化程度较低的人。

④ 受到调查者与被调查者两方面的限制。调查者个人的访问技巧、人品气质、性格特征等都会直接影响调查的结果;被调查者的合作态度和回答问题能力的差异使其所提供的材料的质量也不一样。

⑤ 有些问题不宜当面询问。如涉及个人隐私或较敏感的问题,即使被调查者做了回答,也常常是不真实的。

⑥ 需要的人力、物力、财力和时间较多。一般应用于那些对准确性要求较高的问题研究上,或应用于探索性研究。

(2) 公共关系访谈调查法的类型。公共关系访谈调查法的类型是指根据不同的标准划分出的访谈类别,主要有以下三种。

① 结构访谈和无结构访谈。结构访谈是按照预先制订的计划和既定的进度进行的,其特点是把问题标准化,然后由被调查者回答或选择;无结构访谈是公共关系调查人员只对所要询问的问题有基本的要求,以开放式问题为主,答案不受限制。

② 个别访谈和集体访谈。个别访谈是由调查者同被调查者逐一进行面对面的谈话,将回答记录下来;集体访谈是由调查者同若干被调查者进行的座谈,它要求把握好主题,创造民主、自由的气氛。

③ 一次性访谈和追踪访谈。一次性访谈是就某一时候或时期内人们的态度、行为等

情况进行的调查,它通常是对某一特定的问题或某事件的调查;追踪访谈是对人们的态度、行为等情况进行的连续的、长期的调查,它通过多次访谈、调查了解人们的动态信息。

(3) 公共关系访谈调查法的实施。公共关系访谈调查法的具体实施步骤包括以下方面。

① 访谈准备。制订访谈计划,草拟谈话提纲,了解被调查者情况,选择适宜访谈的时间和地点,预备必要的访谈工具,如调查表格、记录笔纸、录音机及本人证明等。

② 创造良好的访谈环境。见面伊始,要大方有礼、友好寒暄,同对方建立起相互信任的关系;说明来意,使对方了解调查的目的和内容;说明调查对被调查者的意义,被调查者知晓调查对自己有益,可能会更主动地配合;谈话要尽量自然和轻松愉快,并且态度要保持中立,不宜对回答做肯定或否定性评价。

③ 建立共同的意识范围。应做到双方对同一问题的理解一致,避免答非所问的情况;最好从被调查者感兴趣的问题入手,逐渐深入调查的核心问题;如果对方对某些问题不愿回答或不便回答,应体谅对方的难处,不要急躁或施加压力,采取耐心温和的态度,成功的可能性更大。

④ 做好记录。记录要客观真实,不能把调查者自己的意见、态度掺杂进去。访谈中记录可能较乱,之后要立即核实整理。

小故事

法拉奇采访邓小平

1980年,意大利著名女记者奥琳亚娜·法拉奇采访邓小平时,一见面就向他祝贺生日。这是法拉奇从邓小平的传记中了解到的,采访的第二天是他的生日。邓小平说:"我不记得什么时候是我的生日。就算明天是我的生日,你也不应当祝贺我啊!我已经76岁了。76岁是衰退的年龄了!"法拉奇马上说:"邓小平先生,我的父亲也是76岁。如果我对他说那是一个衰退的年龄,他会给我一巴掌!"邓小平笑着说:"你不会这样对你父亲说话的,是吗?"

法拉奇巧妙地运用"年龄"这一共同点,把邓小平和自己的父亲联系起来,通过亲切、风趣的谈话,迅速地拉近双方的距离,为下面的采访打下了良好的基础。

2. 公共关系问卷调查法

公共关系问卷调查法是指根据调查目标设计调查问卷并通过公众填写调查问卷而进行调查的方法,它简单易行,是目前国内外社会调查中使用较为广泛的一种方法。调查问卷(以下简称问卷)又称调查表或询问表,是用以记载和反映调查内容与调查项目的表格。它是一种重要的市场调查工具。按问卷投递的不同,可将公共关系问卷调查方式分为报刊问卷、邮政问卷、送发问卷和访问问卷等。

1) 公共关系问卷调查法的适用条件。符合以下情况应使用公共关系问卷调查法。

(1) 调查范围较广,不宜当面访谈,应采用问卷调查法。

(2) 被调查者文化水平太低,对问卷看不懂,则不宜采用问卷调查法。

(3) 如果所要取得的材料是常识性的事实、行为或态度,回答者不会因顾虑而拒绝回答,可采用问卷调查法。

(4) 一般情况下,问卷的回收率不高,65%以上为较好。因此,如果要求较高的回收率,最好采用与访谈调查法相结合的方式来进行调查。

2) 公共关系调查问卷的设计技巧。问卷设计是根据调查目的和要求,将所需调查的问题具体化,使调查者能顺利地获取必要的信息资料,以便于统计分析的一种手段。能否根据实际情况设计出一份完美的问卷,在很大程度上决定了调查问卷的回收率、有效率、回答的质量,决定了一项调查的成败。可见问卷设计在使用问卷进行市场调查中具有关键性的作用。但是,设计一份完善的问卷并非一件轻而易举的事情,问卷设计人员除了要具备统计学、社会学、经济学、心理学、计算机软件等多方面的知识外,还需要掌握一定的技术,可以说,问卷设计是科学与艺术的结合。一份科学的问卷不仅要求所设置的调查项目(问题)能满足调查的全部要求,还要求所设计的问卷有利于调查资料准确及时完整地收集,便于计算结果的统计处理。

(1) 标题的设计艺术。问卷的标题是概括说明调查的研究主题,使被调查者对所要回答什么方面的问题有一个大致了解。确定标题应简明扼要,易于引起回答者的兴趣,例如,"我与考试——大学生考试心理问题调查"(正副标题形式),"乘用车油耗国标出台,车市将如何改变?"(设问形式),"你为'什么'而工作——2015年工作价值观调查问卷"(正副标题形式与设问形式),"湖南省投资环境调查问卷"(直接陈述形式)。对于问卷标题,采取正副标题形式与设问形式比采用直接陈述形式能多得到被调查者合作,因为这样的标题更能够引起被调查者的注意力,在报纸、杂志、网络上经常能见到这样的调查问卷标题。千万不要简单采用"调查问卷"这样的标题,它容易引起被调查者因不必要的怀疑而拒答。

(2) 问卷中说明信、指导语的设计艺术。说明信和指导语是问卷的重要组成部分,必须予以重视。

① 说明信。调查问卷有多种形式,如自填问卷(由被调查者自行填写的问卷)、访问问卷(即由调查者提问并代替被调查者填写的问卷)等。而自填问卷又可分为邮发问卷(通过邮寄或在报刊刊发的方式送到被调查者手中的问卷)和自发问卷(由调查者直接送到被调查者手中并当场回收的问卷)。但无论哪一种调查问卷,开宗明义,都必须首先向被调查者说明调查组织者(或实施者)的身份,这一调查的目的、意义、内容和基本要求。对含有某些可能会涉及被调查者个人某一方面隐私问题的调查问卷,还必须做出保密承诺,以消除被调查者的顾虑,取得他们的理解、支持与配合。否则,被调查者连这一调查究竟是怎么一回事都搞不清楚,即使勉强参与,又岂肯轻易表明自己的真实想法!

说明信就是调查组织者(或实施者)致所有被调查者的一封短信。它的目的就是向被调查者说明上述有关情况,拉近调查者和被调查者之间的关系,使问卷调查得以顺利进行。所以,说明信一般放在调查问卷的开头,文字不必太长,但格式必须规范,语气尤应谦和、诚恳,切不可给人留下生硬、不敬之感。以下是两篇范文。

范文 1

尊敬的先生/女士/小姐:

您好!

本公司为了进一步改进工作,更好地提供您所需要的产品和服务,决定于近期开展一次"了解市场,了解用户"的市场调查活动。敬请您在繁忙的工作(学习)之余抽些时间填写本调查问卷。凡填写调查问卷的朋友,均可获赠本公司精美纪念品一份。

填写本问卷不记姓名。本公司将严格遵守《保密法》有关规定,对您所填内容给予保密。故请您放心填写,真实地表达您的意见。

谢谢您的支持与合作!

××公司公共关系部
2018年3月

范文2

尊敬的朋友:

您好!

为了有效地防范和处理企业经营中有可能出现的各种危机事件,保证企业始终具有良好的公众形象,推动企业的可持续发展,我们接受委托,将组织国内资深专家,帮助贵公司进行一次高层次的危机管理咨询和策划。为此,拟先在公司内部做一次调查。您是××公司的成员之一,敬请您协助完成这份无记名的问卷调查,并真实地反映您的看法。您所提供的信息将由专家组专门处理,并严格保密。

谢谢您的支持与合作!

上海××公共关系有限公司
2018年4月

这两则说明信,一则用于外部调查;一则用于内部调查,所以在写法上略有不同。前者用于外部调查,是向社会公众进行情况说明,所以语气更显谦恭,并特别强调这一次问卷调查的目的是为了"更好地提供您所需要的产品和服务",同时申明将赠送精美礼品表示谢意,以引起被调查者的兴趣,取得他们的支持和配合。后者用于企业内部调查,被调查者均是这一企业的成员,参与调查多少带有义务性质,所以着重点在于阐明这一调查对企业发展的作用和意义,以激发被调查者的认同感和参与感。另外,虽然两则说明信都做了保密承诺,但因面对的被调查者不同,写法上也有区别:前者多少有点泛化,而后者则特别强调所获得的调查资料和数据将由外聘的专家组专门处理。道理很简单:这是企业内部调查,如调查问卷由该企业有关部门处理,则虽然不记姓名,有些员工还是担心自己的笔迹被本企业有关部门人员认出,在许多问题(尤其是涉及对企业和企业领导评价的问题)上就不敢表达自己的真实想法。有了这一特别强调,当可打消这部分员工的顾虑,以获得真实、准确的资料和数据。

需要提醒的是,如果是邮发(或报刊刊发)的调查问卷,则在说明信中还必须注明调查组织者(或实施者)的通信地址和联系电话,并明确告诉被调查者应将填写后的调查问卷寄回何处,以及礼品或纪念品(如果有的话)的领取方式。当即回收的自发问卷,则无须注明这些内容。

② 指导语。指导语又称"(问卷)填写说明"或"(问卷)填写注意事项",是用来说明调查问卷的填写规范,指导被调查者正确填写问卷的解释性文字。需要说明的事项一般有选择答案时所用符号的规定,选择答案的选项数目,以及其他有关要求。如果调查问卷的题

型变化不大,不分类别,则指导语一般置于说明信之后、调查内容之前。范文如下。

填写注意事项:
A. 请在符合您的情况和想法的答案前打"√"或在____中填写。
B. 若无特殊说明,每一个问题只能选择一个答案。

如果调查问卷所涉及的内容需分成几个类别,每一个类别的填写要求也有所不同,则指导语也可分别置于每一个类别调查内容之前。范文如下。

一、请问您对下列陈述的态度是什么?(在您选择的答案前打"√",单项选择,多选无效)
……
二、请您认真思考并妥善回答下列问题。(在您选择的答案前打"√",可多项选择)
……
三、如愿意,请谈谈您对本公司形象建设的意见与建议。(字数不限)
……

(3) 问题的设计艺术。问题的设计是问卷设计的主要内容,就是确定调查所要询问的问题及其表达方式。问题的表述必须准确、简洁、易懂,使每个被调查者都能形成同一种理解,所以要认真琢磨、反复推敲。在问卷设计中,问题的数量不能过多,一般控制在20个左右,答题时间控制在15~30分钟内。所以在设计问题时可以运用以下技巧。

第一,问题必须是与调查主题有密切关联的问题。这就要求在设计问卷时,必须始终以调查主题为中心,重点突出,避免可有可无的问题。根据调查目的,找出与"调查主题相关的要素",并逐次分解为具体的、明晰的问题。因而必须围绕调查课题和研究假设选择最必要的题目,问卷题目既不能简略,也不能过于烦琐,更不能脱离实际。过于简略,无法达到调查的目的;过于烦琐,不仅增加工作量,还会降低问卷的回收率和填答质量。

第二,问题比较容易让被调查者接受。由于被调查者对是否参加调查有着绝对的自由,调查对他们来说是一种额外负担,他们既可以采取合作的态度——接受调查,也可以采取对抗行为——拒绝回答,所以应最大限度地减轻被调查者的负担。问题的设计应该避免包含过多的计算,问题的设计应着眼于取得最基本的信息,计算应在数据处理阶段通过计算机程序进行,这样可以减少被调查者的负担。不能出现这样的问题:"请问您家每人平均每年的食品支出是多少?"而应该换成:"请问您家每月食品支出大概是多少"和"请问您家有几口人"两个小问题。问题的设计同时必须选择与被调查者填答问题的能力相符合的题目,凡是被调查者不能正确理解或不太理解的问题,都不应作为测试题目。例如,有的问卷中询问农民"您的价值观是什么",像这样一些问题,可能因被调查者不理解而不予回答。同时在问卷中尽量少出现敏感性问题,如果当某些敏感性问题对调查目的非常重要而不可或缺时,要采取一些措施进行处理。

第三,避免使用含糊的形容词、副词,特别是在描述时间、数量、频率、价格等情况的时候。像有时、经常、偶尔、很少、很多、相当多、几乎这样的词,对于不同的人有不同的理解。因此这些词应用定量描述代替,以做到统一标准。例如:
"在普通的一个月中,您到百货商店的采购情况如何?"
① A. 从不 B. 偶尔 C. 经常 D. 定期
② A. 少于1次 B. 1~2次 C. 3~4次 D. 超过4次

上面这个例子中,第②条显然比第①条精确得多。

第四,避免出现诱导性倾向,提问尽量客观。在有外界压力存在的情况下,被调查者提供的是符合压力施加方偏好的答案,而不是他自己真正的想法。因此,提问应创造被调查者自由回答的气氛,避免诱导性倾向。例如,可以问"您觉得这种包装怎么样?"而不能问"您觉得这种包装很精美,是吗?"文句的表述应力求中立,忌用名人或权威的意见,诱导性问题会使回答结果不客观。

第五,要合理安排问题顺序。合理的顺序意味着使问卷条理清楚,顺理成章,以提高回答问题的效果,有效地获得资料。问卷中的问题一般可按下列顺序排列:一是先易后难、先简后繁。容易回答的问题放在前面,难以回答的问题放在后面;简单的问题放在前面,复杂的问题放在后面。问卷的前几道题目容易作答能够提高回答者的积极性,有利于把问卷答完,这是一种预热效应。二是先一般性问题,后敏感性问题。三是先封闭性问题,后开放性问题。封闭性问题又称选择性问题,是指已给出可供选择答案的问题,回答者的作答方法是从问卷中已列出的多个答案中选择一个或多个答案。四是先总括性问题,后特定性问题。总括性问题是指对某个事物总体特征的提问。例如,"在选择冰箱时,哪些因素会影响您的选择?"就是一个总括性问题。特定性问题是指对事物某个要素或某个方面的提问。例如,"您在选择冰箱时,耗电量处于一个什么样的重要程度?"总括性问题应置于特定性问题之前,否则特定性问题放在前面会影响总括性问题的回答。如把"您在选择冰箱时,耗电量处于一个什么样的重要程度?"放在"在选择冰箱时,哪些因素会影响您的选择?"的前面,则"在选择冰箱时,哪些因素会影响您的选择?"的答案中"耗电量"选择会偏大。

第六,适当加入相倚问题。在涉及问题时,常常遇到这样的情况,有的问题只是用于一部分被调查者。而一个被调查者是否需要回答这一问题,常常依据它对于该问题前的另一个问题的回答来定。所谓相倚问题,就是这样一种问题,它对被调查者是否适当,依其对前面过滤或筛选问题的回答而定。例如,"您是退休人员吗?"和"您退休多长时间了?"就是这样两个问题。通常把前一个问题叫过滤性问题或筛选问题,而把后一个问题叫相倚问题。

(4) 回答方式的设计艺术。问卷中的问题有两类:开放式问题和封闭式问题。开放式问题不设置答案选项,是让被调查者自由回答的问题。封闭式问题是设置若干可能答案,供被调查者进行选择的问题。回答方式的设计是对封闭式问题而言的。回答方式的设计具有相当的难度,通常在设计回答方式时可以运用以下技巧。

第一,所列答案应满足互斥性与全面性的要求。互斥性是指不同答案之间不能相互包含。一个问题所列出的不同答案必须互不相容、互不重叠,否则应答者则可能做出有重复内容的双重选择,影响调查效果。全面性是指所有可能的回答在答案中都要出现。只有将全部答案列出,才能使每一个应答者都有答案可选,不至于因为所列答案中没有合适的选项而放弃回答。在实践中,互斥性比较容易把握,全面性则有一定难度。为做到全面性,设计者在熟悉调查项目的关键信息的基础上设置一个"其他"选项,以弥补设计者思维上的空缺,同时也可以使选择项目适当减少。但是如果调查的结果出现选择"其他"选项的达到10%以上,说明"其他"选项还有关键信息没有被提取出来,应重新设计答案。

第二,所列答案是中立的立场,不应出现偏颇。优秀的问卷设计者必须站在中立的立场设计问卷,绝不能加入个人的主观看法、意见,尤其在设计备选答案时要全面考虑,避免片面化，否则设计出的问卷无法客观反映被调查者的观点态度。例如，有位学生在设计《高校新生心理健康状况问卷》时，有这样一道问题："您进入大学后最大的愿望是什么？"备选答案有：A. 提高学习成绩；B. 加入学生社团，提高综合素质；C. 参加社会实践活动，增强社会适应性；D. 没想过/不知道。这道问题的最大缺陷就在于备选答案中只有积极的观点，而没有涉及消极的感受。虽然这些消极感受在现实校园中是极少量存在的，但是如果被调查者确实存在这些消极想法而问卷中没有涉及，那么在问卷分析时就只有积极的一面，无法反映消极态度，过于片面化。

第三，对于多项选择，由于项目较多，又有一定难度，判断上较模糊，就可能出现一种"先入为主"的倾向，喜欢选列在前面的选项。对于这种情况，可以考虑将问卷分为两类，一类使用 A 顺序排列选项；另一类使用 B 顺序排列选项。当然这会给调查结果的数据处理带来一定的麻烦。

第四，在多项选择中，由于事先列出了答案，很容易使一个不知道怎样回答或者没有看法的人猜着回答，甚至有随便乱答的可能。因此一般都设计有"无所谓""不知道""一般"之类的模糊型项目，以便使持有这种态度的人或不太了解情况的人，能真实地表达自己的看法与感受。

（5）问卷设计前后的艺术。在问卷设计前，应对所确定的调查主题进行探索性研究。由于问卷的设计人员，不可能都是调查主题问题方面的有丰富实践经验的实际工作者或该方面的专家，因而，无论从实践的角度还是从理论的角度来看，问卷的设计人员都不可能对所涉及的主题问题有一个比较深刻全面的理解。即使一份很成功的问卷，也不是一制定好就是成功的，必须经历实践的考验，所以在问卷初步设计完成之后，应该设置相似的环境，小范围试调查，并对结果反馈，及时进行修改，只有这样，才能够形成最终的正式问卷。

总之，一份成功的问卷，不设置一个多余的问题，最大限度地减轻实际调查的工作量，也不遗漏一个必不可少的问题，同时还要有利于调查完成后的资料审核、整理和分析比较，所以说问卷设计既是一门科学，也是一门艺术，更是科学与艺术两者的完美结合。

3）调查问卷范例。

××（集团）公司企业形象建设调查问卷[①]

尊敬的先生/女士/小姐：

您好！

为了更好地推进××（集团）公司的形象建设，使××（集团）公司能为包括您在内的每一位消费者提供更为优质的产品和服务。我们受××（集团）公司委托，开展一次社会调查活动。敬请您在百忙之中花一些时间填写本问卷。我们将在回答问卷的朋友中抽出 200 名幸运者，每人赠送精美纪念品一份。

填写本问卷不记姓名。我们将严格遵照保密法有关规定，对您所填写的内容给予保密。请您放心真实地表达自己的意见。

---

① 叶茂康. 公共关系写作教程[M]. 上海：复旦大学出版社，2003：101-102.

谢谢您的支持和合作。

×× 公关关系有限公司
××××年××月××日

1. 请在符合您的情况和想法的答案上打"√"或在_____中填写。
2. 若无特殊说明,每个问题只能选择一个答案。

(1) 请问您以往是否听说过××(集团)公司?
① 听说过
② 没听说过
③ 好像有点印象

(2) 请问您是从什么途径知道××(集团)公司的?(可多项选择)
① 报刊新闻报道
② 电视广播节目
③ 亲朋好友介绍
④ 户外宣传广告
⑤ 与××(集团)公司人员交往

(3) 在您印象中,××(集团)公司的主业是什么?
① 房地产开发
② 保健品生产
③ 日用化妆品生产
④ 食品生产
⑤ 商业贸易
⑥ 不太清楚

(4) 在您看来,××(集团)公司目前在社会上的形象如何?
① 形象良好
② 形象较好
③ 形象一般
④ 形象不太好
⑤ 形象很不好

(5) 您是否知道××(集团)公司"××××××"的理念口号?感觉如何?
① 知道,感觉很有个性特色,能体现企业精神
② 知道,感觉一般,似乎没有什么个性特色
③ 不知道

(6) 附图是××(集团)公司的企业标志,请问您感觉如何?
① 有个性,有气势,能体现企业精神
② 比较一般,似乎和其他企业的标志差不多
③ 无法评价

(7) 您认为一个企业的良好形象取决于哪些方面?(可多项选择)
① 企业具有较强的经济实力

② 企业有科学严谨的管理机制
③ 企业能提供一流的产品和服务
④ 企业领导和员工有较高的素质
⑤ 企业能经常关心和参与社会公益活动
⑥ 其他(请注明)_____

(8) 请问您是否知道××品牌是××(集团)公司的产品？
① 知道
② 不知道

(9) 请问您是否购买过××品牌产品？
① 经常购买(每年六次以上)
② 偶尔购买
③ 从未买过

(10) 请问您对××品牌产品的满意度如何？
① 十分满意
② 比较满意
③ 感觉一般
④ 不太满意
⑤ 很不满意
如方便,请说明理由：_____

(11) 您认为××品牌产品应在哪些方面进一步改进？（可多项选择）
① 提高内在质量
② 改善售后服务
③ 改进外在包装设计
④ 降低零售价格
⑤ 加强市场宣传
⑥ 其他(请注明)_____

(12) 请问您的年龄是：
① 18～29 岁
② 30～39 岁
③ 40～49 岁
④ 50～59 岁
⑤ 60 岁以上

(13) 请问您的职业是：
① 公司职员
② 现役军人
③ 一般企业职工
④ 国家机关人员
⑤ 普通院校教师

⑥ 在校大学生、研究生
⑦ 其他（请注明）_____
（14）请问您的文化程度是：
① 初中及初中以下
② 高中或同等学力
③ 大学专科
④ 大学本科
⑤ 研究生
（15）请问您目前居住的地区是：
① 本市
② 其他省市
③ 海外

小贴士

抽　样

进行调查时会涉及确定调查对象的问题，由于调查者不可能对所有的用户进行访谈，不可能找许许多多的人开座谈会，也不可能发成千上万张问卷。因此，调查周期短、调查资料准确可靠、节省经费的抽样调查法在公共关系调查中被广泛应用。

抽样是一种科学地从调查总体中选取样本的方法。抽样要遵守随机性原则，即在抽选调查对象时，必须保证总体中的每一个抽选对象机会均等。

（1）调查中的抽样方法

① 简单随机抽样。它的做法是采用抽签的方法，即将总体中的每个单位按调查的编号分别填写一张卡片，然后从中随意抽出一个编号，直至达到样本数为止。

② 等距抽样。把总体的所有单位按照一定的顺序排列，然后按相等的间隔抽取组成样本。抽样距离 K 是以总体 N 除以样本单位数 n。

③ 分层抽样。把总体单位按其属性特征分为若干层，然后在各层中随机抽取样本单位。比如，可按职业、性别、年龄、文化程度等分层。

④ 整群抽样。在总体中成组地抽取调查单位，然后对其进行全部调查。比如，对组织内部公众进行调查，只随机抽取若干个车间或班组，然后对这些车间或班组中的每一个人进行调查。

⑤ 多级抽样。是指把抽样过程分成两个或多个阶段来进行，即先从总体中进行分层抽样或整群抽样，然后再从抽得的层式群中随机抽取若干调查对象组成样本。

（2）调查中样本数的确定

① 对精确程度要求越高，样本的数目越多，当其他条件不变时，要求推断的把握程度越高，样本数目也要越多。

② 受调查时间、人力、财力等的限制，常无法抽取最理想的样本，只能在有限的范围内抽取最佳样本。

③ 调查的项目少、内容较简单,样本数较少;反之,样本数则多。统计分析中,相关分析所涉及的变量多,要求的样本数就多,否则在进行交互分类计算时,有些项目的数据就会显得过少。

3. 公共关系网络调查法

网络调查是指借助互联网和相应软件技术进行的调查。公共关系网络调查法可以克服传统调查样本采集困难、调查费用昂贵、调查周期过长、调查环节监控滞后等一系列问题。这一方法运用比较普遍的有下列两种。[①]

(1) 在线询问。在线询问是通过Java(计算机编程语言)编写的网站应用程序,随机选择调查者,并弹出问卷窗口,邀请其参加调查。调查者可以直接将被调查者回答的数据输入计算机,消除从询问表到输入计算机的工作量和误差。

(2) 电子邮件和来客登记簿。电子邮件和来客登记簿是互联网上企业与被调查者交流的重要工具和手段。电子邮件可以附有HTML(超文本标记语言)表单,被调查者可在表单界面上单击相关主题,并且填写附有收件人电子邮件地址的有关信息,然后发回给企业。来客登记簿是让调查者填写并发回给企业的表单。通过电子邮件和来客登记簿,不仅可使调查者了解企业情况,也可以帮助企业获得相关的市场地址,对调查者回复的信息进行分类统计,了解被调查者的地域分布范围等信息。

互联网的普及和发展,为组织开展大规模的网络调查提供了可能。相对传统的调查方法,网络调查具有以下优势:一是广泛性。由于因特网没有时空、地域限制,网络调查的信息收集具有广泛性的特点。二是及时性。从调查者输入信息到企业的接收,利用计算机软件整理资料,马上可以得出调查的结果。三是公众的共享性。网络调查可以拉近组织与公众之间的距离,加强公众的参与感,提高了满意度,实现了信息的全面共享。四是经济性。网络调查具有低成本的特点,大大降低了组织的人力和物力耗费,缩减了调查成本,通过网络的信息监控,还可以获得比传统调查方法更详细的对象资料。

网络调查法需要拥有能熟练地运用网络技术、调查实践经验丰富的专业人员;网络调查法同时存在着网络安全性问题;此外,还存在无限制样本(同一个人重复填写问题)的困扰,进而影响调查结果的精确性。

4. 公共关系媒体研究法

从公共关系的角度来讲,媒体研究主要包括媒体环境分析、媒体机构分析和媒介分析。

(1) 媒体环境分析。媒体环境分析就是对目标传播区域的媒体进行系统的研究分析,从而发现和选择最有利用价值的媒体,并据此制定媒体的运用策略。研究一个区域的媒体环境,应该从一个区域的基本概况开始,研究该地区的人口、经济和消费者状况,再结合该区域媒体状况,把所有可能利用的媒体罗列出来,找出重点媒体,然后,有针对性地对媒体的优缺点进行分析归纳。

媒体环境分析可以采用专项调查、收集二手数据等方法。例如,目标公众接受媒体的习惯,可以委托专业市场调查公司进行专项调查,还可以直接参考新生代市场监测机构每

[①] 杨加陆.公共关系学[M].上海:复旦大学出版社,2016:316-317.

年两次的CMMS(中国市场与媒体研究)报告。CMMS(China Marketing & Media Study)是新生代市场监测机构在中国内地进行的关于居民媒体接触习惯和产品/品牌消费习惯的年度连续调查和研究。

(2) 媒体机构分析。媒体是通常讲的媒体机构,媒体机构主要侧重于对传媒机构性质、资信、工作时间、工作规律、工作分工状况等的分析。

(3) 媒介分析。媒介是专业化的信息载体,是媒体机构的工作产品,如报社的报纸、电视台的频道、栏目等。媒介分析的内容是多方面的,主要包括以下五个方面。

① 媒介的资信。这主要是对媒介本身作为信息载体在社会上的层次性、重要性、影响性和权威性等方面的分析。主要的指标有媒介的级别、发行量、发行范围、收视率、覆盖面或影响范围等。

② 媒介的报道动态。这主要是对于大众传播媒介近期内的议题设置、报道动态的分析研究,以便于组织寻找有价值的由头策划传播活动,制造新闻事件。

③ 媒介的立场。这主要是对媒介对于组织活动的基本立场、态度、关注程度和介入程度的分析,以便于组织有针对性地敲定自身的媒介策略。

④ 媒介对于组织活动报道的质量。从量方面分析,主要是统计报道的总次数(以年度见报次数和上镜次数计算)、报刊报道的篇幅(以字数计算)、广播电视的报道时数(以分钟或秒计算)、参与报道的媒介的种类和数量等。从质方面来分析,主要是分析参与报道的媒介的层次级别、报道安排的版面和时段、是重点报道还是一般报道、正面报道还是批评报道等。

⑤ 社会舆论的反响程度。这主要是分析报道的舆论反响程度,如社会公众的注意程度,因报道引起的来电、来信和来访情况,政府和各个方面的反应,后续报道情况,被其他媒体转载(播)的情况等。通过社会舆论的反响程度,可以分析报道的影响效果。

二、公共关系策划

公共关系策划是公共关系工作程序的第二步,是指公共关系人员为实现组织形象战略目标,在公共关系理论的科学指导之下,对各类公共关系活动所进行的谋略、构思、设计和计划的过程。从某种意义上说,公共关系的竞争就是公共关系策划的竞争。因此,公共关系策划不但处于公共关系工作程序的核心地位,而且是整个公共关系工作成败优劣的关键。

(一) 公共关系策划的基本原则

公共关系策划是企业公共关系工作的中心环节。一个企业形象能否良好地树立,能否很好地传播,在很大程度上取决于公共关系活动开展得好坏。公共关系活动开展得好坏又取决于公共关系策划的优劣。因此,公共关系策划人员应该遵循一系列基本原则,确保公共关系策划的成功。

1. 实事求是原则

实事求是是公共关系策划的一条最基本的原则。这一原则的含义是指公共关系策划必须建立在对事实真实把握的基础上,向组织如实传递有关组织公众的信息,并根据事实的变化不断调整公共关系策划的策略和时机等内容。一位优秀的公共关系工作人员首先考虑的不是技巧,而是对事实的准确把握。他必须通过种种办法收集关于公众情况的资料,收集关于组织与环境的互补情况的资料,收集双方可能存在的不平衡、不协调的种种事实。只有掌握了足够的事实,才能策划公共关系的行动计划。

公共关系策划人员在策划过程中,要平心静气,摒弃自己头脑中主观感觉的东西,认真调查、尊重事实,不要以自己的猜想、判断作为策划的依据。要用科学的方法去做相应的市场调查,要让数据证实自己的设想,换言之,要把自己的设想建立在数据和事实的基础上。具体而言,就是要做到以下两点。

(1) 深入客观现实,认真调查实际。在进行一项公共关系策划工作之前,策划人员要对策划对象的现状进行深入的、全面的调查,把自己头脑中的东西暂时埋藏起来,多竖耳朵少张嘴,尽量不带偏见地听听别人怎么想、怎么说,尽可能全面地、准确地、客观地了解策划对象,使自己掌握的资料尽量与实际情况相符合。

(2) 排除主观偏见,保证据实策划。策划中缺少了客观性,也就没有了科学性,策划也就不会成功。因此,要有坚定的决心和足够的勇气排除各种干扰、阻力甚至压力,保证据实策划。一是以科学的精神排除虚假因素的影响,把握问题实质。二是以对公众、对社会、对事业负责的精神,排除各种阻力和干扰,把握现实,据实进行策划和实施策划方案。

小案例

日本兵库县脱贫致富策划

1977 年,日本兵库县舟波山上的居民,请一位专家为自己村落进行脱贫致富的策划。这位专家认真地进行现场考察,他看到的是深山寒舍、崎岖山路、茂密丛林;听到的是山风、鸟鸣兽叫,荒凉无比,这里等于"没有任何东西",而没有任何东西就等于生活在"原始"中。这种令人绝望的贫穷并未使专家丧失信心,他考虑到,生活在高度物质文明下的其他地区的日本人,普遍存有追求新奇生活、渴望回归大自然的心理,于是他就从山区的"原始"状态开始策划,让居民在大树上建造小屋,并使其布满全山。小屋离地三四米,能住五六人,透风、摇晃,能听到风声、鸟鸣……消息传出,城市人都想体验一下 1000 万年以前人类祖先树上筑巢而居的滋味。结果,人们纷至沓来,平均每天约有 100 人像猴子一样爬到树上小屋住宿,很是刺激。当然,来者要扔下很多钱。三年过后,这里铺上了宽阔的道路,巴士开进来,居民收入大为增加,村落开始繁华。

2. 公众优先原则

公众优先原则即公众利益优先原则,是公共关系工作的重要原则,更是公共关系策划的重要原则。

作为公共关系策划主体的组织(尤其是企业),以公众认可为其生存的前提,以公众信任为其发展的条件。企业的发展有赖于公众对企业的认同和支持,有赖于公众对企业行为的参与回应。企业在其行动之前应该清楚地了解公众的利益倾向,企业所能做的事情就是顺应公众利益倾向,将自己行动的目的融在其中,在满足公众利益的同时达到企业自己的目的。公共关系策划者必须明确认识到:公众参与某些公共关系活动不是为了记住企业形象,也不是为了企业获取更多的利润,而是为了自己的利益才参与某项活动,企业的"获利"只能来自公众认为不重要的或公众觉察不到的方面。因此,在进行策划之前,一定要深入分析目标公众的利益所在,不要被表面现象所迷惑,不要以自己的心态去推测公众的心态。

一个好的公共关系策划方案不在于它能改变公众、强制公众。而在于它能很准确地满足目标公众的利益点,从而吸引公众参与某项公共关系活动,并在这项活动中传递公共关系主体的信息,让公众在不知不觉中接收策划主体发出的信息。

3. 系统规划原则

公共关系的系统性表现在以下几点。

(1) 公共关系活动相对于整个组织活动是一个子系统,因而公共关系策划是组织活动策划的一个子系统。

(2) 完成公共关系活动的各个环节又是公共关系活动的子系统,因而这些子系统的策划是公共关系策划的不可分割的组成部分。

(3) 公共关系活动的每个子系统又是由众多因素组成的,公共关系策划必须使这些因素相互协调。

(4) 组织活动总策划处在社会经济的系统中,又只是一个子系统。

系统规划原则应用到公共关系策划中去,就是要如实地把公共关系策划作为一个有机整体来考虑,从系统的整体与部分之间相互依存、相互制约的关系中提示系统的特征及运动规律,实现整体最优。其基本思想有三点:首先,对系统统筹安排,确定最优目标,实行系统最优。因为系统具有不同于各组成部分的新功能,系统最优的核心要求是处理好局部优化和全局优化的关系,为使公共关系活动系统处于优化结构,协调稳步前进,必须建立公共关系系统工程,实行系统运筹,通盘安排系统中的子系统及组成要素,使它们相互制约、相互促进,并且与外部环境协调起来。其次,协调公共关系活动要素与环境的关系,讲究整体的最佳组合的效应。公共关系的各子系统各自具有不同的特征与目标,各自又处在特定的环境中,在时间和空间上又是相互分离的。这就需要做好协调工作,在注意系统全局的同时,还要把握各个局部,使之同步、匹配地进行活动。最后,考虑到公共关系策划的有序性,要使公共关系策划中的各项工作有步骤地进行。这是系统有序性的要求。

4. 切实可行原则

公共关系策划者在策划活动之前,一定要做可行性分析,以确保公共关系活动目标的实现。可行性分析贯穿于策划的全过程,即在进行每一项策划时都应充分考虑所形成的策划方案的可行性。策划方案形成后,必须进行可行性分析,以便选出最优方案做最后的选择。可行性分析主要从以下四个方面进行。

(1) 利害性分析。分析策划方案可能产生的利益、效果、危害情况和风险程度,综合考虑、全面衡量利害得失。

(2) 经济性分析。考虑策划方案是否符合以最低的代价取得最优效果的标准,力求以最小的经济投入实现策划目标。

(3) 科学性分析。它包含两方面的意思:首先,看策划方案是否是在科学理论指导下,在进行了实际调查、研究、预测的基础上,严格按照策划程序进行创造性思维和科学想象而形成的。其次,分析策划方案实施后各方面的关系是否能够和谐统一,是否能够高效率地实施策划方案。

(4) 合法性分析。考虑策划方案是否符合法律法规要求:一方面,策划方案要经过一定的合法程序和审批手续;另一方面,策划方案的内容及实施结果要符合现行法律法规的规定和政策要求。

5. 谨慎周全原则

凡事都需要策,用策必求制胜。同时,以策制胜,慎之又慎。"老谋深算"在一定意义上反映了策划者设计与策划总是力求疏而不漏,周全稳妥。世界上本无十全十美之事,因为策划者所掌握的客观情况受到种种主观因素的制约,策划者的知识、胆略、思维方法等又各有长短,因此凡策划只能在慎重之中求周全。但是,周全是相对的,不周全是绝对的,于万变之中求不变,于不周全中求周全,才能立于不败之地。

怎样做到谨慎周全呢?一个公共关系策划方案的完成,首先要听取各方人士之高见,然后整理成文。此文还需交专家论证,在目标公众中测验,在小范围内试验,经过反复修改后才能定稿。作为公共关系策划人员,我们无法通过这样的程序化运作使某项公共关系策划方案达到最优,但我们可以通过这种方法避免产生最低劣的策划方案。

6. 独特新奇原则

独特新奇原则,寓意奇正相生,以奇制胜。核心在"奇"。《老子》中有"以奇用兵"之语。《孙子兵法》中说:"凡战者,以正合,以奇胜。"对于奇正的概念,战国时期的《尉缭子》中解释说:"正兵贵先,奇兵贵后。"曹操说:"正者为敌,奇兵从旁,击之不备也。"这些无疑把奇正的概念具体化了。

策贵用奇。"出奇制胜"是人们常常引用的一句成语,策划者无不十分推崇这一思想。用奇旨在"出其不意,攻其不备",达成突然性,这也是策划的出发点和立足点。众人意料之中的计谋,也就不能称其为策划。意外可以说是策划中最精彩也是最危险的领域。奇由正出,奇修于正。"修法而生法"正说明了这一点。先学法,后生奇。武术中的基本功,如同策划中说的"正"。"正"功练到家,临阵交战,才能运用自如,灵活多变,急中生智。用奇,在很大程度上是对"正"的应变。应变而奇,多变出奇,善变使敌不意。变法出自常法,"不知用正焉知用奇"。

唐代军事家李靖说得好:"善用兵者,无不正,无不奇,使敌莫测,故正亦胜,奇亦胜。"这是说善于策划的人,没有不用"正"的,也没有不用"奇"的,或奇或正,使对方无以揣测,所以用正也胜,用奇也胜。讲奇正变化,就是讲策划的辩证法,使奇正互为对立、互为变化、互为统一。

需要补充说明的是,作为公共关系策划人员,要正确掌握奇的分寸,要明白"奇由正出"的含义,先学会别人都在做的事,再去想那些别人没有做的事情。

🔍 小案例

今世缘的"食运会"

今世缘是地处苏北老区的一个白酒企业,于1996年创牌就开始打入南京市场,最好的时候曾经在南京做到一年9000万元的业绩。但2000年以来在南京的销售额却年年下滑,2004年居然下滑到3000多万元的程度。如何在2005年突出重围,再创佳绩,今世缘迫切需要寻找一个突破口。2005年8月中旬,"十运会"将在南京拉开帷幕,这是一个绝佳的机会。但相关政策规定不能做冠名,不能打广告,怎么办呢?今世缘想到了一个大家都非常关心的问题——吃,于是就把"十"与"食"联系起来,在"十运会"期间办起了"食运会"。

"食运会"整个活动的基点是通过一系列的地面和高空宣传告知广大来南京人员当地的美食文化、美食历史以及可供他们选择的美食菜馆,介绍南京的每一道名菜以及每一个优秀菜馆的特色菜。通过这种贴身贴心式的活动以及后勤服务,真正让每一个来南京的人了解南京、热爱南京,向每一个人充分展示南京的形象。"食运会"得到政府的鼎力支持也是情理之中的事情。整个"食运会"邀请到南京市商贸局、南京市旅游局、南京餐饮商会作为主办单位,这不但增强了活动的权威性、影响力和号召力,而且引起了社会各界尤其是媒体的充分关注和参与。

同时,通过"庆十运、今世缘杯南京百家餐饮名店名菜美食月"的活动,评选出四十家南京名店、八十道金陵美食名菜,并且通过权威机构对这些金牌名店与金牌名菜授牌与颁发证书。整个活动不但满足了餐饮企业对利的追逐,而且帮助他们获得了良好的知名度和美誉度。所以,南京餐饮企业踊跃报名,积极响应,热情程度大大超出了人们的想象,整个活动取得了空前的成功。

【问题】 今世缘此次策划的公共关系活动为什么能够成功?

(二)公共关系策划的创意思维

公共关系策划离不开创意思维。创意是策划的最闪光之处,是策划者创造性思维的结晶。

有这样一则寓言,说上帝为人间制造了一个奇异的"结",被称为"高尔丁死结",并承诺:谁能解开"高尔丁死结",谁就将成为亚洲王。所有试图解开这个怪结的人都失败了,最后轮到亚历山大,他说:"我要创建我自己的解法规则。"他抽出宝剑,一剑将"高尔丁死结"劈成两半。于是他就成了亚洲王。这个寓言深入浅出地道出了"创意"二字的真谛。创意是什么?顾名思义,"创意"就是创造性的意念,在英文中表述为 creation 或 idea;它可以是一个意象、一个联想、一个观念或一个念头与点子。创意的质量高低,决定了策划主题的质量高低,也关系到整个策划的成败。在成功的公关策划中,策划过程中一系列创造性的思维都是围绕创意展开的,都是创意的补充与拓展,或是创意的铺垫与具体化。当新颖的创意诞生时,其他创造性思维就有了核心。

1. 创意过程

公关策划创意,往往表现为灵感的突然闪现,表面上好像是创意人员只要"眉头一皱",就"计上心来"。而实际上却是"十月怀胎,一朝分娩"的产物。创意有它酝酿、产生、发展、消亡的过程。这个过程一般可分为准备、酝酿、闪现、成型和论证五个阶段。

(1)准备阶段。公关策划人员首先要根据公关目标,进行全面的准备工作。将经过调查得来的公关信息进行整理、筛选、分析、研究,得出结论,并据此确定公关活动的规模和范围。经过充分准备,使策划创意目标明确、问题清楚、条件明晰,保证创意的方向性、针对性和可行性。

(2) 酝酿阶段。在做好充分准备的基础上,遵循已确定的公关目标方向,针对所要解决的问题,怀着解决问题的强烈愿望和满腔热情,策划者充分利用已有的知识和经验,大胆发挥想象力,通过非常活跃的创造性思维活动,对各种知识、经验进行加工提炼。

(3) 闪现阶段。在艰苦的创意思维中,会突然地迸发出灵感的火花,出现一个新奇的构思,这就是创意的闪现。于是,原来纷乱的思绪一下子被它所吸引,并受其启发和影响而渐渐清晰,而且集中于有希望的某一方面。不过,这时的构思仍像海市蜃楼一样模糊不清,或仅仅是一闪而过,必须把它紧紧抓住,并记录下来。

(4) 成型阶段。灵感中所闪现的构思往往是零碎片段、简单粗糙、模糊不清的,只能算是"半成品",必须把它加工成完整成熟、明确清晰、富有价值的"产品",才能形成理想的公关方案。策划人员要运用形象思维和逻辑思维两种方法对它进行进一步的加工,通过讨论争辩、各抒己见、集思广益使方案逐步成型和完善。

(5) 论证阶段。创意基本成型后,公关策划人员还必须以冷静的态度、理智的眼光和科学的方法,对所构思的公关方案进行科学的论证和检验。看其是否是一种创新,符不符合公关的客观规律,能否给组织带来效益,是否具备可行性等。通过周密的论证后,如果得到大家的广泛认可,就可以形成策划方案。[1]

2. 创意方法

(1) 头脑风暴法。所谓头脑风暴法,是指人的语言不受约束,想什么说什么,或怎样想就怎样说,尽量地开阔思路,打开视野,无拘无束地发表自己的看法。头脑风暴法的具体操作如下所述。

① 邀请6～10个不同层次的人参加。

② 会场舒适,气氛宽松。

③ 主持人只提出题目不讲怎样做及看法。

④ 每位与会者只管听,只管讲,但不许打断和批评别人的讲话,哪怕是非常荒唐的想法,或是异想天开的事,也要让人讲下去。

⑤ 会议不要求产生统一的方案,由主持人会后通过对参会者所提的每一种方案进行分析、比较后最终定夺。这一方法的最大优点就是与会者之间相互启发,但比较费时,同时也易产生一些不具有可操作性的方案。使用这种方法时最好挑选水平相差不太大的人一起进行,否则容易有心理障碍,也破坏情绪。

(2) 专家意见法。专家意见法又称德尔菲法,是一种匿名通信方式。采用德尔菲法的具体做法如下。

① 根据策划内容的需要,选择并成立一个专家小组。

② 将组织策划活动的有关资料、策划目标等邮寄给各位专家。

③ 每位专家根据所收到的资料及策划要求,独立做出自己的策划方案后,再邮寄给组织者。

---

[1] 殷智红.公共关系实务[M].大连:东北财经大学出版社,2017:128-129.

④ 组织者将第一次收到的每位专家的策划方案加以整理、综合，然后寄发给各位专家。

⑤ 各位专家根据第二次收到的资料，重新做出策划，然后将重新做出的策划方案邮寄给组织者。经过如此多次反复直至方案相对集中为止。

专家意见法具备以下优点。一是各位专家由主办者选定，不对外公开，专家们之间互不知晓，完全是匿名进行。二是各位专家独立思考，独自做出策划，互不交换意见。三是由于专家之间互不知晓，始终不见面，因此，无论各自的资历如何，相互关系如何，都互不影响。四是正由于专家之间互不知晓，因此，每位专家除充分发挥自己的想象力外，还可毫无顾虑地参考、借鉴、修改别人的方案，使自己的方案更加完美。

小故事

坐飞机扫雪

有一年，美国北方格外寒冷，大雪纷飞，电线上积满冰雪，大跨度的电线常被积雪压断，严重影响通信。过去，许多人试图解决这一问题，但都未能如愿以偿，后来，电信公司经理应用奥斯本发明的头脑风暴法解决了这一难题。他召开了一种能让头脑卷起风暴的座谈会，参加会议的是不同专业的技术人员，要求他们必须遵守以下四项基本原则：第一，自由畅想。即要求与会者尽可能解放思想，无拘无束地思考问题并畅所欲言，不必顾虑自己的想法或说法是否"离经叛道"或"荒唐可笑"。第二，延迟评判。即要求与会者在会上不要对他人的设想评头论足，不要发表"这主意好极了！""这种想法太离谱了！"之类的"捧杀句"或"扼杀句"。至于对设想的评判，留在会后组织专人考虑。第三，以量求质。即鼓励与会者尽可能多而广地提出设想，以大量的设想来保证质量较高的设想的存在。第四，综合改善。即鼓励与会者积极进行智力互补，在增加自己提出设想的同时，注意思考如何把两个或更多的设想结合成另一个更完善的设想。

按照这种会议规则，大家七嘴八舌地议论开来。有人提出设计一种专用的电线清雪机，有人想到用电热来化解冰雪，也有人建议用振荡技术来清除积雪，还有人提出能否带上几把大扫帚，乘坐直升机去扫电线上的积雪。对于这种"坐飞机扫雪"的设想，大家心里尽管觉得滑稽可笑，但在会上也无人提出批评。

相反，有一个工程师在百思不得其解时，听到用飞机扫雪的想法后，大脑突然受到冲击，一种简单可行且高效率的清雪方法冒了出来。他想，每当大雪过后，出动直升机沿积雪严重的电线飞行，依靠高速旋转的螺旋桨即可将电线上的积雪迅速扇落。他马上提出"用直升机扇雪"的新设想，顿时又引起其他与会者的联想，有关用飞机除雪的主意一下子又多了七八条。不到一小时，与会的10名技术人员共提出90多条新设想。

会后，公司组织专家对设想进行分类论证。专家们认为设计专用清雪机、采用电热或电磁振荡等方法清除电线上的积雪，在技术上虽然可行，但研制费用大、周期长，一时难以见效。那些因"坐飞机扫雪"激发出来的几个设想，倒是一种大胆的新方案，如果可行，将是一种既简单又高效的好办法。经过现场试验，发现用直升机扇雪真能奏效，一个久悬未决的难题，终于在头脑风暴会中得到了巧妙的解决。

（三）公共关系策划的基本要素

1. **背景把握**

任何公共关系专题活动的策划，绝不是单纯的创意，几个人坐下来，凭着灵感，拍拍脑袋，想几个新点子就行的，它必须建立在一定的社会和市场背景的基础上。一项公共关系专题活动为什么需要举办？为什么要选择这一时间这一地点？为什么采取这种方式而不采取另外一种方式？诸如此类的问题，如果离开了一定的社会背景的把握和分析，就不可能找到正确答案，并往往因此而使整个策划（包括再好的创意）以及后来撰写的策划书都成了莫名其妙的东西。按照规范操作的要求，在策划一项公共关系专题活动前，以下五个方面的背景材料是必须掌握的。

（1）活动主办方情况。是指活动主办方（某一社会组织）的发展概况、公共关系现状和需求以及有关产品和服务的特点等。任何一个社会组织，凡有意要举办一项公共关系专题活动，都不会是无缘无故的，都有着自身特定的需求和考虑。从总体上说，自然是为了提高这一社会组织的知名度和美誉度。但具体到"这一个"活动上，则又可能是为了改善和提升自身与某一方面社会公众的关系，或出于推介某种产品品牌的考虑。既然如此，则在策划之前，就有必要了解：这一社会组织的基本情况如何？它在社会公众中知名度和美誉度处于何种状态？组织的高层领导拟通过这样一个专题活动来达到什么目的？如果策划人员本身就是这一社会组织中的一员，对这些情况也许本身就有所了解。但如果活动的策划由专业公共关系机构负责，策划人员均非这一社会组织的成员，或者活动的策划虽由这一社会组织的公共关系部门负责，但策划人员中有一部分外聘的专家，则这些外来人员就必须充分地了解和掌握上述情况，乃至对这一组织的服务和产品的特点有一深入把握。比如，现在有不少中外知名企业在一款新品上市时都要配合举行一些公共关系专题活动。试想，如果策划人员既对这一企业的公共关系需求不甚了解，又对所要推介的这一款产品的特点茫然无知，自以为是，胡侃一气，还能有什么真正贴近企业需求、体现企业和产品个性的好的创意！

（2）同类公共关系专题活动的历史资料。搞专题活动策划，最忌讳的自然是"撞车"，即所策划出的活动的内容和形式与以往其他社会组织已开展过的某些专题活动雷同，乃至与这一组织以往所举办过的有关活动如出一辙。如此，则推出的专题活动的影响将大打折扣，整个策划也因没有创意而宣告失败。须知，公共关系在中国发展到今天，层出不穷的专题活动，差不多已把中外各类社会组织能想得到的花样都"玩"了一遍，策划时要做到不"撞车"并不容易。有的公关人员有一种天真想法：我不想知道以往有哪些专题活动。这样可以不受束缚地自由思考，产生新的创意。但他们最后很可能不得不面对这样一个苦涩的事实：自己辛辛苦苦、绞尽脑汁所想出来的活动形式，人家确实早就尝试过了，甚至比你想得更新颖、更周全。换而言之，尽管你主观上不想模仿，但这种"暗合"实际上使人产生了模仿的感觉，又是何苦！所以，在策划前，注意收集同类专题活动的历史资料，认真分析一下以往这些同类专题活动的特色和不足，一则可以避免"撞车"；二则不妨借鉴一下已有的某些活动的内容和形式，并有所创新，有所超越。实践证明，在许多情况下，打破以往一些活动的形式而加以重新组合，或反其道而行之，都有可能帮助策划人员产生新的灵感、新的创意。

（3）这一时期社会公众关注（或可能会关注）的热点话题。实施一项公共关系专题活动，其主要目的不在于活动本身，而在于这一活动的传播效应，即它能够引起社会公众的广泛关注，并促使社会公众加深对主办这一活动的社会组织的了解和好感。而要达到引起社会公众广泛关注这一目标，抓住一定时期的社会热点，借助社会公众本身就敬爱和关注的某一活动，借势造势，搭船出海，以此来策划某一专题活动，均是行之有效的好办法。问题在于：如何把握一定时期社会公众所关注的热点话题，或者更进一步，带有某种前瞻意识地去预测和把握专题活动推出之时社会公众有可能关注的热点话题。这就需要在策划之前广泛收集有关资料，并认真分析有关信息，有一较为准确的把握。其中，尤应注意两个问题：一是社会热点切换很快。某一话题，也许几个月前还是社会热点，几个月后就不再引起人们的兴趣。二是有些社会话题"热"则"热"矣，却不一定适合特定社会组织开展专题活动的需要。所以公共关系策划要抓住能为自身所用的真正的"热点"。

（4）国家有关政策和规定。有经验的公共关系从业人员都知道，公共关系专题活动的策划必须注重可行性。而要切实保证策划方案的可行性，事先全面地了解国家有关政策、法规，则是不可少的重要一环。有些策划，思想天马行空，初看颇有创意，策划人员自己也往往为此兴奋不已，并据此写成了策划书，一旦付诸实施，却发现许多项目因为与国家的政策、法规相悖而很难落实或无法执行。如硬是置国家有关政策、有关法规于不顾，盲目执行，则其结果必然是既受到政府主管部门的追究和处罚，又遭来社会公众一片批评责声。于是，本来旨在于提升组织形象的公共关系专题活动，到头来很可能严重损害了组织形象，真所谓"花钱买一个不是"，只能令人扼腕。所以，一项大型公共关系专题活动，策划时必须考虑：这一活动的主旨是否与国家相关政策相符，活动本身能否得到有关部门批准；这一活动中的某些项目是否在法规的允许之内，需要到哪个部门去审批，能否得到批准；这一活动的传播方式、传播内容有无与国家相关政策、法规相悖之处，等等。而其前提，就是对国家有关政策、法规的充分把握。有人担心这会框住策划人员的创造思维，其实大可不必。任何创造，本就要受到诸多自然和社会法则的限制，而不可能随心所欲。在限制中创造，才显示出策划人员的真本领，也是公共关系从业人员应有的务实态度。

（5）地域文化特征和活动场地情况。任何公共关系专题活动，都是在特定的地区选择特定的场地进行的。所以，事先了解特定地区的文化特征和特定场地的有关情况，是保证策划有效性的一个重要条件。须知，不同的地区，具有某些不同的文化心理特征，对某些事物、话题反应也会有很大不同。同样内容和形式的一个公共关系专题活动，在北京有可能引起社会公众广为关注，获得很大成功，但移到上海、广州等南方城市举办，就有可能反应平平，效果不佳；反之亦然。其症结就是对当地特定的文化心理尚不能准确把握。试想，让一批对北京的区域文化缺乏了解的南方公共关系从业人员，去策划一个拟在北京举办的专题活动，即使再有创意，其成功的概率又有多大？场地情况也是如此。如是室内场地，应了解是剧院、礼堂、宾馆还是宴会厅等；如是户外乃至野外场地，则必须仔细地了解场地本身和周边环境情况。如此，在策划时，就既可以考虑充分利用场地及周边环境特点营造活动个性特色，又能够注意到场地及周边环境的某种条件制约，从而不至于不着边际地胡乱瞎想，生造出一些不切实际、无法执行的"创意""点子"来。

以上五个方面背景材料的收集,自然有赖于策划前的调查工作。但相对而言,这一调查还是比较方便的:上述材料,大部分可通过文献调查获取(包括集中所有策划人员手中已有的文献资料),另外一小部分则可以通过访谈调查、问卷调查和观察调查来加以补充。

 小案例

娃哈哈公关策划注重背景分析

娃哈哈集团是中国最大的饮料食品企业,其产品种类丰富。娃哈哈 AD 钙奶、八宝粥、矿泉水等都是我们耳熟能详的产品。它一年销售额近 60 亿元。广告投放超过 5 亿元,产品几乎覆盖中国的每一个乡镇。2000 年一年的销售总量是排在它后面的饮料食品企业之和。富于开拓进取精神的娃哈哈人并没有因此而满足,从此裹足不前,而是又把眼光瞄向了可乐市场,决定推出一种新款可乐——非常可乐。自从可口可乐打开中国可乐市场以来,这一利润巨大的碳酸饮料的重头市场一直被洋可乐把持着,中国可乐市场中可口可乐和百事可乐的市场占有率分别是 57.6% 和 21.3%。在中国每年生产的可乐有 136 万吨,占内地全年碳酸饮料市场的 30% 左右。如此低的占有率,说明碳酸饮料本身还有市场空间,可乐市场也还有巨大的成长空间。于是,娃哈哈公司瞄准了这个极具市场潜力的空间,选择可乐作为其又一产业增长点。但摆在娃哈哈人面前的是一条极为艰难的道路,在非常可乐之前,有不下十种国产可乐品牌,如银鹭、少林、汾渲等,在洋可乐的壁垒中都没有生存下来。非常可乐该如何在市场上站稳脚跟呢?

在困难面前娃哈哈人没有屈服、没有气馁。经过一系列调查,发现除了饮料市场尚未饱和,还有开拓空间外,推出非常可乐有自己的本土优势。

首先,非常可乐是娃哈哈集团旗下的一个子品牌。由于娃哈哈在消费者心中有比较高的知名度与美誉度,消费者已对其有一定的品牌忠诚度与可信度,因而非常可乐一出生便有天然优势,可以在母体的呵护下茁壮成长。同时,在市场推广中也可省去不少宣传费用。其次,纵观国内市场环境和"敌我特点",非常可乐也有自己的优势。在中国,有一定经济实力和较新观念的居民大多在沿海城市,以及内陆的一些中心城市,而农村尤其是西北部地区,居民收入较低,在选择产品,尤其是一些饮料消费品上对价格比较敏感。非常可乐引进的生产设备和使用的材料与可口可乐同等,但人员管理费用远远低于可口可乐,并且省去了当年可口可乐开拓中国可乐市场的费用。这样,非常可乐的价格就比可口可乐低 20% 左右,这使得非常可乐在进军中小城市时就有了价格优势。

2. 目标确立

公共关系策划是一种大脑的思维活动,是一个积极寻求完美答案的思维过程。因而,公共关系策划应掌握一整套谋划的科学思路,或者说应当事前将公共关系策划的基本要素加以组合,在头脑里搭造一个严谨周密的思维构架,以避免凭经验和直觉办事的随意性与盲目性。

为此,我们在策划中应当首先关注的事便是就实现组织的总体目标看,组织在公共关系方面是否存在什么问题。所谓问题,就是组织公共关系现状距离公共关系工作准则呈现出的偏差。所谓发现问题,就是根据公共关系工作准则比较组织公共关系实际而确定出差距的过程。在公共关系发展的历史中,任何一个成功的策划,都是肇端于发现问题和提出问题。对组织外部环境的调查和内部资源的审定,实际上就是对主客观条件的了解。通过这个了解,去发现组织的公共关系问题所在,并由此提出组织的公共关系目标,就是公共关系策划要素组合的第一步。在确立组织公共关系活动的目标时,我们应注意以下几点。

(1) 目标必须是具体的。目标不应是一个抽象的概念或空洞的口号,如"良好形象"或"真诚的奉献"。它应当是组织在内外环境条件下必须达到的实际结果,如"在某区域提升组织认知度5个百分点""与内部公众的和谐度提高3个百分点"等。

(2) 目标必须是可测量的。公共关系的知名度、美誉度这两大目标,均是可以测量的,因此,目标不应是模糊含混的。比如,"使员工的参与意识得到极大提高"中,"极大"一词便是难以准确把握的,应是可以通过计算得到明确数据的结果,比如,"使80%的员工参与到本公司组织的这次活动中来"。

(3) 目标应当是能够达到的。在确立目标时,必须考虑在组织现有条件下,能否解决问题,实现目标,能在多大程度上解决问题,实现目标。目标过高,必然导致失望和沮丧;不考虑自身条件的盲目蛮干,也只会以失败告终。

(4) 目标必须有时间限制。组织公共关系活动要实现的目标,必须是在规定的时间里应当达到的结果,既非远不可及,也不应遥遥无期。

确立公共关系策划目标的思路,大约是这样一个过程:通过调查研究获得组织内外环境与资源的大量材料,以材料去推断组织的优势与劣势、机会与风险、资源与条件。通过对这些推断的分析,找出组织的公共关系问题所在;再根据问题的轻重缓急,排出解决问题的先后次序,并提出和界定首要的问题。然后通过对这一最重要问题产生原因的探索,寻出问题的症结,根据组织的特质和组织的需要,最后确立组织公共关系策划的目标。

3. 主题提炼

主题是指公共关系活动中联结所有项目、统率整个活动的思想纽带和思想核心。提炼公共关系活动的主题,是公共关系策划过程中一个极其重要的环节,它好比确定一部大型交响乐曲的主旋律。我们听过《命运交响曲》、钢琴协奏曲《黄河》、小提琴协奏曲《梁祝》,它们或气势恢宏,或奔腾激越,或哀婉凄绝,我们之所以能在脑海里留下深刻难忘的印象,就在于它们有风格各异、色彩鲜明的主旋律。能否提炼出鲜明突出的公共关系活动主题,主题能否吸引公众、抓住人心,可以说是公共关系策划成败的一个重要标志。为此而反复揣摩、推敲、提炼,"语不惊人死不休",对于公共关系策划者来说,都是必要和值得的。提炼主题,需要创意,但不能为提炼而提炼,故弄玄虚,故作高深。提炼和确定主题应当注意以下几点。

(1) 公关活动主题与目标要一致。公关活动主题的确定是为了更好地表现公关目标,服务于公关目标。偏离目标的主题会给公众造成错觉,会大大降低公关活动的价值。恰当反映公关目标的主题则会使公关活动大大增强感染力和影响力,取得理想的公关效果。例如,中国杭州2000年西湖博览会确定的"千年盛会聚嘉宾,西湖博览汇精品"主题,重点突出了西博会的展示功能和信息功能,主题贯穿39个会展、7个大型会议和9个文化活动,充分展现了西博会的精彩,极大地增强了杭州的国际影响力。

(2) 公关活动主题必须富于特色。并不是说与众不同就是有特色,这里更强调其主题要有创意,这样公关活动主题才能够脱颖而出。但也不能一味地求新求奇、哗众取宠,更不能凭空杜撰、无中生有。公关活动主题的确定要立足组织自身实际、立足公关活动的目标,要独特、新鲜、一针见血。例如,广州大酒店在实施提高营业额的公关项目时,拟定了一个反映该店先进而完善的服务特色主题"中外通商之途,殷勤款客之道",向来华的商人传达了广州大酒店赤诚、热情的服务理念。再比如,我国香港汇丰银行的"与您并肩,迈向明天";香港九龙巴士公司的"九巴服务,日日进步"等主题,都体现了组织的内在特质。

(3) 公关主题的设计既要适应公众的心理,又要促进公众心理的进步。公关活动的目的在于使目标公众产生预期的反应,因此公关活动必须符合公众的心理需要,公关活动主题及策划要符合特定目标公众的民族文化、生活习惯和价值观念。组织在进入不同地域和环境时应根据目标公众的具体情况进行公关活动的相应调整。许多著名的国际组织(尤其是企业组织)在全球采取的都是同样的公关创意,但在不同的国家和地区,则确定不同的公关活动主题,以期打动目标公众,进一步使其产生认同感,拉近与公众心理的距离。例如,日本电通广告公司在成立66周年纪念日的这一天,以周年庆祝和乔迁为契机而举办公关活动。这天早晨,两千多名员工在公司负责人的带领下,举着"谢谢银座各界人士过去的照顾,欢迎驻地各界人士以后多赐教"的旗帜,浩浩荡荡地由银座向驻地行进。沿途公众都目睹了这一盛况,日本各大媒介也争相报道,形成很强的社会影响力。

(4) 公关活动主题要易于传播。公关活动主题的表现形式是多种多样的,有的是活动名称,如凤凰卫视的以"2022等你来"为主题的助力北京—张家口申奥万人签名活动等;有的是一句口号,如"海尔,真诚到永远!""不在乎天长地久,只在乎曾经拥有"等;有的可能是一段文字,如日本三菱电机公司的"三菱电机有优良的技术与创造力,致力于实现有活力又富足的人类社会"等。公关活动主题可以通过吉祥物、标志、主题歌、标语等多种有形或无形的形式表现出来。无论采取什么样的形式,精彩的公关活动主题都要易于传播,要注意声音、图像、演员、音乐、文字等各个方面的精心设计和组合,增强公关活动主题良好的传播效果。

4. 认定公众

组织公共关系活动目标的差异性,决定了公共关系活动对象的区别性。在公共关系策划过程中,我们必须在组织的广大公众群中,根据实现目标的需要,去认定哪些是该项公共关系活动必须关注、交流和影响的目标公众。认定目标公众的方法如下。

(1) 以活动目标划定公众范围。例如,学校为宣传自己的办学成果而组织的人才交流会,其公众主要是应届毕业生、用工单位、新闻单位、毕业生家长、人才交流部门及部分教职工,非毕业班学生和他们的家长、政府机关、实习基地等,则不是该次活动的目标公众。

(2) 以组织实力划定目标公众。在公共关系实践活动中,有时组织需要面对的公众面极广,面面俱到则深感人力有限、经费不足,应付不过来。这时就应将有关公众按与组织关系的密切程度、影响的大小程度、相关事情的急缓程度等因素进行排队,选出最为重要的"部分"作为目标公众。这种划分主要强调的是重要性。

(3) 以组织需要决定目标公众。例如,当组织出现形象危机时,目标公众应当首先指组织的逆意公众和行动公众,以防危机的扩散和加剧。这种划分主要强调的是影响度。

其实,不同组织每次公共关系活动确定谁为目标公众,很难有统一的标准,基本的原则便是考虑组织目标、需要和实力三个方面的因素,各个组织灵活去决定。

5. 项目设计

所谓项目,即指围绕公共关系目标而确定的在不同时期进行的各种形式的活动。要实现公共关系目标,只有通过一个个公共关系项目的实施,去逐步接近,直至完成。没有公共关系具体活动的开展与公共关系项目完成,组织的公共关系目标就永无实现之日。

6. 时空选择

我国自古以来,就有"机不可失,时不再来""机事之事,间不容发"的名言。"机"的含义很广,从普遍意义上看,凡牵涉事情成败的关键因素,都可以称作"机"。就公共关系策划看,也需要刻意去捕捉"天时""地利",去充分地选择运用时间和空间。

(1) 要注意时间的选择和时机的捕捉。时机,简而言之,就是时间变化所带来的机会。从传播学角度言,时间策划水准是最为重要的衡量标志之一。时机的选择或捕捉,有两层意思:第一是捕捉时机要准确;第二是把握时机要及时。前者指的是:对那些可以预先选定的时机,一定要选准其"时间区间";后者所指,则是说对那些预先不可选定、稍纵即逝的时机,要及时抓住,不可犹豫。选择时机时,我们要注意:第一,尽量选择那些能够引起目标公众关注,又具有新闻"苗头"的时机。第二,要善于利用节日,去做可借节日传播组织信息的项目;但又要学会避开节日,和节日毫无关系的活动项目不光不能借节日之势,反会被节日气氛冲淡效果。第三,尽量避开国内外重大事件。因为这时公众关注的焦点、热点是这些重大事件,组织的活动项目弄不好毫不起眼。但国内外大事发生之时,又是组织借势之机,关键看你是否能借题发挥。第四,重大的公共关系活动不要同时开展两项以上,以免分散人们注意力,削弱或抵消应有的效果。第五,选择时机时,要考虑公众,尤其是目标公众参与的可能性,避开那些目标公众难以参与的时日。第六,选择时机时,要考虑媒介,尤其是大众传媒使用的可能性,避开那些因其他重要新闻而使组织信息上不了媒体的时日。第七,选择时机时,要考虑当时当地的民情风俗,尽量使组织的活动项目与这里的风土人情相吻合。我国是一个多民族国家,面对不同民族、地区的不同风俗习惯和宗教信仰,时机选择尤应慎重。

(2) 要注意空间的选择。公共关系策划,对于空间场景的利用非常必要。一方面,我们应尽可能地考虑如何充分利用环境的有利条件,回避不利条件。比如,对当地资源土特产利用、对地理和人文构成的旅游资源的利用、对特殊民俗风情的利用以及对恶劣气候条件的避开等。另一方面,尽量去选择便利于公共关系活动实施的场所。具体应顾及以下几个方面:第一,空间大小:空间大小以活动参与者与活动所需物资的多少大小为转移。场地过大既是浪费也无美感,会使活动气氛显得冷清;过小则显得拥挤、混乱,也易造成事故。第二,空间位置:活动空间的地理位置很重要,选择位置要与活动内容相吻合,大型活动还要考虑与机场、港口、车站的距离。第三,空间环境:主要是指公共关系活动场地周围的建筑环境、交通环境、生态环境等。第四,空间条件:主要是指组织活动场所应当具有的基本设施和基本条件。比如,通信设施、医疗急救条件、卫生条件、治安条件、文化娱乐条件、购物条件以及食宿条件等。第五,备用空间:主要是指为防止各种因素或条件的偶然变化,策划时应对空间作一些应急和临时性变动的考虑。第六,空间审美:是指公共关系活动地点场所给人的感官审美印象。它包括建筑的造型、布局和结构;场地设施布置与环境装潢;实物摆设与商品柜台设计;橱窗展示、展品陈列以及活动宣传现场广告的张贴、悬挂、放置等。

 小案例

我愿给世界一杯可乐

1986年3月8日,美国可口可乐公司迎来了100周年纪念日,为了策划好这次专题活动,可口可乐公司使出了浑身解数。4天的时间里,可口可乐公司用最盛大、最壮观的庆祝活动来装点公司总部所在地亚特兰大。

14000名工作人员分别从办理可口可乐业务的155个国家和地区飞抵亚特兰大,30辆以可口可乐为主题的彩车和30个行进乐队从全国各地迂回取道开进亚特兰大,夹道欢迎的群众多达30万人,公司向这些群众免费供应充足的可口可乐;亚特兰大市市长安德鲁·杨和可口可乐公司总裁戈伊祖艾塔一起亲自引导游行队伍,其后是1000人的合唱团和60种乐器的交响乐队,他们引吭高歌可口可乐的传统颂歌——"我愿给世界买一杯可口可乐";亚特兰大市洞穴状的奥姆尼中心的四周竖立着巨大的电视屏幕,通过电视屏幕,观众可以看到在伦敦举行的可口可乐公司的百年庆典场面,为了响应可口可乐公司"跟上浪潮"的最新广告口号,伦敦的典礼策划者准备一次推倒60多万张多米诺骨牌,这一活动把亚特兰大、伦敦、里约热内卢、内罗毕、悉尼和东京连接起来,各个地点通过卫星相互联系,当多米诺骨牌天衣无缝地一浪一浪倒下去并在伦敦到达终点时,一个巨大的百事可乐罐出现了,多米诺骨牌爬上最后一个斜坡,引起了一次小型爆炸,百事可乐被炸得粉碎,顿时,全世界可口可乐公司的职员们都欢呼起来。可口可乐公司策划的这一精彩庆典给人以津津乐道的长久话题,而这正是可口可乐公司举办百年大庆所追求的效果。

7. 媒介选择

组织公共关系工作可供选择的媒介很多,但要选择恰当才能事半功倍,取得良好的传播效果。选择传播媒介的基本原则如下。

(1) 根据组织公共关系目标选择传播媒介。各种媒介都有其特定的功能,能适合为组织形象塑造的某一目标服务。选择媒介首先应着眼于企业目标和要求。如果企业的目标是提高知名度,则可以选择大众传播媒介;如果企业的目标是缓和内部紧张关系,则可以通过人际传播与群体传播,通过会谈、对话等方式加以解决。

(2) 根据不同对象选择传播媒介。不同的对象适用于不同的传播媒介,要想使信息有效地传送到目标公众,就必须考虑到目标公众的经济状况、教育程度、职业习惯、生活方式及他们通常接收信息的习惯等。比如,对经常加班加点的出租汽车司机最好采用广播;要引起儿童的注意和兴趣,制作电视节目和卡通片效果最好;对文化较落后、又没有电视的山区农民则采用有线广播和人际传播;对喜欢阅读思考的知识分子,应多采用报纸、杂志等传播媒介。

(3) 根据传播媒介特点和传播内容选择传播媒介。传播媒介的各种形式都有鲜明的特点和一定的适用范围,在选择媒体时必须首先了解各种媒体的优缺点。在组织形象塑造过程中,应将信息内容和传播媒介的特点结合起来综合考虑。比如,内容较简单的快讯可以选择广播;对较复杂、需要反复思索才能明白的内容,最好选择印刷媒介,可以使人从容研读,慢慢品味;对开张仪式、大型活动的盛况,采用电视方式则生动、逼真,能产生非常诱人的效果。还需要注意的是,只对本地区有意义的信息就不要选用全国性的传播媒介;只对一小部分特定公众有意义的消息,就没必要采用大众传播媒介;而对个别的消费者投诉,则只需面约商谈或书信往来。

(4)根据企业经济条件来选择传播媒介。俗话说:"看菜吃饭,量体裁衣",企业的经费一般有限,而越是现代化的传播媒介,费用越高,所以,成功的形象塑造策划,应该是选择适当的媒介和方式,以较少的开支争取最好的传播效果。

小贴士

上海举行的一项大型活动的新闻传播计划

前期宣传

从活动正式举行前1个月开始,在上海及中央有关报刊上刊发报道本次活动即将举行的消息和专访,展开活动的前期宣传(造势)工作。

媒介选择:《人民日报》《中国日报》《解放日报》等6~7家。

中期宣传

于活动举行前一天召开新闻发布会,向应邀与会的各大新闻媒介记者介绍活动有关情况,提供活动最新资料,并邀请其参加第二天举行的活动,以便其所在的新闻媒介及时刊(播)发活动消息,以形成广泛的社会舆论效应。

媒介选择:新华社上海分社、《人民日报》《经济日报》《中江服务导报》《上海英文星报》、东方电视台等20余家。

后期宣传

活动结束后1个月内,在上海和中央若干报刊上组织发表有关"新闻综述"和"新闻观察"之类的文章,对本次活动进行评述,以进一步扩展活动的影响。

媒介选择:《中华工商时报》《解放日报》《上海经济报》等3~4家。

8. 经费预算

公共关系活动策划阶段中一项重要的工作是对公共关系活动经费的预算,并编制预算书。任何公共关系活动的实施都需要有一定的人力、物力和财力来保障,尤其是大型公共关系专题活动则更为突出,因此,公共关系活动策划人员要有成本意识。搞好成本核算,可以促使组织节约使用资金,节约公共关系活动中的经费,从而降低公共关系活动的成本,使组织以比较少的耗费,取得较高的公关效益。

(1)编制公共关系活动预算的条件和原则。一般来讲,编制大型公共关系专题活动的经费预算必须建立在下列条件基础之上:首先是了解公共关系活动策划的项目计划,然后再根据项目计划的实际需要制订预算开支的计划。其次是预测和估算公共关系活动可以获得的资金和其他人力、物力的支持。最后还要对市场价格行情有充分的调查了解,包括市场物料供应的价格、劳务的市场价格、项目制作的价格等。公共关系活动预算要坚持两个基本原则,一是提高预算的准确度;二是项目预算要实事求是,一切从客观需要出发。

(2) 公关活动预算的主要内容。一项公关活动的实施需要有各方面的经费支持,其主要内容包括:一是人力支出。公关活动的实施主要靠人力,因而人力支出经常构成公关预算的主要部分。人力支出分为内部人力支出和外部人力支出两部分,这两部分的支出预算有所不同。内部人力支出是指用于组织内部的专职人员和其他辅助人员如秘书、会计、招待员等人员的支出,这部分的支出主要与这些人员的工资水平相关。外部人力支出主要是指用于为该项公关活动而外聘的公关顾问、摄制组等人员的费用。这些人员的费用通常以小时为单位计算,因而主要与他们工作时间长短有关。二是物资支出。即用于有关活动的各种物资的损耗。公关活动需要大量使用各种信息传播工具和媒介,才能有效地进行信息传播。这些工具或材料的使用费用,如邮费、各种印刷品的印制费、电教器材、展览设施、纪念品、照片、影视设备和材料、视听器材、美术装潢器材和材料等是经费预算的重要内容。此外,公关活动的行政费用,如办公室的租金、取暖、电、水、清洁、电话、通信以及文具等费用也应该计算在内。三是活动费用的支出。即与某项公关活动直接相关的除人力和物资以外的费用,如参观、接待、广告、交通、住宿、膳食等方面的费用。这些费用有时是因活动安排的变化而不可预知的,因此要做一定的应急费用预算,以确保整个公关活动在各个环节上都能有效衔接。四是其他费用支出。除了人力支出、物资支出、活动费用的支出这些较为具体的支出项目之外,在预算经费时还要考虑到其他一些支出项目。例如,一些连续性的公关活动常常是跨年度的,对于这一类的活动项目,公关人员在年度预算中需考虑适当增减。公关活动灵活性较强,往往一些突发事件的发生会改变或调整计划,公关人员在编制预算时,应事先设置临时应变费用,从资金上保证公关活动的应变能力。

(3) 公关活动经费预算的方法。编制公关活动预算有多种多样的方法,组织可以根据自身的情况来选择使用。商业的本质是以较少资源投资换取较大的营收回馈,公关活动投资也是希望实现销售或利润的增长以及组织形象的提升。常用的公关活动预算方法主要有以下几个方面。

① 经费承包法。即按组织常年的公关实务活动算出一定量的经费作为公关活动使用,或是针对单项活动计划拨出专项经费,一旦划定了经费,就不能再增补和删减,而由组织的公关部门及人员在职权范围内使用。用这种方法编制预算的优点是简单迅速,但是用承包方式确定经费总额较为盲目,缺乏灵活性与针对性。

② 比例抽成法。即按组织的正常收入抽取一定的百分比作为公关活动的经费,使用这种方法的经费预算比较明确,而且可随组织的财力状况而调整。缺点是缺乏弹性,有时不能顾及公关活动的某种需要。

③ 目标估计法。即按组织确定的公关活动目标,逐项列出细目,计算出所需经费。这种方法计划性强,开支项目清晰,但有时会因预测不准而造成经费过多或不足。

三种方法比较而言,前两种方法常用于组织公关活动年度预算的编制,而第三种方法则更适用于某项公关活动经费的具体预算。当然,组织可以根据不同的需要单独或结合使用这些方法。

(4) 公关活动预算书的编制。公关活动的预算费用一般是通过编制预算书来表现其具体内容的。大型公关专题活动经费的预算书也要编制得尽量详细、具体,切忌笼统含糊。

下面我们举两个例子供参考。表 2-4 为年度预算表的模式,表 2-5 为记者招待会项目预算表的模式。

表 2-4　年度预算表

项　　目	预算(元)
工资:公关经理、助手及秘书	
一般管理费:租金、地方税、照明、取暖、空调、清洁费、电话交换台等	
折旧:家具和设备	
保险:汽车保险,为设备、旅行、养老金、医疗所有风险投保	
视听辅助手段:准备工作、制作、分发和保养影片、录像带、VCD 视盘	
新闻稿:准备工作和发稿	
服务:新闻简报的服务、对电视与广播监听和监视的服务	
新闻特写:准备工作和特写	
信息服务:配置职员和装备	
自办报刊:编辑和印刷	
教育性的文字:创作、印刷和制作	
赞助:奖品和报道、招待	
讨论会:物资用品、饮食、租赁费	
照片:摄影、洗印	
运输工具:小汽车和货车	
设备:照相机、放映机、录像机、视盘机、电视机、录音机、计算机等	
文具:专用信笺、新闻稿纸、说明文用稿纸、信封等	
邮资:电话、电报、检索、传真	
差旅费用:小汽车津贴、出租车、火车票或飞机票、旅馆住宿	
应急:按 10% 计	
总　　计	

表 2-5　记者招待会项目预算表

序号	项　　目	规　格	数量	单　价	金额(元)
1	印制请柬、信封	19cm×11cm	100	15 元/套	1500
2	寄请柬所需邮资				
3	联系电话费				
4	场租				
5	录像机、幻灯机、电话机租用费				
6	放映员报酬				
7	自助餐费				
8	酒水费				
9	小费				
10	新闻稿				
11	资料袋印制				

序号	项　目	规　格	数量	单　价	金额(元)
12	印刷资料				
13	照片				
14	纪念品				
15	交通运输费				
16	场地布置费				
17	应急费用				
18	承办费				
	合　计				

9. 应急程序设计

一个完善的计划，一定要有应急程序。一般来说，应急程序包括以下内容。

(1) 保安措施。保安措施包括在活动期间所有人员特别是首长、嘉宾的保卫工作，与会人员的行为秩序以及人员和车辆的导流路线。行人坐立行走设施、高空架设物、用电设备、机械设备、易燃易爆物品的安全使用措施，每一项都不能掉以轻心，要有一个周详的安全使用计划。

(2) 保健措施。公关活动，特别是大型活动一般参加的人员多，各人身体条件情况复杂，尤其是在有老人或小孩参加的时候，保护措施就尤其要考虑周全。常见的户外活动中经常发生中暑晕倒等情况，所以大型活动要配备医护人员及用于急救的车辆。保健措施现已基本列入公众活动的常见项。

(3) 意外人员疏散计划。对于意外事故，设计应急程序时要充分做出预测，并制定好相应的应急措施。较大型的活动，一定要制定一套意外人员疏散计划，以防万一。

(4) 防火措施。公关活动中，尤其是使用易燃易爆物品时，必须事先制定好防火措施，做好充分的防火准备。

(5) 户外雨天工作程序。假如是户外活动，预防下雨几乎成了必然面临的课题。活动开始之前，当然是要及时获取气象台的天气预报，做好相应的防范工作。但即使是有气象报告也不能掉以轻心，尤其是在天气不稳定的情况下，必须制定好雨天的工作程序。

(四) 公共关系策划方案的撰写

公共关系策划方案是指以书面文字形式确定下来的策划者头脑里的构思和创意。整个策划的思维过程，最终是以策划方案的形式加以条理化和系统化。所有的灵感和创意，都将在策划方案中被具体细化为可供施行的方法和步骤。就连公共关系活动的最后结果，也将预先在策划方案中进行展示。

1. 公共关系策划方案的构成要素

公共关系策划方案当无定式，策划者一般根据实际的需要和自己的文笔风格来撰写。

但无论方案形式、内容有着如何的差别,理应包含的基本要素都不可或缺。

一份完整的策划方案应当具备5W、2H、1E。

What(什么)——策划的目的、内容。

Who(谁)——策划组织者、策划者、策划所涉及的公众。

Where(何处)——策划实施地点。

When(何时)——策划实施时机。

Why(为什么)——策划的缘由。

How(如何)——策划的方法和实施形式。

How much(多少)——策划的预算。

Effect(效果)——策划结果的预测。

上述8个要素组合即是一份完整的公共关系策划文案应当具备的基本要素。针对不同组织的不同内容与形式的公共关系策划方案,应当围绕着这8个要素,根据自己的需要去进行丰富完善和组合搭配,公共关系策划方案的创意与个性风格,就存在于对要素的丰富完善和组合搭配的差异之中。

2. 公共关系策划方案的基本格式

公共关系策划方案的基本格式,大致包括下列五项。

(1) 封面。策划方案的封面不必如书籍装帧那样去考虑其设计的精美,但文字书写及排列应大小协调、布局合理,纸张只要略比正文厚些即可。封面内容一般包括:①题目。题目必须具体清楚,让人一目了然。②策划者单位或个人名称。方案如系群体或组织完成,可署名"××公共关系公司""××专家策划团"或"×公司公共关系部",对其中起主要作用的个人也可在单位名称之后署名,如"总策划××""策划总监××"等。方案如系个人完成则直接署名:策划人××。③策划方案完成日期。写明年月日甚至时。④编号。比如根据策划方案顺序的编号、根据方案的重要性或保密程度的编号、根据方案管理的分类编号等。⑤在需要的情况下,可考虑在封面上简洁地加上说明文字或内容提要。⑥如策划方案尚属草稿或初稿,还应在标题下括号注明,写上"草案""送审稿""讨论稿""征求意见稿"等字样。如果前有"草稿",决策拍板后的策划方案就应注明"修订稿""实施稿""执行稿"等字样。

(2) 序文。并非所有策划方案都需加序,除非方案内容较多、较复杂,才有必要以简洁的文字作为一个引导或提举。

(3) 目录。这也如序文一样,除非方案头绪较多、较复杂,才有做目录的必要。目录是标题的细化和明确化,要做到让读者通过看标题和目录后,便知整个方案的概貌。

(4) 正文。正文即是对前述8个要素的表述和演绎。其主要内容有:①活动背景分析;②活动主题;③活动宗旨与目标;④基本活动程序;⑤传播与沟通方案;⑥经费概算;⑦效果预测。正文的写作需要周到,但应以纲目式为好,不必过分详尽地去加以描述渲染,也不要给人以头绪繁多杂乱或干涩枯燥的感觉。

(5) 附件。重要的附件通常有:①活动筹备工作日程推进表;②有关人员职责分配表;③经费开支明细预算表;④活动所需物品一览表;⑤场地使用安排表;⑥相关资料:这主要是提供决策者参考的辅助性材料,不一定每份方案都需要,例如完整的或专项的调查报告、新闻文稿范本、演讲词草稿、相关法规文件、平面广告设计草图、电视片脚本、纪念品设计图等;⑦注意事项。即将策划方案实施过程中应当注意的事项作重点集中的提示。比如,完成活动需事前促成的其他条件、活动实施指挥者应当拥有的临时特殊权限、需决策者出面对各部门的协调、遇到特殊情况时的应变措施等。

 小贴士

中耀大酒店记者招待会策划书[①]

一、主题

澄清中耀大酒店因海鲜中毒事件引起的社会风波,并以"服务造就品质,信誉成就未来"为宗旨,体现此次记者招待会的水准与风格。

二、目的

通过在中耀大酒店报告厅举办为期一小时的记者招待会,以记者问、酒店相关负责人答的形式来澄清此次事件的前因后果,并借此机会让广大消费者对中耀大酒店有一个全新的了解和认识(包括食物、服务、信誉等多方面)。同时通过社会多家知名媒体对中耀大酒店在此次事件发生后采取一系列的维护消费者利益、敢于承担社会责任的行动的正面报道,重新提高中耀大酒店在顾客心目中的信誉度和知名度。

三、地点和时间

定于2017年5月29日上午10:00—11:00在中耀大酒店报告厅举办记者招待会。

四、主要内容

(1)于记者招待会前一天通过发邀请函的形式邀请云南省电视台、《云南信息报》《云南食品报》《都市时报》《西部时报》《周末健康报》《都市条形码》的记者参加此次会议,并特邀昆明市工商局水质和食品检测员秦绍仙协助证明此次事件。

(2)首先,由云南省电视台新闻节目主持人王莉对此次记者招待会的背景进行介绍。

(3)会议开始时由此次记者招待会的主持人何家燕宣布此次记者招待会的目的,时间不超过10分钟,并接着宣布会议由记者朋友提问、相关负责人答的形式正式开始。

(4)会议前酒店相关负责人要充分准备好事实材料,以证明事件的真实性(包括照片、文字及相关数据)。

(5)11:00时,由主持人宣布此次记者招待会结束。

五、会议程序

记者招待会开始时,让每位来宾在入口处登记,由公共关系人员引导到来的新闻界人士就座并回答初步的问询,并发给每人一份新闻文件包,其中包括以下材料:新闻发布稿、主持会议者的材料和照片,以及一些具有说明性的图片。

六、会场布置

将发言人与记者的位置安排好,在发言席上放置话筒和水。并准备好录音辅助器材备用。

[①] 该案例资料来自云南农业职业技术学院公共关系精品课程网站的学生作品,有改动。

七、经费预算

媒介费用：5000元；拍摄费用：3000元；会场布置费用：1000元；报道费用：5000元；共计：14000元。

八、人员情况

背景介绍：王莉；主持人：何家燕；发言人：蒋万熙、庄智援；工商局检查员：秦绍仙。

材料传递员：韦梦妮；拍摄人员：李正祥、陈润梅；总策划：中草药二班。

九、附件

附件主要包括背景介绍、水质检测报告。

1. 背景介绍

观众朋友们，大家好。我是云南省电视台新闻节目主持人。5月20日，在中耀大酒店发生了引发社会广泛关注的海鲜中毒事件。这次事件为什么会发生？在事件发生后，中耀大酒店又采取了哪些措施来处理这件事呢？

中耀大酒店负责人说："我们酒店在事发当天就立即会同政府工商、卫生等部门组成联合调查小组，对此事进行彻查。调查小组首先对我们酒店的厨房进行了检查。结果证明，我们厨房的卫生是符合国家相关标准的，我们所用的器皿、调料是安全的，是放心的。工商部门也将剩余的海鲜带回去化验，得出结论是海鲜产品受到污染。调查小组来到了出售这些海鲜的养殖户陈某家，发现该养殖场已被严重污染。在质询中陈某告诉我们，该养殖场上游有一家化工厂经常排出未经任何处理的污水，污水经一条小河流到他的养殖场，致使他的养殖场被严重污染。"

2. 水质检测报告

经我局对从马坳镇梧坪村10组水产养殖户陈彩云的养殖池中采集水体进行检测，证明该水体pH为4.0以下，呈酸性，总大肠杆菌群pH小于2，重金属含量如铅、汞等严重超标。同时，该水体中有毒、有害物质大量积累，以及水体缺氧。该水已不能用于养殖用水。

山茶花市工商局

2017年5月21日

三、公共关系实施

公共关系实施是指社会组织为了实现既定公共关系目标，充分依据和利用实施条件，对公共关系创意策划实施策略、手段、方法设计并进行实际操作与管理的过程。

公共关系实施是解决公共关系问题和实现公共关系目标的重点环节。只有通过扎实、有效的实施工作，才能直接地、实际地、具体地解决问题。即使是完美无瑕的公共关系策划，如果不经过实施，而是束之高阁，也只能是毫无意义的"纸上谈兵"。

公共关系实施决定了公共关系策划创意能否实现，以及实现的程度和范围。有效的公共关系实施，不但能执行策划创意，而且能创造性地修改和弥补策划的不足。这时的实施活动，表现为实施人员能够选择最有效的实施途径和手段、方法和技巧。失败的公共关系实施，不仅不能实现策划创意，有时还可能使策划方案中想要解决的问题更加恶化，甚至完全与目标背道而驰。从这个意义上说，实施这个环节不但决定了策划创意能否实施，而且也决定了策划创意实现的效果。

公共关系实施的结果是后续公共关系策划的重要依据与起点。任何一项公共关系策划的实施过程不论成功与否,它都会在社会上造成一定的影响和后果,进行新一轮的公共关系策划必须以此为基础,针对新出现的问题策划新的方案,这是公共关系策划的继承性和可持续性规律的客观要求。

小故事

茅台酒的出名之道

茅台酒本来在国外并没有什么名气。有一次,厂家代表带它去参加巴拿马万国博览会。世界著名的酒类品牌绝不会放弃这样的极好机会。茅台酒是首次参展,光租展位,就是很大一笔开销。但厂家认为,只要能够提高知名度,还是值得的。然而,面对法国的香槟等西方传统的酒类,人们对来自中国的茅台酒展位根本不屑一顾。展览的第一天,茅台酒基本无人问津。面对这样的尴尬局面,茅台酒展览工作人员急得团团转,为此,他们决心要扭转这种受冷落的状况。

于是,第二天的展览开始之后,面对人流最高峰的时段,工作人员急中生智地拿着一瓶茅台酒走到展厅中央,装着在人流中不小心将它"打翻"。顿时,整个大厅充满了茅台的酒香。参观展览的人立即被这从来没有闻到过的香味所吸引,好奇地相互打听这是什么牌子的酒香味。茅台展览人员抓住这一机会,向参观者介绍茅台酒。很快,茅台酒展位吸引了大批参观者,随即引起整个展览会的轰动,新闻媒介也闻风而来,纷纷予以报道。结果,茅台酒在本次展览会上获得了金奖。从此,它身价百倍。

(一)公共关系实施的特点与原则

1. 公共关系实施的特点

(1)艺术性。公共关系实施的艺术性包括两层含义,其一是公共关系实施要勇于创新。同一公共关系策划方案的实施策略、手段、方法很多,要突破常规,别具一格,标新立异,以奇制胜,设计出竞争对手意想不到的、传播效果最好的操作手段和方法。其二是公共关系实施在于攻心。目标公众具有不同的心理,比如,性别心理、年龄心理、职业心理、专业心理、地域心理、血型心理、民族心理、宗教心理、情感心理等,要针对目标公众的特定心理来设计与操作实施策略、手段和方法。因此,公共关系实施的过程是创新与攻心的过程。

(2)文化性。公共关系实施的策略、手段、方法具有鲜明的、浓郁的文化色彩。许多传统文化和现代文化成为公共关系实施可利用的重要资源。随着社会进步和人们物质消费水平的不断提高,特别是随着知识经济时代的到来,追求物质文化、消费文化、生活文化和经济文化已经成为现代社会生活的趋势。从某种角度来说,现代物质消费就是文化消费,现代生活就是文化生活,因此,公共关系实施手段、方法要体现文化品位,迎合公众的文化追求,用文化的力量去感染公众。没有文化品位的操作方法和手段是低层次的公共关系实施行为。

(3)情感性。公共关系实施的过程常常表现为一种感情交流的过程,感情手段成为公共关系实施中基本的、常用的手段。要注意研究和利用公众的感情心理与感情倾向,重视感情投资,以情感人,以情动人,以情服人。让公共关系实施行为充满感情,这是公众的客观需要,也是公共关系的生命根基。

(4) 形象性。公共关系实施的策略、手段与方法必须具有良好的公众形象和社会形象,以此赢得公众和社会的信任与喜爱。这是由公共关系注重塑造良好形象属性所决定的。

(5) 关系性。公共关系实施以建立和协调组织与公众的良好关系为基础,一切有利于建立良好公共关系的协调手段、交际手段和游说方法均是现代公共关系实施手段与方法的重要内容。要建立、巩固与发展广泛的关系网,遵循"养兵千日,用兵一时"的关系网运作原则,使关系网成为公共关系实施的重要路径。要正确应用交际方法和交际手段,善于与公众打交道,以便顺利完成公共关系任务,实现公共关系工作目标。

(6) 传播性。公共关系实施的过程就是组织与公众之间的双向信息沟通过程。各种传播媒介都是公共关系信息传播载体,各种传播方法都是公共关系实施的方法。要把人际传播媒介、组织传播媒介、大众传播媒介以及各种综合性传播媒介有机结合使用,熟练掌握其使用技法,以实现公共关系整合传播的最佳双向沟通效果。

2. 公共关系实施的原则

公共关系实施是一个复杂而科学的过程,客观上需要有一套科学的实施原则作指导。公共关系实施的原则是公共关系实施的工作准则,是公共关系管理者(领导者)和操作者在错综复杂的实施环境中,排除各种实施困难,完成公共关系实施各项工作,实现公共关系目标的成功法则。

(1) 准备充分原则。在正式实施公共关系策划方案之前,必须做好各种实施准备。实施准备是公共关系实施成功的基础和前提条件。准备越充分,公共关系实施就越顺利,失误就越小。绝对不能打无准备之仗。在正式实施策划方案之前,要用足够的时间做好各种准备工作。公共关系实施的管理者、操作者要严格、准确地检查每一项准备工作。要建立"准备工作责任制",把各项准备工作落实到具体的人,以便负责到底。

(2) 策划导向原则。所谓策划导向原则,就是公共关系人员必须严格按照既定的策划方案进行工作。包括目标导向、策略导向和实施方案导向。

目标导向要求公共关系人员在公共关系方案实施过程中,不断将实施结果与目标要求相对照,发现差距,及时努力,务必实现目标。策略导向要求公共关系人员必须按既定策略思路去执行实施方案。策略指导实施行为,是实施行为的主题思想。实施方案导向要求公共关系人员严格按照实施方案开展实施工作。各项具体工作内容的实施方法是公共关系策略和公共关系目标的实现路径,应当熟练掌握与应用,并在应用中创造更有效的实施方法。

(3) 控制进度原则。控制进度原则就是必须按照公共关系实施方案中各项工作内容实施时间进度的要求,随时检查各项工作内容的完成进度,及时发现滞后(或超前)的情况,搞好协调与调度,使各项工作内容按计划协调、平衡地发展,并确保按时完成。控制进度的原则要求做好预测和及时发现各种可能影响实施工作进度的因素的工作,针对关键原因采取有效的预防和应急措施。

小案例

美国消毒牛奶打入日本市场

美国一家牛奶公司意欲将该公司的消毒牛奶打入日本市场,但在整个过程中遇到日本消费者、消费者联盟、销售商、牛奶场场主、卫生部门和农林部门不同程度的阻碍。公司第一步是与日本卫生部门联系,使之批准销售该产品。第二步是说服大销售商来经销消毒牛奶。第三步是与牛奶场联系。第四步是对消费者进行消费教育。这四步均在前一个行动取得成功的基础之上,迈向新的目标。

(4) 整体协调原则。这是指在公共关系实施过程中,要使各项工作内容之间达到和谐、合理、配合、互补和统一的状态。公共关系实施是一项系统工程,各项工作只有相互有机配合才会达到整体最佳。各自为政,相互矛盾,只能增加内耗,严重时必然导致公共关系实施的失败。总之,协调的目的是要达到全体实施人员思想观念的共同认识和行动上的一致,保证实施活动的同步与和谐,做到统一意志、统一指挥、统一行动,提高工作效率与效果。

(5) 反馈调整原则。反馈调整原则是指通过监督控制及时发现公共关系实施中的方法偏差甚至错误,并及时进行调整与纠正。由于各种因素干扰,或由于实施人员的素质问题,不按照既定工作方法实施的情况时有发生。由于策划设计错误,或由于实施环境突然发生变化,原来设计的实施方法无法操作,这些都是实施中的严重问题。要建立一种灵敏的监督反馈机制,快速发现问题征兆,并立即采取有效措施调整实施方法。

 小案例

美国平等生活保险公司的公共关系活动

美国平等生活保险公司在策划保健教育宣传的公共关系活动时严格遵循统一性的策划要求,及时调整策划过程的程序与步骤。最初,保险公司策划在全国范围内发行一种预防共同性疾病的小册子,但是,他们通过国家公共保健局了解到,50%以上的学龄儿童已经进行了传染病的防疫,而社会人口中的中下层社会集团却严重地存在着对疾病预防漠不关心的问题。这群人生活范围狭窄,文化素养较低,很难进行沟通。于是,保险公司决定改变原来设想,将原先的长篇宣传文章改成文字活泼通俗、并附有详细图解的小册子,为新的目标公众服务。此后,他们先印刷了140份,在一个居民区散发,进行摸底,了解公众的反应。结果,多数公众表示对这一宣传手册没有能力接受。于是,他们又一次请专业通俗文学作家将文字减到5000字以内,使之更通俗、更浅显易懂,从而符合公众的欣赏水平,最终使这次宣传策划活动成功。

【问题】 结合本案例谈谈怎样才能使公共关系活动成功实施。

(二) 公共关系实施的方案设计

公共关系策划的主要成果是产生了一个(或一组)公共关系策略和点子(公共关系创意),确定了主要的公共关系工作手段与策略(例如,形象塑造手段与策略、传播沟通手段与策略、关系协调手段与策略），并进行了总体预算，但是没有公共关系策略、点子及其所选手段与策略的详细操作方案，而这正是公共关系实施方案要解决的问题。公共关系实施方案又称公共关系技术方案或公共关系策划的实施方案。其核心内容是公共关系策略、点子的具体操作方法。同样的策略、点子，不同的操作方法可能产生不同的效果。因此，公共关系策略、点子的具体操作方法也需要进行精心策划与设计。

1. 设计实施内容

一种公共关系策略（或一个公共关系点子）的实施，往往要做多方面的工作。我们把"一个方面的工作"叫作一个工作项目，这是一级工作项目。一级工作项目又可分解为若干个二级工作项目（更小的工作项目），二级工作项目同样可分解为若干个三级工作项目，直到不能再分解为止。我们把不能再分解的最后一级工作项目称为工作内容。

2. 设计实施方法

公共关系实施工作要求是指各项公共关系实施工作内容的操作目标、原则和注意事项，它对具体工作方法设计和实际工作过程具有重要的指导作用。因此，在公共关系实施工作内容设计完成后，就要对每项工作内容提出要求，根据这一要求设计具体工作方法。对工作项目只存在分解方法（分解为更小更细的工作项目的方法），而不存在操作方法。公共关系实施工作方法的策划设计要符合以下原则。

（1）工作方法的设计要具体、仔细、实在，工作量要小，尽量简单，具有较强的可操作性。

（2）工作方法的形象要好，成本要低。

（3）完成工作任务（内容）和实现策略（点子）的可靠性要高，防止"实现功能不足"。

（4）必要时进行多种方法组合，有利于增加完成工作任务和实现策略（点子）的把握度，但要防止"实现功能过剩"，以免造成实施成本增加。

（5）要为有风险的操作方法设计备用方案，确保万无一失。

（6）工作方法要符合目标公众心理，符合政策法律和各种社会风俗习惯、伦理道德。

从理论上讲，完成一项工作内容的具体方法很多，但实践中可寻找的方法却是有限的。要深入调查分析组织自身和实施环境所提供的各种实施条件与产生的实施制约，针对目标公众的公共关系心理，寻找和策划出多种工作方法，反复比较论证，从而确定出能圆满完成工作任务（工作内容）、达到甚至超过工作目标的相对最佳的工作方法。

3. 选择实施时机

选择实施时机是指能够使公共关系实施获得最佳效果的开始工作时间和结束工作时间。在现代社会，时间就是金钱，时间就是生命，时间就是效率。不善于利用时机，事后即使投入更大的力气，也无法收到好的公共关系实施效果。

公共关系实施的最佳时机，有时表现为一刻、一时、一日，有时也表现为一个较长的时间段，如几日、几周甚至几个月等。这些时机，有的是日常性的，有的是固定性的，而有的则具偶然性。一项公共关系创意的实施，往往有若干项工作内容，其中，与公众发生关系的工作内容的实施开始与结束时间特别重要，必须准确把握，科学决策。

4. 确定实施进度

确定实施进度是在确定公共关系实施时机后，对各项公共关系实施工作内容所需的时间规定并进行日历进度安排。必须保证在所确定的最佳开始时间启动有关工作,在最佳结束时间完成操作。实施时间进度安排,要充分估计各种因素的干扰,要留有余地。最直观的时间进度安排方法是拟出时间进度表。

5. 确立实施流程

公共关系实施各项工作内容之间存在着一种客观的分工与协调关系。只有合理分工,有机协调,才能保证各项工作的顺利完成。我们把公共关系实施各项工作内容之间的衔接、协调和配合关系及其有机组合的过程称为公共关系实施流程。它反映了各项公共关系工作内容之间的一种内在的联系规律,是公共关系实施作为一项系统工程的体现。

公共关系实施流程中的时间衔接、分工协调和有机组合关系通过流程图来表示,并配以文字说明。流程图的文字说明,主要是对各项工作之间的协作关系、责任关系进行规定,必要时形成一种制度。一定要防止彼此责任不清、相互扯皮、"踢皮球"等情况发生。否则,将严重影响实施工作的进度和质量。

6. 实施预算

在公共关系策划工作中,对已选择的传播媒介操作等活动经费做出总体预算,这是进行公共关系实施工作预算分配的依据。将公共关系策划的总体预算经费合理分配到公共关系实施的各项工作内容中去,以保证各项工作开支需要,这就叫公共关系实施预算分配。

一般来说,公共关系策划工作中的经费预算只做到一级工作项目预算,也只能做到这一级预算。因为,这时的详细工作内容及其工作方法尚未策划设计出来,所以不可能做到具体预算。

公共关系实施工作预算分配的结果应表述于公共关系实施时间进度表右侧,这样一目了然,便于了解与管理。

需要提醒的是,公共关系策划中的一级工作项目经费预算(或总体经费预算)是留有余地的,目的是防止意外工作增加或策划不周遗漏工作而造成经费不足。留有余地仍然是具体工作内容预算分配的原则,这主要表现在不要把一级工作项目预算的经费分配完,一般需要留下5%~10%的经费备用。

7. 安排工作机构人员

组织的公共关系实施主体有三种:组织内部公共关系部(或相关机构)、公共关系公司和公共关系社团。不管是哪种操作主体,都必须建立项目公共关系实施机构,配备得力的实施人员(包括实施领导和操作人员)。实施人员的素质与能力十分重要,优秀的实施人员不但能顺利完成工作任务,而且能修改完善实施方法,弥补实施方案的不足。

所谓公共关系实施机构,是指为完成某一项公共关系任务、实现公共关系目标而建立的专门组织。规模较大的公共关系活动实施,其机构具有多层级特点,从低级层次到高级层次,人数依次减少,权力依次增大,形成"金字塔"式的稳定结构。应按照精简、统一、节约、效能的要求来构建公共关系实施机构。一般应以领导中心机构为核心,下设智囊机构、执行机构、监督反馈机构。其中,领导中心机构是决策角色,人员要少而精,办事效率要高;智囊机构作为领导决策的参谋部门,其组成人员应具有科学分析问题的能力以及较宽的视野和战略眼光;执行机构作为实施方案的具体操作部门,其组成人员应具有较强的指挥、协调、组织、交际和操作能力;监督反馈机构作为保证和检查实施的部门,其组成人员要有敏锐的洞察力、实事求是的科学态度和强烈的责任观念。公共关系实施机构设置的程序:①明确指导思想,确定组建机构的目的和任务;②制定编制方案。根据领导机构的任务和工作量,确定部门、职务和人数,规定每个岗位的职责;③确定领导体系。明确纵向隶属关系和横向协作关系;④报批机构编制方案;⑤任命领导人和安排工作人员。

一定要将每一项工作内容落实到具体人员。一项工作内容安排两个以上人员操作时,要确定一个负责人,并进行相对分工。一个人负责多项工作时,要考虑工作之间的依存关系,使其运作起来高效、方便。每一项工作内容的实施人员姓名表述于公共关系实施时间进度表右侧。

8. 建立规章制度

要依据公共关系职业准则和组织中有关规章制度,以及公共关系实施的具体情况,制定出各项公共关系实施的工作进度。

组织的公共关系部(或公共关系公司、公共关系社团)都建立具有共性的公共关系人员行为准则和公共关系实施制度,这是任何一次公共关系实施都必须遵守的工作制度。但就某一项公共关系活动来讲,其实施具有特殊性,应根据这种特殊性,制定出特殊的工作制度作为补充。这些工作制度涉及以下内容:①职业道德;②信息保密;③经济关系;④行政关系;⑤分工协调;⑥交际形象与礼仪规范;⑦请客送礼;⑧奖罚机制;⑨危机处理(紧急处理);⑩差旅出勤。

9. 实施人员培训

在公共关系方案实施之前,对实施人员进行一定的培训是很有必要的。这种培训的主要内容是实施工作制度教育和操作方法学习与研讨。

公共关系方案实施工作制度的教育,除了让大家明白各种规定及其意义外,特别要对特殊规定、容易违反的规定进行重点说明与强调。配合制度教育,反复灌输组织文化与理念,提高实施人员的思想与道德素质,增强其抵御腐蚀的能力。

要组织实施人员认真学习研讨公共关系方案实施工作内容的操作方法,反复体会,彻底弄懂,绝不含糊。很重要的方法,可通过讲解、讨论、答辩、模拟训练来促使实施人员正确掌握。有使用风险的方法要反复做模拟演习,切实提高操作的把握度,把失误率降至最低限度。很重要的工作内容的实施,除了第一工作方法外,还配有第二工作方法甚至第三工作方法作为第一工作方法失败时的备用方法。备用方法的启用规定及其操作技能必须重点掌握。重要工作内容的第一工作方法如果是两种以上方法组合,其相互配合关系也是学习研讨的重点。

10. 办理审批手续

根据《中华人民共和国行政许可法》第二十九条规定,公民、法人或者其他组织从事特定活动,依法需要取得行政许可的,应当向行政机关提出申请,待取得相关部门批准后方可实施。我们一般常见的活动,需要报批的行政机关主要有文化、公安、环卫和消防,其他的行政机关也有可能出现,但通常机会比较少,主要以上四个部门居多。具体情况如下。

(1) 关于向地方文化部门报批。申报时应提交的文件有演出申请书;与演出相关的各类演出合同文本;演出节目内容材料;营业性文艺表演团体的"演出证"。

(2) 关于向公安部门报批。为了保证各项活动的正常进行,维护社会治安与公共安全,保护公民、法人和其他组织的合法权益,公民、法人和其他组织在举办活动之前必须报县级以上公安部门申请批准。申报时应必须提交以下文件:活动方案和说明;活动安全保卫工作方案;场地管理者出具的同意使用证明;申请人身份证明及无违法犯罪记录等;法律、法规和规章规定须经有关部门批准的活动,应当同时提交有关批准文件。

其中,活动安全保卫工作方案主要包括活动的时间、地点、人数、规模、内容及组织方式;安全工作人员情况、数量和任务分配、识别标志;场地建筑和设施的消防、安全情况;入场票证的管理、查验措施;场地人员的核定容量;迅速疏散人员的预备措施。

(3) 关于环卫部门的审批。环卫部门方面,主要是针对户外的一些横幅、竖幅等与市容和环境有关的宣传方面的审批。其他的详细规则可到环卫部门咨询。

(4) 关于消防部门的审批。消防部门主要是针对活动场所的消防设施和措施进行审查,像户外的空飘、气球等方面也属于消防的审查范围。另外,在各种活动中的舞台或展位搭建方案包括效果图、平面图、电路图等都要经过主办单位或消防部门的审批。

在这里需要说明的是,有些申报手续是需要提供场地、人员等相关合同,所以在程序的先后上并不固定,我们可以根据实际情况做出适当的调整。为了保证活动的顺利开展,并依法维护各方的正当权益,我们在联系相关事务时一定要签订合同。

 小案例

"嘘嘘乐"纸尿裤比赛

一次,诺玛特卖场内有个叫"嘘嘘乐"的纸尿裤正在开展活动。众人等待了大约5分钟后,活动终于开始,活动内容是穿纸尿裤比赛,在主持人千呼万唤之下,最终有三个妈妈参赛。主持人耐心宣布比赛规则时,三个妈妈已经把孩子裤子脱光,为获得比赛胜利全力以赴,一声令下,比赛开始了!冠军妈妈只用三秒钟就结束了比赛,动作最慢的妈妈也用了不到五秒的时间。整个活动持续时间不到一分钟,还没等观众明白怎么回事就结束了。围观的观众最多不超过十人,而且绝大多数观众是一头雾水,因为没有任何信息告诉大家哪个厂家在这里开展什么活动。参加活动的三个妈妈也在比赛结束后领取了几片纸尿裤便匆匆离去,其中还有一位母亲比赛一结束就将参赛时穿在孩子身上的"嘘嘘乐"纸尿裤取下,似乎担心孩子穿着不舒服。

【问题】

(1) 你认为这场公共关系活动是否成功?为什么?

(2) 本案例对你有何启示?

(三) 公共关系实施的管理

公共关系实施的管理是对实施中的各要素及其阶段性实施目标进行管理,具体内容如下。①

---

① 刘丹,王军,卢显旺.公共关系实务[M].北京:清华大学出版社,2016:106-107.

1. 人员管理

公共关系实施是一个不断变化和需要调整的动态过程,实施者需要依据整个实施方案中的要求和自己所处的环境、面临的条件采取相应的实施行动,如果这些行动失败,就可能导致公共关系效果的削弱。因此,公共关系实施中的人员管理应包括三个方面的内容。

(1) 要通过明确合理的分工安排及合作竞争并行的机制提高工作效率。

(2) 要借助相应的规章制度和激励手段去调动人们的工作热情与积极性,同时也要监控他们的工作方法、质量。

(3) 努力营造团结、和谐、有效的工作氛围,促使大家同心协力,取得事半功倍的效果。

2. 沟通管理

公共关系实施的过程就是传播沟通的过程。传播沟通越通畅,实施效果越好。但是在传播沟通过程中通常会发生传播沟通障碍,从而影响实施效果。公共关系沟通障碍主要有机械障碍、语言障碍、习俗障碍、观念障碍、角色障碍、舆论障碍、心理障碍、组织障碍等。公共关系活动企图通过传递信息改变公众的思想或行动,但其中经受到来自各个方面的干扰。因此,在公共关系实施中,一定要认真研究目标公众的生活方式、价值标准、利用大众传播媒介的习惯等,尽量避免主客观的干扰因素,并及时针对障碍产生的原因进行疏通工作,努力消除不良影响,使信息完整、客观、清晰地传递给接收者。

3. 进程管理

(1) 时机与进度控制。时机与进度控制主要涉及流程控制、环节衔接、各项活动开始时机的掌控,务必确保时间进度和工作任务进度相一致,实际进度和计划进度相一致。一旦发生实际进度与计划进度不一样的情况,必须立即分析寻找影响进度的因素,及时调整纠正。

(2) 资金物品管理。公共关系实施中随时需要经费开支和摄影、音响、通信器材的使用,因此涉及成本控制和物品管理工作。一般来说,应安排专人负责并及时登记在册以便有账可查,同时在公共关系实施过程中既要保障供给公共关系实施的需要,充分发挥财物的功效,又要避免不必要的损坏、遗失和浪费。

(3) 突发危机事件控制。公共关系实施中可能会发生一些严重阻碍活动实施、影响组织形象的突发事件。此时,公关人员应预先准备危机管理方案,并密切注意实施过程中是否存在各种矛盾和不协调因素,如实施环境有无障碍因素、新闻传媒有无不利报道、工作方法是否存在较大的风险、竞争对手有无对抗行为等,并及时加以化解与调整,以免情况恶化。

 小案例

亚 都 风 波

5月30日是世界无烟日,1996年的这一天,颇具声势和规模的戒烟活动在全国各地接连举行。黄浦江畔的上海外滩,由上海市吸烟与健康协会主办的万人戒烟签名活动如期举行。政府官员、接受咨询的专家学者和闻讯而至的市民云集陈毅广场。以生产空调换气机在市场上"闹腾"得颇为火爆的北京亚都科技股份有限公司上海办事处斥资30万元,也介入了这次活动。在活动的前一天,亚都公司在上海有影响的两家报纸上,以《亚都启事》为题打出广告:"请市民转告烟民——亚都义举,全价收烟。"

具体内容是,亚都公司按市价收集参加此次活动的烟民的已购香烟,并在公众的监督下集中销毁。为使活动顺利圆满,亚都的工作人员兑换了用于收烟的5万元零钱,购置了"销烟"用的大瓷缸、生石灰,并按当地商场的零售价格核准了烟价,可谓万事俱备。

上午10时,活动开始后,人群向亚都戒烟台前聚集并排起了长队。队列中既有老者,也有时髦女郎,还有小孩,这与亚都人设想中的烟民形象相去甚远,更引人注目的是,队伍中的许多人拎着成条的香烟,少则一两条,多则达20条,绝大多数还是价格不菲的"中华""红塔山""万宝路"等高档香烟,但从外包装上一眼就能看出是假烟。精于算计的上海人让亚都的工作人员乱了阵脚。收烟台前,为了烟的真假,吵嚷、争吵之声时有所闻。为使活动得以进行,亚都公司临时决定,每人只限换一条,香烟是真是假也不再计较。可烟民也有对策,让工作人员奈何不得。

下午2时,亚都公司的5万元现金已经用光,宣布活动结束。尚在排队的数百名烟民把收烟台和10余名工作人员团团围住,纷纷指责亚都公司说话不算数、活动内容和广告不符云云,并发生对工作人员有撕扯、推搡的现象。双方僵持了约半个小时,仍没有缓和的迹象。为平息事态,尽早脱身,工作人员只得拿出尚存的200件文化衫免费发送。之后,在闻讯赶来的保安、巡警的协助下,工作人员才得以离开广场。

【问题】
(1)亚都的公共关系活动在实施过程中为什么会出现问题?
(2)如果你是在场的相关工作人员,你会采取哪些应急措施?

四、公共关系评估

 小案例

无形的公共关系效果

在美国公共关系专家斯各特·卡特里普等所著的《有效公共关系》中有以下一段对话。

"为什么不行呢?"

"它们看不见摸不着,你实际上看不到公共关系的结果。"

"我为什么要为了那些探测不到的事情——你所说的'看不见摸不着的结果'而付钱给你呢?"

"因为公共关系与众不同,不能采取像其他部门一样的工作标准。"

"好吧,给你钱。"

"在哪儿?我没看到任何钱呀。"

"当然看不见啦,它是感觉不到的——这就是你所说的'看不见摸不着'。"

【问题】 你认为这段话点出了公共关系的什么问题?

公共关系效果评估是公共关系活动的最后步骤,即根据特定的标准,对公共关系活动结果进行总结、衡量和评价。它的主要功能有运用多种方法考察和评价公共关系活动的效果,以总结经验教训,为今后的工作提供借鉴;向决策部门报告公共关系工作的完成情况;利用公共关系工作的成果,对组织内部成员进行激励。

在整个公共关系计划实施过程中,它对改进公共关系工作、促进后续公共关系工作的开展、鼓舞员工的士气、引起领导重视和支持等方面都发挥着重要作用。

（一）公共关系评估的基本内容

根据公共关系活动内容的要求,公共关系效果评估确定为不同的形式。一般而言,可分为组织形象评估、工作成效评估、传播效果评估和目标效果评估等。

1. 组织形象评估

当公共关系计划付诸实施后,组织形象会发生哪些变化,需要重新进行评估。重新评估组织形象仍然沿用公共关系组织形象调查的基本方法。通过对公众进行调查分类,然后对组织知名度和美誉度进行分析以测量组织形象地位,再应用"语义差别分析法"对组织形象的内容进行分析。

公共关系人员应了解组织目标形象与组织实际形象之间的差距,找出组织目标形象没有实现的原因,并针对问题改进工作,防止类似的问题再次发生。

2. 工作成效评估

公共关系工作包括的内容很多,对其成效进行评估要根据组织开展公共关系活动的情况而定。一般而言,有日常公共关系工作成效评估、专项公共关系工作成效评估和年度公共关系工作成效评估。

（1）日常公共关系工作成效评估。这种评估根据组织所确定的评估内容和标准进行。通过日常工作总结、公共关系人员座谈会、职工评议并结合公众平时的反映等形式进行。一般情况下,在日常公共关系工作中就可随时总结,没必要进行专门评估。

（2）专项公共关系工作成效评估。这种评估要严格根据具体公共关系活动的内容及特点确定评估内容及标准,并由负责专项活动的公共关系人员组织实施。通过调查,以了解通过专项活动、社会舆论的变化对组织产生的影响。

（3）年度公共关系工作成效评估。这种评估以年度公共关系计划和预算为依据,将一年来公共关系工作成效与预期目标和计划相比较,对公共关系各层次计划的实现程度和存在差距,提出有说服力的总结报告。

在一个组织中,公共关系年度报告往往和公共关系调查报告融为一体,即在报告中要对过去一年的公共关系工作进行总结,客观反映公共关系调查的内容,为制订新的计划提供依据。

3. 传播效果评估

传播效果评估即通过对大量的信息传播调查资料所提供的情报和数据进行分析、评估,看其是否实现了公共关系信息传播目标,通过公共关系传播目标的实现,是否保证了公共关系计划方案的贯彻落实。传播效果评估包括组织内部信息传播效果评估和组织外部信息传播效果评估。

4. 目标效果评估

公共关系计划中,有许多具体明确的目标,对这些目标进行评估。看其是否达到预期结果,对总体目标的评估有着重大意义。这种评估,要求应有严格规定的定量分析和定性分析的各项指标,客观地进行评价;要求以公共关系调查所掌握的资料和公共关系计划方案的具体实施结果为评估的依据;要求以求得社会公众的满意及满意程度作为指标实现的标准;还要注意在评估中实事求是,不另立标准或降低标准。

(二)公共关系评估的程序

对公共关系工作来说,有效的评估不仅仅是事后的总结,还应贯穿于整个公共关系活动过程的始终。因此,公共关系评估可准确地定义为社会组织对其公共关系活动以及结果的分析、评价和总结,它是公共关系工作最后一个不可缺少的环节,它有助于检查公共关系工作的效果,对公共关系活动进行控制,提高公共关系工作的科学性,争取本组织领导对公共关系工作的重视和支持,总结经验教训,提高公共关系工作的水平,并为今后公共关系工作的顺利开展奠定基础。可以说,公共关系评估在公共关系工作中发挥着十分重要的作用。

公共关系评估要在科学的程序下进行。公共关系评估的程序可以界定为评估从开始到结束工作安排的先后次序和具体步骤,合理安排评估的程序,有助于保证评估工作的顺利进行。笔者认为,评估工作必须安排以下一些具体步骤。

1. 明确评估的目的

进行公共关系评估,首先要明确评估的目的。因为公共关系评估是检查、分析和评价公共关系活动以及成效,所以公共关系评估的对象和内容是各不相同的。对评估的对象和内容来说,是选择项目的评估,还是整体的评估;选择个别过程的评估,还是全过程的评估,均需要根据公共关系评估的目的来确定。相反,如果评估目的不明确,评估工作则盲目进行,就可能收集许多无用的资料,浪费时间和精力,影响评估的效率和质量。因此,明确评估的目的,才能确定评估的对象、内容、重点、收集资料的方式方法以及应该注意的问题,并保证评估工作的顺利进行。

2. 确定评估的主持者

公共关系评估从实践来看,一般可以分为自我评估、组织评估和专家评估三种形式。自我评估是由主持和参与公共关系工作的人员凭自我感觉评价工作的效果,这种评估既有反映工作真实状况的一面,也存在着不可靠的一面。组织评估是由组织负责人出面主持,由组织各部门的负责人或有关人员参加对公共关系工作进行评价,这种评估能全面反映组织成员对公共关系工作的认识。专家评估是由组织出面聘请外部公共关系专家或顾问对公共关系工作进行的评价,外聘专家能对公共关系工作做出较为客观的评价,并提出有价值的意见和建议。总之,公共关系评估的主持人既可以是组织内部的公共关系人员,也可以选择组织的领导人或外聘公共关系顾问和专家。评估究竟由谁主持,应根据评估的目的或视具体情况来确定。

3. 选择评估的标准

进行准确、有效的公共关系评估，必须选择适当的评估标准。由于公共关系的评估对象是公共关系活动及其成效，对这些不同的对象应考虑使用不同的评估标准来进行检查、分析和衡量。例如，对公共关系活动评估，评估的标准可以考虑采用公共关系计划，即公共关系活动是否按公共关系计划进行；对公共关系成效评估，评估的标准可以考虑使用公共关系目标，更具体的标准则对目标进行细分并具体化，以考虑公共关系活动的结果是否达到了组织期望达到的目标。因此，社会组织应根据公共关系评估的目的、对象和内容来选定可靠的公共关系评估标准，才能使评估工作顺利地展开，从而保证结果的准确可靠。

4. 确定收集评估资料的方法和途径

社会组织公共关系工作要受多方面、多层次因素的影响，组织形象地位和公众态度的改变也是由多方面的配合所取得的，因而要准确评估公共关系的工作效果就比较困难。为保证评估结果尽量客观、公正和准确，不能单凭公共关系部门和人员的自我感觉与认知进行评价，还要采用科学的计量方法，使定性分析和定量分析相结合。为使评估更加可行，结果更加可信，在收集评估资料的过程中，应根据评估的目的和所需要资料的内容与范围适当选择调查的途径和方法。对一些评估项目，评估所需的资料应同样采用公共关系调查阶段所使用的渠道和方法收集，以增加现时和过去公共关系状态与组织形象地位的可比性。

5. 开展评估

通过各种途径和方法收集的资料，数量往往很多，其中有些资料可能杂乱无章，也有些资料可能是片面和不真实的，对这些资料要根据评估的目的和内容，经过系统地整理分析才能获得活动结果的准确情况，这部分材料才能作为评估的材料和依据。在此基础上，再把公共关系的活动情况及结果与公共关系计划或目标进行对比分析，才能确定公共关系计划、目标完成和实现的程度及其原因，从而对整个公共关系活动过程及其结果进行全面准确的评估。

6. 评估结果的汇报

通过各种方法对公共关系工作进行评估后，必须把各种评估意见进行整理、分析和总结，接着还需要把公共关系的评估结果以书面报告形式向社会组织的管理层和决策层进行汇报。评估报告的基本内容应包括工作过程，目标完成情况，预算的执行情况，取得的成绩、仍存在的问题和差距以及采取的相应对策，下一阶段工作的任务、重点和评估的程序与方法等。通过评估结果的汇报，既可以充分说明公共关系工作的重要性，同时又有助于保证领导及时掌握情况，以便对组织进行有效的管理和控制。

7. 评估结果的利用

社会组织的领导人和公共关系人员必须对公共关系评估的结果给予高度的重视并加以妥善的利用。除了利用总结性评估说明公共关系工作的作用、影响和效果外，更主要的是要把公共关系的评估结果用于决策。因为公共关系评估在公共关系活动过程中是连续不断地进行的，并贯穿于整个过程的始终。这样才能及时在公共关系工作中发现和解决问题，调整和修订公共关系工作与活动，使制订的目标和计划更加完善，并减少实施过程中的偏差。另外，评估的结果又能为下一阶段公共关系活动提供背景性材料，使社会环境分析及问题确定更加准确，公共关系计划和目标的确定更加符合社会组织的实际与发展的需要。

（三）公共关系评估的基本方法

1. 公共关系活动评估的方法

公共关系活动评估是一项过程性评估，它主要检测评价公共关系活动是否按预定的计划进行，其目的就在于控制和协调公共关系活动，努力实现既定的目标，以避免公共关系活动的失败。具体来说，公共关系活动评估可以分为公共关系调查评估、公共关系计划评估以及公共关系传播评估三种，因而公共关系活动评估的方法也可分为三类。

（1）公共关系调查评估的方法。在公共关系调查中或结束后，应该对公共关系调查活动及其收集的资料进行验证和分析，这一评估有利于发现调查中没有明确的问题，并提供了及时补救的可能性。对调查计划和方案的可行性研究的主要方法有：①逻辑分析。即用逻辑学的原理和方法对调查计划和方案的可行性进行检验与分析；②经验判断。即用以往的实践经验对调查计划和方案的可行性进行分析与判断；③试验分析。即通过小规模的实地调查对调查计划和方案的可行性进行检验与评价。

对收集的资料的准确性和完整性衡量的主要方法是信度评价和效度评价。信度是指调查结果反映调查对象实际情况的可靠程度；效度是指调查结果反映调查所要说明问题的正确程度。因此，信度是针对调查对象而言的，它主要验证调查资料和结果的可靠性；效度是针对调查所要说明的问题而言的，它主要验证调查结果的正确性。信度评价有两种基本方法：其一是交错法或折半法。交错法是指调查人员使用设计项目表面不同而实质相同的两种同类调查手段，对同一调查对象进行调查验证的方法。折半法是指调查人员使用的调查手段中包含了设计属性相同的两部分调查项目，对调查对象进行调查验证的方法。其二是重复检验法。重复检验法是指调查人员通过对同一调查手段的重复使用对调查对象进行验证的方法。而效度评价则是通过表面有效度、准则有效度和构造有效度三个方面来衡量。

（2）公共关系计划评估的方法。公共关系计划评估主要是对公共关系目标、活动项目以及计划编制等内容进行评价和分析。这一评估的目的是预先发现漏洞，进一步审定或调整计划与战略，改进方案的实施过程，以增强信息说服力，避免宣传发生负效果，提高计划的可行性。

对公共关系计划评估的主要方法有：①经验判断。即用以往的实践经验对公共关系计划和方案的可行性进行检验与分析。如根据经验来评价分析公共关系计划中的语言文字的运用、图表的设计、图片及展示方式的选择等是否合理、新颖，是否能达到引人注目、给人印象深刻的程度。不过，经验判断没有完全客观的标准，易受到评估者主观因素的影响。②试验分析。即通过小范围的试验对公共关系计划和方案的可行性进行验证与分析，具体地说，试验分析的操作是将计划和方案在小范围或者样本公众中实施，并通过对公众调查或利用剪报、广播录音或录像对信息资料进行内容分析，取得经验后再进行调整，最后在大范围内实施。在公共关系计划评估中，应主要采用现场试验法。

(3) 公共关系传播评估的方法。在公共关系传播中或结束后,也应对公共关系传播活动进行评价。对制作并发送信息数量的衡量,这一过程主要是了解所有信息资料的制作、发送情况以及其他宣传活动进行的情况。其主要方法是清点并统计制作、发送信息资料以及其他宣传活动的数量。

对信息曝光度的衡量,这一过程主要了解信息资料被新闻媒介采用的数量以及注意该信息的公众数量。评估信息覆盖面的最常用方法是:①收集剪报,检查报刊索引和广播电视记录,以统计信息被新闻媒介采用的数量。②统计新闻媒介的发行量,推算可能阅读报刊或收听、收看广播电视节目的人数,以测定接触信息的公众数量。③统计展览、演讲、专题活动等的次数,也能反映组织开展活动的影响程度。

对信息准确度的衡量,这一过程主要确定目标公众接收信息的状况。评估信息准确度常用的方法有:①内容分析。通过对新闻媒介的系统分析可以了解:信息资料正被哪些新闻媒介采用;信息资料是否被重点地区的新闻媒介采用;这些新闻媒介采用最多的是哪些信息资料;通过这些媒介接收到信息的目标公众的数量。②对组织目标影响的检测。即测定新闻媒介传播的信息在多大程度上帮助这个组织实现它的目标,是衡量新闻媒介是否准确传播信息要点的方法之一。③受众调查。通过选择小组座谈、个人访问及电话访问,或者问卷等方法来调查公众对信息的理解程度。④公众到席率。展览、会议、演讲或事件的到席率,可以说明收到某一信息的人数,到场的人数也可以作为评估宣传工作效果的依据。

2. 公共关系结果评估的方法

公共关系结果评估是一项总结性评估,它主要检测评估公共关系活动对目标公众的作用和影响程度,以及整个公共关系目标的实现程度,其目的就在于了解公共关系工作的效果,因而又称为公共关系效果评估。公共关系结果评估的主要方法如下。

(1) 接收信息的公众数量的评估方法、对接收信息的公众数量的衡量,其主要方法就是水准基点研究,即事前事后测验法,它是对公众在开展公共关系活动前后对组织的认识、了解和理解等变量进行调查比较。采取的形式是或者在开展公共关系活动前后对同一组公众进行重复测验;或者在一组公众当中开展公共关系活动,而在另一组公众中不开展这样的活动,然后将两组测验结果加以比较。

(2) 转变态度的公众数量的评估方法。对转变态度的公众数量的衡量,比接收信息更难评估。一般来说,对态度转变进行评估的常用方法也是事前事后测验法,它是对公共关系活动前后的公众态度进行衡量,在图表上标出公共关系工作前后公众态度变化的百分比,并用方差分析说明公众态度变化与公共关系工作的关系。

(3) 产生行为的公众数量的评估方法。公共关系工作的目标就是促使公众行为的产生和改变,实现组织的目标。对公众行为的评估经常利用的方法有:①自我报告法。这种方法由公众对象自己说明行为变化的方向、程度和原因。使用这种方法的缺点是有的公众可能不真实地进行回答,尤其是向公众提出一些敏感性的问题时。②直接观察法。这种方法是公共关系人员在公共关系活动期间,根据确定的主题对公众的行为进行直接的观察,直接观察需要公共关系人员有较强的观察分析能力。③间接观察法。这种方法是公共关系人员利用仪器或有关部门的记录对公众行为进行的观察。

> 小案例

爱奇艺度假牵手第71届威尼斯电影节

2014年8月27日晚,第71届威尼斯国际电影节开幕。其中,威尼斯电影节"爱奇艺中国之夜"是首次出现在威尼斯电影节这一国际最知名电影节官方日程中的由中国互联网公司主办的活动。作为国内首家与威尼斯国际电影节达成全球视频合作的中国视频网站,爱奇艺全程深度参与、跟踪报道电影节各项日程,惊艳亮相电影节多场官方活动。

2014年8月27日,爱奇艺创始人、CEO龚宇携爱奇艺威尼斯团队人员集体出席第71届威尼斯电影节开幕红毯,共同观看开幕影片《鸟人》。

8月29日,龚宇出席威尼斯电影市场开幕酒会并发表演讲,并连续会晤威尼斯双年展主席和威尼斯电影主席,共同探讨磋商爱奇艺与威尼斯电影节未来的合作前景。

9月2日,爱奇艺影业总裁李岩松在"中国电影市场"论坛上与参会嘉宾共议中国电影机遇与挑战,他表示爱奇艺将以最大的诚意和努力与国际电影行业展开合作,推动中国及欧洲艺术电影走向全球。

9月3日,爱奇艺高级副总裁杨向华出席由意大利电影协会主办的"遇见中国"主题活动,向海内外电影同人介绍中国视频行业发展为国际电影带来的变革与机遇。

9月3日晚,举办"爱奇艺中国之夜"。

此外,爱奇艺随本届威尼斯电影节同步上线的"在线影展",6部网络专属影片+20部经典中外佳片再次刷新爱奇艺行业首创的"在线影展"互动模式,掀起网络版电影节大狂欢。

项目评估如下。

(1)效果综述:活动获意大利双年展主席、电影节主席及电影市场主席、新华社、意大利电影工业协会等称赞,相互建立了良好关系。通过参与主办论坛,外界对爱奇艺品牌有了深刻印象,引起很大关注。通过市场品牌宣传、论坛和中国之夜,让更多原作者和影视公司对爱奇艺平台加深了了解,零散建立了许多关系,筹备未来合作机会。

(2)现场效果:现场与釜山电影节洽谈成功,得到市场合作,继续在线影展计划。

(3)受众反应:此次影展及中国之夜的举办得到中外优秀影视公司、影视机构业内人士的夸赞,并表示愿意进行后期合作。

(4)市场反应:与组委会沟通威尼斯电影节官方在线影展,沟通意大利独立电影节的在线影展。同时有机会向海外推广网络大电影,与德国大版权方、韩国片库以及韩国艺人建立关系,美国的相关方面同大独立版权方建立密切联系。

(5)媒体统计:中国之夜活动举办,预计200人参加,现场实际到达人数400余人。据电影节活动进展,发布官方新闻,总计发布13篇,转发量共320篇。《北京日报》《南方都市报》《厦门日报》《北京商报》《深圳晚报》等多家国内外媒体及知名影评人周黎明推广转发,美国、意大利、俄国、德国、英国、丹麦等多国媒体均有转载,VARIETY、FORBES、CHINA DAILY、GLOBAL TIMES、SCREEN等国际最知名娱乐文化媒体均主动采访报道。意大利的《微观世界》《欧洲侨报》《新华联合时报》、欧洲侨网、意大利侨网、新华传媒网等10家欧洲华侨媒体对威尼斯电影节进行了报道。后续有影视毒舌、综艺报、中国广播影视传媒内参、大众电影等多家媒体陆续进行深度报道。

(四) 撰写公共关系评估报告

公共关系评估报告是提供给组织的一种正式的文体。它是通过文字、图表或相应的其他形式来体现开展公共关系工作的成绩、经验、教训、建议等评估工作的成果形式。它具有业务性强、理论性强、经验性强等特点。

撰写公共关系评估报告的主要意义,在于为公共关系评估成果的运用提供依据。通常,评估小组将公共关系评估报告分别提供给管理层领导,作为他们统筹管理和发布新决策的依据;送达各职能部门,作为各部门改善工作的参考;提供给全体员工,以利于员工了解外界的评价,提高士气,改善行为。还可以公开发表,供同行或其他社会组织参考与借鉴。通过撰写公共关系评估报告,社会组织对公共关系过程与绩效可以总结过去,积累经验;着眼现在,克服缺点;指向未来,指导工作。

到目前为止,我国许多社会组织仍然不太重视公共关系评估工作,能见到的公共关系专业评估报告甚少。他们也不太注重评估成果的运用,常常使公共关系工作带有盲目性和被动性,进而丧失了许多成功机会。

1. 评估报告撰写的准备工作

公共关系评估报告,顾名思义,就是对某一项公共关系工作(活动)进行评价而提出的研究报告。它所评价的对象,可以是某一项公共关系工作(活动)的全部过程和整体效果,也可以是公共关系工作(活动)中某一个重要环节,如工作(活动)的策划方案、准备阶段、实施过程、操作规范、传播效应等。在实际操作中,评估对象的确定,一般根据特定的需要或委托人的要求而定。

从公共关系实践来看,公共关系评估报告比较多地被用于对一项公共关系工作(活动)的整体评价。这种运用于整体评价的公共关系评估报告的撰写难度最大。一个毋庸置疑的事实:公共关系评估报告的撰写,必须建立在对一项公共关系工作(活动)准确地进行评估的基础之上。因此,在动笔撰写评估报告前,应先认真做好几项前期准备工作。

(1) 评估标准的最后确定 要对一个事物进行评价,事先必须确定一个参照系数,否则就会引起判断上的某种混乱。公共关系评估同样如此。比如,某企业通过一个年度的公共关系工作,企业在社会公众中的知名度达到 80%,美誉度达到 70%。对此如何评价?这就涉及评估的标准问题:如果以该企业一年前社会知名度 70%、美誉度 65%作为参照系数,则同比提升了 5~10 个百分点,应当说是颇有成绩。但如果以该企业本年度公共关系工作要求达到社会知名度 90%、美誉度 80%的目标来衡量,则又明显不足。同样,一次公共关系专题活动的新闻发稿达到 30 篇(次),如果以该社会组织以往公共关系活动一般发稿只有 15~20 篇来看,这一活动在新闻传播方面已有明显进步,值得赞赏。但如果以其他社会组织同类公共关系活动的新闻发稿往往可达 50~60 篇(次)为标准,则 30 篇(次)实在算不上什么成绩,反而说明工作还做得不到家。所以,事先确立什么样的评价标准,直接关系到对一项公共关系工作(活动)的最后评价。

问题还不仅如此。因为,我们这里重点讨论的是对一项公共关系工作(活动)的状态评估。它涉及许多方面,需要确定多方面的评估参照系数,并要求这些参照系数之间本身具有某种逻辑联系,从而构成一个科学的、综合的评估体系。如果这一评估体系不能有效确立,评估工作固然无法开展,评估报告的撰写自然更是无从谈起。

要确定一个比较客观、科学的评估标准体系,最直接最省事的方法,是以某项公共关系工作(活动)的预期目标作为参照体系。任何一项公共关系作业或活动,在制订计划时,都会事先设定其工作目标。鉴于这一计划是经过批准才付诸实施的,因此,以计划中设定的工作目标为参照体系,并以这一工作目标最后是否实现以及实现的程度来进行评估,自然是最为公正的。但应该注意的是,由于种种原因,这类计划中的工作目标有时定得过低,有时则定得过高,乃至根本无法实现。更何况,公共关系评估内容中,本身就包含有对工作计划制订得是否合理这一项目的评价。所以,完全以某一工作(活动)的预期目标为依据来确定评估标准,既难免失之偏颇,在逻辑上也会陷入某种悖论之中。

因此,在确定评估标准时,还必须参考其他要素来加以综合考虑。要考虑以下方面:①这一组织公共关系工作和形象建设的中长期目标是什么?本项工作(活动)是否有效地构成了其中一个不可或缺的环节而推进了这一目标的实现?②这一社会组织以往同类工作(活动)的实施情况和实际效果如何?本项工作在前期计划、具体实施和最终效果上是否有了明显提高?③其他社会组织类似工作(活动)的实施情况和实际效果如何?本项工作(活动)在同额费用投入的情况下,是否取得了比其他社会组织类似工作(活动)更好的效果?④规范的公共关系工作(活动)应该如何运作?本项活动是否达到这一规范水准?等等。至于这些要素如何综合运用,则可根据实际情况灵活掌握,不必过于拘泥。

事实上,评估标准的确定,是在制订评估方案时就必须加以考虑的。但在某些情况下,随着评估工作的实际展开,这一标准会发生一些技术性的修正。所以,在撰写评估报告前,就应对这一标准进行最后确定。这一最后确定下来的评估标准,应明明白白地写入评估报告之中。

(2)有关信息的全面收集。根据评估的目的和要求,全面地收集评估对象(某项公共关系工作或活动)的情况和有关信息,无疑是对评估对象做出准确评价的重要前提。一项公共关系(活动)的整体评估,一般需要收集以下信息:①这一社会组织的基本情况、发展规划和公共关系形象建设目标;②这一社会组织以往公共关系工作(活动)的文献资料;③其他社会组织类似工作(活动)的大致情况;④本项公共关系工作(活动)设想;⑤本项公共关系工作(活动)策划方案和实施方案;⑥本项公共关系工作(活动)各环节具体实施情况和现场反应情况的记录资料;⑦本项公共关系工作(活动)的信息传播情况和信息的实际覆盖面;⑧本项公共关系工作(活动)的内外评价;⑨本项公共关系工作(活动)所引起的公众舆论改变的有关情况;⑩本项公共关系工作(活动)的经费预算和实际使用情况等。当然,如果仅仅是对公共关系工作(活动)中某一环节的评估,则只需收集与此相关的信息即可,不必面面俱到。

这些基本信息的收集,可有多种方法,与公共关系调查所采用的方法大致相同。如通过文献调查来收集这一社会组织的基本情况、以往公共关系工作(活动)材料和本项工作(活动)的策划、实施方案,以及有关新闻报道资料;通过访谈调查来了解各类公众以及执行人员对本项工作(活动)的评价和感受;通过观察调查来实地考察本项工作(活动)的现场情况和参与者反应;通过问卷调查来把握本项工作(活动)的信息覆盖面和工作舆论变化情况,包括这一社会组织知名度和美誉度的实际提高情况等。这些计划信息资料,有些可由评估项目的组织者(或实施者)提供,有些则需要评估人员自行收集。另外,对被评估项目的组织者(或实施者)提供的某些信息资料,在评估前还须作一甄别,看看其中有否"水分"。否则,在评估时很容易发生偏差。

(3) 对评估对象的客观分析。完成了前两项工作,就可以考虑公共关系评估报告的撰写了。但在正式动笔之前,应对评估对象有一全面、深入的了解,并做出客观的分析。这里的关键,是评估报告撰写者自身立场的公正:他必须依据某项公共关系工作(活动)的成败,切忌因某种考虑而故意迎合或打压被评估项目的执行机构或人员,也不能撇开有关数据资料而光凭主观印象随意臆测和判断。比如,对某项公共关系工作(活动)成功与否的评估,不能只看这项工作(活动)表面热闹,必须认真考虑其是否切实推进了组织形象建设和管理目标的实现,是否具有新的创意,是否做到了规范操作,是否达到了预期的传播效果,以及投入产出比的情况如何。如果一个投入经费50万元的活动,最终只达到其他同类组织20万元经费投入所产生的效果,则尽管这些工作(活动)初看颇具声势,但仍不能称为成功。同时,在进行评价时,有时还得考虑客观环境的变化因素。不能排除这类情况:某公共关系工作(活动)从策划到具体实施均十分规范,却因客观环境发生不可预计的突然变化(战争、政府人事变动、病毒流行等),未能达到预期效果。诸如此类问题,均是实际评估时需要加以注意的。

2. 公共关系评估报告的内容

公共关系评估报告具有特定的目的。不同的目的,决定了评估的范围和对象不同。因而,公共关系评估报告书的内容就不完全一样。根据公共关系评估实践的总结,公共关系评估报告的内容主要有以下几方面。

(1) 评估的目的及依据。即为什么要进行公共关系评估,通过评估解决什么问题,以及评估所依据文件或相关会议要求之精神等。

(2) 评估的范围。公共关系活动涉及方方面面。为了突出重点,缩短篇幅,利于评估结果的运用,报告书必须明确公共关系评估的范围。

(3) 评估的标准和方法。在报告书中,应说明评估的标准或具有可测量的具体化的目标体系,以及评估过程所采用的方法。比如,直接观察法、问卷调查法、比较分析法、文献资料法、传播审计法等。

(4) 评估过程。简要说明评估过程是怎样进行的,分哪些阶段。从阅读报告书的过程和采用的方法等可以判断评估是否科学、系统、规范、完整等。

(5) 评估对象的基本情况。在公共关系评估报告书中,必须明确评估对象本身的情况,包括活动或项目名称、开展时间、实施的基本情况与特点等。

(6) 内容评估、分析与结论。在评估报告书中写明被评估的公共关系活动、工作或项目的内容,对运行与执行以及效果、效益进行分析,进而得出客观、公正的结论。

(7) 存在的问题及建议。评估人根据掌握的实际材料、相关情况,有针对性地提出问题,并提出有利于解决问题的建设性意见。

3. 公共关系评估报告的格式

"文无定法。"公共关系评估报告书没有固定的结构格式。按照评估的目的与要求,公共关系评估报告的结构可以采用不同的格式,灵活安排结构。结构服从于内容表达的需要。通常,公共关系评估报告书的结构格式依次包括以下几点。

(1) 封面。封面的主要内容包括评估书或项目的题目、评估时间、评估人(单位名称)以及保密程度、报告书编号。题目要反映出评估的范围和对象。排版应醒目、美观。

(2) 评估成员。反映哪些人参加了评估工作,负责人是谁。

(3) 目录。方便阅读报告书的人。

(4) 前言。反映评估任务或工作的来源、根据、评估的方法、过程以及其他特别需要说明的问题。也有的评估报告书把评估的方法、过程等写进正文部分。

(5) 正文。正文是评估报告书中最重要、最主要的部分,也是评估报告书的主体。它包括评估的原则、方法、范围、分析、结构、存在的问题、建议等。公共关系评估报告的正文撰写要注意以下方面:①一篇合格的公关评估报告,应突出"准确地对组织所进行的公共关系工作(活动)做出评价和判断"这一个性特点。与调查报告相比,在客观分析有关数据、资料和情况的基础上,评估报告主观评判色彩相对浓厚一些,结论性的意见也更多一些。②公关评估报告必须先按照评估对象的工作(项目)情况分阶段进行分析和评判,然后再做出一个总结性的整体评价,切忌不分阶段地混为一谈,并笼统下一个结论了事。③公关评估报告的批判依据主要是有关数据资料(包括评估者所观察或听到的有关反映),也应尽可能以各种数据和资料说话,并巧妙地应用各种数据和资料的对比分析来做出评价。但在某种情况下,评估者的逻辑分析和经验判断,也可以对有关结论起到相当重要的支持作用。④公关评估报告的结论性意见,尽管具有较多主观评判色彩,仍应力求科学、客观和公正。尤其在对某一工作环节的评判没有绝对把握的情况下,下结论时仍应该注意用词的委婉和留有一定余地。

还需要指出的是,一篇公共关系调查报告的正文,篇幅长者可达数万字。公共关系评估报告的正文则不同,一般篇幅不长,强调言简意赅。所以,在行文上,更应力求简明扼要,切忌啰唆和拖沓。

(6) 附件。附件内容是对正文内容的详细说明和补充,是正文的证明材料。附件主要包括附表、附图、附文三部分。

(7) 后记。主要说明一些相关的问题。比如,报告书传播的范围,致谢参加人员及相关单位等。

(8) 评估时间。由于公共关系活动处于动态的状态下,不同时间评估所得出的结论会不同。因此,评估报告书必须写明评估时间或评估工作开展的阶段。

4. 撰写公共关系评估报告应注意的问题

公共关系评估报告书的写作是有相当难度的。在写作过程中,既要求执笔人员客观、公正、全面,又要求报告可读、简洁、明了。为此,除格式方面的要求外,在写作过程中,还应注意以下问题。

(1) 定量与定性相结合。通常,评估结论是定性的,但必须用定量的指标作说明。注意定量与定性的密切结合。

(2) 建议与策略具有可操作性。只有切合实际情况的建议才具有可操作性。

(3) 语言准确、精练。尽量用最少的文字、篇幅来说明问题,提出建议。切忌太多的学术词汇,让评估报告的阅读者难以理解。

(4)结论客观具体。评估结论要客观,既要看到成绩、效益,又要看到缺点和不足。在结论中,要避免"可能""大概""也许"等模糊语言。所有的结论都应该找到相应的材料作证明。

5. **公共关系评估报告范例**

奥迪A8新产品上市项目事实结果评估报告

(1)媒体覆盖率(定量分析和定性分析)

在北京、上海和广州三地,总计来自93个媒体单位的126名记者参加了针对A8轿车发布会的公关活动。截至今年8月20日,本项活动所产生的直接媒体报道文章共有144篇。其中作了重点报道的媒体包括:中央电视一台的"清风车影"栏目在6月1日对A8轿车的上市进行了为时9分钟的专题报道,该栏目乃是国内最重要的、影响最广泛的汽车电视节目。广东有线电视台在8月17日的"车世界"栏目上作了为时5分钟的报道。中国最大汽车爱好者杂志《冠军赛车手》在7月1日出版的一期杂志中对A8轿车进行了详细介绍。8月8日出版的《南方城市新闻》刊登了一篇专题文章,题目为《奥迪在中国推出A8型轿车后,再度与奔驰和宝马展开激烈竞争》,文章高度评价了A8轿车的优秀性能。我们对所有的报刊、电视台和在线媒体的报道都进行了全面跟踪,见所附的简报。

在有关A8轿车的报道中,97.78%的文章从正面角度报道了这次活动。至少92.24%的文章在标题中提到A8轿车的名称,并有82.76%的文章至少同时刊登一张参加这次活动的A8轿车的照片。在媒体报道中,绝大多数都介绍了A8轿车的主要特征,例如quattro全时四轮驱动系统、ESP程序和全铝质车身结构等。

(2)媒体反馈

"在所有国内外轿车试驾活动中,在北京举行的奥迪A8试驾活动是我所经历的最富创造性、最新颖的一次活动。"——《车王杂志》

"从来没有参加过像奥迪A8媒体投放这样独特的试车活动。高雅的艺术表现方式,虚实结合地传达出奥迪A8的特性,而且给我们留下如此深刻的印象。我认为,奥迪A8媒体投放活动是我所参加的汽车媒体活动中最具特色的。"——《经济日报汽车周刊》

"从空间、宁静、时间和安全等角度来展示轿车的优越性能给人深刻印象,这是一个极富想象力的主意。这次试驾活动的安排非常独特,所选择的地点十分理想。"——《车王杂志》

这项活动所获得的投资回报率按照广告价值计算超过400万元人民币。在5、6、7三个月期间,由于对A8轿车的大量报道,奥迪在国内媒体报道中所占的份额比奔驰或宝马高出134%。

(3)对销售工作产生的直接影响

自从奥迪中国于6月开展营销活动以来,各地经销商已经售出50辆A8轿车,相当于奥迪一年指标的10%。奥迪经销商们反映,前去询问销售信息的顾客人数出现稳定增加。

(4)客户评价

奥迪中国区总监麦凯文对该次公关活动评价说:"我们对A8轿车媒体公关活动对我们的销售业务所产生的效果感到惊喜,这种积极作用不仅表现在A8轿车,也表现在奥迪的所有产品线上。"

奥迪中国区公关经理于丹评价说:"我自豪地看到,所有参加完我们奥迪 A8 公关活动的记者,无不认为这是他们所参加过的最别开生面的产品投放公关活动。特别是,奥迪 A8 在国际市场上并不是一款刚推出的新车型,罗德公共关系公司通过巧妙的策划将它重新包装、重新定位。而且在如此短的时间里,能完成如此一流水平的公共关系活动,再次证明罗德公共关系公司是业界公认的汽车行业内实力最强、影响最大的公共关系公司。这也是奥迪中国与罗德公共关系公司保持长期合作的原因。"

案例讨论

"箭牌希望图书室"赠书读书公益活动

一、案例介绍

项目背景

美国箭牌糖果有限公司(以下简称箭牌公司)有着 114 年的历史。早在 1899 年,箭牌公司创建人小威廉·瑞格理先生就说过:"如果我们不能正直地做生意,那还不如干脆不做生意。"他强调的是企业作为社会公民的责任和品格。长期以来,箭牌公司一直在有其业务的国家和地区主动承担企业社会责任。

箭牌糖果(中国)有限公司(以下简称箭牌中国)作为其在中国设立的独资企业,继承和发扬了这一公司传统,致力于回馈当地社会、热心于公益事业,一贯积极支持教育、环保和卫生事业的发展,其发起和组织的一些公益活动赢得了社会各界的广泛好评。

2003 年 10 月,在箭牌广州工厂正式投产十周年厂庆之际,箭牌中国正式设立"箭牌中国教育基金",准备常年资助一些教育公益项目,并在该基金的支持下首先启动了"箭牌希望图书室"赠书读书公益活动项目,为贫困地区的孩子们传递阅读火把、点燃求知希望,并决心把"箭牌希望图书室"所点燃的阅读求知的火把不断传递下去,将其打造成箭牌中国教育公益项目的长期品牌。

项目调研

1. 对于企业社会责任公益活动的调查

箭牌中国经过专业调查和分析,确定了公司实施企业社会责任公益活动的基本方向和领域:教育和环保。其中,通过支持教育项目帮助提升社会公众的文明素质、帮助培养文明习惯也是箭牌中国一直以来提倡的观念。

尽管近年来企业对于助学的捐赠活动非常频繁,但是缺乏连贯性和长期性,且大多局限于三个模式:一是捐献教育助学金、设立助学基金会等纯现金捐赠;二是捐助贫困失学儿童,资助贫困家庭的优秀学生;三是筹集资金为贫困地区学校建设硬件设备。这些公益活动由于捐赠模式过于直接、缺乏坚持不懈的长年努力、传播所需的相关新闻要素薄弱等原因而达不到相应的传播效果。

2. 对于中国教育背景的调查

在我国很多地区,特别是中西部欠发达地区,教育发展水平普遍较低,当地的农村教育更是非常薄弱,没有足够的资金来配备、添置和更新图书,优秀课外读物更是少之又少。很多学校根本没有自己的图书室,个别设有图书室的也因为藏书数量不足、藏书质量偏低而无法为师生提供便利的借阅条件。因此,建立图书室,为学生提供良好的阅读条件、提高学生的阅读能力成为当地教育的当务之急。

所以,箭牌中国基于以上调查和分析设立了长期可持续性的公益项目,即由"箭牌中国教育基金"支持的"箭牌希望图书室"赠书读书公益活动项目。通过向贫困地区的学校赠书、协助建立图书室的形式,结合其他丰富多彩、活泼互动的活动,来唤醒孩子们对阅读的兴趣。希望通过持之以恒的公益努力不断回馈社会,通过不断打造"箭牌希望图书室"的公益品牌致力于提升企业形象和声誉。

项目策划

1. 公关目标

通过赠书活动帮助改善贫困地区学生的阅读条件,通过读书活动激发他们的阅读兴趣,并通过持续传递"箭牌希望图书室"所点燃的阅读求知的火种,保持"箭牌希望图书室"的延续性,使其成为箭牌中国教育公益项目的重要品牌之一,不断提升箭牌公司的良好企业公众形象。

2. 目标受众

社会公众、政府部门、媒体等。

3. 公关策略

(1) 不局限于单纯的现金(或物)捐赠,并通过发动内部捐书、发动员工与贫困学生"手牵手"助学等形式争取内部员工的参与,使企业传播中将外部传播和内部传播有机地结合起来。

(2) 避免很多公司经常存在的对捐赠要求有求必应,或捐赠单纯服从业务目的,或相关活动零敲碎打的公益形式,使活动项目在契合政府需要、大众需要的同时,兼顾社会效应和企业传播效应。

(3) 通过箭牌公司自行发起、自己冠名的品牌——"箭牌希望图书室",不断地延展、丰富、深化活动内容,一方面持续回馈社会、形成"星星之火,可以燎原"的社会效应;另一方面持续帮助打造企业品牌,达到不断加深、不断美化的企业传播效应。

(4) 虽然每年根据业务成长的情况相应加大对于"箭牌希望图书室"项目的投入,但是目前年投入是相对固定的,因此必须特别注重将经费用于"刀刃"(实际的赠书、读书活动)上,同时确保活动项目的社会效用和传播效用。

(5) 追求立体传播效果,通过赠送图书(每本书上均盖有"箭牌希望图书室"的印章),在受赠学校学生当中组织阅读征文比赛,并与少儿媒体联合刊发优秀征文,在受赠学校派发特别印制的读书海报和书签,在受赠地区组织内容丰富的读书活动并邀请媒体对活动进行采访报道等多样的媒体形式和活动方式,致力于使传播效果最大化。

4. 执行策略

(1) 伙伴联盟。与目标捐赠地的教育部门甚至政府机构合作,一来可以向教育部门传递箭牌热心于教育事业的信息,有利于箭牌公司与政府关系的建立和加强,是企业对于政府的极好的公关契机;二来可以得到政府部门的帮助和认同,最大限度地调动各方面的资源,积极配合活动的顺利开展;而且,无论对公众还是对媒介,政府部门的介入都在一定程度上加强了活动的权威性,拓展了活动的社会效应。

(2) 分层递进。有节奏地策划捐赠活动,使得活动有序并且层层递进,不断深化。

(3) 互动灵活。通过多种互动形式,形成广泛的覆盖,一是特别印制了一批倡导阅读的读书海报和书签;二是开展主题阅读征文活动;三是设计丰富多彩的现场互动环节。考虑到"箭牌希望图书室"是长期的系列活动,因此在整个活动的策划和设计过程中,在保证主题、风格统一的基础上,预留了相当大的灵活空间,随时可扩展、可深化、可延伸,每年都可以增加新的活动内容,力求更好地凸显活动的主题,加深箭牌中国的公益形象。

(4) 见机行事。尽量选取有利的传播时机来开展活动,例如 2005 年的甘肃捐赠,我们选取在六一儿童节前夕全部完成,提前给孩子们送了一份节日大礼,也满足了特定节日期间媒体对相关新闻的需求,有利于增强活动的传播效果。

5. 传播策略

(1) 现场报道。所有的现场送书环节和捐赠仪式现场,我们都邀请电视媒体全程跟踪报道,一同见证箭牌公司的善举,并组织了部分媒体对企业、教育厅领导、知名作家的专访,丰富报道的内容。

(2) 晕轮辐射。活动结束后,我们与全国其他地方感兴趣的媒体进行沟通,由他们进行广泛报道,有效地在全国范围内扩大箭牌公司公益活动的影响力。

(3) 立体传播。在媒体类型的选择上,重视平面媒体与电视媒体的组合,同时合理使用核心网络媒体。在给当地小学实地送书的过程中,选择电视媒体,全程跟踪拍摄然后提供给电视媒体,突出了强烈的现场感。在捐赠仪式后期我们则更加侧重于平面媒体及网络媒体报道,努力使报道更深、更细、更精。

(4) 专刊专版。征文活动结束后,我们挑选部分优秀作品刊登在知名的少儿刊物上,同时附上点评,以此来拓展征文活动的效果。所有获奖作品均有报社编辑专业的点评。

项目执行

2003 年 10 月,"箭牌希望图书室"赠书读书公益活动项目正式启动,在多次捐赠活动中,我们选取 2005 年甘肃捐赠活动为例进行项目阐述。

1. 活动结构

整个活动分三个阶段进行:第一阶段,在 4 月初正式启动"阅读改变人生"征文活动,活动对象为去年受捐助的四川省 20 所学校以及今年准备捐助的甘肃省 20 所学校的学生。第二阶段,在 5 月启动的现场送书赠书活动,活动选取了甘南、定西地区各一所学校作为目标,并对两所学校的赠书活动进行了全程跟踪报道。第三阶段,将上述两条线索在兰州读书活动中汇总,现场进行了优秀征文作品颁奖以及一系列意义深远的助学、交流活动,把整个活动推向高潮。

2. 实施过程

(1) 四川/甘肃征文活动。与四川省教育厅和甘肃省教育厅取得联系并达成合作,在四川已受赠的 20 所学校和甘肃拟捐赠的 20 所学校同时开展征文活动。在每个地区分别筛选出 8 篇优秀文章进行最后一、二、三等奖的评选。在最后的优胜作品中,挑选出 5 篇在 2005 年 5 月 24 日的《少年文摘报》上刊登,刊登版面为两个版。5 篇作品都配有报社编辑的点评。

（2）"箭牌希望图书室"现场捐赠。5月18日和5月21日分别选取了甘南夏河县甘加小学以及定西漳县草滩学校作为现场捐赠图书仪式的目标对象，将图书、读书海报和书签送到了受赠学校。

（3）"箭牌希望图书室"读书活动。5月28日上午，在兰州市飞天大酒店3楼宴会厅举办读书活动，活动亮点包括：

① 小型优秀少儿图书回顾展。箭牌中国特别和上海少年儿童出版社合作，共同展出了200多本（套）新中国成立以来中国优秀的儿童读物，特别是不同时期《十万个为什么》等经典图书的不同版本。

② 给优秀学生颁发《十万个为什么》。由箭牌公司领导为受赠学校选出的100名优秀学生代表各额外颁发《十万个为什么》精装1套，作为对优秀学生的节日奖励。

③ 征文颁奖。8名获奖学生代表上台接受由箭牌公司领导及甘肃省教育厅领导共同颁发的奖项。第一名获奖者现场朗读她的获奖作品《阅读好书改变人生》，感动了在场所有听众。

④ "手牵手"助学环节。箭牌公司员工代表与103名家庭生活困难、学习成绩优秀的学生代表进行现场"手牵手"助学捐赠。

⑤ "面对面"读书活动。特邀请著名作家叶永烈先生与小朋友"面对面"交流，学生提问热情高涨，现场气氛活跃，随后的"健康阅读、快乐阅读"签名倡议场面也异常热烈。

（4）2005年"箭牌希望图书室"甘肃省定西读书活动。通过甘肃省定西市委和定西市教育局协助，在定西市漳县大草滩学校举行了另外一次读书活动，贫困地区的孩子们第一次有机会和著名作家"面对面"，就读书和成才的话题进行了现场交流。

项目评估

从2003年开始到2005年止（主要是在2004年和2005年期间），"箭牌希望图书室"共捐赠图书近6万册，图书总值近100万元，覆盖了包括广东、四川、甘肃共60所学校超过3万名学生。

有效的新闻运作、贴切的公关形式使得"阅读改变人生"赠书读书活动项目取得了良好的传播效果。以2005年甘肃捐赠为例，整个活动得到了甘肃省教育厅、当地老师、学生和媒体的极高评价。此外，对于整个活动，媒体也给予了相当的关注和认可，从6月到7月两个月之间，关于"阅读改变人生"的赠书读书活动的新闻报道覆盖甘肃省内以及北京、上海、广州、深圳、成都、西安等城市的各大媒体，深化了广大群众特别是中小学生对"箭牌希望图书室"这一公益品牌的认知度，从而有效塑造了箭牌公司致力于推进中国教育公益事业的正面公司形象。

（资料来源：箭牌糖果（中国）有限公司．"箭牌希望图书室"赠书读书公益活动公关案例［EB/OL］．[2012-02-03]．http://www.doc88.com/p-970163302805.html．）

二、思考·讨论·训练

1. 企业如何才能获得高质量、高精确度的信息？本案例中的公共关系调查对我们有何启示？
2. 结合本案例谈谈在公共关系策划中需要重点考虑的环节和内容。
3. 结合本案例谈谈公共关系实施需要注意的问题。

4. "箭牌中国"对其赠书读书公益活动的评估包含了哪些内容？为什么要进行公共关系评估？

5. 收集网上相关信息，看看"箭牌"还开展了哪些公共关系活动，在全班与同学们分享一下。

实践训练

项目 1　公共关系调查训练

1. 实训目的
掌握公共关系调查的方法和程序，学会设计调查问卷、撰写调查报告等。

2. 实训课时
3 课时。

3. 实训地点
实训室或教室。

4. 实训情境
某酒店新设了一个公共关系部，开办伊始，就配备了豪华的办公室、漂亮迷人的公共关系小姐、现代化的通信设备等，但该部部长却发现无事可做。后来，这个部长请来了一位公共关系顾问，向他请教怎么办。假设你就是这位顾问，请你和你的公共关系小组为该酒店设计一份调查问卷，了解组织的公共关系状态，针对酒店的客户展开满意度调查工作，帮助该酒店收集客户信息和有价值的意见与建议，促使该酒店不断改进提高，最终为客户提供更优质的产品和更满意的服务。

5. 实训步骤
（1）全班学生分成 10 组，每组 5~6 人，以小组为单位做调查。

（2）设计 1~2 份 20 题左右的调查问卷。

（3）小组成员分工合作，开展公共关系调查。

（4）统计、汇总调查结果。

（5）以小组为单位完成一份不少于 1000 字的调查报告。

6. 实训说明
每班选择 2~3 份优秀的调查报告；由本组同学讲解调查过程中采取的方法及遇到临时问题的应对策略；展示调查过程中收集的书面材料；展示调查结果统计的方法及发现的问题。

7. 参考实训题
（1）企业形象调查与分析：要求对本地某一知名企业的形象进行调查与分析，如产品形象、服务形象、员工形象、外观形象等。

（2）大学生消费水平调查：要求针对本校大学生的消费水平进行调查，提出有分量的调查报告,给大学生以良好的建议。

项目2 编制公共关系策划书

1. 实训目的
通过训练使学生具有公共关系意识,掌握公共关系活动的策划和实施,提高学生的公共关系技能。

2. 实训课时
2课时。

3. 实训地点
公共关系模拟实训室。

4. 实训设备
多媒体投影设备。

5. 实训情境
某高校学生会青年志愿者协会成立之初,需要提升社团的知名度和影响力,同时为了向山区的贫困学生献上一份爱心,现准备策划一个爱心捐赠活动,倡议广大同学伸出援助之手,捐赠衣物文具。

6. 实训步骤
(1) 全班学生分成10组,每组5~7人,编制活动策划书。

(2) 策划书要求有以下部分:公共关系活动目标、公共关系活动目标公众、公共关系活动主题、公共关系活动传播渠道、公共关系活动具体实施安排(时间、场地、人员、事件、设备等)、公共关系活动经费预算、公共关系活动评估。

(3) 在公共关系模拟实训室,每组采用多媒体展示自己的公共关系活动策划书,并接受答辩。

项目3 德芙巧克力情人节特别策划

1. 实训目的
提高公共关系策划的创新性和艺术性。

2. 实训课时
2课时。

3. 实训地点
公共关系模拟实训室。

4. 实训背景
"情人节"虽然源于西方,但近年来已经以其浪漫的情调与甜蜜的氛围征服了中国的年轻人。在五彩缤纷的情人节礼品中,鲜花和巧克力是经久不衰的两个黄金选择。这个弥漫着浓情蜜意的节日也因此成为巧克力消费的旺季,成为各种巧克力品牌大显身手逐鹿中原的特别时机。为了巩固自身的市场地位,进一步提升品牌的形象、扩大公司的影响,德芙巧克力制造商准备借情人节之际举办系列公共关系宣传活动。

5. 实训要求

将学生分成3~4组,每组为德芙公司设计一份构思新颖、创意独特、具有一定可操作性的情人节公共关系活动策划方案。

6. 实训建议

可以通过各种媒介与方法广泛收集德芙巧克力的相关背景材料,多关注其他巧克力产品的公共关系活动信息以资借鉴。

项目4　把一个苹果卖到100万元!

1. 实训目的

通过卖苹果的思维练习,理解策划是一种智慧创造行为。

2. 实训步骤

(1) 全班4~5人一组,分成若干小组。

(2) 给出思考题:以一个普通苹果作为推广对象,在不斟酌任何客观条件的情况下,构想为它增值的方法。

(3) 以小组为单位进行卖苹果的思维练习,从5元开始起卖,不断提高苹果的"身价",直至100万元。

(4) 每组派代表在全班做总结发言。

3. 实训要求

每小组需要1个组长和1个记录员;步骤3由小组长控制进程,应逐步提高苹果的"身价",并由记录员简要记录令苹果增值的方法;小组代表发言着重介绍本小组卖得最贵的那个"苹果"或本小组认为最具创意的增值方法。

项目5　组织爱心捐赠活动

1. 实训目的

通过训练使学生提高公共关系意识,掌握公共关系活动实施技能,提高公共关系活动的组织能力。

2. 实训课时

2课时。

3. 实训地点

校园内。

4. 实训要求

社会上有许多需要帮助的人,请你针对他们策划并组织一次爱心捐赠活动。活动结束后全班总结活动的得失,并要求每名学生写出心得体会。

项目6 设计学院公共关系宣传活动实施方案

1. 实训目的

提高学院的知名度、美誉度,扩大学院的影响。

2. 实训课时

4课时。

3. 实训地点

教室。

4. 实训要求

配合学院的招生宣传,组织一次宣传学院的公共关系活动。以班为单位,可以先通过教师了解学院的基本情况,然后由学生个人设计活动方案,在小组内讨论交流,相互启发,补充修改,最后在全班汇总,形成一个较完整的实施方案。

项目7 撰写新闻舆论分析报告

1. 实训目的

通过本实训充分了解新闻报道对公共关系活动的影响,并能对新闻报道实践活动的开展起主要的补充作用。

2. 实训课时

3课时。

3. 实训地点

教室。

4. 实训内容

每名学生各自找一篇有关企业的新闻报道,并对该报道做一次全面的新闻舆论分析。

5. 实训要求

主要是找准新闻报道是否是企业自我的一次公共关系活动策划,而且通过此报道企业形象宣传的效果得到增强,并能达到知名度和美誉度都确有一定程度的提高。教师应帮助学生参阅一系列的最新、最近的报纸和杂志,并指导他们寻找相关的新闻报道。

6. 实训考评

学生提交的分析报告是考评依据。考核首先看分析报告格式是否正确;其次看内容是否科学严谨;最后看知识面是否广阔。成绩的评定采取自评和教师综合评定的方法。

课后练习

1. 什么是公共关系调查?为什么说公共关系调查是公共关系工作中一项极为重要的工作?

2. 如何确保公共关系调查的科学性?
3. 你认为公共关系调查实施的难点是什么?如何应对?
4. 对某一企业来说,公共关系调查工作主要考虑哪些问题?
5. 调查报告的写作过程中应当注意哪些问题?
6. 尝试运用公共关系调查方法,了解某一小区居民对私人轿车的拥有情况以及购买计划,并提交调查报告。
7. 为你所在学校的学生食堂设计一份调查问卷,向全校学生了解一下对食堂工作的意见和要求。
8. 某日用化妆品公司为开发一款新的护肤用品,拟邀请某商业集团下属三家百货商场护肤用品专柜若干营业员进行一次访谈调查,以深入了解护肤用品市场的变化和消费者的需求。请你拟定一份访谈调查提纲。
9. 公共关系策划在主题设计中需考虑哪些因素?
10. 如何理解公共关系策划的可行性原则?
11. 成功的公关策划必须具备哪些条件?
12. 假如你是一个准备创业的老板,请根据当前市场情况谈谈你的策划方向,如经营范围、产品或服务、经营理念及实施步骤等。
13. 王先生出席公司的营销传播策略头脑风暴会,他刚开始发言,就被主持人打断,并受到了批评。你认为主持人这样做合适吗?为什么?
14. 某企业要召开一次新产品开发策划会议,这项工作由企业公共关系部来承担。如果你是公共关系部的负责人,你如何来组织这次策划会并保证会议的效率?
15. 公共关系实施过程中如何处理好计划与变化的关系?
16. 在你所在的机构中,组织一次"'××杯'公共关系基本原理知识竞赛"。请写出策划方案,包括活动主题、活动目的、活动内容、活动安排、活动组织工作、竞赛程序、竞赛规则以及竞赛题目等内容。如果你具体组织实施,请谈谈感受。
17. 一家消费品公司欲使其系列产品"润美"洗发水打开校园市场,准备策划一次面向校园的公共关系活动。作为该公司的公共关系人员,请按以下格式撰写一份详细的策划书。
(1)题目。
(2)背景分析(调查内容以假设的方式设定)。
(3)策划方案:目的、时间、地点、活动内容、效果预测。
(4)实施计划:实施方案的措施、传播沟通策略、场地布置概述。
(5)费用预算。
(6)评估标准。
18. 应该从哪些方面对公共关系效果进行科学的评估?
19. 请为你所在的组织策划一项主题活动(如庆典、年会等),按照公共关系计划的要求,编制一份计划书。
20. 请你查阅文献,收集几则大型公共关系项目运作的案例,比较它们各自的特色,体会公共关系项目运作的要求。

21. 案例思考。

《小苹果》火爆背后的信息数据分析

"你是我的小苹果,怎么爱你都不嫌多"这句简单歌词近期是不是一直飘荡在街头、商场、视频网站上和你的耳旁？许多人都说这"带感"的旋律涌进脑海后,久久地停留下来,无法散去……这句歌词出自被称作"新一代洗脑神曲"的《小苹果》。2014年6月4日,《小苹果》MV正式上线短短6天,优酷被网友自制的《小苹果》作品席卷;6月6日,《小苹果》登上新浪微博热门话题榜第一名;6月10日,《小苹果》横扫各大主流音乐网站榜首;6月13日,《小苹果》"攻陷"其他视频网站,再次产生几条网友翻唱视频……截至目前,这首歌曲已经在优酷网上获得了接近一亿次的点击量。火爆背后,人们不禁会问：《小苹果》简单的旋律和舞步真有如此大的"洗脑"魔力吗？实际上,除了歌曲MV容易传唱的特性之外,《小苹果》的火爆以及其带动的《老男孩之猛龙过江》的电影票房,都离不开运用大数据分析定位受众和病毒式引导视频等具有互联网思维的营销手段。

2011年,"筷子兄弟"制作的微电影《老男孩》火爆网络,吸引了8000万的播放量。时隔4年,"筷子兄弟"推出大电影《老男孩之猛龙过江》,《小苹果》就是该电影的宣传曲。

电影上映之前,优酷发起的站内投票显示,85%的《小苹果》视频点击观众选择"一定购票支持电影"。来自国家电影专项资金办的数据显示,电影《老男孩之猛龙过江》自7月10日公映以来,首周末票房达到1.02亿元。

电影的联合出品方,同样是微电影《老男孩》的出品方的优酷土豆集团副总裁卢梵溪介绍,在推广电影之前,优酷以2011年的《老男孩》微电影的用户评论作为数据源进行分析,发现网友评论中提到"音乐"有149万个,"梦想"有103万个,"青春"有102万个。

"通过这些分析,我们知道了微电影观众感触最深的部分是什么,从而给电影的宣传策略定下了基调,并且选择了《小苹果》作为电影的宣传音乐。"卢梵溪说。

人们普遍认为,神曲诞生是"大数据定位受众＋病毒式引导视频"的结果。

早在2014年5月29日《小苹果》在网络上线之后,网站就陆续推出了40余款提前拍摄的"病毒式"引导视频,包括分解舞蹈动作的教学版、广场舞大妈版、小清新版等。随后,《小苹果》迎来爆发式传播。歌曲MV点击量迅速达到千万级的同时,这些引导视频也大多获得了百万点击量。随后,优酷举办了快闪、翻唱大赛等活动,引发两万名网友参与。这些引导性活动效果显著,目前,优酷搜索"小苹果"有超过3500多个网友上传视频,累计播放量超过5亿次。

"这部电影的投资、制作、宣传都融入了很多互联网概念和元素,是当前中国电影行业的一种新的探索。"优酷土豆集团总裁魏明表示,"未来的电影观众和互联网观众会有越来越多交叉的地方,我们愿意用互联网电影概念开启一些新的中国电影探索的方向和路子。"

思考题：

(1)为什么《小苹果》这首歌曲会广受欢迎？

(2)你认为组织开展营销推广、公共关系活动之前应做哪些准备工作？

(3)在互联网时代,怎样才能有效开展组织的公共关系活动？

滞销房是怎样卖出的

有一年，美国芝加哥市一家房地产公司在密歇根湖畔建造了几幢质量上乘、设施良好的豪华公寓，命名为"港湾公寓"。港湾公寓虽然景色迷人、服务优良、价格合理，但开售3年来，只售出35%，降价后仍不见起色。这家公司决定通过公共关系活动来推动销售。

那么，是什么原因导致港湾公寓的销售如此冷淡？经过对附近居民和住户的民意测验，发现在密歇根湖畔居住的公众对公寓存在偏见，如住进去是否会太清静、寂寞？交通不便是否影响购物？小孩上学怎么办？尤其是担心缺乏娱乐和夜生活。

在了解了周围居民的意见后，开发商就开始着手改变人们的这种看法，力图提高港湾公寓的知名度和美誉度。首先公司选定公众对象，对现有住户、政府部门、意见领袖和新闻记者等的情况进行了分析，有针对性地开展了公共关系活动。港湾公司的具体的活动方案注意在满足住户生活需要的基础上有所创新，如开发商首先完善了港湾公寓的生活设施，然后选定感恩节开展各种活动，通过已有住户向其亲友发贺年卡、明信片，并为住户组织了马戏团演出。为加强公寓的对外交通，开发商还资助政府建造了连接小岛和陆地的公路，然后组织政府官员、体育明星和电影明星等社会名流参观公寓，以加强这些意见领袖对公寓的直观认识。开发商还组织了"芝加哥历史纪念品大拍卖"活动，为建立教育基金捐款。最后利用美国国旗制定200周年之际，在公寓楼前组织升旗仪式，这些活动为公众了解港湾公寓奠定了良好的基础。在这个活动方案中，他们针对当时存在的问题，坚持了目标管理的思想，在具体策划公共关系项目时，创造性地运用了一系列手段，吸引公众的注意，改善公众的印象，最终推动了楼盘的销售。

思考题：

(1) 本案例中房地产公司的公寓为什么之前几年销售欠佳？

(2) 本案例中房地产公司做了哪些方面的市场调查？这些调查对其后来的公共关系活动有影响吗？

(3) 假定你是该公司公关部的员工，请为公司设计一份完整的公共关系市场调研方案。

联想"微公益 做不凡"大赛

2011年7月18日，联想启动以"微公益 做不凡"为主题的联想微公益大赛。本届大赛由联想集团发起，教育部高校学生司担任指导单位，中国扶贫基金会、南都公益基金会、北京光华慈善基金会、友成企业家扶贫基金会、中国国际民间组织合作促进会、VSO（英国海外志愿者服务社）、网络希望（Net Hope）等国内外公益组织担任协办机构。

大赛利用时下最热门的新型社会化媒体——新浪微博平台，开拓创新，火热征集微公益行动。作为联想青年公益创业计划的延续，大赛鼓励大家发掘身边微小的社会需求，把爱心付诸行动，创造不平凡的力量。并借助微博这个新兴而广泛的平台，吸引更多的人关注身边的公益，携起手来共同行动，汇聚起来形成大爱。倡导微公益，贵在行动，贵在人人参与。联想鼎力支持微公益实干者，让他们在公益行动中更有力量，让世界变得更美好。

赛事一经启动，立刻在全国掀起了一股微公益绿色风暴。此次大赛打破了往届的联想青年公益创业计划的报名方式，公开、公平、公正、透明地通过微博平台向全国热爱公益事业的青年征集微公益活动。大赛分为四个参赛领域：缩小数字鸿沟、环保、教育、社会发展,参赛选手可以根据自己的专长进行报名。选手的各阶段排名则根据专家评审团意见,以及网友对选手微公益行动的评论和转发量进行综合评审。专家评审团意见和网友的评论、转发各占50%。所以晋级的选手,既能体现出参赛项目的专业性,同时也体现了大众对项目的支持和喜爱。

活动从2011年7月18日持续到2011年9月22日,分为微公益征集、集训期、实践期、成果展示暨颁奖典礼四个阶段。微公益征集期40强选手晋级;微公益集训期20强选手晋级;微公益实践期,联想为20强选手提供公益基金赴各地进行微公益实践;成果展示暨颁奖典礼,根据选手的综合表现评选"联想微公益之星"。

短短两个月时间内联想微公益大赛迅速得到了网友的支持:4.1万名选手响应行动参赛;126万网友发布微公益话题;得到包括陈明德、黄健翔、姚晨、赵薇、羽泉、宋佳等在内的300多位社会名人、公益专家等意见领袖的支持,影响其超过6000万的粉丝。大赛期间,"联想微公益"荣登新浪微博热门话题榜。"微公益"也作为热词,被收录进百度指数。共有3890篇网络报道微公益大赛及优秀团队,截至大赛结束,共刊发1351篇平面报道,总计143923字。其中,《南都周刊》的封面报道、《创业家》的深度报道、《京华时报》的半版报道等尤其引人关注。大赛的成功带来了巨大的社会效益。

思考题:

(1) 联想"微公益 做不凡"公关活动借助了哪些传播工具?

(2) 本次公关活动策划具有哪些独到之处?

"宝马公开课"系列线下讲堂活动

2011年年底,宝马中国开启"宝马公开课"系列线下讲堂活动。宝马公开课既是一个面对面的实体活动,也提供了通过微博和视频等新媒介进行交流的方式,它不是一场简单的宣讲或发布活动,而是一次有系统课程安排的整合知识传播,一个汽车爱好者们自由沟通的平台。

宝马开课并非突发奇想,早在6年前,宝马中国就通过"BMW Media Open Day(宝马媒体公开日)"引起了众多媒体的关注。在6年的运营经验累积基础上,宝马中国决定将"小课"扩大,辐射到媒体、宝马用户,以及所有关注宝马和驾驶乐趣的大众,并邀请第三方的公正讲师,从多个方向"公开授课"。宝马公开课的内容五花八门、丰富多彩,课程自拟,讲师只讲自己擅长的、精通的和熟悉的知识、经验和故事。

宝马公开课的覆盖面广,12场课程涵盖了中国8座城市,让北京、上海、广州之外的公众也能一睹各位讲师的风采。2013年宝马把课程扩大到全国12个城市。有别于内部推荐和邀请的方式,广大"公众学员"通过官方微博进行报名,参与此课程,不仅保证了学员身份的多样性,更重要的是体现了知识需求的多样性,辐射到了宝马用户、宝马爱好者,甚至其他品牌汽车的驾驶者,不仅让宝马品牌得以推广,还让驾驶知识广泛传播。

参与的学员首先自由选课,讲师同时登台,分班授课。课后还有紧张的"期末考试"。在宝马公开课一周年之际,一场盛大的"结业典礼"成为"宝马公开课"项目最大的"爆点"。

思考题:

(1) 从公共关系角度上看,宝马公开课活动对宝马公司的意义有哪些?

（2）宝马公开课活动有何独到之处？请对这一活动进行评价。

静佳八面女孩秋季社群互动营销

项目背景

从夏入秋，换季出现的肌肤问题也开始成为众多爱美人士关注的焦点。活动以秋季换季护肤作为诉求策划点，从消费者需求出发，将皮肤问题带入日常场景中来，以切身体会使用产品让消费者产生共鸣。用这种"精准场景化"的形式把静佳专业的皮肤护理方法传递给消费者，形成深度互动和交流。

项目调研

《中国女性肌肤调研报告》显示气候和饮食对于皮肤也有很大影响。研究发现，中国南方的城市生活使妇女皮肤斑点多，北方气候使妇女干燥性皮肤发生率高。就全国范围看，30.8%的女性属于干性皮肤，气候和水质是形成干性皮肤的主要原因；25.6%的女性属于油性皮肤，在上海和江南等地区，由于饮食习惯偏甜，油性皮肤比较普遍；36%的女性属于敏感皮肤，在一些嗜好辣味食物的地区如四川省，女性皮肤除了呈油性之外，敏感皮肤的比例高达56%。

秋季肌肤容易出现各种症状，尤其是因为干燥引起的毛孔粗大、泛红、脱皮、细纹、水肿、出油等。

项目策划

为了能够更好地深入贯彻静佳植物护肤理念，同时抓住由夏入秋是肌肤问题多发季节这一时机，推出静佳秋季8大护肤解决方案。

静佳同新浪微博达成战略合作，共同发起"8分钱抢购静佳玫瑰天丝面膜"活动，通过微博平台，网友只需8分钱就可以获得一份静佳玫瑰天丝面膜。通过本次活动，吸引新客户的关注，并且增强产品体验。在得到大量新客户之后，推送秋季肌肤常见问题的症状，引起关注，进入高调宣传静佳秋季八面护肤攻略主题营销。

此次活动既是静佳对一直以来关注静佳的网友的回馈，又标志着静佳秋季护肤攻略正式拉开帷幕。

静佳大胆创新，联合新浪微博，通过微博平台直接完成支付的便捷购物体验。媒介选择以新媒体为主。

项目执行

2014年9月14日和15日，微博发出抢面膜3套预热海报，并与8大企业官微联合活动。

9月16日12点整，"8分钱抢购静佳玫瑰天丝面膜"活动正式开始，配合创意长微博，平均每分钟销售1666份面膜。

9月17日，发出促销创意海报，并将微博粉丝引流进入静佳官方旗舰店。

9月19日，店铺引流、淘宝钻展、站内CRM、微博产品推荐粉丝互动。

9月20日，项目收官期，微博创意态度海报，8大企业微博联合活动喜报发奖。

项目评估

"八面女孩秋季护肤"话题被1367.9万人阅读，参与讨论8820人次。2014年9月

15日上午10点成功登录新浪热门微博。新浪微博官方显示,8万份面膜在48分钟内被抢购一空,成功激活百万沉睡粉丝。很多网友纷纷在微博评论:静佳的天丝面膜很好用,这次没有抢到,希望还能够有机会。从数字上看,静佳这一次又成功了,同时此次也成为微博平台销售的一个奇迹。当然,这也得益于静佳一直坚持植物护肤理念和重视用户体验的发展路线。

思考题:
(1) 本次活动的受众是谁?他们的利益诉求是什么?
(2) 本次公共关系活动成功的因素包括哪些?

谁来认领座椅、凉亭

2005年1月,松江区政府网站上贴出了一封《座椅、凉亭捐赠倡议书》。这是上海松江区旅游事业管理委员会借鉴国外经验,呼吁运用民间力量、社会捐赠形式来补充和缓解政府对公共设施的资金投入的一种新的尝试。根据计划,旅游事业管理委员会选定了5处景区(点),初设100只座椅和10只凉亭的位置,捐赠一只座椅800元,凉亭10000元。这5个景区的设施造型有所不同,但椅背、扶手、亭柱上都钉有长长的铜牌,捐赠者可以刻上姓名、单位和想说的话,既不损坏木质又能长久保持,所有捐赠者还将得到由主办方颁发的捐赠证书和捐赠纪念册。上海松江区旅游事业管理委员会在倡议书上呼吁各单位和各界人士奉献爱心,为松江的城市发展和休闲环境添上浓浓的一笔,并通过松江网站、《松江报》及送递上门的"邮广专送"对此项活动进行了宣传。

令主办方没想到的是,活动的响应者却屈指可数。近两个月,来电咨询的人尚不足10人,认捐成功的则一个也没有。前来咨询的以企业老板居多。曾经有位建筑商想认捐方塔公园内的10只座椅和1个凉亭,因为他自己是晨练爱好者,觉得刻上楼盘宣传语挺合适,后来因为担心广告效果不明显而作罢。

2005年3月1日,上海《新闻晚报》以较大篇幅刊登了《百座椅遭遇"零认领"》的报道。记者在方塔公园附近向几名市民了解到的情况是:大家对这一形式很新奇,但都表示不会尝试。除经济因素外,还担心木椅破坏,刻好的名字被损坏。

对市民的种种担忧,主办方相关负责人称,公园绿地现已属地化管理,他们将与有关单位协商,落实公共设施的维护问题。他同时表示,推动此项活动最大的难点在于文明程度还不够。如果4月底仍然应者寥寥,主办方将根据捐赠数额的多少,调整这批设施的数量,并可能会采取其他方式筹款加以补充。座椅还是要建,只是似乎有些遗憾。

思考题:
(1) 此项活动难以推动的原因是什么?是人们的文明程度还不够吗?
(2) 要让好的创意变成现实,你将如何筹划这个活动?

任务3 公共关系传播

  对于文明的发展来说,人类的任何能力都无法比搜集、分享和应用知识的能力来得更基本了。文明的发展只有通过人类的传播过程才成为可能。

——[美]弗雷德里克·威廉斯

案例导入

百事可乐公司的春节公关活动——"把乐带回家2016"

活动背景

从2012年开始,百事可乐公司的"把乐带回家"活动每年春节都会和消费者见面,到2016年已经是第五年了。2012年到2015年,每年主要以贺岁微电影的形式呈现,讲述春节期间回家的故事,每一年的故事演绎都有不同程度的变化。

2016年是农历丙申年(猴年),也是1986年版《西游记》播出30周年的日子。《西游记》作为中国四大名著之一,其中的主人公孙悟空的形象深入人心,加上每年的春节联欢晚会央视都会针对当年的生肖准备一些有特色的节目,所以大家都很期待唐僧师徒四人可以在猴年春晚聚首。在央视春晚行动之前①,百事洞悉到消费者这一情感需求,选择了"猴王"这个元素作为"把乐带回家2016"的落脚点,"把乐带回家"的"家"就变成了一个既可以涵盖童年时代的每一个"小家"和代表中国传统文化的"大家"。

活动目标

创造优质的内容,使其自成一种传播媒介为品牌说话;传承具有意义的传统文化,树品牌立场引导消费者。

传播渠道

除了传统电视和户外媒体之外,社交媒体平台的投放和互动力度应加大。

活动阶段

第一步:微信朋友圈、微博大V齐转发

2015年12月26日,基于对市场的深刻解读和人群的洞察,群邑旗下传立媒体携手百事可乐公司,选择微信朋友圈首发由六小龄童老师亲自参与创作并演绎的微电影《把乐带回家之猴王世家》,与年轻人一起乐闹猴年。随后,百事中国又推出两个视频,分别由口碑很好的动画电影《大圣归来》的手稿作者齐帅和"90后"的手艺人梁长乐演绎,对《把乐带回家之猴王世家》篇里六小龄童所说的"下一代就看你们的了"进行了传承。

同时,为了唤醒并释放大家内心爱玩、爱闹、爱笑的猴性,启发年轻人创造新年的"72变",百事可乐公司特推出"乐猴王纪念罐",并展开了一场关于"乐猴王纪念罐"的品牌传播活动。与百事可乐公司相关的知名人士相继晒出已收到的"乐猴王纪念罐"的照片,并表示猴年一定要"把乐带回家"。在知名人士的号召下,话题热度不断提升,网民们纷纷评论、转发,并询问如何买到"乐猴王纪念罐",百事可乐公司则宣布"乐猴王纪念罐"作为全球限量版,于2015年12月29日仅在京东作为赠品送出,购买指定产品即可获赠。

第二步:百事新年签,紧抓节日气氛

2016年1月15日到2月8日,推出百事新年签,消费者每天通过指定的平台去获取自

---

① 事实上,2016年猴年央视春晚并没有邀请六小龄童表演节目,六小龄童本人也在微博上澄清了此事一出,广大网友纷纷指责春晚总导演"不尊重民意""要抵制春晚",对春晚本身造成了严重的不良影响。

己的新年签,并记录下每一天都在干什么,再把许愿和新年愿望贯穿在一起。

第三步:百事家族明星拜年,直接引导产品销量

从2016年1月21日起,百事可乐公司发布了六小龄童和蔡依林、罗志祥、李易峰、吴莫愁等百事代言明星欢聚一堂拍摄的《把乐带回家》主题广告,大谈猴王精神,乐闹新春。同时,每隔三天百事可乐公司就组织代言明星发起拜年号召,通过这样的形式给消费者带去一个新年庆贺的情绪氛围,并联合京东号称"大年初一也不打烊"的促销活动,把品牌传播的效果转移到电子商务平台的实际产品销售上去,生动诠释了如何让消费者"把快乐带回家"的宣传主题。

第四步:公益活动传播

2016年1月20日,百事可乐公司联合中国妇女发展基金会共同发起了"把乐带回家——母亲邮包·送给贫困母亲的新年礼物"主题公益活动,该公益活动也已持续四年之久,致力于为贫困妈妈们送上贴心的温暖,让她们感受到新春佳节的第一份祝福,也让更多人能够一同把乐带回家。在这次活动中,母亲邮包活动分为运动捐步和公益捐款两种形式,同时邀请猴年春节期间炙手可热的六小龄童全程积极参与,起到了良好的示范和号召作用,收获了公众的支持和关注,刺激更多人参与到公益行动中来。

活动效果

截至2016年2月2日,在"把乐带回家"的推广期间,百事可乐公司运用微博以及微信公众账号等平台推广有关内容,以下数据是在这场"战役"中的互动效果:活动期间热点话题"把乐带回家"超过3.4亿次点击,互动次数为64.7万;《把乐带回家之猴王世家》篇微电影在腾讯视频栏目中总播放量高达12847.5万次;"把乐带回家——母亲邮包·送给贫困母亲的新年礼物"公益活动众筹现金超过40万元。

【问题】

(1)百事可乐公司"把乐带回家2016"的公共关系传播有何独到之处?

(2)以年轻的消费者群体为活动目标,对比分析百事可乐公司2016年的贺岁公共关系营销活动与以往每年活动的不同之处,列出有哪些值得其他企业借鉴的地方。

任务分析

上述的百事可乐公司成功举办的"把乐带回家2016"春节公共关系活动无疑是公共关系传播的成功案例。

传播是公共关系的一个基本要素。公共关系就是运用传播手段,与社会公众沟通信息,在公众中树立组织的美好形象,建立信誉的工作,因而传播是公共关系的主要职能,也是公共关系工作的主要内容。如何巧妙而有效地运用各类传播手段、渠道,达到公共关系的目标,是公共关系人员必须经常考虑的问题。

通过本任务的学习实现以下目标。

- 撰写符合发表要求的新闻稿件,并能够适时投递新闻稿件。
- 能够成功举行新闻发布会。

- 善于制造新闻,增强传播效果。
- 能够设计公共关系广告。
- 能够开展网络公共关系,提高传播效果。

知识储备

一、新闻发布会

 小案例

资生堂公司世博会赞助活动新闻发布会

资生堂公司为了支持 2010 年上海世博会成功举行,于 2009 年 6 月 30 日在资生堂(中国)投资有限公司(以下简称资生堂公司)举办了世博活动新闻发布会。现场共有近 50 家中外媒体共同见证了此次活动,世博局的朱咏雷副局长、日本总领事横井先生也前来致辞,表达了对资生堂赞助世博活动的大力支持。资生堂公司的社名来源于中国古典著作《易经》中的"至哉坤元,万物滋生",新闻发布会以中国元素为主要线索,表达主办方对中国的感恩之情,并有效地告知公众成为上海世博会的项目赞助商。为了纪念上海世博会的开幕,感受上海的味道,提升上海城市的形象,新闻发布会上展示了资生堂公司专门为上海世博会设计的限定版香水,此款香水取名为 SHANGHAI BOUQUET——上海花漾,其瓶身设计的灵感来自上海市市花白玉兰优雅的白色花瓣,香味也是以白玉兰的花香为基调。香味有两种款式,一种是清灵香水;另一种是郁怡香水。此款香水可以供来上海旅游的游客观光留念,或作为馈赠亲友的礼品,预计在 6 月中旬在上海以观光点和酒店为主的 10 多个定点销售点开始销售。新闻发布会上,资生堂公司还启动了"世博城市之星"活动,以寻找"世博城市之星"为核心内容,号召广大市民从日常的节能环保做起,培养积极健康的生活方式,从而实现上海世博会的宣传理念。资生堂公司向广大消费者传达美容文化和美容理念,将以诚待客的理念传播给了大家,使世博会的工作人员对美有了新的认识,提升了大家工作的热情,以更加饱满的工作热情投入忙碌的世博会准备工作中。

【问题】

(1) 资生堂公司可以直接介入一系列的赞助活动,为什么还要召开新闻发布会告知公众?其意义是什么?

(2) 此次新闻发布会的主要内容是什么?是围绕什么展开的?

(一) 新闻发布会前的筹备

1. 突出一个主题

一场新闻发布会只能突出一个主题。主题必须鲜明集中,比如,欲想对一款新产品的性能做出解答,那么公关人员就要尽可能地从产品性能方面做文章,挖掘其新闻价值,从其社会影响力和传播的预期效果去衡量它的作用。主题若含糊不清,容易引起记者的误解;主题多了,又会分散注意力,影响传播效果。主题一旦确定,就要通过各种方式加以强调。

2. 选择好时间和地点

一般情况下,企业的新闻发布会选定的时间最好不要和节假日或正在发生重大事件的日子相冲突,如重要的会议、盛大的庆典、举足轻重的体育赛事等。不过,依据会议的主题,如果与这些重要的日子相关联,可能会带来意外收益,应视情况而定。工作日中星期一上午不合适。会议开始的具体时间可安排在早上 10 点或下午 3 点。确定具体时间后,提前 3～5 天向记者发出邀请。给记者充分的时间来安排工作。

选择地点也一样。首先要考虑能给记者创造方便的采访条件,如视听器材、拍摄的辅助灯光等,同时还要考虑到交通问题。地点依据会议主题而定,如单位的会议室,或租用宾馆、酒店,同时要考虑到规格、等级和品位。如果新闻发布会要解决的问题影响范围大到全国,则可到大都市租用会场举行,如 2001 年 10 月 11 日第三届中国国际高新技术成果交易会开幕式的新闻发布会,就选址在深圳市五洲宾馆国际会议厅召开。如果只侧重于介绍新产品或组织情况,在组织内部举行即可。总之,在地点的选择上,一切从实际出发。

3. 邀请新闻媒体

企业召开新闻发布会的主题大小、轻重决定了所邀请的记者范围。倘若只涉及当地的事件,邀请当地新闻记者出席便可;若事件的影响力涉及全国范围,那么必须邀请到中央级新闻单位的记者参加。此外,邀请的记者(类别)要齐全,报纸、电台、电视台的新闻媒体皆覆盖,文字、摄影、摄像俱全。如 2002 年 12 月 5 日 11 时,太平人寿保险有限公司复业周年新闻发布会,会上就请了新华社、中央电视台、中央人民广播电台,以及《人民日报》《经济日报》《中国保险报》等 40 余家新闻媒体的记者参加了本次会议。这些媒体都是能够给企业带来影响力的媒体。

4. 确定主题

在组织内部确定主题,统一口径后,公关策划人员要组织专门班子负责起草主要发言。同时准备好会议资料,口头的、文字的、实物的;录像、表演、图片、表格、地图都可作为会议资料。包括领导人的发言材料,组织的背景材料,组织对产品介绍的图文资料,或反映企业文化的录像和表演等。这些都有利于加强记者的感观印象和理解。资料一般以书面形式提供,也可采用另外附电脑光盘、U 盘的形式。会前会后还可以安排现场参观。如 2002 年 12 月 30 日三联家电总公司在召开的新闻发布会上宣布,三联家电走上了电子商务之路。为了让记者们更加直观地了解三联家电的电子商务之路,当天三联家电总公司有关人员还请记者们参观了刚刚开业的三联家电 SHOP365 网上便利店 NO.51 和 NO.52。这一全新的商业态势引起了记者们浓厚的兴趣,新闻发布会超出预定时间半个多小时。这样做,便于记者对新闻内容加强理解,也丰富了记者采写的内容。

5. 准备资料

新闻发布稿要多从新闻的角度来写,语言简练准确,重点突出,有感染力。为了留下更多时间回答记者的提问,发言人将新闻发布稿发给记者后,就不再照本宣科,只是简明扼要地介绍发布的重点,有的甚至可以直接进入回答问题阶段。既节省时间,又有利于发言人与记者更好地互动。

6. 请柬发放与布置会场

日期一旦确定就及时发送请柬,这便于新闻单位进一步询问和了解详情,最好派专人递送。请柬上应说明举办新闻发布会的目的、召开的时间、地点、单位名称、联系电话、主题,以及主要发言人的姓名和职务等。请柬发出后,在会议召开前一两天再电话询问,落实记者的出席情况。

一般情况下,会场要安静、和谐,有舒适的座椅。不过对于企业的新闻发布会会场布置,根据主题的需要可倾向于活泼多样的风格。比如,发布一种新产品,可根据发布的内容进行一些特殊设计,如布置舞台等,以增强发布的效果。话筒、照明设备、录音器材、电话、电传、电源插口插座、计算机网络、打印复印等设备一应俱全。精心安排好宾客的座位,分清主次。安排翻译人员、接待和服务人员、发言人、主持人应佩戴胸牌。主持人胸牌上应标明职务,会议桌上应标明席位。主宾人员名单提前十分钟送给主持人,以便在会议开始时一一介绍。会前安排好会议记录者、摄影者、摄像者,以备将来的宣传和纪念之用。会场入口设立"签到处",派专门的公关人员接待引导记者入席。主持人和工作人员的着装也要讲究,一般情况下着西装;特殊情况下也可穿与现场气氛相吻合的服装。这些特殊着装本身也是产品信息发布的内容。企业的记者招待会会场布置可以不拘一格,但会场所需的基本设备一样都不可少。

7. 挑选好主持人和发言人

主持人和发言人必须具有相当好的口才,思维要敏捷,要顾全大局。还要有囊括玉宇的胸怀,遇到突发情况有及时应变、从容对之的泰然和风度,并有较高的文化修养和专业水平。这种要求决定了主持人一般由公共关系部门负责人担任,或者由单位副职担任;发言人一般应由单位正职担任;如果是公布某项新产品或新技术,相关方面的负责人和技术人员也应出席。发言人和主持人某种程度上是组织的"形象代表",所以要格外讲究、认真挑选。一名优秀的发言人,对本组织的情况应了如指掌,面对记者的提问能够应对自如,游刃有余。青岛双星集团总经理汪海有一次到美国考察,在记者招待会上,一位记者问"双星"的含义,汪海微笑答道:"一颗星代表东半球,一颗星代表西半球,我们要让'双星'牌运动鞋潇洒走世界。"当时在场的另一位记者立刻问道:"请问先生您脚上穿的是什么鞋?"这一尖锐的提问极易造成尴尬局面。如果汪海自己穿的不是"双星"怎么办?这时汪海并不慌,自信地答道:"在贵国这种场合脱鞋是不礼貌的,但是这位先生既然问起,我就破例。"于是脱了自己的鞋并高高举起,指着商标处大声说:"Double Star! Double Star!"这一举动立即赢得场下雷鸣般的掌声。记者们争相拍下这一镜头。次日,美国纽约各大报纸在主要版面上纷纷刊登出关于这一幕的照片。这就是汪海作为发言人的智慧。他通过睿智幽默的言行,不但抓住了记者的心,而且对本公司的产品做了一次巧妙宣传。

组织新闻发布会,最好会前组织"模拟训练",做到有备无患。在新闻发布会举行前一天,从组织者到发言人,从接待人员到服务人员都要接受"模拟训练"。围绕主题,设想记者可能提出的各种问题,尤其是那些刁难的问题。这样有利于发言人有充足的临场准备,有利于更好地树立组织形象。

小案例

"舒肤佳"成功举办推广医疗卫生理念相关活动

为了在山东省宣传推广医疗卫生理念,"舒肤佳"通过山东省爱卫会和山东健康教育所组织了"健康卫生三部曲(常常洗手、天天洗澡、处处打扫)"的理念宣传活动。借助新闻发布会和群众推广宣传活动达到了预期的效果。

新闻发布会由来自山东全省34家主要媒体的50余名记者参加。在新闻发布会上,安排了济南市少年宫的合唱团现场表演了为活动特别创作的《健康卫生三部曲》歌曲,为新闻发布会增添了许多情趣,将会议的气氛推向了高潮。

群众推广活动于新闻发布会开始后的一个半小时后在济南市展开。在整个活动中,不仅有医学专家做现场咨询,济南市儿童合唱团和济南舞蹈队还分别进行了体现"健康卫生三部曲"的表演。活动时间是每天上午9:30—12:30,共举行了两天,估计有2000人参加。1万个印有"健康卫生三部曲"标识的气球被派发给群众。

在活动中,由两个真人装扮的吉祥物出现在现场,在舞台上表演洗手、洗澡、打扫卫生等舞蹈动作,充分地向活动现场的观众传递了"健康卫生三部曲"的信息。这两个吉祥物的外形以舒肤佳香皂为原型,分别为粉红色和绿色,它们身上都有"健康卫生三部曲"字样的标识。

在活动的现场还布置了专家咨询台,由来自中华医学会和山东省的15名著名医师为现场的观众解答有关卫生习惯、肝炎、细菌性肠道传染病等方面的预防措施及早期治疗方法。

在活动的舞台前还设置了一条长12米、宽1.5米的"健康卫生三部曲——百万人签名"条幅供现场参加者签名。签名现场非常踊跃,许多人都争先恐后地以签名来表示对活动的支持。

【问题】
(1) 试分析此次活动为"舒肤佳"树立健康卫生的专业形象起到了哪些作用?
(2) 如何将新闻报道扩大到各行各业及各个领域?

(二)新闻发布会中的要求和会后工作

1. 新闻发布会中的要求

(1) 搞好会议的签到工作,然后按事先的安排把与会者引到会场就座。

(2) 会议进程要严格遵守会议程序。主持人要充分发挥主持者和组织者的作用,宣布会议的主要内容、提问范围及会议进行的时间,一般不要超过两小时。

(3) 记者招待会应以记者提问为主,主持人及发言人讲话时间不宜过长,以便记者提问。对记者所提问题逐一予以解答,不可与记者发生冲突。如有外国记者参加,应配好翻译人员。

(4) 会议主持人要始终把握会议主题,维护好会场秩序。确保发布会现场的紧凑与连贯,并把时间严格控制在流程允许的范围内。另外,在做发布会流程时,工作人员要预留出一些时间,这样,即便是某个环节超出了预计的时间,也能够控制好整个发布会的进度。

(5) QA(提问回答)是发布会的"重头戏",确保此环节的万无一失是每个工作人员的职责。虽然在准备阶段,客户与公关公司已经根据此次发布会的意图和记者的兴趣点准备好了问题,但如果有可能,公关人员要充分利用好发布会前的时间,与提前到场的记者进行沟通,并为记者提供准备好的提纲。在 QA 环节,新闻发言人需要注意以下两点:一是灵活控制现场气氛,发言人或主持人要善于调动记者的情绪,保持顺畅而有激情的沟通。例如,在小型发布会时,可以让记者先做自我介绍,以此来拉动和谐、互动的气氛。如果提问异常活跃,那么主持人就要维持好会场的秩序。二是根据议程要求,灵活控制发布会的时间进度,避免 QA 延时。如果预定时间已到,发言人要向那些想提问的记者表示遗憾,还可以与之预定下次采访的时间和地点等。有时,新闻发言人可能会忽略事先设计好的时间,这时,控制舞台效果的工作人员就要举牌示意。如果超时太长,在取得客户同意之后,要压缩其他的一些环节。例如 QA 的时间,可以从原本设定好的 20 分钟调整为 15 分钟或 5 分钟。那么如何能让到场的人更好地感受客户企业的特色呢?在发布会的会前、会后要循环播放企业宣传片,以声、光、影的方式让到场的人直观地感受到企业的文化和风格。在新闻发布会结束之后,还可以配合会议的主题组织记者参观,给记者创造实地考察、采访和摄影的机会,使他们对新闻发布会有一个感性的认知。

2. 新闻发布会后的工作

善后工作的好坏将会直接影响到整个活动的传播效果。工作人员除了将收拾好的道具、会议资料以及相关物品入库以外,还要做好采集现场数据(活动情况、现场效果评价等)以及现场图片、影像资料的整编工作。尽快整理出新闻发布会的所有材料,以电子版的形式提供给记者。

制作活动评估报告,对会议的组织、布置、主持和回答问题等方面的工作进行回顾总结,从中吸取经验和找出不足。收集与会者对会议的总体反映,检查在接待、安排、服务等方面的工作是否有欠妥之处,以便今后改进。

进行媒体跟踪,统计各到会记者在媒体上的报道情况,进行归类分析,找出舆论倾向。同时,对各种报道进行检查,若出现不利于本组织的报道,应做出良好的应对策略;若发现不正确或歪曲事实的报道,应立即采取行动,说明真相;如果是由于自己失误所造成的问题,应通过新闻机构表示虚心接受并致歉意,以挽回声誉。

新闻发布会与记者招待会的区别

新闻发布会侧重于发布新闻,如企业做出了某项重要的决策、研制生产出了某种新产品或推出了某项对社会有重要影响的革新项目。企业若想通过大众媒介把这些信息广泛地传播出去,就可以举办新闻发布会。记者招待会则有所不同,它不一定要有新闻发布,它的主要目的是和新闻媒介进行沟通。任何企业在与社会各界的交往中,都会遇到很多错综复杂的问题,如本单位与外单位发生了法律纠纷,企业受到了顾客的批评、受到了社会舆论的谴责、受到了新闻媒介的公开指责、受到了其他社会组织的诬告等。当这些问题发生后，企业为了挽回影响并争取舆论界的支持，就有必要召开记者招待会。

3. 新闻发布会应注意的问题

（1）无论何种组织，在举办新闻发布会和记者招待会之前，都应征得所在地区新闻主管部门的同意，办理好报批手续。

（2）新闻发布会和记者招待会，无论发布什么新闻，都应充分地、慎重地考虑到它对社会的各种影响，不能违背国家的法规，以避免出现偏差。

（3）发布会和记者招待会自始至终都应坚持实事求是的原则。无论是会上发布信息，还是会后与记者交谈，组织所发布的信息内容必须客观、真实，若发现与事实不符应及时纠正。

环球公关公司的新纪律

中国环球公共关系公司（以下简称环球公关）是中国内地第一家本土专业公关公司，是新华社下属的独立经济法人，1986年经中华人民共和国对外经济贸易部批准成立。环球公关曾代客户美国波特曼公司发布新闻。事后《人民日报（海外版）》的记者打电话询问：会上宣布的该公司在上海某项目上的投资额是否准确？这下环球公关着急了，因为数字是美方提供的，还未来得及向国内有关部门核实，一旦有误，就成了发布假消息。于是环球公关赶紧派人去有关部门查询。从此，环球公关公司定下一条纪律：凡外方投资项目，其各种字节一定要先向中方核实后才能发布，以免被动。环球公关的经验教训适用于所有的新闻发布会，也就是说，必须核实新闻内容，以确保准确无误。

【问题】 环球公关的新纪律对其公关活动的成功有什么影响？

（4）举办新闻发布会和记者招待会还要注意经费预算，要考虑组织的经济承受能力，要视组织的财力、物力和人力而为，不可为追求规模和形式不顾一切，否则适得其反。

记者招待会的由来

一位叫安妮·罗亚尔的女记者总希望能单独采访一次当时的美国总统亚当斯，但每次提出要求都被白宫婉言拒绝。后来，她得知总统常到附近的波多马克河去游泳，于是便在一天中午尾随走出白宫的总统来到河边。当总统脱掉衣服跳入河里游泳时，她走过去，坐在总统脱下的衣服上，非要当场采访不可，总统只得回答他提出的要求。罗亚尔走后，亚当斯越想越觉得这次被迫接受采访所答的问题是言不由衷、未尽其意的，一旦公开就会引起世人误解。于是他回到白宫立即举行了名为"记者招待会"的新闻媒体见面会，向记者阐述和澄清了一些问题，避免了可能出现的不良后果。"记者招待会"因此得名，且一直沿用至今。

二、制造新闻

> **小案例**
>
> ### 本店绝不食言
>
> 我国香港地区一家经营强力胶水的商店,坐落在一条鲜为人知的街道上,生意很不景气。一天,这家商店的店主在门口贴了一张布告:"明天上午九点,在此将用本店出售的强力胶水把一枚价值4500美元的金币贴在墙上,若有哪位先生、小姐用手把它揭下来,这枚金币就奉送给他(她),本店绝不食言!"这个消息不胫而走。第二天,人们将这家店铺围得水泄不通,电视台的摄像车也开来了。店主拿出一瓶强力胶水,高声重复广告中的承诺,接着便在那块从金饰店定做的金币背面薄薄地涂上一层胶水,将它粘到墙上。人们一个接着一个地上来试运气,结果金币纹丝不动。这一切都被摄像机记录下来,这家商店的强力胶水从此销量大增。
>
> 这家胶水店的高明之处在于:通过制造新闻引起公众及媒体的注意。这种宣传与商业广告相比,新奇刺激,引人入胜,使公众在不知不觉中认同了强力胶水;而商店则借事件的影响,借助新闻媒体名扬四方,扩大了强力胶水的销量。

制造新闻是一种积极主动的传播方式,是一种最有效的传播方式,也是一种最经济的传播方式。所谓"制造新闻",是指制造具有新闻价值的事件和报道材料,即由公共关系人员以健康、正当的手段,以组织内部发生的真实事件为基础,有计划地整理与策划出既有利于组织,又使社会、公众受益的新闻。

制造新闻虽然也是以真实事件为基础,但它带有浓厚的人为色彩。它需要公共关系人员具备广博的知识、丰富的想象力、一定的技巧和敏锐的观察力,即敏感的"新闻鼻",能在纷繁复杂的社会现象中迅速地发现新闻线索和发掘新闻素材。

(一)"制造新闻"的特点

与一般新闻比较,组织有计划、有目的地制造新闻具有以下特点。

1. 精心策划

这类新闻不是自发的、偶然产生的,而是经过公共关系人员精心策划安排的。一般性新闻是在事物发展变化中自然而然发生的(如突发性的新闻事件),而制造新闻是经过公共关系人员精心策划、推动、挖掘出来的。一般而言,新闻传播的主动权不在公共关系人员方面,而在新闻界人士方面,公共关系人员精心策划出来的新闻事件,因为奇特、有趣,具有较高的新闻价值,同样能引起新闻界人士的兴趣和跟踪追击,并加以报道,取得提高组织知名度的作用。

2. 富有戏剧性

制造新闻比一般新闻更富有戏剧性,更能迎合新闻界及公众的兴趣,要成功地制造新闻事件,吸引新闻界人士的注意和兴趣,就要使新闻事件更富有戏剧性,更具有新、奇、特的特点,要求公共关系人员独具匠心、富于创造。

3. 效果显著

能以较低的成本明显提高组织的社会知名度和美誉度。自然发生的新闻有的是对组织的声誉有利的,也有对组织的声誉不利的,而且一般而言,自然生活中出现的新闻不可以控制。而经过公共关系人员精心、周密策划的新闻活动、事件,则带有很强的目的性,都是围绕提高组织知名度和美誉度为中心而展开的。因此,成功地策划一个新闻事件能大大提高组织的知名度和美誉度。

 小案例

奇特商店的奇特开张

广州市有一个乡办的工艺电镀厂,又小又破,知之者寥寥。新上任的厂长为了打开销路,决定生产塑料雕塑,并在表面电镀一层金属,制出的工艺品有许多是仿出土文物,那斑驳的外表几乎可以做到以假乱真。

为了提高企业的知名度,这个乡办厂向广州各界人士发出信函,告诉大家出售电镀工艺品的商店即将开张,下面注明:"开张提价酬宾。"许多接到信的人都深感震惊,有些人认为打印错了。因为一般新开张的店铺,都是减价酬宾,以谋个人缘、图个热闹,这叫开业大吉。有好事者便打电话询问电镀厂,是否打印错了。回答是:"没有错,就是提价酬宾。"这更加引起了人们的好奇。一位记者带着疑虑采访了该厂厂长,询问开张为何提价酬宾。厂长答道:"工艺品造价以艺术价值论。开张出售的电镀工艺品都是著名的雕塑家制作的,而且件件限量生产、件件都是绝活儿,物以稀为贵,所以开张提价酬宾。"

开张的日子到了,工艺品小店铺没有放鞭炮,也没有请客。他们在店铺门口放上了一位傣族少女电镀塑像,古铜颜色,婀娜多姿,既有现代感,又有古典美,立刻吸引了无数过往行人。那些接到信函的单位和媒体的记者,纷纷前来,于是小小店铺人山人海。

这家电镀厂很快成了各报报道的主角。广州《羊城晚报》头版进行了报道,标题是"奇特商店的奇特开张",外加一幅店铺照片。小店铺成了"大明星",工艺品电镀厂的声望顿时大增,前来购买的顾客也从此络绎不断。

【问题】 小店铺成为"大明星"的成功之处何在?

(二)制造新闻的基础——发掘新闻

1. 提高新闻敏感性

新闻敏感性是指对新闻事实中新的信息的发现和辨别能力、对有价值新闻的敏锐认识能力和准确、迅速的反应能力。新闻敏感性是公共关系人员必备的素质,也是制造新闻的根本前提。新闻敏感性包括以下几点。

(1)对政治形势的洞察力,即迅速判断客观事实的政治意义以及预见可能产生的政治作用的能力。政治洞察力强,就善于从政治上考虑问题,善于鉴别和选择政治性强的事实进行报道,并能很好地体现党的政策。

(2)对实际工作的关注力,即判断某项工作在全局中的地位以及对全局工作影响大小的能力。关注力强,就会努力深入实际,熟悉实际工作的发展,对全局情况了如指掌。

(3)对公众兴趣的审视力,即判断某些事实能否引起公众兴趣的能力。对公众的审视力强,就能代表公众来观察,寻找他们欲知而未知的有趣的材料,从而满足他们的新闻欲。

新闻敏感性并不是某些记者、某些公共关系人员的天赋灵感,只有经过长期的努力,刻苦学习,不断积累和磨炼,才能逐步提高新闻意识,增强新闻敏感性。具备了新闻敏感性并不等于就可以发掘新闻、制造新闻了,还必须广泛地收集新闻素材。

2. 收集新闻素材

在组织的生存和发展过程中,有可能成为新闻的事件很多,大致可以概括为以下几个方面。

(1)组织的经济效益和社会效益有明显的提高,工作成效显著,甚至在国内、国际、同行业、同地区处于领先地位,有可能成为新闻。

(2)组织在某一方面有了重大突破,比如某一企业产品质量提高、数量扩大、新的品种诞生,引用了新技术、新设备或者重要发明获取专利,新的科技成果通过鉴定,获得重要荣誉称号、重要奖励,或者为国家节约了大量能源,这些都有可能构成新闻。

(3)组织在深化内部改革、理顺关系、调动各方面积极性、提高劳动生产率方面有了新的经验、新的做法和新的措施;或是组织在人事方面有了重大变动,撤换了不称职干部,大胆重用了有能力的年轻人,顶住了来自各方面的压力等。这些也有新闻价值。

(4)组织的职工对社会和组织做出了重大贡献,涌现出富有时代精神、高尚情操的先进人物等也是重要的新闻素材。

(5)组织在参与社会公益活动、热心社会福利及慈善事业、承担社会责任方面有良好的表现。例如,给残疾人捐款、捐赠生活用品,支持我国的体育事业、教育事业、希望工程、航天事业等,这些既能很好地塑造组织形象,也是很好的新闻素材。

(6)组织因被诬陷等原因导致组织形象受损,企业优质产品名牌商标被假冒,或者由于其他原因使组织声誉受损,也应作为新闻素材,通过新闻媒介传播予以澄清,恢复声誉。

(7)组织在经营管理上出现失误,在公众中造成不良影响,组织知错改过后也应及时通过新闻媒介向有关方面和社会公众表示歉意,并承担责任、赔偿损失,以挽回影响。

(8)组织举办各种专题活动,如奠基典礼、开业典礼以及各种有意义的纪念活动或庆祝活动。这些活动本身对组织的发展具有重要影响和深远意义,若能邀请知名人士参加则更能吸引新闻媒介的注意,从而达到提高组织知名度和美誉度的目的。

3. 挖掘新闻线索

在广泛收集新闻素材的基础上,公共关系人员还必须探寻、挖掘有价值、有意义的新闻线索。探寻和挖掘新闻线索通常有以下途径。

(1)积极参与组织内部的各项活动。组织内部的有关会议和活动往往是情况、问题、意见和建议集中的场合,公共关系人员要尽量多参与,而参与的目的不仅为了报道会议本身,而应从会议中所集中反映的各方面意见情况,以及会议就有关问题所做出的决定中去发现有意义的新闻线索。

(2)掌握动态,善于研究。公共关系人员要通过查阅有关报刊,剪贴和复印有价值的部分,将其分类汇编成册,并注意收听和收看广播、电视节目,必要时还应录音、录像,以及时了解和研究各个特定时期新闻机构报道的动向、热点,从已掌握的各种情况中寻找线索;也可以根据报道的动向有意识地去收集材料,取得更多的新闻线索。

(3) 广泛交往,开拓思路。我们每天都接触传播媒介,信息每天都像洪水一样涌来,稍加留意就会受用无穷;随意放过不仅可惜,还可能给组织经营带来后患。所以,公共关系人员应在社会上广交朋友,并通过对周围的密切观察分析,从日常生活中挖掘素材,并在此基础上提出新问题、选择新角度、发现新线索。

(4) 丰富知识,积累经验。公共关系人员应尽可能地多掌握生产知识、经济知识、科技知识和其他业务知识。只有熟悉这些知识,才能更深入地了解从事这些活动的人,更敏锐地发现新闻线索。

4. 确认新闻价值

新闻价值是指某种事实得以实现传播,从而产生效果的各种因素的总和。一般来说,无论是公共关系人员,还是新闻记者、编辑以及社会公众,他们衡量、确认、选择新闻价值的标准大致相同。确认新闻价值要注意以下几点。

(1) 注重新奇性。新奇性是新闻价值构成的基本要素。它通常包含两个意思:一是指时间上要新。新闻报道与新闻事实发生的时间要尽可能接近,时间差越小,新闻价值越高;时间性越强,新闻价值越高。所以,新闻报道要有强烈的时间观念才能增强新闻的可读性和可信性。二是指内容上要新。努力挖掘现实生活中许多为广大群众欲知而未知的新鲜事,如新情况、新成就、新经验、新风貌、新问题等。

(2) 讲究指导性。新闻是否具有指导性也是衡量新闻价值的重要标准。任何时候,新闻都要以指导性和思想性为尺度去衡量所观察到的一切事物,从而确定它的新价值,恰当地运用它。

(3) 强调重要性。事物越重要、越显著,关心的人越多,新闻价值也就越大。有些事的重要性和显著性是显而易见的,有些却是淹没在大量的一般性事实之中,这就需要公共关系人员下功夫筛选、辨别。新闻事实与人们的利害关系越密切、涉及面越广、影响越大,重要性就越显著,也就必然引起人们的普遍关注。重要性与显著性常常连在一起。显著性是指那些著名的、非同一般的事物,比如邀请著名人士参加组织的重要纪念日活动等。这些事实知名度高、影响面广、吸引力强,最能激起人们的兴趣。

(4) 考虑接近性。这是指新闻事实与公众在心理上、利益上、地理上、职业上的关联与接近。其关联接近程度越紧密、公众越关心,新闻价值也越高。如恰当地选择社区内的新闻事实予以报道,有助于引起社会公众的兴趣、改善组织形象。

(5) 注意趣味性。趣味性也是衡量、确认新闻价值不可缺少的标准之一。新闻从业人员都知道一句话,叫作"狗咬人不是新闻,人咬狗才是新闻",说的就是这个意思。但是,对趣味性不能做庸俗与片面理解。公共关系人员在做新闻宣传工作的时候,不能存在片面猎奇的小市民心理,专门去追求怪招、选奇闻、耸人视听。所以,新闻除了"新""奇"外,还应该从社会生活中人们所关切的、具有积极意义的事情中去寻找。

公共关系人员在广泛收集新闻素材、挖掘新闻线索、分析和确认新闻价值之后,便可以通过健康、正当的手段去制造新闻。

小案例

谁能击碎玻璃就可赢得1000美元

美国歌露搏一雅美拉达公司开发了一种名叫"安全、轻便4×"型的夹层薄玻璃,强度高,经得起重击而不破碎。怎样才能得到建筑行业的认同呢?

此时,恰逢美国劳教委员会在密尔沃基市召开会议。于是,该公司公共关系部抓住时机举办了新产品展览。公司把这种新产品玻璃镶在框架中,右上角贴上"安全、轻便4×"标签,玻璃背面贴上一张1000美元的支票,旁边放着的几根球棒,告示牌写着:"击破者有奖。"参观的人都可以拿起球棒朝玻璃猛击三棒,谁能击破玻璃就可拿走支票,赢得1000美元。假如没有人击破,则把1000美元捐赠给密尔沃基市的孤儿院。展览会隆重开幕时,邀请了新闻界的记者和摄影师,并散发了玻璃强度的试验报告及介绍这一产品的资料。参观的人蜂拥而至、跃跃欲试,却始终没有一个人打破玻璃。于是便举行了向孤儿院捐款的隆重仪式,报界和电台进行了生动的报道,电视台也进行了现场直播,展览会获得了成功。随后"安全、轻便4×型的玻璃打不碎"传为佳话,公司复印了大量介绍产品的剪报,连同强度试验报告一起寄给各建筑企业,短时间内就收到50万美元的订单。歌露搏一雅美拉达公司展览的成功表明,"安全、轻便4×"夹层型薄玻璃,在众目睽睽之下经受住了考验,"真金不怕火炼",质量确实可靠,试验报告数据的确可信。1000美元的支票挖出了50万美元的潜在生意,不但提高了公司的知名度,而且塑造了公司热心社会慈善事业的形象。

(三)制造新闻的策划步骤

1. 市场分析

要做一个新闻策划,必须先对策划对象所在行业及相关情况有深入的了解。比如,行业历史、行业现状、行业发展的新特点、相关的法律配套等。了解得越详细,掌握的信息越多,就越有可能从中挖掘出有价值的新闻点。

2. 确定宣传目标

对新闻策划来说,主要需要确定的是宣传的范围和宣传的目标人群。宣传目标影响着后面新闻点的策划、媒体的选择和预算的编制等步骤。如果宣传范围只是地域性的,那么媒体只需选择地方性媒体即可,预算也会比做全国性宣传低得多。如果选择是针对年轻白领的,那么策划的新闻事件必须能吸引他们的关注,媒体也应有针对性地选择白领媒体。

3. 策划"新闻点"

这一步需要策划出能达到宣传目标的"新闻点"。策划"新闻点"一般可以运用"借势"或"造势"两大基本方法。

(1)借势。即借助外部的条件和环境进行策划,如借助比企业更受人们关注的各种事物,与企业即将进行的公共关系营销活动结合起来,从而把新闻界及公众的关注点移到本企业方面,收到良好的效果。借势主要应从以下几个方面着手。

一是借名人之"势"。所谓"名人",是指那些对公众舆论和社会生活具有较大的影响力与号召力的有名的社会人士,如政界、工商界的要人,科学界、教育界、文化界的权威,艺术、影视、体育界的明星,舆论界的领袖等。这类公众对象虽然数量有限,但因其具有某种光环效应,社会公众出于对其崇拜、尊敬的心理,自然会对为名人服务的企业产生一种爱屋及乌的感情,所以名人的传播作用很大,社会影响力很强,能够在舆论中迅速"聚焦"。企业不妨借名人之"势"来制造新闻,开展公共关系活动,开拓广阔市场。

小案例

飞鸽电动车礼赠奥巴马

应中国国家主席胡锦涛邀请,美国总统奥巴马在2009年11月对中国进行了国事访问。奥巴马访华期间,科技部部长万钢在北京钓鱼台国宾馆将两辆天津"飞鸽"电动自行车作为国礼,分别送给美国总统奥巴马和美国能源部部长朱棣文。

早在1989年2月,当时的国务院总理李鹏曾将两辆"飞鸽"自行车作为国礼,赠送给来华访问的美国总统布什夫妇。20年后的今天,在美国总统奥巴马访华期间,科技部将两辆"飞鸽"电动自行车再次作为国礼,分别送给美国总统和美国能源部部长。

据介绍,此次作为"国礼"的"飞鸽"电动车,是由天津市飞鸽电动车制造有限公司自主研制开发的新一代电动助力车。该车采用先进的动力系统,配有动力性锂电池,适应于各种复杂路面,被誉为"飞鸽"品牌的升级版、21世纪节能环保的电动助力车。

飞鸽电动车制造有限公司刘经理介绍,这两辆车从外观来看,更像是跑车。普通电动车的重量有50~60千克,可这两辆电动车的重量只有24千克。给奥巴马定做的电动车采用锂电池,分量轻很多,也能回收。奥巴马的身高是1.87米,电动车轮径做成接近90厘米,是更适合总统的设计。

小故事

出版商的智慧

在西方,不少出版商为了推销书籍而绞尽脑汁,奇招层出不穷。有一位聪明人曾想出了一个绝妙的办法,他给总统送去一本书,并三番五次地征求意见。忙于公务的总统不愿与他多纠缠,便回他一句:"这书不错!"出版商如获至宝,大做广告:"现有总统喜欢的书出售。"于是,这本书被一抢而空。

不久,这个出版商又有书卖不出去,便照方抓药。再送一本书给总统,总统上过一次当,这次学乖了,便奚落出版商说:"这书糟透了!"不曾想还是中了出版商的计。出版商又以此话大做广告:"现有总统讨厌的书出售!"人们出于好奇争相抢购,书又售罄。第三次出版商将书又送给总统,总统接受了前两次的教训,干脆紧闭"金口",不予理睬。但最终仍被出版商钻了空子,这次他做的广告是:"现有总统难以下结论的书,欲购从速!"

二是借名物之"势"。名物包括名建筑、名城、名山、名古籍、名古董等,它们都是企业营销的可借之"势"。浙江普陀山是观音的道场,是我国四大佛教圣地之一,人们传说观音菩萨能送子,不少去朝拜的人要带回一把灰,祈盼早生贵子。普陀山食品厂借助这一"名物"。

采用红枣、山药、当归、丹皮、枸杞子等中药材,研制出"观音"牌特色保健食品,注明"养精血,促生育",在普陀山一上市,很快供不应求。当地也第一次有了自己的土特产,企业因此声名远扬。

三是借名言之"势"。如果说,借用名人要花重金,借用名物却难觅的话,那么,名言却生生不息,数量甚多,策划者们自可巧妙地借来,为公共关系营销活动所用,为广告制作所用。日本丰田车的广告是"车到山前必有路,有路必有丰田车",渗透到我国广大公众心目中,其成功之处就在于巧妙地把流行在中国人口头的名言"车到山前必有路"进行改造借用,很自然地借"有路"衬托了"必有丰田车",既让人一下就记住了丰田车,又自然地烘托出丰田车受欢迎,市场保有量大的气势。

(2) 造势。这是指企业新闻策划者通过巧妙思维,利用某一微不足道的契机,为企业与公众间关系的建立与发展造出一个有利趋向和势头来。造势是一种最简单,同时也是最复杂的策划。具体可分为两种。

一是无中生有造势。这是指在没有任何可资凭借的事物的情况下,经过策划,制造出有利于企业的舆论势头来。

 小案例

急人所急

某年年初,中外运——敦豪国际航空快件有限公司青岛分公司调查发现,青岛市民及至新闻界几乎都不知道已建立两年的本公司。于是便决定策划一起"急人所急"主题的公共关系活动。公司首先在中国青岛对外经贸洽谈会的专刊——新华社《外向经济导报》上做了整版广告。广告讲述了敦豪国际航空快件有限公司起源的一个小故事:26年前,美国加利福尼亚州一个小伙子在一家海运公司等朋友。他偶然听一位管理人员说,一艘德国货轮停泊在夏威夷港,可货物提单却在旧金山,需要一个星期才能寄到夏威夷。这个小伙便主动提出他愿意乘飞机将提单送往夏威夷,那位管理人员发现此举可以节省昂贵的港口使用费和滞期费,于是他把提单交给了小伙子。小伙子完成任务归来,立即联络两位朋友,开创了一个崭新的领域——快运业务。这个小伙子就是 Adrian Dalsey,他的另外两个朋友是 Larry Hillblom、Robert Lynn,他们姓氏的第一个字母便成了公司的名字——DHL(敦豪国际航空快件有限公司)。这个故事包含了这家公司最重要的经营理念——急人所急。青岛分公司还在这版广告上介绍了 DHL 公司 26 年来的奇迹般的成就,并在广告版面的左上角标出醒目的"3月之谜",其谜底就是这版广告。接着,他们又在电视台、报纸等媒体上发布了"3月之谜"的谜面,内容是请市民找登载 DHL 故事的报纸,并用笔重述这个故事,设有金、银、铜奖,给踊跃参加者以奖励。

这次活动投入奖金仅 10 万余元,持续一个月。昔日默默无闻的青岛敦豪一举成为富有"急人所急"之经营理念的知名企业,出现了公司业务迅速增加的良好势头。

二是小题大做造势。这是指抓住一些微不足道的小事或小细节,将其中动人的情趣或丰富的蕴含传播、扩散,造成一个有利于企业公共关系建立和发展的良好态势,从而达到促进销售的目的。

🔍 小案例

捕 鱼

南斯拉夫塞尔维亚一座小镇附近有 7 个湖,农民投放鱼苗后,6 个湖中的鱼渐渐长大了,其中一个湖却一条鱼也没有。后经专家调查,确认湖中有一个重 120～200 千克的大鲇鱼。当地农民决定请网鱼能手捕捉这条大鲇鱼。消息不胫而走,正为游客减少发愁的当地旅游部门如获至宝。他们先是在报纸报道"湖怪"出现的奇异现象及有关传说,引起社会公众的广泛注意。接着透出消息:湖中有一条特大鲇鱼,为捕捉这条鲇鱼特地从多瑙河请来五位网鱼能手,届时将有一场鲇鱼与渔夫的精彩搏斗。以此激发起公众浓厚的兴趣。经过渲染,捕捉鲇鱼时,前来围观的游客,单是烤肉饼就吃掉了两万张,饮料喝了三万瓶。第一场搏斗,鲇鱼赢了,于是旅游部门再次大做文章,他们借助新闻媒体,一方面告诉公众不久将有鲇鱼和渔夫的第二场搏斗;另一方面绘声绘色地描绘出第一场搏斗中扣人心弦的惊险场面。不久之后,如愿以偿,第二场搏斗吸引来更多的游客,旅游部门获得了一笔可观的收入。捉鲇鱼并没有什么特殊的新闻价值,但是一经渲染,就赋予了事件以神秘色彩,产生了像西班牙斗牛那样的刺激性和诱惑力,从而实现了公共关系目标。这是"小题大做"造势的结果。

4. 选择媒体

新闻策划都是通过媒体的传播来完成的,因此媒体的选择非常重要。一般根据产品的特性和宣传目标来选择媒体。比如,大众产品应选择大众媒体;如果客户目标是女性,则应该选择女性媒体;专业化的产品应选择专业化的媒体,像计算机产品最好选择计算机专业媒体和大众媒体中的计算机版面;而全国市场则应选择全国性媒体。现在人制造新闻更多的是利用网络媒体。

5. 编制预算

做宣传,要衡量投入产出比,对预算做到心中有数。但新闻策划和广告投放在费用上很不同,广告费用主要包括制作和媒体投放的费用,而新闻策划则主要是新闻事件的实施费用,优秀的新闻策划只需少量的甚至不需要媒体费用。因此,新闻策划费用很难像广告投放那样在今年就可以计划好明年的投放量。

新闻策划不同,个案的实施费用往往会根据具体的策划而有所不同,因此应采用"目标任务法"来预算。先确定一个新闻策划目标,然后估算出要达到这一目标所需的费用,包括新闻事件实施费用和新闻发布费用,这两项费用相加就是一次新闻策划的总费用。

6. 策划的实施和控制

这是新闻策划中的另一个重要环节。因为再精妙的策划也需要通过媒体进行传达。如果媒体不配合,新闻策划是不可能获得成功的。还有,现在不少媒体已出现"排他性"倾向,就是一条新闻如果其他媒体(尤其是竞争媒体)已经刊播了,就不再采用。这为新闻策划所需要达到的"大规模轰炸"效果提高了难度。这一情况下,需要策划人有很强的媒体运作能力和控制能力。

7. 衡量策划效果

对策划效果进行有效评估,有助于判断整个策划成功与否,也能对下一次策划提供有价值的参考。一般来说,新闻策划的效果可以通过以下几个标准来衡量:①刊登播出数量。在策划实施后统计媒体刊登播出的新闻数量,衡量是否达到原先设定的目标。②刊登播出质量。刊登播出质量主要是指篇幅、字数、播出时间长度、刊登的版面(是否头版或其他重要版面)、播出的时间段(是否是黄金时段、知名栏目)、企业和产品的名称是否出现、产品性能是否介绍等事先设定的目标。③市场反应。市场反应包括两个方面:一是销售业绩,只需对策划实施前后实际的市场销售情况做出比较就可以分析出策划是否推动了销售。二是看企业或产品的知名度是否提高,这需要在策划前后各做一次问卷调查。④采用"比较法"。比较法就是与其他竞争产品的市场表现进行比较,从而对新闻策划的效果做出评估。

(四)制造新闻的一般技巧

1. 联系公众所关注的热点

"热点",即新近流行或人们普遍关注的事物或现象。企业制造新闻若能恰到好处地借用到"热点",往往能收到意想不到的效果。一般来说,体育大赛、政治风云、战争烽火、文化盛事、社会时尚等都是人们所关注的热点,均可为企业所借用。公众在不同的时期关心的热点不同。对公众兴趣审视力较强的公共关系人员,应该时刻关注这个热点,以便把握制造新闻的良机。

 小案例

顺丰快递员被打事件成为大新闻

2016年4月17日,在北京市东城区富贵园一小区内,一名骑三轮车送货的顺丰快递员,在派送过程中与一辆黑色京B牌照轿车发生轻微碰撞。黑色轿车驾驶员下车后连抽快递员耳光,并破口大骂。该视频通过网传,一时被网民热议。在这起快递员被打事件中,顺丰公司的出手进一步推动了舆论的发酵。4月17日晚间,有网友在微博上传了顺丰总裁王卫的朋友圈截图,在截图中,王卫表示:"如果这事不追究到底,我不配再做顺丰总裁!"顺丰集团的官方微博在18日对此事回应称:"我们的快递小哥大多是二十几岁的孩子,他们不论风雨寒暑穿梭在大街小巷,再苦再累也要做到微笑服务,真心希望发生意外时大家能相互理解,相互尊重。我们已找到这个受委屈的小哥,顺丰会照顾好这个孩子,请大家放心。"随后,顺丰集团官方微博又更新声明,声明提出三点主张:不同意对方调解诉求,对于殴打行为追究刑事责任;今后若发生类似事件,顺丰将依法维权,将员工的合法权益保护到底;服务行业十分辛苦,需要彼此理解和尊重,希望共同维护社会公平正义。

对于顺丰集团的回应以及总裁的表态,绝大多数网友纷纷点赞;也有网友认为这是顺丰借机炒作;甚至有部分网友质疑,向来深藏不露、难见踪影的霸道总裁王卫,是真的发怒了,还是借这个机会进行营销?他们认为,这件事应交给当事人双方自行解决,包括顺丰在内的围观者都应尊重双方,是否接受调解要看当事人的意见。还有网友认为,真正爱护员工在于日常,平日里提高薪水福利,员工们才有底气面对社会上世俗的势利眼。不过也有网友认为快递业利润薄、员工流动性大、凝聚力弱,顺丰即便通过此举凝聚人心,哪怕有炒作之嫌,也无可厚非。还有专业人士从营销层面对此进行评价,认为作为对企业品牌的无形宣传,顺丰此举是十分明智的,不仅是给员工安慰,更是从某种意义上代替了社会某种道德尺度发声,收获了公众对顺丰品牌的信任和认可,给顺丰带来了无可估量的营销价值。

【问题】
(1) 从策划新闻事件的角度,请你对此次事件进行评价。
(2) 从处理员工关系的角度,请你对此次事件进行评价。

2. 要注意抓住"新、奇、特"

一个事件的新闻价值往往就在于它的"新、奇、特"上。在激烈的组织形象竞争中,要成功地制造新闻,公共关系人员必须独具匠心,使公共关系活动具备"新、奇、特"的条件。

 小案例

超大牛仔裤的震波

上海蓓英百货服装店是一家特约经销牛仔裤的个体集体联营商店。在服装业日趋萧条的情况下,店主想出了颇具公共关系意识的一招:定做了一条近2米长、腰围1.3米的特大牛仔裤悬挂在店堂,上面别着一张纸条,纸上写着"合适者赠送留念",以此招揽顾客。这一别出心裁的做法,引来了不少高个子和大块头,他们苦于无处购买合适的牛仔裤而到此处碰碰运气。然而,这条牛仔裤实在太肥大了,他们只能望"裤"兴叹,但小店的名气却由此而大振。这种奇妙宣传逐渐引起了新闻媒介的注意。《新民晚报》《解放日报》等纷纷对此作了报道,使这家原本淹没在个体市场的小店竟然变得家喻户晓,人尽皆知了。人们普遍关心的是:"牛仔裤被穿走了吗?"没有!店主继续寻觅"合适者"。不久,第一个幸运者出现了,上海浦东陆行镇腰围1.30米的退休工人陆阿照穿走了第一条超大型牛仔裤,人们的情绪陡然高涨了。《解放日报》以《腰围1.3米的牛仔裤被穿走了》为题报道了这一新闻。蓓英百货服装店又一次名声大振。在此期间,国家女篮的郑海霞曾到店里来试,但因裤腰太肥而不无遗憾地走了。店里特意到广州重新定做一条,赶到北京去送给郑海霞。这样,蓓英百货服装店的名声从上海传到了北京。中国"巨人"穆铁柱是慕名而来的第三位幸运者,他光顾"蓓英"的这一天,这间只有一间门面的小店顿时热闹非凡,很多人围拢在此,争相观看穆铁柱穿牛仔裤的场面。在这位2米多高的巨人面前,一旁的售货员和观众简直成了小娃娃,在那些好奇的观众看来这本身就是一大"奇观"。店主把穆铁柱送出店门之后,"穆铁柱穿上了牛仔裤"的消息不胫而走,大小报刊纷纷报道,上海电视台、中央电视台也相继播放这条新闻。就这样,蓓英百货服装店没花一分钱广告费,仅用三条超大型牛仔裤就轻而易举地名扬全国,营业额翻了几番。

3. 进行必要的心理铺垫

为了强化新闻的效果,应事先制造一些热烈气氛,使公众心理上有所准备。在法国白兰地成功打入美国市场的案例中,法国白兰地公司就是通过给美国艾森豪威尔赠送两桶有

67年酿造史的名贵白兰地,作为其67岁寿辰的贺礼,制造了有关白兰地酒的新闻。赠送仪式上白兰地酒的种种传说与趣闻成为华盛顿市民街谈巷议的话题,以至于到总统寿辰那天出现了万人空巷的现象,人们都集中在白宫前面等待这一赠酒仪式,新闻机构更是纷纷报道,造成了强烈的轰动效应。

4. 联系传统的盛大节日或纪念日

每年的传统节日、纪念日往往都是新闻报道的重点。

 小案例

妈妈,我向您致敬

前些年,南方某酒店以西方传统节日母亲节为契机,举办了以"妈妈,我向您致敬"为主题的征文比赛和表扬模范母亲的活动。他们精心评选出12位模范母亲,给予表彰,并向当地12~15岁的学生征集歌颂母爱的诗歌和文章,从中选出20篇优秀文章,在母亲节当日举办朗诵会。在舞台背景下,一群天真可爱的孩子们为母亲献上不同的节日礼物,母亲的眼中则流露出无比幸福的喜悦。朗诵会上,孩子们朗诵着自己的作品,倾诉着一颗颗童心和对母亲表达不尽的爱意。此次活动在获奖孩子将奖品献给母亲,表露母子、母女的亲情中落下帷幕。这样的结尾在无言中升华了此次活动的主题,一时间,该酒店的名字在当地家喻户晓了。

5. 与新闻媒介联合举办活动

应注意多与报社、电台和电视台等新闻机构联合举办各种活动,以增加本组织在传播媒介中亮相的机会。这是因为新闻机构自己举办的活动自然会在自己的新闻媒介上报道,组织也会因此得到与广大公众见面的机会。例如,某家企业和某电视台联合举办青年大辩论活动,这家电视台一定会全力将这次活动制作成节目在电视上播放,于是这家企业在整个辩论比赛和发奖仪式上露面。可见,与新闻单位联手也是制造新闻的一个极好机会。

小案例

猫的代言人"毛丽丝"

猫的食品技术含量低,怎样才能使自己的产品受到欢迎,让消费者乐于购买呢?美国星闪食品公司的做法如下:为公司的产品创造一个猫的代言人"毛丽丝",然后围绕它创造出了一系列有新闻价值的事件。

(1) 在九个主要市场发起一场竞赛,寻找与毛丽丝"面目相似"的猫。然后将其照片刊登出来,并大量登载有关寻找面目酷似的猫的新闻报道。

(2) 出版一本书:《毛丽丝——亲切的传记》,描写这只猫的各种冒险活动。

(3) 设立令人垂涎的"毛丽丝"铜质雕像奖,奖给在地区猫展上评选出的猫的主人。

(4) 倡议发起"收养猫月"。推出毛丽丝作为"猫的正式发言人",敦促人们像毛丽丝曾经被收养那样收养迷路的猫。

(5) 分发一本照管猫的小册子《毛丽丝法》,告诉人们如何照管猫。

所有这些活动,使"毛丽丝"名声大振,也使它宣传的猫食成了著名品牌。如果没有新闻制造,这家公司要想吸引大家的关注,成为民众的焦点,谈何容易。

三、企业危机沟通

小案例

现代汽车代言人无证驾车事件

2013年11月3日下午,浙江杭州市中心发生一起汽车与公交车相互刮蹭事故。这本是一起简单的交通事故,却因驾车者是奥运冠军孙某而引起轩然大波。此次事故公交车负全责,但孙某疑似无证驾驶而被杭州交警带走调查。11月3日晚间,孙某所在的浙江某职业技术学院发布声明称:据交警部门查实,孙某系无证驾驶。浙江某职业技术学院完全支持并尊重交警部门依法对孙某做出处罚。11月4日下午,学校负责人在接受电视台采访时表示:"我们为此事专门找他谈过,他一直说他有证,我们不知道他是无证驾驶。"而据《现代金报》报道,2012年年底,孙某代言某合资品牌SUV时,曾公开表明自己还没有驾驶证。而且,在没有驾驶证的情况下,孙某独自驾车外出已经不止一次两次。11月6日多家媒体传出消息,称在当天上午体育总局游泳中心召开的会议上做出决定,将此前因在杭州无证驾驶被拘留的孙某开除出国家队。而因孙某"无证驾驶"事件引发的轩然大波,还在持续发酵。

回首2012年12月,在北京现代全新胜达SUV上市发布会上,现场大屏幕上放映了由孙某代言全新胜达SUV的广告,其中就有孙某亲自驾车的镜头。但据媒体报道,孙某在回答主持人提问车技如何的问题时,脱口而出"会开车,但是没证"。但此次自曝无证却并未引起公众关注并逐渐被淡忘,直至近日真的出现交通事故才被重新挖掘出来。

而他在没驾驶证的情况下代言北京现代SUV汽车广告则引来争议,有媒体文章标题称"北京现代躺枪",而有媒体质疑"北京现代"是失察,还是其他?更有律师直言这是"虚假广告"。央视栏目《新闻1+1》中律师邱宝昌说:"我认为这是违法的,违反了《广告法》的规定。《广告法》要求广告要真实合法,要求内容真实,但从画面上看到他驾驶,孙某作为代言人在驾驶汽车,但他又没有驾驶证,所以这种画面内容是严重违反法律法规的。所以,依据《广告法》,只要是违法的,它就不是真实的广告,虚假的广告就是应该受到处罚的广告。"针对媒体及大众的质疑,北京现代11月5日发布声明称:北京现代与孙某的代言合同已于2013年9月到期,孙某已不再是其形象代言人;产品广告中所出现的一切孙某驾车镜头,在拍摄时为确保安全均采用静态拍摄的方式,在广告拍摄过程中,孙某本人并未实际驾驶车辆;北京现代与孙某的合作为"产品形象代言",而非"驾驶者代言",北京现代从未对孙某是否拥有北京现代产品、是否驾驶北京现代产品等方面进行宣传;孙某所拍摄产品广告当中所宣传的产品特点,均符合国家的标准,不存在不符合实际的情况。

【问题】
(1) 孙某无证驾车事件给现代汽车带来了哪些负面影响?
(2) 现代汽车应该采取何种措施应对企业的危机?

企业危机实质上是企业状态的一种强烈的逆转。一般地说,这种逆转的情形是企业由于受非常性因素的影响，便直接或间接地形成了企业的自身、公众、社会舆论环境等各方面的无序紊乱状态，企业的各种社会关系严重失衡，公共关系水平下降到危险地步，企业现有的状态与应有的状态之间的差距越来越大，企业处于一种公众压力和社会舆论环境压力之下，其经营管理活动和各种正常的业务活动会受到严重影响，有时还会出现生存危机。如何面对与处理危机，变不利因素为有利因素往往成为衡量一个企业成熟与否的标志。面对严重的企业危机局面，企业必须立即行动起来，通过各种有效手段，特别是运用公共关系传播沟通手段，迅速控制危机事态，理顺与各类公众和社会环境的关系，解决危机问题，扭转危机状态。只有通过企业危机处理，才能减少各种损失，维护良好的企业形象，增强内部团结，扩大社会影响。

传播沟通在管理的任何时候都十分重要，缺乏良好的沟通，任何的管理行为都无法有效地实施。企业危机发生后更离不开传播沟通，它是迅速处理企业危机的关键。

（一）企业危机处理的一般程序

1. 采取紧急行动

（1）成立临时专门机构。危机爆发后，企业应立即成立临时的危机处理专门机构。临时的专门机构是危机处理的领导部门和办事机构。一般由企业的主要领导负责，公关人员和有关部门负责人参加。成立这样一个机构，对于保证危机事件能够顺利和有效地进行处理是十分必要的。危机处理的专门机构主要有三方面作用：一是内外通知和联络；二是为媒介准备材料；三是成为公共信息中心，加强对外界公众的传播沟通。

（2）迅速隔离危机险境。当出现严重的恶性事件和重大事故时，为了确保企业及其公众的生命财产不受损失或少受损失，要采取各种果断措施，迅速隔离险境，力使各种恶性事件和重大事故所造成的损失降到最低限度，为恢复企业良好经营状态提供保证。危机险境的隔离应重点做好公众的隔离和财产的隔离，对于伤员更是要进行无条件的隔离救治，这也是危机过后有可能迅速恢复企业形象的基础。

（3）控制危机蔓延态势。在严重的恶性事件爆发后的一段时间内，危机不会自行消失，相反，它还可能进一步恶化，迅速蔓延开来，甚至还要引起其他危机的出现。因此必须采取措施，控制危机范围的扩大，使其不致影响其他事物。

2. 积极处置危机

经过第一阶段采取紧急行动，控制了危机损失，尽力使危机损失最小化，这之后，企业要从危机反应状态进入积极处理状态。在这一阶段关键是要遵循正确的工作程序，融积极性与规范性于一体，确保有效地处理危机。

（1）调查情况，收集信息。企业出现危机事件后，应及时组织人员，深入公众，了解危机事件的各个方面，收集关于危机事件的综合信息，并形成基本的调查报告，为处理危机提供基本依据。危机调查在方法上强调灵活性和快速性。一般主要运用公众座谈法、观察法、访谈法等方法进行调查。在内容上，危机调查强调针对性和相关性，一般侧重调查下列内容：一是迅速地收集现场信息，以便准确分析事故的原因；二是详细、细致地收集危机事件的信息，包括危机发生的时间、地点、原因、人员伤亡情况、财产损失情况、事态发展情况、控制措施以及公众在事件中的反应情况;三是根据危机事件提供的线索,了解危机事件出现的企业组织背景情况、公众背景情况,找出企业、公众与危机事件的关节点;四是调查受害公众、政府公众、新闻媒介及其他相关公众在危机事件中的诉求。

要注意从事件本身、亲历者、目击者和有关方面人士那里广泛全面地收集本次企业危机的信息,无论是现场观察还是事后调查,都应详细地做好记录,除一般文字记录外,最好利用录音、录像、拍照等进行更为客观的记录,为进行危机处理提供充分的信息基础。危机事件的专案人员在全面收集危机各方面资料的基础上,应认真分析、形成危机事件调查报告,提交企业的有关部门。

(2) 分析研究,确定对策。企业危机处理人员提交危机事件的专题调查报告之后,应及时会同有关职能部门,进行分析、决策,针对不同公众确立相应的对策(主要有企业内部对策、受害者对策、新闻媒介对策、政府部门对策、业务往来单位对策、消费者对策、社区公众对策等),制订消除危机事件影响的处理方案。在这个环节中,最重要的工作就是对危机影响到的各方面公众采取相应的对策。对策如何,直接影响着处理方案的运作和效果。

(3) 分工协作,实施方案。企业制定出危机处理的对策后,就要积极组织力量,实施消除危机方案,这是工作的中心环节。在实施过程中应注意:第一,调整心态,以友善的精神风貌赢得公众的好感;第二,工作中力求果断、精练,以高效率的工作风格赢得公众的信任;第三,认真领会活动方案的精神,做到既忠于方案,又能及时调整,使原则性与灵活性均得到充分的体现;第四,在接触公众的过程中,注意观察、了解公众的反应和新的要求,并做好劝服工作。

(4) 评估总结,改进工作。企业在平息危机事件后,一方面,要注意从社会效应、经济效应、心理效应和形象效应诸方面,评估消除危机的有关措施的合理性和有效性,并实事求是地撰写出详尽的危机处理报告,为以后处理类似的危机提供参照性文献依据。另一方面,要认真分析危机事件发生的深刻原因,切实改进工作,从根本上杜绝危机事件的发生。

小案例

网络视频引发美联航缩水1.8亿美元

2009年7月,加拿大歌手戴夫·卡罗尔,为了抗议美国联合航空公司在托运时弄坏了自己的吉他并拒绝赔偿,写了一首《美联航摔坏吉他》的歌曲,并放到了Internet上。意想不到的是,这首歌不仅红遍了网络,更使得美联航的股票下跌了10%,相当于凭空蒸发了1.8亿美元。

该事件经由国外媒体报道之后,同样受到中国网民热捧。不少网友认为,如果此事发生在中国,尤其是发生在中国的一些垄断企业身上,可能事态将会发生本质性的变化。

据国外媒体报道,这位歌手在去年乘坐美国联合航空公司的客机到美国旅行时,他随身携带的一把名贵吉他竟在机场被美联航的行李运输工摔坏了。

在之后长达一年的时间中,卡罗尔都试图心平气和地和美联航进行交涉,希望美联航向他赔偿大约1000英镑的吉他维修费用。然而,美联航消费者服务部一名叫作艾尔威格小姐的工作人员却对卡罗尔的索赔要求置若罔闻,总是冷冰冰地回他一个字"不"!

于是愤怒的卡罗尔决定用音乐对美联航展开"报复"。他将美联航"拒赔"事件编成一首歌,拍成了视频歌曲《美联航摔坏吉他》,接着将这段音乐视频上传到著名的YouTube视频网站上。卡罗尔在这首歌曲中叙述了自己被美联航"拒赔"的经历。在这首音乐视频中,卡罗尔边弹吉他边唱道:"你摔坏了它(吉他),你就应该修好它。"卡罗尔还聘请两名演员扮演美联航的行李运输工,在视频中表演将他的名贵吉他当球踢和扔的情形。一名女演员还在视频中扮演美联航消费者服务部的工作人员艾尔威格小姐,向着镜头举起一个"不"字的纸牌。

卡罗尔本来希望这段音乐视频能在一年之内迎来100万人次的点击率,可令卡罗尔和美国联合航空公司做梦也没想到的是,《美联航摔坏吉他》音乐视频上传到YouTube网站后,竟在短短10天内就获得了近400万人次的点击率,成了互联网上最红的视频之一。而在这几天中,美联航的股票价格也暴跌了10%,相当于蒸发了1.8亿美元的市值。美联航的高级主管全都惊呆了,他们确信公司股价暴跌是这段音乐视频惹的祸。

为了挽救公司形象和损失,美联航高级主管立即"亡羊补牢",和卡罗尔取得了联系,主动表示愿意向他无条件赔偿维修吉他的费用,还答应向他赠送价值700英镑的飞行优惠券。据美联航官员称,他们希望将《美联航摔坏吉他》用作内部培训的"反面教材",从而对公司员工进行警示,以确保该航空公司的所有顾客都能在未来得到更好的消费者服务。

相信美联航是按照规定进行赔偿的,任何一个工作人员都不敢按照少于规定的数额给予赔偿,双方协商了一年,都保持了足够耐心,可仍没有达成顾客的期望。美联航对顾客以歌手的身份扩大负面影响的结果估计不足,没想到歌手的表达传播了400万人次。可贵的是,美联航在痛失1.8亿美元之后,还能够亡羊补牢,做内部反省。

3. 重塑企业形象

即使企业采取积极有效的措施处理危机,企业的形象和销售额都不可能完全恢复到危机发生前的水平,危机对企业形象造成了损害,其不利影响会在今后企业的生产经营中日益显露出来。因此,企业危机得到处置,并不等于企业危机处理结束,企业危机处理还要进入重建企业良好形象的运营阶段,只有当企业形象重新得到建立,才谈得上转"危"为"安"。

(1) 树立重建企业良好形象的强烈意识。在危机处理中,企业必须树立强烈的重建良好形象的意识,要有重整旗鼓的勇气,要有再造辉煌的决心,而不能破罐子破摔。须知,只有当企业的形象重新得到建立,企业才谈得上进入良好的经营状态,企业危机处理才能谈得上真正圆满完成。

(2) 确立重建企业良好形象的明确目标。在重建企业良好形象的过程中,确立重建良好形象的目标是必不可少的一个步骤。总地来说,重建企业良好形象的目标是消除危机带来的形象后果,恢复或重新建立企业的良好声誉和美好声望,再度赢得社会公众的理解、支持与合作。具体来讲,重建企业良好形象的目标大致可以分为四个方面:第一,使企业危机事件的受害者或其家属得到最大的安慰;第二,使利益受损者重新获得作为支持者的信心;第三,使观望怀疑者重新成为真诚的合作者;第四,更多地获得事业的新的关心者和支持者。只有达到上述目标,危机处理才算是全面的和完善的。

(3) 采取建立良好企业形象的有效措施。企业在确立了重建良好形象的明确目标之后,关键是采取有效措施实施,达到这些目标。这些措施包括对内和对外两个方面。对内,一是要以诚实和坦率的态度安排各种交流活动,以形成企业与其员工之间的上情下达、下情上传、横向连通的双向交流,保证信息畅通无阻,增强组织管理的透明度和员工对企业组织的信任感;二是要以积极和主动的态度,动员企业组织全体员工参与决策,做出组织在新的环境中的生存与发展计划,让全体员工形成乌云已经散去、曙光就在前头的新感受;三是要进一步完善企业组织管理的各项制度和措施,有效地规范组织行为。对外,一是要同平时与企业息息相关的公众保持联络,及时告诉他们危机后的新局面和新进展;二是要针对企业组织形象受损的内容与程度,重点开展某些有利于弥补形象缺损、恢复良好状态的公共关系活动,与广大公众全面沟通;三是要设法提高企业组织的美誉度,争取拿出一定的过硬的服务项目和产品在社会中公开亮相,从本质上改变公众对企业组织的不良印象。

小案例

CEO如何成为危机公关榜样

通用汽车公司因点火开关故障而深陷危机。但这家汽车巨头的女CEO玛丽·巴拉在危机中勇于承担的表现收获了很多赞誉,她的人气不降反升,堪称危机公关的正面榜样。

莎士比亚说过:"为王者无安宁。"领导实在是不好当,公司CEO是深知个中滋味。在某段时期,掌舵者的日子会比平时更加难熬,那就是危机期间。此时此刻,通用汽车公司正处于一场严重的危机之中。这场由点火开关故障引发的丑闻还在持续发酵,通用汽车已经接受了多轮国会质询,并发布了一份冗长的内部报告,详细说明这次的错误有多严重。此外,一个专项赔偿基金有可能让通用汽车付出高达4亿~6亿美元的代价。美国交通部和国家公路交通安全管理局也发来了一份3500万美元的罚单。司法部或将启动的调查有可能使通用汽车面临刑事指控或巨额罚款。通用汽车已经承认,这一错误直接导致13人死亡,这个数字还有可能继续上升。

经历如此多负面新闻之后,通用汽车CEO玛丽·巴拉依然收获了许多褒奖,她的人气不降反升,这种结果出乎所有人的预料。

上个月接受国会质询期间,参议员们似乎每次发言,都免不了对巴拉大加赞赏一番。"愿上帝保佑你,你做得很好。"加州民主党参议员芭芭拉·博克瑟由衷地赞扬道。那么,为什么巴拉没有像她执掌的这家公司,或者其他许多深陷危机的公司领导人那样,成为千夫所指的对象呢?

看起来最主要的原因是,她呈现出了一副真诚悔悟的形象,从一开始就诚意十足,而不是不屑一顾,或躲在暗处,不向媒体和公众发声。"通用汽车不仅在践行最佳做法,还为汽车业未来的召回事件树立了一个更高的行业标准。实际上,他们正在撰写一部全新的危机应对手册。"利维克危机管理公司副总裁菲利普·埃尔伍德这样说道。

埃尔伍德指出,通用汽车一直在积极致力于清除导致点火开关故障的体制问题——解雇了15位员工,重组诉讼业务流程,并开创了一个名为"为安全发声"的项目。他认为后者相当于"一种内部举报人保护法"。

巴拉一直处于所有这些行动的中心。这些行动并没有移交给其他高管来处理,也不是在某个周五下午通过新闻通稿对外发布的。巴拉站在台上,对媒体和公众详细解释她认为通用汽车是如何失败的,该公司将采取哪些改进措施等问题。她的行动看上去毫无矫饰,也显示出她为此感到痛心:这家她供职了几十年的公司竟然允许这种事情发生!

埃尔伍德还表示,巴拉在这场危机袭来之前已经积聚的高人气,可能对她很有助益。

"玛丽·巴拉在今年1月15日被任命为新任CEO的消息的确令人振奋,"他说,"她由此成为一家美国汽车巨头的首位女性首席执行官,悬挂在女性高管头顶的玻璃天花板被悄然粉碎。毫无疑问,此举给通用汽车打了一剂防疫针。"

通用汽车的危机还远远没有结束,但如果巴拉延续她的应对策略,她就很有可能被载入史册,成为一位CEO如何挽狂澜于既倒、扶大厦之将倾的典型例证。

【问题】 你从玛丽·巴拉的危机公关壮举中领悟到了什么?

(二)企业危机处理中的传播策略

企业危机事件发生后,为了求得公众的准确了解、深入理解、全面谅解,很有必要向广大公众传播有关信息。因此,在形象危机的处理中,为了增强信息传播的有效性,策划者必须提出一定的传播对策,以确保企业危机处理的顺利进行,取得良好的危机处理效果。

1. 迅速开放信息传播通道

企业危机事件的出现,往往会引起新闻媒介和广大公众的关注与瞩目,这时企业必须做到迅速开放信息渠道,把必要的信息公之于众,让公众及时了解危机事态和企业正在尽职尽责地加以处理的情况。面对新闻界的竞相报道和社会公众的着意打探,如果企业组织在这时隐瞒事实,封锁消息,不仅不会给企业带来什么好处,反而会引起新闻界公众的猜疑和反感,促使他们千方百计地从各种渠道收集材料,挖掘信息,这就很容易出现失实和不利的报道,从而更有可能给该企业的危机处理带来麻烦,产生新的形象危机。这时的社会公众也是最容易产生猜疑、误传或者轻信等不良情况,这更会给企业造成不利的社会影响。因此明智的做法是,开放信息传播渠道,公布事实真相,填补公众的信息空白,让新闻界传播客观真实的信息,让广大社会公众接收客观真实的信息。当然,开放信息传播渠道并不是让企业危机事件及其处理情况的有关信息放任自流,而是要让其有秩序地传播。这样,便要求企业做好信息传播的基础工作。

(1)准备好要传播的信息。这主要包括信息的收集、整理、分析、加工等内容。一是信息的收集,信息的收集一定要全面,要通过有关途径取得完整的企业危机事件及其处理情况的一切信息。二是信息的整理,其关键的问题是对已收集的信息进行分类存档,以备查用,或为新闻界提供原始材料。三是信息的分析,即分析各种信息的真实性、可靠性,以及分析有关反映企业危机事件及其处理过程发展情况的信息,并对这些信息中哪些应尽早传播,哪些应稍缓传播,哪些应大范围传播,哪些应控制范围传播等做出具体分析,拿出具体意见。四是信息的加工,即对需要的信息进行内容和形式的加工,其目的是确保信息传播的真实性和准确性,帮助新闻界做出正确的报道。

(2)确定信息的发布者。即确定企业危机事件及其处理情况的正式发言人。发言人最好由危机处理专门机构正式确定,也可以临时委任。发言的人选应视危机事件的性质和严重程度而定。发生重大危机事件的情况下,一般由总经理担任。发生一般危机事件的情况下,一般由公关部经理担任。确定发言人的目的是确保对外传播信息的准确性和权威性。因此,在企业危机处理的过程中,危机处理专门机构的信息要全部汇总到指定的发言人,发言人要完全了解和明白企业将要发布的信息。

（3）设立一个信息中心。在企业危机事件,尤其是重大的危机事件发生后,前来采访的记者会很多,前来咨询的公众也会络绎不绝。这时必须考虑设立一个信息中心。信息中心的任务是负责接待前来采访的记者和前来咨询的公众；负责为新闻记者指引采访的路径,并为其提供通信、休息乃至食宿的方便；负责向公众解答有关的咨询问题,并将公众的意见做好记录；在危机处理专门机构的统一部署、统一指挥下负责公布危机处理的进程。信息中心的负责人一般由危机处理专门机构委派的发言人担任,也可以由企业公关部经理担任。

（4）始终坚持两个原则。在企业危机处理的过程中,整个传播过程都要贯彻两个基本原则：一是统一口径原则；二是充分显露原则。危机处理的传播工作很重要,因为一言既出,事关全局,影响甚大；传播出去,驷马难追。所以必须注意统一口径,避免企业人员的言辞差异。坚持统一口径原则还能给公众留下企业是团结战斗的整体,企业领导人有能力、有决心、有诚意处理好危机这一美好印象。还要坚持充分显露原则,对有关危机事件及其处理的信息知道多少要传播多少,不要有所取舍,更不要隐瞒或歪曲。

2. 有效控制新闻传播走向

开放的信息传播通道有利于避免新闻记者和广大公众的猜疑、误传,为人们提供了可靠的信息来源。但是,由于新闻记者和广大公众对于企业危机事件所持的态度不同,看问题的角度不一,因而也有可能使信息传播朝着不利于企业危机顺利处理、企业形象恢复重建的方向发展。所以,在开放了信息传播通道后,还必须有效控制信息传播的走向。

（1）尽力进行事前控制。这是指在新闻媒介发布有关信息之前所进行的新闻传播走向控制,它是新闻传播走向控制的最为主动的办法和最为有效的措施。具体办法有请权威人士发布信息；以书面形式发布信息；制作完整的新闻稿件,聘请权威新闻机构的新闻记者担任新闻代理人；邀请政府官员出面发表见解等。企业若能做好事前控制,对尽快摆脱危机,恢复正常的经营状态是十分有利的。

（2）适当进行即时控制。这是指新闻媒介即将发布有关信息之时进行的新闻传播走向控制。这种控制一般难度较大,原因是一般不容易知道记者将要如何报道。所以很有必要多动脑筋。一般地,主要掌握前来采访记者的情况,如有哪些记者曾前来采访过,他们是哪些新闻机构的记者。在此基础上,可通过两条途径进行控制：一是通过向新闻机构及时传达信息,达到对偏向新闻进行及时堵塞的目的；二是通过原来与新闻机构建立的各种联系,借助于内线人物达到对偏向新闻进行纠偏的目的。

（3）设法进行事后控制。这是指新闻界在发布了有关偏向信息之后所进行的新闻传播走向控制。这方面的办法主要有当新闻记者发表了不符合事实真相的报道时,可尽快与新闻机构接洽,向其指明失实之处,提出更正要求；当新闻记者或新闻机构对更正要求有异议时,可派遣重要发言人,如当事人或受害者本人接受采访,反映真实情况,争取更正机会；当新闻记者或新闻机构固执己见,拒不更正时,可用积极的方式在有关权威媒介上发表正面申明,表明立场,要求公正处理,必要时可借助法律手段,但要慎重采用。

小案例

携程网的"泄密门"风波

2014年3月22日晚间,国内漏洞研究机构乌云平台称,携程系统开启了用户支付服务接口的调试功能,使所有向银行验证持卡所有者接口传输的数据包均直接保存在本地服务器上,信用卡用户的身份证号、卡号、CVV码等信息均可能被黑客任意窃取。

当时正处于央行对于第三方支付表示质疑的关口,再加上安全漏洞关乎携程数以亿计的用户财产安全,舆论对于这一消息表示了极大的关注,由此引发用户的恐慌和担忧也如野火一般蔓延开来。中国上市公司舆情中心监测数据显示,从"泄密门"事发至截稿时止,以"携程+安全漏洞"为关键词的新闻及转载量高达120万篇之多,按照危机事件衡量维度,达到了"橙色"高度预警级别。

3月22日晚23时22分,携程官方微博对此予以回应,称漏洞系该公司技术调试中的短时漏洞,并已在两小时内修复,仅对3月21日、22日的部分客户存在危险,"目前没有发现用户因受到该漏洞的影响而造成相应财产损失的情况",并表示将对此事件进行持续通报。

这一说法引发了用户的重重回击。认证为"广西北部湾在线投资有限公司总裁"的严茂军声称,携程"官方信息完全在瞎扯",并附上信用卡记录为证。作为携程的钻石卡会员,他早于2月25日就曾致电携程,他的几张绑定携程的信用卡被盗刷了十几笔外币,但当时携程居然回复"系统安全正常"。他以强烈的语气提出,携程应该加强安全内测,"尽快重视和处理用户问题,水能载舟,亦能覆舟"。这一微博得到了网友将近900次转发,评论150条,大多对其表示支持。

3月23日,携程官方微博再以长微博形式发表声明,称93名潜在风险用户已被通知换卡,其余携程用户的用卡安全不受影响。

不过,其微博公关并未收到很好的成效,不少网友在其微博下留言,以质问语气表达不信任的态度:怎么证明携程没有存储其他用户的CVV号?怎么才能确认用户的信用卡安全……面对质问,携程客服视若无睹,仅以"关于您反馈的事宜,携程非常重视,希望今后提供更好的服务"等官方话语加以回应。

在舆论对其违规存储用户信用卡信息并未能妥善保存的重重压力下,3月25日,携程发出最新声明承认此前的操作流程中确有违规之处,今后携程将不再保存客户的CVV信息,以前保存的CVV信息将删除。

3月26日,21世纪网直指,"一方面,携程保存客户信息属于违反银联的规定,携程不是第三方支付机构,无权保留银行卡信息。另一方面,第三方支付行业数据安全标准规定了不允许存储CVV,但携程支付页面称通过了PCI认证,同样令人费解"。

《21世纪经济报道》更是简单明了地表示,在线旅游网站中,只有去哪儿网已经引入该认证标准,"此前携程曾有意向接入该系统,但是公司工作人员去考察之后发现,携程系统要整改难度太大,业务种类多且交叉多,如果按照该系统接入而整改,会使架构都会有所变化"。

针对上述质疑,携程一直保持着沉默,而不少业内人士已经忍不住跳出来,指责其"闭着眼睛撒谎"。3月27日,《中国青年报》更是发表题为《大数据时代,个人隐私丢哪儿了》

的署名文章,谴责企业在用户不知情的情况下收集有限的数据,在一定程度上忽略了"人的权利"。

【问题】 携程网在危机沟通上存在什么问题?

3. 消除危机处理中的谣言

谣言是毁坏企业形象,涣散企业组织的恶魔,企业在危机处理过程中,应注意预见谣言产生的可能性,一旦谣言产生要沉着应战,遇事不慌。危机事件中产生谣言的主要因素有公众缺乏可靠的来自正常信息渠道的信息,人们得不到正常渠道的消息,就会向非正常渠道获取,就难免谣传纷起;公众缺乏完整的信息,信息不完整就会给人留下想象或捏造的空隙,从而产生谣言;危机形势紧迫,公众担忧和恐惧,感到形势无法控制,对前景丧失信心,悲观失望,任由事态发展,也会产生各种谣言;传闻失实,小道消息流传,使公众对正常渠道的信息产生怀疑,这种怀疑使一些人信谣和传谣;从企业传出的信息有出入,不是统一口径,公众从企业听到不同的声音,自然会产生思想疑虑,这种疑虑是导致谣言产生和流传的基础。

企业消除谣言首先要消除产生谣言的气候和土壤。在企业危机处理中,要认真研究以上因素,仔细分析和观察事态的发展,保证信息渠道的通畅,积极沟通,这样才能在一定程度上防止谣言的产生,一旦谣言产生,企业要以积极郑重的态度对付谣言。辟谣的对策包括:首先,要分析谣言传播的范围、造谣者的意图和背景、谣言的起因,以及谣言造成的影响,在分析的基础上寻求阻止谣言流传的最佳方案。其次,要选择恰当的媒介,及时提供全面的、确凿的事件真相,让事实讲话,让行动证明,动员一切可以动员的力量(包括企业员工和本地区的行政首脑、知名人士、舆论界权威和一切有社会影响的人),通过多种渠道,多层次的宣传,对付谣言的流传。最后,在企业内部广泛地开展谈心活动,进行各种形式的信息发布,让企业全体人员体会到企业辟谣的决心,加强企业的凝聚力。辟谣方案实施前,应召开基层人员座谈会,听取意见,保证辟谣工作的实施。

小案例

"泰诺"牌镇痛胶囊危机处理事件

某年9月30日,美国的一家报纸报道:芝加哥地区有7人因服用强生联营公司的一个子公司——麦克尼尔日用品公司生产的TYLENOL(泰诺)牌镇痛胶囊而死于氧中毒,据传还有250人生病或死亡。这则消息引起了美国"泰诺"牌镇痛药约1亿消费者的巨大恐慌。全美最大的医药公司强生联营公司为此紧急行动,因为这一突发事件关系到自己的牌子,股市上公司的股票已经大幅度下跌了!

公司的公共关系部门采取的第一项公共关系措施,就是与新闻媒体通力合作,同时公司立即从市场撤回"泰诺"牌镇痛胶囊,并将自己的行动向新闻界坦诚地公开。

9月30日17:16,对外发布"泰诺"紧急通报:宣布强生联营公司撤回第一批8月生产的93000瓶"泰诺"牌镇痛胶囊。

10月1日10:47,对外发布"泰诺"最新消息:宣布强生联营公司撤回第二批17100瓶"泰诺"牌镇痛胶囊;食品与医药管理局在全国范围内对"泰诺"牌镇痛胶囊进行抽检。

10月4日9:58,对外发表"泰诺"消息:食品与医药管理局抽检了100多万瓶"泰诺"牌镇痛胶囊,发现芝加哥以外地区的这类药品没有受到污染。

10月5日15:47,通报加州奥罗维尔地区"泰诺"牌镇痛胶囊的情况,宣布强生联营公司在全国范围内撤回"泰诺"牌镇痛胶囊。

10月6日10:45,向所有有关机构发布食品与医药管理局专员海斯与副主任科普的声明:9月30日芝加哥地区7人死亡与"泰诺"牌镇痛胶囊无关。

10月6日23:42,对外发布消息:麦克尼尔日用品公司有奖回收"泰诺"牌镇痛胶囊。

由于强生联营公司在事件发生后稳妥、合理、透明的公共关系活动,使得公司的信誉没有下跌,公众认为公司是以向社会负责的企业原则为基础的。这就为一年后"强生""泰诺"重新返回市场打下了基础。强生联营公司设计和生产了抗污染的药物包装后,重新将"泰诺"打回市场。为此,公司花了5000万美元向消费者赠送这种重新包装的药品,同时在纽约的喜来登中心饭店召开了记者招待会。在这场可以说是美国新闻界"难度最大"的记者招待会上,公司董事长伯克发表讲话,感谢新闻媒体公正对待"泰诺"悲剧,并向记者介绍重返市场的有抗污染包装的"泰诺",同时邀请记者提问。这个由30个城市参加,通过卫星转播的电视记者招待会使强生联营公司成了首次公开对抗污染日用品包装先例的著名公司。"泰诺"重新获得了市场上的领先地位,使厄运断言者们惊诧不已。

(三)企业危机处理中的内部沟通

真正做好危机管理工作,需要企业高度重视内部人力资源的利用及其潜力的挖掘,在内求团结的基础上才会使得员工为企业的转危为安贡献才智。这时,企业内部沟通发挥着巨大作用,对于危机中的企业来说是至关重要的事情,必须提到议事日程上来。通过沟通,员工可以详细了解危机状况,容易焕发出员工对企业处境的同情并增强责任感;通过沟通,员工会减少对企业的胡乱猜测,避免去做任何他们认为可能伤害到企业的事情,很少会主动去传播有关企业的谣言;通过沟通,员工安心于本职工作,保持工作的积极态度,自觉地充当企业危机管理的宣传者,有助于说服顾客、供应商和其他公众产生同感。

1. 危机中如何与员工进行沟通

(1)尽快和员工沟通。对于危机中的内部沟通,很多危机管理专家都强调一个"快"字。在危机发生之后,员工们应该得到在通过其他途径了解危机情况之前获知危机真相的权利,让他们成为企业喜、怒、哀、乐的分享者。企业应该就危机形势与所有员工开诚布公地进行沟通,让员工清楚地知道企业可以公开的信息,如果有可能,可以采纳员工对危机的建议。如果危机比较严重,发生员工伤亡损失事故,要尽快通知员工家属,做好慰问及善后处理工作,并争取把这些坏消息毫不隐瞒地告诉其他员工。

(2)尽可能多地向员工传达有关信息。在危机中,员工希望知道尽可能多的危机情况,尤其是一些核心信息,谁也不希望被隐瞒。如果员工觉得自己能够以一种真实的不被操纵的方式了解整个情况,他们可能会更支持企业,但如果企业认为员工想要知道的是机密要事,应注意向员工解释为什么现在不能告诉他们。此时,企业可以根据需要细分员工,根据不同级别,采取不同的沟通方式,发布不同的核心信息。

(3)让员工同时得到重要信息。设身处地地为员工着想,确保所有的员工基本上能同时得知所有重要的信息。站在员工的立场上，用企业希望被对待的方式来对待员工，想一想如果企业是他们，那么他们想知道什么，企业有义务说明什么，希望通过什么途径知道这些信息，时间间隔应是多长？此时，同时将消息传达给所有的员工可以使被传达的信息保持一致性，可以减少员工通过其他的途径得知这些信息而出现信息偏差的机会，有利于企业沟通工作的开展。

（4）为员工提供更多表达个人意见的机会。在危机中，员工需要有机会来提问题，探究问题的根源以及发泄不满。企业要通过诸如领导个别接见、部门或员工大会等途径给员工提供充分的提问机会，收集和了解员工的建议与意见，做好说明解释工作，让员工知道在出现新的信息和事情有所改变时，企业会及时与他们进行沟通，确保员工都能及时了解危机变化情况，让员工随着企业的行动而行动。

2. 企业内部沟通的途径

在危机中，企业要考虑选择效果最好的沟通工具来传递信息，向员工告知事故真相和企业采取的措施，使员工同心协力，共渡难关。下面是一些企业可能会采用的沟通途径。

（1）员工大会与部门会议。这是企业说明重要问题的惯常做法，也是最权威、最正式的内部沟通方法之一。当企业员工人数比较少或者员工分散在许多地方，且不可以实现电视、电话会议时，所宣布的事会对企业产生很大冲击，或需要一个人同时向所有的人传达同一个信息时，员工大会这种形式是很实用的，通常效果也最好。需要注意的是，应该留有大量的时间用于回答员工的问题，倾听他们的评论和建议。如果所宣布的事并不是很紧急或者企业太庞大以至于无法召开员工大会时，所传达的信息对某些部门的影响要超过对其他部门，部门层次的会议就是最合适和有效的。在企业高层官员简要传达后，各部门的经理可以根据自己的领域进行发言，以表达他们对企业所采取行动的支持和信任，也要注意留出足够的时间来回答问题或听取员工的意见和评论。

（2）企业简报、公告、公告牌或企业报纸。在危机中，企业简报、公告牌或企业报纸是强化关键信息和提醒员工有关企业的信息与行为的便利工具，可以承担起内部沟通的媒介作用，尽可能真实反映危机的真实情况以及危机管理的措施。只是由于企业报纸的出版周期会长一些，不利于危机的快速反应。一般来说，企业多采用企业简报、公告牌在企业内部随时发布信息，及时向员工通报企业的行动趋向。

（3）单独会见。单独会见是企业领导经常采用的内部沟通措施，可以很直接、随意地交流看法。当所传达的信息只会影响少数员工，并且需要他们理解企业决策时，或所传达的信息特别敏感，会对他们产生非常重要的特殊影响时，单独会见是最有效的。

（4）电话与电话会议。电话作为便捷的沟通工具，在企业里应用最为广泛，危机管理中很多信息的传递都会涉及电话。当企业需要快速传达所要沟通的消息，并且不会因为这样做过于私人化而让员工反感时，可以考虑打电话。当只向很少的人传达信息，并且在传达的时候不需要同时联系多个员工时，电话是最有效的。而当处于危机中的几组员工需要迅速知道信息而且能有机会提出问题并给予反馈时，电话会议也是一种有效的沟通方式。

（5）互联网。互联网是现代社会沟通的便捷手段，很多企业通过内部局域网的建设，构筑了企业的网上世界。企业可能采用电子邮件、网络寻呼与电子公告、公告牌等方式随时向员工发布最新的重要信息，提供最新的管理策略，以及寻求员工们的建议与支持。

（6）非正式传播渠道。员工在工作中形成的人际关系构成了企业内部非正式传播的交流网络，传播形式多表现为小道消息。这种小道消息往往传播速度快，不受时间、地点限制，容易使双方产生亲切感，能够立即得到信息反馈并可根据信息反馈及时调整谈话内容，获得正式传播达不到的效果。小道消息具有两面性，如能善加利用，通过员工在生活中形成的一定人际关系所构成的非正式传播交流网络进行传播，传递正式传播所无法传送或不愿传送的信息，可以达到理想的传播效果。

（四）企业危机处理中的信息发布

在危机中，企业可以通过什么途径进行沟通，如何保证效果，是危机传播管理工作应该考虑的核心问题。一般来说，企业与新闻媒体接洽、沟通，争取其公正客观的报道，可以利用的形式主要有以下几种。

1. 新闻稿

新闻稿是一个由企业自己拟定的，用来宣布有关企业信息和官方立场的新闻报道，是关于危机情况的"明确"的新闻信息。新闻稿可以是企业声明，可以是企业新闻，也可以根据情况和需要决定其具体形式。通常，新闻稿篇幅短小精悍，当危机具有新闻价值时，企业可以及时分发给有关新闻媒体。实际上，许多企业都备有新闻稿，以便紧急情况下派发。大多数危机管理专家都认为，在危机中，新闻稿很难成为企业的唯一声明，但有助于说清事实真相，提供详细的背景信息，在企业希望把同样的信息同时传递给多家媒体的时候，采用新闻稿是最有效的。

2. 新闻发布会

新闻发布会具有隆重、高规格的特点，更重要的是记者可以在会上就自己感兴趣的问题和自认为最佳的角度进行采访，也可以促使企业与新闻媒体更加紧密和默契地联系和合作。如果危机引起了较大的关注，企业应该考虑召开新闻发布会，但是，是否应该组织新闻发布会，何时组织，如何组织，是一个很难做出而又非常重要的决策，企业需要考虑周全，这将直接关系着企业的命运。选择好新闻发布会召开的时间很重要。在危机中，如果新闻发布会开得太早，企业所能提供的可信信息就会很少，或者根本就提不出来，反而使宣传效果不佳；太晚则会丧失转化舆论的先机，面临谣言四起的尴尬局面，增加企业危机管理的难度。企业一般只有在调查得到了足够多的信息、充分了解了企业的处境与所采取的措施之后，才会主动召开新闻发布会，而在持续时间较长的危机中，可能还要召开多次新闻发布会。

当决定召开新闻发布会时，企业应考虑以下问题：一是新闻发布会要达到什么目的？二是除新闻发布会外，是否有别的替代方式？三是回答记者提问是有助于解决问题，还是会使问题更糟？四是在危机中，企业对公众负有什么责任？计划采取什么措施予以解决？五是在新闻发布会前是否发布一个事先准备好的声明，将复杂的事情简化？需要特别强调的一点是，记者往往精于判断新闻的真实性，因此，企业发布的消息是否有新闻价值，必须在新闻发布会之前予以确认，此新闻为什么在现在发布、效用如何，必须考虑清楚，除非企业能提供一个重要的、合乎时宜的声明,否则就不要轻易召开新闻发布会。

新闻发布会应避免与一些社会上重大的活动和纪念日相冲突,具体时间最好选在上午 10 点或下午 3 点为佳,这样既可以让危机管理小组成员在早上或中午再花些时间,进一步对所要发布的消息进行精练处理,也方便记者到会,还可以给记者留出几个小时的时间来编辑加工的内容。一般的新闻发布会,正式发言时间不超过 1 小时,会留有时间让记者提问。发布会后,一般为记者准备自助工作餐,给记者提供交流和对企业领导人进行深入采访的机会。确定好具体时间后,企业要提前向记者发出书面邀请,最好在邀请函上附一回执,以便确认记者的身份,做好接待工作,同时也给记者留出充分的准备时间。

要注意新闻发布会举办地点安排。一是会场选址。新闻发布会的选址应该与所要发布的新闻性质相融洽。同时,要考虑到交通方便,电话、传真等信息传递设备的完备等因素。通常新闻发布会选择在宾馆或新闻中心等地举行,主要是考虑到上述要求。二是会场布置。选定会址以后,还要注意会场环境布置,布置格调、室温、灯光等问题要考虑周全,要选一个富于时代感的设计人员来布置会场,使新闻发布会现场既能体现企业精神,又能让记者及其他来宾产生宾至如归的感觉。会场应在入口处设有记者签到处,引导记者以及参会的代表入席,会场座次安排要分清主次,特别是有贵宾到会的情况下。在每个记者席上准备有关资料,以供记者们深入细致地了解新闻发布会的全部内容。

新闻发布会工作人员的选择。首先,要确定主持人和发言人。主持人的作用在于把握主题范围,掌握新闻发布会进程,调控会场气氛,担负着化解情绪、打破僵局等特殊任务。新闻发言人要面对记者的各种提问,头脑冷静、思维清晰、反应灵敏、措辞精确,代表企业发表权威性意见。许多时候,企业为了证实所发布的消息是准确的、全面的,特别是一些专业性技术问题,往往会通过一位内部专家或外部专家,代表企业提供更专业和更详细的背景情况,解释事故发生的原因和解决问题的措施,协助媒体了解情况。其次,选择现场服务人员。现场服务人员要严格挑选,从外貌到自身的修养均要合格,体现出企业的风采与水平,并注意服务人员的性别比例,以便发挥"异性效益"。服务人员的主要工作有安排与会者签到;引导与会者入座;准备好必要的视听设备;分发宣传材料和礼品;安排餐饮工作;安排一位摄影师专门拍摄会场情况,以备将来宣传之用。

3. 媒体采访

接受新闻媒体采访是危机中企业领导和新闻发言人的必修课,因为记者总是渴望知道得更多,而企业领导和新闻发言人无疑是最佳采访对象,这时企业就要考虑如何面对新闻媒体的专访问题了。一般来说,当企业要给媒体提供特定的线索或消息时,最好是采用一对一的媒体专访,这也是与个别媒体联系的最好方法。不过,在记者的采访过程中,很容易遇到记者提出的一些难题。记者为了获得更多的新闻素材,往往会采用职业技巧来让被采访者自动地落入记者的圈套中,甚至是采用欺骗的手段,特别是对那些不能够给予媒体很好支持的企业,记者会竭尽全力地挖掘企业的新闻价值。此时,企业领导和新闻发言人就迫切需要提高个人能力,掌握应对记者的基本技巧了。这里结合中美史克公司新闻发言人杨伟强接受《中国经济时报》记者的专访,谈谈应对建议。

第一,错误前提。记者故意以一个声明作为问题的开端,测试企业是否会更正这个声明。真正的问题也许跟这个前提毫无关系,但记者会用它来判断企业的反应。要是没有反应,记者就会据此推断企业对于这个前提的某些看法。

对策:如果该前提不正确,在回答问题之前应立即给出实际情况,进行纠正,绝对不要接受一个错误的前提。

记　　者:有人认为,国家药监局的政策有点仓促,中美史克是否承担了不该承担的损失?

杨伟强:药监局作为国家药品安全管理部门,肯定要对全国老百姓的健康负责。回到我刚才说的,这就是大我与小我的关系。我是相信药监局既想保护企业,也想保护老百姓的健康,一旦两者发生冲突时,政府自然要把12亿人口的利益放在第一位,小我要服从大我。

第二,假设情况。记者想要企业来谈论某些企业也许会回避的事情时,最常用的方式之一就是通过对某些可能发生或者根本不会发生的事提问,希望企业能够谈谈这件事,从而使企业透露某些具有新闻价值的信息。

对策:告诉记者企业不会就假设的情形发表看法,而且要管住自己这么做。

记　　者:根据你个人以及企业所知道的专家意见,你认为康泰克到底有没有问题?

杨伟强:一个人或者几个人的看法不足为据,要想得出一个权威的结论,必须有一个专家群的统一意见。

第三,我听到一个谣言。有些记者为了对企业内部信息了解更深入,也许会看一看企业对他们事先捏造的事情有何反应,从而在无意中从一个有趣的角度涉及关键主题。

对策:如果谣言不是真的,就应该立刻加以否定,还要注意给出企业合理的理由,最好随时准备好一些有利于企业申辩的材料,以便更有说服力地答复这些问题。

记　　者:PPA事件出来后,就有消费者给我们打电话说,他吃康泰克有副作用,康泰克早就应该被禁。对这一问题,你如何看待?

杨伟强:康泰克在中国销售了12年,之所以能在市场上发展这么多年,不是靠我们打广告能做到的,靠的是这种药在大多数人那里是安全的、有疗效的。从销售开始,如果平均每次服用4~6粒,那么全中国就有8亿多人次服用过这种药。如果没有疗效,恐怕早就被扔到臭水沟里了,怎么会生存12年呢?但药的副作用是客观存在的,有些人副作用可能会大些,有些人可能会小些。

第四,对竞争对手做出评论。很多时候,记者会要求企业对竞争对手进行评论,这些问题可能很自然地涉及竞争对手新的广告活动、企业领导或转移到新目标市场的决策,但是企业要知道这有可能会引起企业与同行之间的争执与竞争。

对策:把不谈论竞争对手作为企业的行为准则,尤其是在危机中,向记者说明企业的处境并争取其理解。需要注意的是,企业不可能完全了解竞争对手所做出的决策,而且任何企业也不会愿意让竞争对手来剖析自己,所以,企业最好不要对此抱有什么幻想。

记　　者:你们的竞争对手在PPA事件发生后,利用了这一市场空隙,你怎么理解?

杨伟强:在事情发生以后,我们的一些竞争对手必然会利用这个机会多占些市场份额,也有和我们代理商接触的,这很容易理解。但在这个问题上,我们的代理商始终和我们站在一起,这令我非常感动。

第五,固执的记者。有时候,有些记者为了获取独家新闻,会试图要挟企业提供他们正在寻找的信息,要是企业不愿配合,他们就会以报道不利的新闻或从其他地方查找信息来威胁,给企业造成压力。

对策:企业冷静地向记者表明,记者可以做任何他们想做的事,但企业不会背离自己的原则和判断,同时简要地解释一下企业为什么不愿深入的原因。

记　者:康泰克在中国感冒药市场上占的市场份额有多少?

杨伟强:说不清楚。你们知道,现在各种对市场份额的统计很难说是准确的。

记　者:你们的产量有多少,是否可以透露一下全年的销售额?

杨伟强:这不可以说。药品是有季节性的,冬天和春天季节,一般是感冒高发季节,感冒药的市场需求就大,是感冒药销售的黄金季节,这段时间产量就会相对大一些;反过来,夏季的产量就小一些。

第六,对新闻媒体说"无可奉告"。很多经验表明,企业"无可奉告"只会显得企业本身不可信或者在试图逃避问题。

对策:在回答记者的提问时,尽可能不说"无可奉告",只要企业有所准备,就应该多披露一些内情。为了避免说些不利的事无法直接回答被问的问题,可以采取多种方法予以转移话题,而不要总是说"无可奉告"。

记　者:康泰克的停产给企业造成了多大的经济损失?

杨伟强:暂停使用康泰克确实给企业带来了经济损失,但是这里边有一个大我和小我的关系。从大我的角度来看,我们认为,政府做出这样的决定是对消费者负责,是有道理的。

小案例

可口可乐(山西)饮料公司"余氯门"事件

2012年4月16日中国之声《新闻纵横》、中国广播网刊发"山西9批可口可乐疑含余氯处理水被当合格品出售",报道指出,可口可乐(山西)饮料公司员工向记者爆料,因管道改造,致使消毒用的含氯处理水混入公司9个批次价值约500万元的12万箱可乐产品中。

在"余氯门"曝光后,可口可乐(山西)饮料公司数度通过官方微博等渠道发布声明称,"我们出厂的所有产品都经过严格的质量保障体系的检验,符合国家有关质量的法律法规,是安全可靠的",并表示所谓"公司内部信息"并不符合事实,在否认问题的同时又指责媒体失实。

山西省质监局于4月19日组成调查组进驻可口可乐(山西)饮料公司,通过现场检查、抽检样品、查阅记录、询问员工等方式,认定媒体报道情况属实。同时在调查中,还发现该公司存在个别生产条件不符合相关规定的问题。山西省质监局4月28日根据相关法律法规,对可口可乐(山西)饮料公司做出了停产整改的行政处罚。

因"余氯门"缠身而遭到公众质疑,饮料巨头可口可乐在事件持续发酵后的5月5日,终于在事件原发地的太原召开新闻发布会。可口可乐就余氯误入饮料事件给消费者带来的担忧和顾虑道歉。表示山西公司已经做出人事调整,总经理换人;山西装瓶厂目前整改完毕,已向质监部门提出了复产申请。

"我们已经对山西公司的关键岗位做出了调整。"在太原召开的发布会上,可口可乐大中华及韩国区总裁鲁大卫表示,"余氯门"事件发生后,原任总经理向公司递交了辞呈,新的总经理也已上任。可口可乐(山西)饮料公司董事苏燕向媒体通报称,山西工厂已经完成了山西省质量技术监督局调查后提出的相关整改意见的落实工作,"我们已经提交了恢复生产的申请,省质监局派专家组在工厂进行复核。"苏燕表示,预计生产将在近期恢复。

对于原因,苏燕表示,余氯误入饮料事件是由于个别员工操作失误,导致生产辅助用水进入饮料生产用水中。同时,她强调,混入的并非消毒水,而是用来清洗饮料瓶内壁的包装清洗用水,也是合格的软化水,其水质符合世界卫生组织以及欧美各国的生活饮用水标准,可放心饮用。山西省有关部门出具的检测报告也显示,9个批次样品中游离余氯实测值均低于国家饮用纯净水卫生标准中规定的限量值。可口可乐公司科学与法规事务总监孙伟表示,反复的内部检测表明,含有微量余氯的可口可乐饮料"只是不符合口味指标,对人体并无安全影响"。

在发布会上,可口可乐(山西)饮料公司发布最新声明,用最新出厂的产品为客户和消费者换回所有2月4日至8日的汽水产品,同时消费者也可以要求退货。鲁大卫称,此事并未对可口可乐在华销售产生影响。对于此前封存在库未销往市场以及通过退换货收回的饮料,可口可乐公司表示将在质监部门监督下全部销毁。"这都是安全产品,从某种意义上说这样做确实是一种浪费。"鲁大卫说,但这样可以对外界有一个非常明确的交代,大家不用再有任何疑虑。对善后处理方案坚称退换而非召回的说法,苏燕说:"符合食品安全标准的产品不存在召回的必要。我们实行退换货,是为了解除消费者的疑虑。""这不是一起生产事故。"苏燕还表示,即使是已经在市场销售的相关批次产品,也完全符合食品安全标准,不会对人体造成任何影响。

在"余氯门"事件爆发后,可口可乐先否认问题,后又指责媒体失实,最后经山西省质监局认定媒体报道属实后才被迫承认问题,前后矛盾。对此,苏燕坦承:"调查需要一个过程,最初的声明确实没有写好,造成了媒体公众的误解。现在我们对这件事已经了解清楚,所以能和大家坦诚交流。"

此前有消息称,可口可乐公司对报料人进行调查,并删除了2月4日至8日全部电子邮件和相关生产记录,而关键证人被安排带薪休假。对此,可口可乐一一做出回应。"所谓的报料人,我们不知道,也不想知道到底是谁。"苏燕表示,欢迎任何人对可口可乐公司的生产管理和品质提高提出建设性意见。但她也称,如果是内部员工,还是希望"首先采用内部沟通的方式"。

苏燕称:"删除生产记录的事情绝对不存在,所有的生产记录已经提交给山西质监局调查组。"但苏燕同时又声称,删除工作邮件的事情的确存在,是因为个别人在明知公司要求全面透明配合调查的要求下,为了避免承担责任,删除了敏感时间段内的部分邮件;此后公司通过技术部门把删除的邮件恢复,主动提供给调查组。目前这几个员工已经停职,而且将会受到非常严肃的处理。苏燕还表示,目前确实有员工带薪休假。"但这是从配合调查的角度出发,让个别员工暂时离开工作岗位配合调查。"

【问题】
(1)苏燕在新闻发布会上表示:"调查需要一个过程,最初的声明确实没有写好,造成了媒体公众的误解。"你认为在"余氯门"曝光后,公司如果要在第一时间对外发布声明,声明应该包括哪些内容?

(2)你认为可口可乐公司在处理"余氯门"事件中的不当之处有哪些?

案例讨论

"不忘初心,方得永恒"——I Do 纪念日系列传播活动

一、案例介绍

恒信(HIERSUN)钻石机构创立于1999年,是国内最早进入钻石行业的企业之一,I Do是其旗下的一个品牌。2015年12月7日至2016年1月14日,"不忘初心,方得永恒"——I Do纪念日系列传播活动成功举行。

项目背景

1. 市场洞察

消费者婚后情感状态调查显示离婚率逐步升高,婚后人群对于婚姻满意度和未婚人群对于婚姻的憧憬度都很低。

2015年民政部发布《2014年社会服务发展统计公报》,2014年全国共依法办理离婚登记363.7万对,离婚率已连续12年增长。

中国婚姻家庭研究会与珍爱网联合发布《2015年中国幸福婚姻家庭调查报告》,报告显示:

- 对于婚姻满意度,女性平均得分低于男性。
- 七年之痒是婚姻情感得分最低谷;结婚十年内,结婚年限与婚姻情感得分成反比。
- 年龄与婚姻情感得分成反比;随着时间的流逝,夫妻关系淡化和生活压力增大或成得分下降主因。

2. 策略性洞察

- 婚后情感建设理念缺失:用于承载婚后情感的钻饰市场处于空白状态,社会对于纪念日仪式感的认知度和重视度极低。同时,婚后夫妻双方对情感表达(特别是纪念日及其他重要节日)的心理期待相距甚远。
- 珠宝行业整体销售额下滑,品类同质化严重:过去几年,受整体经济环境不景气的影响,全球珠宝行业销售额遭遇连年下滑。在中国,特别是一线城市,购房、交通等生活刚需成本的上升对文化基础薄弱的珠宝行业带来极大冲击。
- 纪念日礼品市场珠宝品类空白:I Do作为主打婚戒细分市场的珠宝品牌,不仅面临大环境的挑战,也面临几乎所有珠宝品牌都拥有婚戒产品线的行业竞争现状。

项目调研

恒信钻石机构基于I Do品牌在全国500余家门店所开展的市场调查发现以下问题。

- 目标群体对结婚纪念日情感表达的心理预期有明显差异。65%的男性受访者甚至不记得结婚纪念日的准确日期(其中45%的男性认为结婚纪念日仪式感不重要),而70%的女性受访者对结婚纪念日惊喜有很高的心理期待。

- 目标群体对结婚纪念日礼品类别认知非常传统。大部分受访者对结婚纪念日礼品的概念还停留在晚餐、电影、玫瑰花等传统礼品类别的选择上。
- 目标群体中,纪念日礼品的购买主导方近七成为女性。女性受众相较男性受众更重视情感表达,同时也期待相同的回应。这类女性具有较高的教育程度,对生活品质有追求,拥有稳定的物质基础,能接受并认可西方文化。

项目策划

1. 传播策略

将 I Do 真爱永恒的品牌价值主张与已婚受众的情感需求紧密结合,配合中国婚姻生活现状及国民婚姻情感幸福指数背景,围绕如何在婚姻中践行誓言经营幸福的主题,将品牌传播升级,从而获得全民关注、热议、反思、感动与启示。

第一阶段:关注、热议、反思。内容层面,抛出极具争议性的社会话题,引发全民关注与讨论,奠定消费者情感共鸣基础。创意层面,以"千人结婚证红底照"事件,唤醒大众感知,引发全民对"婚姻初心"的关注热议及对"婚姻现状"的反思。

第二阶段:感动。在网络上对婚姻话题空前热议之时,I Do 品牌接盘推出纪念日系列新品,构建与婚后纪念日市场的情感关联。

第三阶段:启示。引领行动,烙印"情感"标签,升华品牌责任。恒信钻石机构推出"结婚纪念日7天假"企业福利假期,呼吁受众及全社会关注婚后情感经营,践行婚姻初心的承诺。

2. 媒体策略

以社会化媒体为主,将传统媒体作为二次传播渠道,并通过电视、广播等媒体进行整合传播。

第一阶段:开放平台,聚焦升级社会舆论。基于社交媒体社会化开放平台的特点,"结婚证7年有效期"争议性话题在微博平台首发。借势各领域KOL社交媒体强大的传播力,使话题迅速发酵和扩展。此外,话题还被热门网络综艺节目《奇葩说》主动选取为决赛辩论题目,印证了话题的争议性及社会意义。

面对舆论关于婚姻制度的热议,以及大众对于婚姻与爱情的深思,I Do 品牌趁势接盘,利用结婚红底照从品牌角度回应论战,品牌情感获得正能量发声。结婚红底照选择四大权威纸媒(《新民晚报》《华夏时报》《新京报》《新闻晨报》)刊登,所选纸媒受众与纪念日系列珠宝产品受众高度契合,在对婚后人群形成有效触达的同时,提高了婚姻情感话题的社会价值。

第二阶段:全平台传播与投放,实现品牌情感理念的产品落地。TVC户外媒体投放优选影院贴片、机场广告、楼宇视频、地铁包车与长廊广告等渠道,覆盖全国范围内品牌重点城市,实现最大限度的传播与推广,同时配合社交平台上创意HS的即时传播,助力产品落地。

第三阶段:国内外360°媒体发声,凝聚社会舆论。

恒信钻石机构推出的"结婚纪念日7天假"企业福利假期,采用360°媒体整合传播,在传统媒体、社交媒体之外,更利用"飞鱼秀"广播节目和"飞碟说"等线上综艺节目形式,多维度、多圈层传播触达受众人群。同时,引发国际社会对于中国国民幸福度及中国企业人文关怀的关注,国际媒体发声为品牌价值观背书,反哺国内媒体的二次传播。

3. 创意主题:不忘初心,方得永恒

(1) 核心事件创意。

- 结婚证7年有效期:如果感情会"变质",我们是否要给结婚证加个有效期?
- 千对夫妻红底照大事件:或许不是每对夫妻都有一场完美的婚礼,但每对夫妻都一定有一张红底照作为见证。
- "结婚纪念日7天假"企业福利假期:如何表达对爱人的爱?婚后的我们是否欠彼此一个假期?

(2) 制造话题,打造舆论焦点。

"结婚证7年有效期"引爆社会论战,品牌征集结婚红底照表达"不忘初心,方得永恒"。

时间:2015年12月7日至20日

平台:传统媒体+社交媒体

内容:

- 基于社交网络传播特性,利用社会学者的权威性,提出"结婚证7年有效期"争议性社会话题。话题迅速集结不同社会维度的意见领袖发表观点、分队论战,KOL与媒体持续转发和评论使话题形成全网扩散。
- 线上线下多媒体跨平台自发转载跟评,网友持续大量参与讨论,引发全民对于婚姻问题的集体探讨与反思。
- 借势"结婚证7年有效期"社会舆论,表达品牌情感主张"不忘初心,方得永恒",线上征集千对夫妻结婚红底照,打造千对夫妻红底照大事件。
- 线上"你被红底照刷屏了吗"话题引发网友参与互动,晒出结婚红底照,回忆婚礼时刻幸福瞬间。
- 线下全国发行量最大的四大平面媒体,同天刊登整版头条创意广告,成为当日全国性新闻焦点。

(3) 新品上市,实现情感理念产品落地。

"纪念日"系列借势舆论声量重磅上市。

时间:2015年12月20日至31日

平台:传统媒体+社交媒体

内容:

- 借势明星影响力,以25对明星夫妻的婚姻爱情故事为依托,打造创意网页,通过微信朋友圈分享传播,实现从品牌正能量情感理念到产品落地环节。
- 伴随社会对于结婚纪念日话题的热切关注与空前讨论,3个"纪念日"系列主题广告片借势重磅推出。广告片以普通人的真实婚姻故事为创作原点,分别从年少时期的为爱承诺、中年时期的不忘初心、守护家庭的牺牲付出3个故事层面,诠释纪念日系列产品主题。
- 传统媒体产品专题、奖项为产品背书,解读产品工艺及设计灵感,助力新品上市。

(4) 企业践行,深化情感主张。

"结婚纪念日7天假"企业福利假期推出,赢得国内外媒体赞誉。

时间：2016年1月4日至20日

平台：传统媒体＋社交媒体

内容：

- 恒信钻石机构借势推出"结婚纪念日7天假"企业内部福利假期政策，成为第一家践行并鼓励员工关注婚后情感表达的中国企业。"泄露"自企业内部的邮件，利用网民"酸葡萄心理"，引发全网热议。
- 中国媒体（电视、广播、视频、平面网络等）自发报道，引发社会媒体话题事件传播。
- 海外媒体深度社评，以"中国企业人文关怀的进步""对中国国民幸福感的新认知"为话题自发报道中国结婚纪念日假期事件，称赞中国企业为国际社会带来惊喜。

项目评估

1. 销售业绩

恒信钻石机构突破奢侈品行业传统营销方式，首次尝试大范围采用社会化媒体进行I Do品牌的传播，成功提升了品牌在大众心目中的印象。在奢侈品行业遭遇整体下滑的大背景下，成功实现产品销售的逆势增长。

2. 营销传播效果

- I Do品牌官方微信账号在传播周期内粉丝数增长16％，超过预期目标。
- 在传播周期内，由I Do品牌相关团队主导的事件话题两次登上新浪微博话题排行榜总榜前三名，并登顶社会榜榜首。
- 微博相关话题累计阅读量超过10亿次，累计讨论量超过12万次。
- 赢得250多家海外媒体的报道，覆盖全美地区，称赞中国企业为国际社会带来惊喜，强化国际背书。
- 微信文章总阅读量超过260万次，其中阅读量10万次以上的文章占比为42％。
- 《飞碟头条》视频播报上线两周浏览总量超过130万次。
- 2015年12月到2016年1月期间，百度指数I Do或"I Do钻戒"搜索量在项目第三阶段"结婚纪念日7天假"达到峰值，增长率高达6倍。

3. 消费者反馈及社会影响力

- 千对夫妻参与上传结婚红底照，以真实情感故事响应品牌情感主张，实现大范围口碑传播。
- 话题"结婚证7年有效期"被《奇葩说》主动选取作为第二场决赛题目"七年婚姻有效期该不该支持"，再度引爆社会对婚姻话题的关注，引发全网热议。
- "结婚纪念日7天假"福利推出，赢得100％企业员工点赞，近4万消费者呼吁"婚纪假"广泛推行，开始关注婚后情感建设，支持以行动践行婚姻承诺。

（资料来源：金旗奖编委会.2016最具公众影响力公共关系案例集[M].北京：新世界出版社，2017.）

二、思考·讨论·训练

1. 恒信钻石机构的I Do系列整合营销传播项目的亮点表现在哪些方面？
2. I Do品牌要真正成为"婚后情感表达的重要载体"，还需要做哪些工作？
3. 本案例对你有哪些启示？

实践训练

项目1　模拟新闻发布会

1. 实训目的

掌握新闻发布会的程序,懂得新闻发布会的筹划及准备工作,并能在新闻发布会中运用相关技能。

2. 实训课时

2课时。

3. 实训地点

模拟会议实训室。按新闻发布会要求进行现场布置。

4. 实训背景

据报道,2017年11月3日,苹果最新手机iPhone X全球同步开售,请上网收集iPhone X产品的相关信息,模拟组织一次新闻发布会,旨在推广该产品。假如你是苹果公司公共关系部的工作人员,你将如何组织这次新闻发布会呢?

5. 实训步骤

(1) 全班同学分为3组,每组指定一个组长。由组长扮演苹果公司公共关系部的部长,其他同学扮演苹果公司公共关系部的成员。

(2) 请各公共关系部分别制定新闻发布会的程序,挑选主持人和发言人,拟写发言提纲。

(3) 其他各组扮演受邀的各新闻单位,并挑选记者,准备提问。

(4) 由其中一组担任苹果公司公共关系部,举行新闻发布会,其他各组的成员担任记者,进行现场演练。

(5) 各组对本次活动进行总结,指导教师进行点评。

6. 实训要求

本项目可选择模拟会议室、教室等场所进行,但应对环境作适当的布置。

每组进行演练的时间应控制在20分钟以内;条件允许的情况下可以将新闻发布会的过程制作成录像,在实训结束后观看并进行讨论。

项目2　制造新闻训练

1. 实训目的

运用各类传播媒介和手段,增强传播效果。

2. 实训课时

2课时。

3. 实训地点

教室。

4. 实训背景

南方某电视机厂的一位外地用户因遭火灾,房屋和各类家用物品付之一炬,一台由南方某厂生产的61英寸彩电虽然在火灾中外壳面目全非,但接通电源后依然图像清晰、音质优美,全家人又惊又喜,该电视机厂得知这一情况……

请利用这一事实借势造势,策划一次制造新闻的公共关系活动,掀起××彩电热。

5. 实训要求

这里拟通过模拟策划一个新闻事件来完成本任务的学习,具体操作建议如下。

(1) 将学生分成若干个小组,每组分别讨论,进行创意策划。
(2) 每组成员相互启发,共同研讨形成策划方案。
(3) 在课堂上交流策划方案。
(4) 对其中一致认为可行的而又富有创意的策划方案共同组织实施。

项目3 企业危机传播训练

1. 实训目的

掌握企业公共关系危机传播的基本工作方法,能够独立开展危机公共关系传播工作。

2. 实训课时

2课时。

3. 实训地点

实训室。

4. 实训背景与要求

国内一家很有名的企业生产出一种新型的玻璃钢燃气灶,投放市场后受到消费者的欢迎,销售业绩不错。可是,由于多种因素所致,出现了一起燃气灶表层玻璃钢爆炸的情况,有两位家庭主妇还受了重伤。该企业公共关系部的小林被公共关系部经理指派去接待蜂拥而至的记者们,面对记者们铺天盖地的提问,小林反复强调"在调查没有完成之前,我们不做任何评论"或"无可奉告",结果引起了记者们的强烈不满。你认为小林的回答合适吗?危机期间到底该如何回答来自媒介的询问? 如果是你,在危机处理中,你准备怎样开展传播沟通工作呢? 请制订出具体方案。

5. 实训步骤

(1) 将学生分成若干个小组,分组讨论,制订出具体的方案。
(2) 每组选出一名代表进行总结性发言,发言分两部分:一部分为小组危机处理方案的陈述;另一部分为答辩,针对方案,其他同学可以自由提问。
(3) 还可以针对此危机事件,采用角色扮演的方式,模拟举行新闻发布会。
(4) 最后教师总结、点评。

课后练习

1. 有人说"制造新闻"是提高社会组织知名度的灵丹妙药,你认为呢?

2. 假如你们班的一位同学发行了个人演唱专辑,决定举行新闻发布会,请你为新闻发布会进行策划并模拟举行发布会。

3. 一家中档服装商店定于7月1日隆重开业。该店经理是一位很有公共关系意识的开拓型人才,他想在经营中体现传统的商业信誉与现代商业规则的完美结合,并创造出自己独有的经营特色,他该如何策划此次活动呢?假如将此店开业日期定为6月1日,他该怎样操作?

4. 李某是一名军人,因在抗洪抢险中表现十分出色而成为抗洪英雄,一时间,他成了焦点人物。作为某校毕业生,受到校领导邀请,他将回母校做报告。请你以此为契机,借势策划以"培育英雄的沃土"为主题的宣传学校、树立形象的公关活动。

5. 请运用名人效应为组织进行制造新闻的公共关系策划。
   (1)××牌轿车厂
   (2)××学校
   (3)××食品有限公司
   (4)××服饰专卖店
   (5)××房地产开发公司

6. 一家经营食品的公司因为产品变质而出现中毒事件引发了危机。该公司采取了许多办法和措施来挽救公司面临的危机局面,取得初步成效。这时,公司领导宣布,危机已经基本结束,要求抓紧时间组织生产,夺回经济损失。请问,公司领导的行为是否正确?他还需要做哪些传播沟通工作?

7. 如果你所在的公司拟针对老年人进行公共关系传播工作,你认为应该采取何种传播方式为主?

8. 案例思考。

10万美元寻找主人

某公司为了宣传其新型保险柜的卓越功能,登出一则这样的广告:

"10万美元寻找主人!本公司展厅保险柜里存放有10万美元,在不弄响警报器的前提下,各路豪杰可以任何手段拿出享用!"

广告一出,轰动全城。前往一试身手的人形形色色,有工人、学生、工程师、警察和侦探,甚至还有不露声色的小偷,但都没有人能够得手。各大报纸连续几天都为此事做免费报道,影响极大。这家公司保险柜的声誉随之大增。

思考题:
(1)这则案例制造新闻的成功之处表现在哪些方面?
(2)本案例对你有哪些启发?

斯巴达勇士招摇过市

2015年7月22日,一群穿着暴露、酷似斯巴达三百勇士的外籍男子出现在北京朝阳区商圈附近,引起过往市民关注。微博、微信朋友圈等社交媒体也大量转发了照片。这些外籍男子肤色、发型各异,但着装统一。赤裸的上身缚有一条X形的背带,肩披大披风,身穿一条看似皮制的短裤以及同样材质的凉鞋,看上去酷似电影中斯巴达三百勇士的形象。这几十名外国男子招摇过市是为给一家餐饮公司做活动。这群人每人手里都拿着一个被填满的透明杯子,每到一个地方都会聚集起来摆出姿势,并与周边围观人群互动。

随着围观者越来越多,这群外籍男子的活动给交通秩序带来了不良影响。于是闻讯赶到现场的民警对这些外籍男子进行劝阻,但其中一些人不肯听从,依然要继续活动。最终民警采取措施,对其中的个别人士实施了控制。

第二天,涉事公司通过微博发表声明称,此次活动是公司周年庆祝的系列活动之一,外籍男子均为模特。由于引起的关注超出预期,民警才到现场进行处理和疏通。声明称公司已与警方进行了沟通,并表示公司在大型线下活动组织方面的经验不足,今后将严格按照民警的指示,确保秩序和社会影响。

有关人士指出,大型商业活动需要向公安机关备案,活动内容的审核、安全检查、风险评估、安保措施等,都要提前落实到位。

思考题:

(1) 斯巴达勇士招摇过市实质上是一起什么活动?

(2) 企业在开展类似活动时应该注意哪些方面的要求?

"我爱中国的N个理由"有奖征集活动

"我爱中国的N个理由"为2013年CCTV网络春晚主题活动的总主题。"我爱中国的N个理由"有奖征集活动于2013年年初开始,是主题活动中的线上征集、线下活动和主题晚会的一部分。征集活动面向全球华人,征集"爱的理由"。活动取得了不错的反响,不仅借此提升了网络春晚的知名度、关注度和参与度,并且唤起了普通民众心中的爱国之情与认同感,增进中华民族的团结并且提高了凝聚力。

"我爱中国的N个理由"有奖征集活动以新浪微博为官方平台,并且发起同名的微话题,鼓励网民参加。网民只需编辑"我爱中国的N个理由+微博内容",就能轻松进行参与。活动每天将会抽取若干名符合参与条件的幸运网友,送出年意浓浓的奖品,包括网络春晚的吉祥物。温暖人心的征集话题,恰当的具有互动性的媒体平台,网络春晚官方网站的活动宣传,加上契合节日气氛的奖品,使有奖征集活动取得了不错的反响。截至活动结束,微博平台上已有84383条相关讨论,网民参与踊跃。

有奖征集于2013年1月18日结束,但网络春晚主办方成功地将征集成果与主题晚会及其线下活动结合起来。征集结束后,央视网络春晚导演组通过网友投票、专家评审、决策组终评评选出"我爱中国的十大理由",在2013年网络春晚晚会上对征集活动进行盘点,并发布"我爱中国的N个理由"主副榜单,讲述身边平凡而感人的故事,受众反映良好。

思考题:

(1) 有奖征集活动是网络活动公关的基本方式之一,请你结合所学的公共关系知识谈谈还有哪些网络活动公共关系的方式。

(2) 请分析本案例的成功之处。

京东上市公共关系传播获最具公众影响力海外传播事件

2014年11月28日,由中国国际公共关系协会指导,中国公共关系网主办的2014年第十届中国公关经理人年会暨金旗奖颁奖典礼在北京召开。中国最大的自营式电商企业京东,凭借"成功赴美上市公关传播"事件在海外市场上产生的重要正面影响,一举摘得"2014年最具公众影响力海外传播事件"。

"2014年是中国电商行业飞跃发展的一年,京东率先登陆纳斯达克,成为国内第一家成功赴美上市的大型综合性电商企业,引起国内外资本市场和行业的高度关注。如何利用上市这一重大契机,提升京东在海外市场的品牌知名度和美誉度、加强海外市场对京东独特商业价值的理解,是京东公关团队面临的挑战。"京东集团副总裁李曦表示,为此京东发挥整合营销的合力,从公关、广告、新媒体、事件营销、粉丝营销多角度进行传播,将京东的商业模式、经营理念、发展战略及京东创始人兼CEO刘强东"从宿迁到华尔街"的奋斗史进行深刻解读和传播,赢得国内外媒体的广泛关注,好评如潮。

业内人士表示,京东上市,提振了中国电商发展的信心,翻开了中国电商发展新的一页,具有历史意义。其海外传播活动可圈可点,包括遍布时代广场上红彤彤的京东广告以及道琼斯、路透社、《华尔街日报》、CNBC等数十家国际重量级媒体的正面报道,促使京东在海外市场的知名度和美誉度大大提升,充分展示出京东的品牌故事与商业价值。据了解,去年,京东凭借"6·18促销月社会化媒体传播"荣获2013最具公众影响力社会化媒体应用案例。

思考题:

(1) 请从网上收集京东"6·18促销月社会化媒体传播"活动有关资料,并从公共关系角度加以分析。

(2) 京东上市公共关系传播获得"2014年最具公众影响力海外传播事件"的公共关系意义何在?

福喜门:不同表态,不同结局

2014年7月20日,据上海广播电视台电视新闻中心官方微博报道,麦当劳、肯德基等洋快餐供应商上海福喜食品公司被曝使用过期劣质肉。随后,福喜、麦当劳、肯德基陷入危机,并展开危机公关。

一直以来,福喜集团很"牛",不仅是规模大、历史久、设备好,更牛的是它通过了HACCP、ISO、GMP乃至LEED等众多国际性行业标准认证。戴着这些认证的帽子,福喜在全球公关与广告中总是显得"自信十足",这次也不例外。危机发生一天后,福喜集团才发表声明说:"福喜集团管理层相信,本次事件是一起个体事件。"在中国有关方面尚未进行全面调查的情况下,"个体事件"的措辞更像一种外交辞令。福喜集团首席执行官坚持称,集团在全世界的工厂都严格遵守最高的质量标准,而这与揭露出来的事实形成鲜明对比。2015年年初,上海市食品药品监督管理局召回上海福喜生产的521.21吨问题食品,福喜集团居然"表示遗憾"。福喜中国表示,将上海福喜主动召回的产品指称为"问题食品"

毫无事实、科学和法律依据。

作为此次福喜事件中最大的受害方之一，麦当劳很快发布首发声明，从基调上表现出麦当劳"对违法违规行为零容忍"的坚决态度，表示"立即停用并封存由上海福喜提供的所有肉类食品"，表明"食品安全是麦当劳的重中之重"的一贯立场。然而，这篇声明没有提及政府、媒体和消费者这三大极其重要的公关对象，既没有提及配合政府调查来将自己损失降到最低，也没有表明品牌对于媒体监督的开放态度；最糟糕的是，对自己最大的公关对象群体——消费者没有半句道歉，对食用过问题肉的消费者的赔偿问题只字未提。10个小时之后，或许是意识到之前声明的僵硬，麦当劳发布了试图走情感路线的第二篇声明。事件发生4天之后，麦当劳没为公众带来此次食品安全危机的真相解释或是解决方案，取而代之的是第三篇声明"我们无比震惊"，并有继续为福喜撑腰的"嫌疑"——"决定换上海福喜为河南福喜"。在外界压力下，第二天麦当劳才发布第四篇声明，宣布与福喜暂停一切合作。福喜受调查一事公开以来，麦当劳股价累计下跌了约5.2%。

肯德基的东家百胜集团在事件曝光之后，并没有选择煽情，而是在第一天和第三天分别发布了两个声明，内容涵盖品牌的立场、对事件的态度和相应的处理对策。最为重要的是，声明和大家站在一起，作为受害者也要继续谴责这样的行为，明确表达出对公众尤其是消费者的歉意。虽然公关技巧十足，但是相对于麦当劳的立场不稳，至少让消费者易于接受。2014年8月1日，肯德基的东家百胜中国又发布《致广大消费者公开信》，就肯德基、必胜客牵涉其中引发大家忧虑和不安向广大消费者致歉，同时启动吹哨人制度，对举报危害百胜食品安全的任何违法违规行为给予奖励。这也是在福喜事件后首个启动吹哨人制度的企业。百胜集团相关负责人在接受采访时更表示，百胜中国已经全面断绝与福喜中国的供应关系，百胜集团也已经全面断绝与福喜集团的全球供应关系，百胜中国全力配合政府部门的调查，并按照指引和要求处理所有后续事宜。这一系列态度和立场的表述，对挽回消费者信心起了很大作用。

思考题：

(1) 面对"福喜门"事件，福喜、麦当劳、肯德基是怎样进行公关危机传播的？

(2) 本案例对你有哪些启示？

任务 4　公关专题活动

今天真正的统治者是那些能够制造大众认同的"舆论工程师"。

——[美]贝奈斯

案例导入

江淮和悦飞行秀

2012年4月29日,"驾驭由我·品质体验——和悦飞行秀"于苏州市常熟激情上演。作为国内首个自主品牌量产原车飞行表演,和悦飞行秀吸引了来自全国的近千名消费者和媒体的关注和参与。

此次和悦飞行秀最惊心动魄的环节莫过于汽车特技表演,雁行阵形、高速蛇形、180°调转等好莱坞电影中常常出现的一幕幕真实地展示在消费者面前,让消费者在叹为观止的同时,更是将和悦与生俱来的赛车品质展现得淋漓尽致。排列整齐的"雁行阵形"表演,体现了和悦良好的驾驶视野,使得车与车之间前后左右的距离都容易控制到位。

在领略和悦特技表演带来的视觉盛宴后,不少消费者已经跃跃欲试想感受和悦的操控实力,随后活动现场设置的专业试驾体验环节让消费者过足了瘾。百米加速、连续弯道、紧急制动等精彩项目让消费者充当了一回"赛车手",亲自体验了和悦"飞行"的快感。

现场除了惊险刺激的特技飞行秀表演之外,江淮厂方更是面向广大客户进行了低价直销的活动,各种优惠、各种礼品以及让人心动的免费港澳双人游,这些无不一一刺激着广大客户。短短一天的时间,现场就已经签单108台,现场的火爆气氛感染着每一个人。此次和悦飞行秀的上演,不仅开创了国内自主品牌量产原车飞行表演的先河,更以最直观的形式演绎和悦非凡出色的品质,为热爱速度、追求驾驶乐趣的汽车爱好者献上一场完美的体验之旅。江淮乘用车也凭借此次活动,使其高品质口碑得到更深远的传播,在全国范围内掀起新一轮的品质热潮。

【问题】
(1) 江淮和悦飞行秀这一公共关系专题活动取得了怎样的效果?
(2) 成功举办公共关系专题活动需要哪些条件?

任务分析

组织专题型公共关系活动是与广大公众进行信息沟通、交流情感、树立组织形象、夸大组织影响、借以提高组织声誉的有效途径。组织可以根据自身实际需要,选择恰当的时机,实施不同主题的公共关系专项活动。公共关系专项活动的可选种类很多,常见的有展览活动、赞助活动、庆典活动、参观活动、会务活动、仪式活动等。

通过本任务的学习实现以下目标。
- 能够组织展览活动。
- 能够组织赞助活动。
- 能够组织庆典活动。

- 能够组织参观活动。
- 能够组织会务活动。
- 能够组织仪式活动。

知识储备

一、展览

 小案例

潘婷中国百年回顾展

创始于 1837 年的宝洁公司是世界最大的日用消费品公司之一。自 1988 年宝洁公司在广州成立其在中国的第一家合资企业——广州宝洁有限公司起，宝洁在中国已有十多年的投资历程。十多年来宝洁旗下的一些著名品牌可谓家喻户晓，如潘婷、飘柔、玉兰油、佳洁士、碧浪等。1999 年 5 月，宝洁旗下的著名洗发水品牌潘婷，打算于 1999 年 8 月在上海及浙江市场全面推出其最新的护发产品——潘婷润发精华素，从而带动一种全新的护发理念，即从简单护发到深层润发的重大改变。为配合该产品的发布需要策划一系列既新颖又有力度的公关活动。

在策划活动之前，万博宣伟公关公司进行了详尽的市场调查。由于潘婷润发精华素产品是美发领域的一项新突破，且其上市的时间 1999 年，又正是新旧世纪交替的特殊年份，同时又欣逢新中国成立五十周年。考虑到这一特殊年份正是对文化、历史等领域进行回顾展望的好时机，而此类活动又比较容易引起媒介及大众的兴趣，万博宣伟公关公司最后决定举办"潘婷：爱上你的秀发——中国美发百年回顾展"活动。该活动将是中国首次举办的有关美发技术及美发历史的回顾展，在吸引大众关注的同时，也能缔造潘婷品牌在美发界的先驱地位。为此，宣伟公司将此次活动的目标确定为在上海及浙江地区的媒体中提高潘婷润发精华素的知名度，并通过回顾展，树立潘婷护发先驱的形象。万博宣伟公关公司将潘婷形象传播关键信息定义为潘婷润发精华素倡导护发新习惯；潘婷润发精华素由内而外彻底改善发质，使用一次就有明显效果；潘婷润发精华素是新一代护发产品。

整个项目分三大部分完成：前期宣传、活动本身和后期工作。前期宣传将侧重于争取各领域权威人士的支持并为产品发布活动做好铺垫工作。万博宣伟公关公司将潘婷润发精华素产品礼盒及使用反馈表发给上海及浙江地区的媒体及美发界、演艺界等领域的社会知名人士，首先争取他们对产品的认同和支持。在他们对产品有了一定认识的基础上，再邀请各主要媒体召开一次媒介研讨会，为将来的正式活动埋下伏笔。为了扩大传播的覆盖面及影响力，并直接影响到产品的目标消费群——18～35 岁的女性，万博宣伟公关公司特别选择与在华东地区非常热销的生活类杂志——《上海时装报》及拥有一大批年轻听众的上海东方广播电台合作进行一系列宣传活动。活动部分的重点是展览会的组织，其中展览会开幕式活动又是重中之重，内容包括潘婷润发精华素产品上市记者招待会、纪录片播映、不同时代发型表演及有奖问答等。后期工作将集中在与媒体的联络、文章剪报的落实及整个活动的评估总结报告。

展览会于1999年8月25日在上海图书馆一楼展厅举行。展览会的开幕式暨"潘婷润发素上市会"非常隆重。在展厅外悬挂了巨大的宣传横幅以提高影响力和吸引力。上海地区的各大主流媒体以及商业/消费类、生活/美容、美发等不同类型媒体的代表出席了开幕式,此外还有江浙两省及其城市的主要媒体,盛况空前。展览会内容相当丰富,重头戏是向参观者展示从明末清初开始中国社会的发型变化及美发技术变迁的纪录片。该片是中国首部全面展示近代美发史的片子,具有极高的观赏性和教育性。为了增加展览会的生动感,展览会主现场还布置了三四十年代的旧上海美发厅场景,吸引了成千上万的观众驻足观赏。

为期3天的展览会共吸引了近3万人次的观众到场参观,数目惊人。据统计,在活动期间,全国范围内共发表了相关报道64篇,其中包括4家电台及8家电视台。中央电视台2套的生活栏目还特别选用了展览会的素材,在庆祝新中国成立五十周年的一系列回顾报道节目中,特别制作了一档长达15分钟的有关美发、护发的专题节目。所有这些报道折合广告价值高达230多万元。在活动结束后三个月,潘婷润发精华素荣登上海最大的连锁店——华联集团的护发产品销售额榜首。展览会在造成一定社会影响的同时,也提升了产品的销售表现、提高了潘婷的知名度。

组织通过举办展览会,运用真实可见的产品和热情周到的服务,全面透彻的资料、图片介绍和技术人员的现场操作,吸引大量的参观者,使其留下深刻的印象。它是重要的公共关系活动的组织形式之一。

(一)展览会的特点

1. 形象的传播方式

展览会是一种非常直观、形象、生动的传播方式。展览会通常以展出实物为主,并进行现场示范表演,如在产品展览会上,有专人讲解和示范产品的使用方法。这种直观、形象的活动,容易给参观者留下深刻的印象。

2. 极好的沟通机会

展览活动给组织提供了与公众直接沟通的极好机会,通常展览会上都有专人解答参观者的问题,并就他们感兴趣的问题进行深入讨论。这样参展单位在让公众了解本组织的同时,还能及时了解公众对本组织传播内容的反应,参展单位可以根据公众反馈的信息进一步做好工作。

3. 多种传媒的运用

展览会是一种复合的传播方式,是同时使用多种媒介进行交叉混合的传播过程,他集多种传播媒介于一体:有声音媒介,如讲解、交谈和现场广播;又有文字媒介,如印刷的宣传手册、资料;同时还有图像媒介,如各种照片、录像、幻灯片等。这种复合性的沟通效果是其他传播媒介无法比拟的。

小贴士

中国进出口商品交易会

中国进出口商品交易会简称广交会,英文名为 Canton Fair。首办于1957年春季,每年春秋两季在广州举办,是中国目前历史最长、层次最高、规模最大、商品种类最全、到会客商最多、成交效果最好的综合性国际贸易盛会。自2007年4月第101届起,广交会由中国出口商品交易会更名为中国进出口商品交易会,由单一出口平台变为进出口双向交易平台。

中国进出口商品交易会有数千家资信良好、实力雄厚的外贸公司、生产企业、科研院所、外商投资/独资企业、私营企业参展。

中国进出口商品交易会贸易方式灵活多样,除传统的看样成交外,还举办网上交易会。广交会以出口贸易为主,也做进口贸易,还可以开展多种形式的经济技术合作与交流,以及商检、保险、运输、广告、咨询等业务活动。来自世界各地的客商云集广州,互通商情,增进友谊。

(二)展览会的组织

一般的展览会,既可以由参展单位自行组织,也可以由社会上的专门机构负责。不论组织者谁来担任,都必须认真做好各项具体工作,力求使展览会取得完美的效果。根据惯例,展览会的组织者需要重点进行以下具体工作。

1. 参展单位的确定

一旦决定举办展览会,邀请什么样的单位来参加,通常是非常重要的。在具体考虑参展单位的时候,必须两相情愿,不要勉强。按照商务礼仪的要求,主办单位事先应以适当的方式,发出正式的邀请或召集。

邀请或召集参展单位的主要方式为刊登广告、寄发邀请函、召开新闻发布会等。无论采用何种方式,均须同时将展览会的宗旨、展出的主题、参展单位的范围与条件、举办展览会的时间与地点、报名参展的具体时间与地点、咨询方法、主办单位拟提供的辅助服务项目、参展单位所应负担的基本费用等,一并如实地告诉参展单位,以便对方做出决定。对于报名参展的单位,主办单位应根据展览会的主题与具体条件进行必要的审核,切忌良莠不齐。当参展单位的正式名单确定以后,主办单位应及时地以专函通知,使被批准的参展单位尽早做好准备。

2. 展览内容的宣传

为了引起社会各界对展览会的重视,并且尽量地扩大其影响,主办单位有必要对其大力进行宣传。宣传的重点,应当是展览的内容,即展览会展示陈列之物。宣传的主要方式有举办新闻发布会;邀请新闻界人士到现场进行参观、采访;发表有关展览会的新闻稿;公开刊发广告;张贴有关展览会的宣传画;在展览会现场散发宣传性材料和纪念品;在举办地悬挂彩旗、彩带或横幅;利用升空的彩色气球和飞艇进行宣传。以上方式可以只择其一,也可多种同时使用。在具体进行选择时,一定要量力行事,并且要遵守有关规定,注意安全。

为了搞好宣传工作,在举办大型展览会时,主办单位应专门成立负责对外宣传的组织机构。其正式名称可叫作新闻组或宣传办公室。

3. 展示位置的分配

对展览会的组织者来说,展览现场的规划与布置,通常是其重要职责之一。在布置展会现场时,基本要求是展示陈列的各种展品要围绕既定的主题,进行互为衬托的合理组合与搭配,使其在整体上井然有序、浑然一体。

展品在展览会上进行展示、陈列的具体位置,称为展位。所有参展单位都希望自己能够在展览会上拥有理想的位置。但凡是理想的展位,一般都处于展览会较为醒目之处,除了收费合理之外,应当面积合适,客流较多,设施齐备,采光、水电供给良好。

在一般情况下,展览会的组织者要想尽一切办法充分满足参展单位对于展位的合理要求。假如参展单位较多,并且对于理想的展位竞争较为激烈的话,则展览会的组织者可依据展览会的惯例,采用下列方法之一对展位进行合理的分配。

(1) 对展位进行竞拍。由组织者根据展位的不同制定不同的收费标准,然后组织一场拍卖会,由参展者在会上自由进行角逐,由出价高者拥有位置好的展位。

(2) 对展位进行投标。由参展单位依照组织者所公告的招标标准和具体条件,自行报价,并据此填写标单,然后由组织者按照"就高不就低"的行规,将展位分配给报价高者。

(3) 对展位进行抽签。组织者将展位编号分别写在纸上,由参展单位的代表在公证人员的监督下进行抽签,以此来确定其各自的具体展位。

(4) 按"先来后到"的惯例进行分配。所谓"先来后到"就是以参展单位提交正式报告的时间先后为序,谁先报名,谁便有权优先选择自己所看中的展位。

不管采用哪种方法,组织者均须事先广而告之,以便参展单位早做准备,尽量选到称心如意的展位。

4. 展厅的布置

根据展览会的主题与内容,构思展览会场的整体结构,画出总体设计图,列出设计要点,必要时可以事先制作展区的展品、展板布置小样,然后根据设计图制作与布置参展的图表、实物或模型。要注意统筹美术、摄影、装修、灯光等装饰技术,实物展品进场后要有必要的装饰,并加强安全保卫工作。在展厅入口设置咨询服务台和签到处,并贴出展览会平面图,作为参观指南。展览会布置应考虑角度、方向、背景和光线等综合因素,使展品展出后整齐、美观、富有艺术色彩,给人以美感。

5. 展览会的工作人员培训

展览活动既是组织产品与服务的展示,也是组织员工精神面貌与综合素质的展示。展览活动工作人员的素质和工作技能对整个展览的效果影响很大,特别是一些专业性较强的展览,如果没有一定的专业知识,展览的组织、洽谈、解说、咨询等工作就会受到影响。此外,工作人员的公关素质、接待、礼仪、讲解的技巧,都影响着展览活动的成败。因此就应在举办展览活动之前,精心挑选所有工作人员并对其进行必要的专业知识和公关技能培训。培训内容包括各项目、内容的专业基础知识;各自的职责及对各种可能发生的突发事件的处理原则和方法;公关知识、接待礼仪方面的训练等。

6. 展览会辅助服务项目

主办单位作为展览会的组织者,有义务为参展单位提供一切必要的辅助服务项目。否则,不单会影响自己的声誉,还会授人以柄。由展览会的组织者为参展单位提供的各项辅助服务项目,最好能事先告知参展单位,并且对有关费用的支付进行详细说明。

由展览会的组织者为参展单位所提供的辅助服务项目通常包括展品的运输与安装;车、船、机票的订购;与海关、商检、防疫部门的协调;跨国参展时有关证件、证明的办理;电话、传真、计算机、复印机等现代化的通信设备;举行洽谈会、发布会等商务会议或休息时所用的适当场所;餐饮以及有关展览使用的零配件的提供;供参展单位选用的礼仪、讲解、推销人员。

(三) 展览会的效果检测与应注意的问题

1. 展览会的效果检测

展览会后,要对展览会的效果进行检测,了解公众对产品的反映,以及对组织形象的认识和对整个展览会兴办形式的看法等,检测是否达到展览的预期效果。展览会的效果检测方法主要如下。

(1) 举办有奖测验活动。公关人员可根据展览内容,有重点、有选择地确定试题,答题方式以填空、选择、判断为主,当场解答,当场发奖。参观者踊跃应试,不但能增强、活跃展览会气氛,而且能为测定展览效果提供统计依据。

(2) 设置公众留言簿。公关人员在展览厅出口处可设置公众留言簿,主动征求公众的意见,将其作为日后测定效果的依据。

(3) 召开公众座谈会。公关人员还可以召开公众座谈会,随机地找一些公众进行座谈,了解他们对展览会的观后感,讨论一些主要问题,并提出自己的看法。

(4) 借助记者采访。在展览会期间,组织公关人员可邀请一些新闻记者参加,让他们对公众进行采访,并做好录音或记录,以备组织测定效果之用。

(5) 开展问卷调查。展览会结束之后,公关人员可根据签到簿上掌握的公众名单邮寄出问卷调查表,或登门访问让其填写问卷调查表,以了解展览的实际效果。

2. 展览会应注意的问题

组织举办展览会,一方面可以开展促销活动,宣传产品;另一方面可以开展公共关系活动,宣传组织、塑造形象。为提高展览效果,应注意以下问题。

(1) 保持组织信息网络渠道的畅通,及时了解展览信息和其他相关信息,正确决策、充分准备、利用好展览会时机宣传组织和产品。

(2) 一旦展台场地的合同签订,马上同展览会的新闻发布机构人员取得联系;预先提供组织关于展览的详细情况,至少也应提供本组织的有关情况和展出的主要内容。借助展览的组织方对组织及产品进行宣传。

(3) 提早了解清楚官方揭幕者或剪彩者的身份,预先直接同其接洽,争取在正式开幕仪式举行时使其参观组织展台。这对于提高组织声望极为重要。

(4) 参展者应利用企业形象设计原理,使用系统的视觉识别材料。有可能的话在展台或布展上进行特殊装修或对样品进行特殊安排,以增加其独特性和新鲜感。

(5) 展览期间,要考虑组织重要人物出席或邀请知名度极高的社会名流来展台。既可以直接邀请新闻记者参观,在展台旁边组织记者招待会;也可以通过展览会新闻发布机构的新闻报道或信息发布进行宣传。

(6) 展览会上,如果有大宗买卖成交或接待了一位重要的参观者,或者是一种有潜在价值的新产品即将展出等,都是新闻媒介注意的重要题材。参展方公关人员应注意挖掘这种素材甚至可以制造独特新闻,来引起新闻界和社会公众的注意。

(7) 参展者应审时度势,在展览期间抓住或制造机会,如借助公益赞助等其他公关活动来促进产品的销售和塑造组织形象等。

(8) 展览会结束后,应争取记者给予报道,或者通过努力使本组织的展览成为有关广播和电视节目构思的内容。

 小贴士

成功参展十二秘诀

(1) 不要坐着。展览会期间坐在展位上,给人留下的印象是你不想被人打扰。

(2) 不要看书。通常你只有2~3秒钟的时间引起对方的注意,吸引他停下来。如果你在看报纸或杂志,是不会引起人注意的。

(3) 不要在展会上吃喝。那样会显得粗俗、邋遢和漠不关心,而且你吃东西时潜在顾客不会打扰你。

(4) 不要打电话。每多用一分钟打电话,就会同潜在顾客少谈一分钟。

(5) 不要见人就发资料。这种粗鲁的做法或许会令人讨厌,而且费用不菲,更何况你也不想成本很高的宣传资料白白流失在人海中。那该怎样把价值不菲的信息送到潜在顾客手上呢?寄给他。

(6) 不要与其他展位的人交谈。如果你不想让参观者在你的展位前停下来,他们自然会走开。看到你在和别人说话,他们不会前来打扰你。尽量少和参展同伴或临近展位的员工交谈。你应该找潜在顾客谈,而不是与你的朋友聊天。

(7) 不要以貌取人。展览会上唯一要注重仪表的是参展单位的工作人员,顾客都会按自己的意愿尽量穿着随便些,如牛仔裤、运动衫、便裤,什么样的都有。所以,不要因为顾客穿着随意就低眼看人。

(8) 不要聚群。如果你与两个或更多参展伙伴或其他非潜在顾客一起谈论,那就是聚群。在参观者眼中,走近一群陌生人总令人心里发虚。在你的展位上创造一个温馨、开放、吸引人的氛围。

(9) 要满腔热情。常言说得好,表现得热情,就会变得热情;反之亦然。如果你一副不耐烦的样子,你就会变得不耐烦,而且讨人嫌。热情洋溢无坚不摧,十分有感染力。要热情地宣传自己的企业和产品。在参观者看来,你就代表着你的企业。你的言行举止和神情都会对参观者认识你的企业产生极大的影响。

(10) 要善用潜在顾客的名字。人们都喜欢别人喊自己的名字。努力记住潜在顾客的名字,在谈话中不时提到,会让他感到自己很重要。大胆些,直接看着参观者胸前的名牌,大声念出他的名字来。遇到难读的名字就问。如果是个极不寻常的名字,也许就是你同潜在顾客建立关系最得手的敲门砖。

(11) 要指定专人接待媒体。媒体也许会到你的展位找新闻,一定要安排专人作为你的企业与媒体的联系人,这样就可确保对自己企业的宣传始终保持一致口径。如果每个参展的工作人员都可以与新闻界交谈,那么你是在自找麻烦,因为无论你对员工的训练如何有素,都不可能统一口径。

(12) 要佩戴好名牌。在展会上,你肯定不想让参观者叫不出你的名字。如果你将名牌戴在左胸,你就会犯这种错误。应把名牌戴在身体的右侧靠近脸的地方,这样与人握手时,你的名牌就会更靠近对方。

二、赞助

小案例

奇瑞国旗班

代表中国自主品牌的奇瑞汽车,已成为武警天安门警卫支队专用汽车。2005年6月28日下午,奇瑞汽车向武警部队赠车仪式在北京举行。当天傍晚,在天安门广场举行的仪式上,来自国内外上万名群众,目睹了国产品牌的魅力。

本次捐赠天安门警卫支队的10辆奇瑞汽车,包括4辆黑色东方之子、4辆蓝色瑞虎、2辆蓝色奇瑞V5。这些车将作为每日升旗用车以及担负天安门广场、人民大会堂、人民英雄纪念碑、毛主席纪念堂、国家博物馆和长安街、中南海沿线的巡逻工作。

武警天安门警卫支队的官兵表示,奇瑞汽车是中国自主品牌的象征,使用它不仅能便捷地完成保卫及巡逻等工作任务,更重要的是,开国产品牌车护卫国旗,使"国旗班"的卫士们增强了民族自豪感。

赞助是指组织对某一社会事业、事件无偿地给予捐赠和资助,从而扩大组织的知名度与美誉度,树立美好形象的活动。赞助会是某项赞助采用的具体形式。

(一)赞助的意义

赞助对组织的发展具有特殊而重要的意义。具体表现为以下三点。

1. 提高组织的知名度

赞助可以使组织的名字伴随所赞助的事件一起传播。如奥运会是举世瞩目的体坛盛会,收看的公众覆盖面非常广,遍布全世界,这样的赞助活动对组织知名度的提高是可想而知的。

2. 提高组织的美誉度

由于赞助活动所赞助的往往是社会大众所关注的、支持的事业,因此赞助可以树立一个组织关心公益事业的良好形象,改变营利性组织"唯利是图"的商人形象。

3. 履行组织的社会责任

救灾扶贫,支持公益事业,对社会每个成员来说,人人有份,赞助活动体现了组织在建设精神文明、履行社会责任和义务方面的积极态度。

小案例

以小博大的赞助活动

1. 李宁

当人们看到李宁在 2007 年奥运赞助商竞标中失利时,理所当然地以为李宁在奥运营销大战中失败了。其实,李宁已经走在了另一条路上,一条阿迪达斯不屑走、也不愿走的路——非奥运营销。

角逐奥运会服装赞助资格失利仅仅几天后,早有第二手准备的李宁开始接连挥出数记重拳:2007 年 1 月 5 日,李宁与中央电视台体育频道签订协议——2007—2008 年播出的栏目及赛事节目的主持人和记者出镜时均须身着"李宁"牌服饰。此举意味着,在北京奥运期间,只要打开央视体育频道,"李宁"牌的 Logo 就会映入观众眼帘。

这是一次堪称经典的赞助方案,它十分巧妙地躲过了"奥运知识产权"的壁垒,以一种低成本的方式去拥抱北京奥运会——我不能跟北京奥组委合作,我就跟中央电视台合作,赞助不了整个赛事或者运动队,我就赞助报道赛事的主持人和记者。

这样,李宁通过赞助奥运期间在公共活动中出镜最多的主持人和记者,使消费者产生了它是奥运赞助商的印象,自然地将其品牌与奥运联系在一起,达到了很好的公关效果。

2. 鸿星尔克

首次在中国举办奥运会,哪块金牌最为人瞩目?自然是第一金。奥运赛程刚定,作为中小鞋业新星——鸿星尔克就迅速签约中国举重女子队。全力赞助女子队 48 公斤级项目。女子举重队作为传统优势项目,历来都是我国摘金夺银的奖牌大户。其中,48 公斤级又是王牌,加上本土优势,48 公斤级极有可能为中国摘得首金。可以想象,这一历史性的时刻,鸿星尔克可借此迅速扯起举重冠军大旗,第一时间传播自己的"奥运概念""奥运精神"。鸿星尔克的名字因此伴随着这枚首金的诞生而夺得亿万眼球,被国人记住,而且,鸿星尔克在赞助中国举重女子队上并没有花费太多的成本。

(二)赞助活动的类型

1. 赞助体育事业

赞助体育事业主要包括为体育馆捐资和赞助大型体育比赛,其中以后者居多,因为体育比赛是当今的社会热点之一,对其进行赞助,往往可使本组织迅速扩大影响。

小案例

安踏荣获"2012 年度企业体育营销十大赞助商案例"

在 2012 年(第八届)中国体育营销论坛年会上,安踏凭借着伦敦奥运会营销案例荣获"年度企业体育营销十大赞助商案例"的殊荣。

中国体育营销论坛作为体育行业最具影响力的品牌活动之一,赢得了国际赛事组织、大型赞助商等机构的广泛关注与合作。目前,中国体育营销论坛与各地方体育部门构建了有效联动机制,相继推出中国体育营销论坛足球、篮球、自行车、马拉松、赛艇、帆船、登山、武术等系列主题营销峰会,旨在通过品牌再度延伸,在大范围、广领域和高层次的基础上,推动中国体育乃至世界体育的发展。

【点评】 安踏给我们的启示是:企业赞助可以与其赞助的项目同步成名,这是一种信誉投资和感情投资行为。它也是一种有效的公共关系手段,可增加对公众施加影响力的广度和深度。

2. 赞助文化活动

赞助文化活动主要是指赞助电影、电视节目的制作、赞助广播节目、报刊开辟专栏、赞助文艺表演、赞助知识竞赛、艺术节、文化节等大型文化活动。这种赞助活动,不仅有助于社会主义文化事业的发展,有助于全民族文化素质的提高,也有助于培养组织和公众的良好情感,提高知名度。

3. 赞助教育事业

教育的发展是关系到国家千秋大业的大事。赞助教育事业,既有利于教育事业的发展,也会使组织从中受益。赞助教育的方式主要有赞助设立奖学金,赞助学校教学、科研经费、仪器设备、基本建设经费、赞助社会办学等。

4. 赞助社会福利事业

赞助社会福利事业主要是指为贫困地区、残疾人、孤寡老人和荣誉军人等提供帮助。这类赞助体现了组织高尚的道德品质,也是组织向社会表明其承担社会义务和责任的手段。

不管赞助对象是谁,赞助单位向受赞助单位和个人提供的赞助物品主要有四类:一是金钱,赞助单位以现金或支票的形式,向受赞助者提供赞助;二是实物,赞助单位或个人以一种或数种具有实用性的物资的形式,向受赞助者提供赞助;三是义卖,赞助单位或个人将自己所拥有的某件物品进行拍卖,或是划定某段时间将本单位或个人的商品向社会出售,然后将全部所得,以现金的形式,再向受赞助者提供赞助;四是义工,赞助单位或个人派出一定数量的员工,前往受赞助者所在单位或其他场所,进行义务劳动和有偿劳动,然后以劳务的形式或以劳动所得来提供赞助。

小案例

诺诗兰连续5年倾力赞助

以下是来自诺诗兰官方网站的报道:诺诗兰(NORTHLAND)作为奥地利专业户外品牌,在关注户外运动的同时,也积极关注社会公益事业。诺诗兰积极响应慈善滑雪赛的公益行为,关注"中国小花"的成长,并为此次活动提供了全面支持。而作为一个拥有40年成长历史的专业户外品牌,诺诗兰也曾多次赞助奥地利山地救援队,为山地救援人员提供安全保障;赞助"地球第三极珠峰大行动"全力支持地球海拔最高的环保行动。诺诗兰还将北极熊作为品牌吉祥物,大力倡导濒危北极熊的保护行动。与此同时,在2014年2月19日至2月22日举行的第10届亚洲运动用品与时尚展上,诺诗兰也随奥地利展团一同参展。诺诗兰力求将舒适、自在的奥地利户外理念,与奥地利的人文关怀传递给广大热爱户外运动和公益事业的人们。

2014年2月22日,一年一度的奥地利慈善滑雪赛如期与中外的滑雪爱好者们相见。此次滑雪赛在崇礼云顶滑雪场举行,除竞赛环节外,活动还包括慈善拍卖会、慈善晚宴等。此次滑雪赛募集的所有善款,将全部用于"中国小花"(China Little Flower)项目。立足公益,诺诗兰全程赞助了此次活动。奥地利慈善滑雪赛是由奥地利驻华使馆商务处主办的重要公益活动,2014年是该活动规模最大的一届,邀请到了400余家奥地利在华企业近600人参与其中。滑雪节所募资金,都将全部回馈给社会。此次捐赠的"中国小花"项目,是一个非营利项目,其宗旨是为被父母遗弃的婴儿提供一个可以健康成长的庇护所。

【点评】 诺诗兰通过连续5年赞助"中国小花"(父母遗弃的婴儿),充分向社会表明诺诗兰是一个极富社会责任感的企业,承担着济贫助弱的社会义务。它成为诺诗兰改善与社区公众关系、政府公众关系的重要途径之一。它也是一种信誉投资和感情投资行为,塑造了良好的形象,赢得了公众的广泛支持。

(三)赞助活动的组织

组织参与社会赞助活动是一项深得人心的善举。为了使赞助活动收到应有的公共关系效果,公共关系人员必须精心策划,认真实施,重点做好以下工作。

1. 前期调查研究

组织参与社会赞助活动有两种形式,一种是企业主动对某些组织予以支持;另一种是根据某些组织的请求提出申请,予以赞助。大多数企业都依据后者进行赞助。如果企业想获得更好的信誉投资,就应该采取第一种主动的赞助形式。但不管是选择哪种形式都应该首先对其可行性进行详细、周密、科学的调查与论证,这是赞助活动成败的关键环节。

首先,要研究自身的有关情况。从经营政策入手,分析本组织的公共关系政策和目标,考虑是否需要通过某项赞助活动来塑造组织形象,并以此作为组织开展社会赞助活动时制定政策、选择方向、决定赞助金额的基础。

其次,要调查赞助对象的有关情况。包括赞助对象的社会背景、业务内容、经济状况、经济实力、社会信誉、公众关系、面临的问题等,此外还要预测公众的评价、该项目对社会与公众的影响力、公众对其可能出现的心理反应、操作实施中可能出现的困难与问题及本组织对该项目赞助的条件等因素。总之对活动项目的一切细节及其社会效益、经济效益调查论证得越周密,就越有利于活动的操作,越有助于活动取得成功。

最后,为了保证活动的成功,通常要成立一个专门的组织,负责研究活动的各项事宜,包括调查了解成本,进行效益分析,为领导层撰写可行性报告,并负责实施全过程的操作与协调工作,确保社会和组织同时受益。

此外,还要在调查研究的基础上,优先考虑对各种慈善事业、社会福利事业、公共设施、教育事业的赞助。这样,既表明企业对社会的责任和义务,也比较容易获得社会各界的普遍好感。

2. 制订赞助计划

在调查研究的基础上,根据组织的赞助政策和方向,制订出赞助计划。赞助计划的内容应该具体翔实,应对赞助目的、赞助对象、赞助形式、赞助费用的预算、为达最佳赞助效果而选择的赞助主题和传播方式、赞助活动的具体实施方案等都有所计划,做到有的放矢,同时应做好应变方案。赞助计划是赞助研究的具体化,借助于赞助计划,负责人可以控制赞助范围,防止赞助规模超过组织的承受能力,尽量杜绝浪费,并注意留存一部分机动款项,作为开展临时、重大活动时的备用。

例如,《××企业 2018 年赞助计划》可以包括以下内容。

A. 赞助目标

B. 赞助对象

C. 赞助形式

D. 赞助金额

E. 重点传播对象

F. 选择传播方式

G. 具体实施方案

3. 赞助活动的具体实施

经过前面的工作步骤后,赞助机构派出专门公共关系人员负责落实赞助事宜,与受赞助组织联系,有的赞助还需签订赞助协议书或合同(如奥运会、亚运会、全运会的赞助)。在实施的过程中,公共关系人员应该充分运用各种有效的公共关系技巧,使企业尽可能借助赞助活动扩大其对社会的影响。

赞助活动实施之际,往往需要举行一次赞助会,将有关的事宜向社会公告。在赞助活动中,尤其是大型赞助中,赞助会通常必不可少。赞助会一般由受赞助者操办,也可由赞助者操办。

(1) 场地的布置。赞助会的举行地点一般可选择受赞助者所在单位的会议厅,也可租用社会上的会议厅。会议厅要大小适宜,干净整洁,灯光亮度要适宜。赞助会会场的布置不可过度豪华张扬,略加装饰即可。

(2) 人员的选择。参加赞助会的人员。要有充分的代表性,但数量不必过多。除了赞助单位、受赞助者双方的主要负责人及员工代表之外,赞助会应当重点邀请政府代表、社区代表、群众代表以及新闻界人士参加。所有参加赞助会的人士,与会时都要身着正装,注意仪表,个人动作举止规范,与赞助会庄严的整体风格相协调。

(3) 会议的议程。赞助会的会议议程应该周密、紧凑,其全部时间不应超过一小时。其议程如下。

宣布会议开始。赞助会的主持人,一般应由受赞助单位的负责人或公关人员担任。在宣布正式开会之前,主持人应请全体与会者各就各位,保持肃静,并且邀请贵宾到主席台上就座。

奏国歌。此前,全体与会者须一致起立。在国歌之后还可演奏本单位标志性歌曲。

赞助单位正式实施赞助。赞助单位代表首先出场,口头宣布其赞助的具体方案或具体数额。随后受赞助单位的代表上场,双方热情握手。接下来,由赞助单位代表正式将标有一定金额的巨型支票或实物清单双手交给受赞助单位的代表。必要时礼仪小姐要为双方提供帮助。在以上过程中,全体与会者应热烈鼓掌。

双方代表分别发言。首先由赞助单位代表发言,其发言内容,重在阐述赞助的目的与动机;与此同时,还可将本单位的简况略做介绍。然后由受赞助单位代表发言,表达对赞助单位的感谢。

来宾代表发言。根据惯例可以邀请政府有关部门的负责人讲话。其讲话主要是肯定赞助单位的义举,呼吁全社会积极倡导这种互助友爱的美德。该项议程,有时也可略去。至此赞助会结束。

会后,双方主要代表及会议的主要来宾,应合影留念。此后,宾主双方稍事会晤,来宾即可告辞。

4. 效果检测

赞助活动结束后,还应对参加赞助的效果进行评价。一方面依据媒介报道和广告传播的情况测定组织在活动中的地位、作用、角色如何,公众对组织以及整个活动有何反响,组织的形象在多大程度上得到了改善等。另一方面要对参加赞助的全过程进行回顾和总结,看一看组织参加的这次赞助与赞助目标和赞助规划是否相符,落实赞助的公关人员的公共关系技巧和能力如何,本单位是否适宜用这样的方式赞助这种性质的活动等。评价总结的结论应写成书面报告,一份送交有关领导,另一份归档储存,为以后的赞助研究提供参考。

美国航空公司的营销计划

美国航空公司为给未来的顾客——青少年留下一个良好的形象,每年都举办音乐大赛,提供优胜者奖金,并辅助高中学校的音乐教育。每年5月,该公司在纽约市卡内基纪念馆举办音乐大赛的颁奖典礼,并邀请世界著名的首席指挥为受奖人指挥。此外,还将音乐大赛的门票收入作为高中学校基金。这项活动在全美影响很大,由此更加深了美国航空公司在青年人心目中的"光辉形象"。

【问题】 试分析如何将企业良好的形象信息渗透给未来的消费者?

赞助商赞助决策提问一览表

(1) 活动是否符合公司的赞助原则和范围?
(2) 活动能否加强公司的形象?
(3) 活动能否与某一个产品相关联?
(4) 建议书是否包括在活动后评估的可测量的目标?
(5) 公司是否参与策划和管理活动的角色?
(6) 冠名权的归属者是谁?

(7) 展露/宣传的机会点：海报、广告、公告、展示板还是其他？
(8) 赞助的金额是否在公司的预算之内？
(9) 长期的效果如何？
(10) 活动能否促进业务的增长？
(11) 能否获得有关参与者的资料库（包括邮件地址等，但注意隐私保护）？
(12) 有无足够的时间去策划和实施赞助方案？

三、庆典

 小案例

IBM 金环庆典

IBM 公司每年都要举行一次规模隆重的庆功会，对那些在一年中做出过突出贡献的销售人员进行表彰。这种活动常常是在风光旖旎的地方，如百慕大或马霍卡岛等地进行。对 3‰ 做出了突出贡献的人所进行的表彰，被称作金环庆典。在庆典中，IBM 公司高层管理人员始终在场，并主持盛大、庄重的颁奖酒宴，然后放映由公司自己制作的表现那些做出突出贡献的销售人员的工作情况、家庭生活，乃至兴趣爱好的影片。

在被邀请参加庆典的人中，不仅有股东代表、员工代表、社会名流，还有被表彰人员的家属和亲友。整个庆典活动，自始至终全被录制成影片，然后拿到 IBM 公司的每一个单位去放映。

在这种庆典活动中，公司的主管同那些常年忙碌、难得一见的销售人员聚集在一起，彼此毫无拘束地谈天说地，在交流中，无形地加深了彼此的心灵沟通。尤其是公司主管那些表示关心的语言，常常能使那些在第一线工作的销售人员受宠若惊。正是在这个过程中，增强了销售人员对公司的亲密感和责任感。

【问题】
(1) IBM 公司的金环庆典的公共关系意义何在？
(2) 在激励内部员工方面，组织还可以开展哪些公共关系活动？

庆典活动是指公共关系部门举办的庆贺活动、典礼仪式以及具有特殊文化、社会意义的活动项目。其主要形式有开业典礼、周年纪念、节日庆典等。

（一）开业典礼

1. 开业典礼的特点及作用

开业典礼一般是指一个组织开张，一所重要机构成立所举行的仪式。它是公共关系专题活动中比较特殊的一项活动。开业典礼具有以下特点。

(1) 它是一个组织诞生的标志，是开展某项重大活动的开始，因此它往往具有特别的意义。如同文学作品的"开篇"，戏剧中的"开场"，电影中的"序幕"一样。"良好的开端是成功的一半""开张大吉"往往会给公众留下深刻的印象。

(2) 开业典礼是一个新的社会组织公共关系活动的开始。随着组织与公众的第一次会面,公共关系也随之形成。对这个组织来说,从此也就拉开了公共关系活动的序幕。

(3)这种专题活动形式比较正规,声势比较大,隆重、热烈、规格高,容易产生轰动效应。

开业典礼作为社会组织展现自身、赢得公众的一种有效的活动形式,对于联系公众、扩大组织的影响,提高组织自身的美誉度具有十分重要的作用。因为,任何一个组织的诞生,总希望自己在社会上能占有一定的地位,能对社会做出一定的贡献,在社会上产生一定的影响。当然,要实现这种目标,不是靠举办一次两次活动就能办到,而是需要组织长期不懈的、持之以恒的努力,在与公众的长期交往中逐步实现。交往关系总要有一个开头,而且这个开头往往具有决定成败的关键意义。开业典礼就是一个组织向公众的第一次亮相。通过这样一种形式,既为展示组织自身形象创造了良好的氛围,又为公众了解组织提供了机会。成功的开业典礼能够给公众留下深刻美好的第一印象,也为沟通组织和公众之间的联系,为以后的长期交往打下良好的基础。

2. 开业典礼的组织和安排

开业典礼是一项比较复杂的专题活动,需要公共关系人员精心地组织和安排。一般来说,开业典礼的组织和安排包括以下两个方面。

(1)做好开业典礼的筹备事宜。主要包括:①撰写典礼的具体程序。包括宣布典礼开始、介绍来宾、致答谢词、剪彩等。②拟定出席典礼的宾客名单。邀请的宾客应具有广泛的代表性,尽量邀请一些知名人士或新闻记者参加,邀请函应尽早发出,以便被邀请者安排时间按时赴会。③确定致辞人员名单,并为本单位负责人拟定答谢词、贺词。④确定剪彩人员。参加剪彩的除本单位负责人外,还应在宾客中邀请地位较高且有一定声望的知名人士同时剪彩。⑤落实各项接待事宜。要把典礼仪式的各项服务工作落实到人,明确任务,提出具体要求,保证人员岗位不出差错。

(2)典礼进行中及结束后的工作安排。主要有:①典礼仪式过程中为了活跃气氛,可以适当安排一些助兴节目,如鞭炮、礼花、歌舞表演、舞龙耍狮、游艺活动等。②为了使上级、同行和公众了解组织,适当组织参加典礼的宾客对本组织的工作现场、生产设施、服务条件、商品陈列等进行参观。③典礼活动结束后,要通过座谈会或留言簿等多种形式广泛征求宾客的意见和建议,以检测效果、总结经验。

小案例

宜家的开业典礼,搬家也是一场营销

宜家(IKEA)是国际著名的大型家具零售企业,1943年由英格瓦·坎普拉德创建于瑞典。宜家提供种类繁多、美观实用、老百姓买得起的家居用品。目前宜家产品包含大约9500种家居用品,宜家设计的产品不但实用,而且美观。宜家的产品虽然不是最流行的,但却是现代的,实用性强,又不失美观,是以人为本和儿童友好型产品,代表着清新、健康的瑞典生活方式。

2012年年底,位于挪威第二大城市卑尔根的宜家准备搬家到300米外的新址,不过它希望让"邻居们"都能参与进来。于是它通过报纸、户外广告、网络广告和社交媒体等方式,

征集志愿者们来帮忙。只要登录公司网站,人们即可申请诸多岗位,例如,在开业典礼上发表演讲、协助市长揭幕,或者在新址门外种下第一棵树,主持客户广播等。搬家行动很快获得了巨大反响,人们甚至志愿参加宜家并未征集的活动,连挪威最卖座的嘻哈歌手也自愿报名做一场现场秀。最终,整个新店开业典礼吸引了20%的本地居民参与,成为宜家史上举办最成功的一场开业典礼。

【问题】 宜家开业典礼在公共关系方面起到了哪些作用?

3. 举办开业典礼应注意的问题

(1) 准备要充分。开业典礼一般形式比较正规,规模也比较大,举办前尽量要事无巨细、设想周全。只有准备充分,才能有备无患,应付自如。

(2) 举止要热情。举办开业典礼是组织的第一次亮相,要求全体人员注意礼仪、礼节,对来宾要热情周到,举止文明、落落大方。

(3) 头脑要冷静。开业典礼一般气氛比较热烈,受情绪感染,有时会出现一些意想不到的事情,组织者要始终保持清醒的头脑,善于观察苗头,对可能出现的不测,及时引导,巧妙地予以扭转,切不可意气用事或惊慌失措。

(4) 抓住时机,创新宣传。当庆典过程中出现一些意想不到的事情时,要善于抓住时机,有所创新。上海一家商厦试营业时,一位顾客不慎摔碎了大型导购灯箱。据说,修复灯箱需要6000元费用,可是,这家商厦的经理却提出只需这位顾客赔偿1元人民币,其余部分由商厦承担。这种做法不但使顾客深为感动,而且造成了强烈的社会反响和轰动效应,引得报界、电台等新闻机构纷纷报道和采访。这是抓住时机、创新宣传的极好例子。

(5) 指挥要有序。比较大型的开业庆典活动,人员众多、场面热闹,组织不好,容易乱套。因此,组织者必须周密安排、明确分工、指挥有序。要建立联系系统,使参加者的情绪受感染,不知不觉地予以接纳,这就要求组织者具有敏锐的观察力和高超的鼓动技能,善于根据公众情绪变化,不断把气氛推向高潮,提高传播效果。

(二) 周年纪念

组织的周年纪念也是每年一次开展公共关系的极好时机。因为组织的类型、特点、性质不同,所处的具体环境、所具备的条件以及主观追求的目标不同,因此,同开业庆典一样,组织的周年纪念活动形式也是多种多样的。广州中国大酒店在开业一周年纪念活动中,以照一张全酒店2000名员工参加的"中"字照,作为公共关系活动主题,并以这张照片为主线制成明信片寄往世界各地曾经住过酒店的宾客和赠予社会各界知名人士,以此来联络感情、扩大影响、吸引公众。

组织周年纪念的形式丰富多彩,但是无论何种形式,都必须注意以下几点:①周年纪念活动必须有明确的主题。如中国大酒店开业一周年的庆祝活动公共关系人员设计的主题是:"中外通商之途,殷勤款客之道。"这就突出了酒店特别为来华经商者提供先进、完善服务的特色。②注意介绍本组织的成就。周年纪念活动对内可以增强凝聚力,对外也是宣传自己的极好机会。因此,要注意宣传、介绍本组织的成就、生产经营特色、产品质量、经营方针和宗旨以及所取得的经济效益和社会效益。美国通用汽车公司就是通过具有特色的周年纪念活动向公众宣传该公司对汽车发展所做的贡献。③感谢各界同人及朋友的支持。组织的发展离不开各界的广泛支持,组织可以利用周年纪念的机会,有针对性地提出感谢的具体单位及单位的主要领导,以此联络感情。④提出未来的发展计划。要注意说明本组织存在的社会价值以及今后对社会发展的贡献,并表示今后要继续求得社会各界朋友的支持和爱戴。

 小案例

玫琳凯50周年庆典上的"彩妆画"

据中国网2013年9月4日《玫琳凯50周年庆典举办》一文报道,玫琳凯(中国)化妆品有限公司(玫琳凯)创造了一项全新的吉尼斯世界纪录——一幅面积达到56.5平方米的世界最大"彩妆画"。

玫琳凯首席市场官谢乐尔•阿特金斯•格林说,在玫琳凯成立50周年之际,我们决定以一种盛大且具有视觉冲击力的方式来庆祝。于是,在16天的时间里,10位艺术家累计投入1000多个小时,用3500多种玫琳凯的化妆品(包括滋润修颜粉底乳、炫润唇膏、纯色眼影、眼彩霜、眼部打底膏和300把彩妆刷)创造了这项世界纪录。其中还未包括40小时的产品和材料的测试时间及60小时的创意时间。

据悉,该幅画的设计灵感来自玫琳凯50周年主题"爱的传奇•你能!我能!"。20世纪60年代,美国的大多数女性没有全职工作,玫琳凯女士为了帮助女性获得个人的成功和经济的独立,于是开创了玫琳凯。这幅画是对玫琳凯50周年庆典的一份献礼,同时也呈现了玫琳凯独特的企业文化。

(三)节日庆典

世界各国、各民族、各地区及组织都有自己的节日,有的是传统节日,有的是具有纪念意义的节日。可以说,所有的节日都值得庆贺,都具有纪念意义,也是开展公共关系活动的大好时机。伴随着改革开放,我国各地相继举办了一些具有地方特色的节日,如青岛的啤酒节、上海的电影节、潍坊的风筝节和大连的服装节等。这些节日对于塑造地方形象、扩大影响都起着十分重要的作用。

举办节日庆典要注意的问题:①确定举办节庆的时间、地点。节庆的时间应相对固定,不宜朝令夕改。地点的选择应适合节庆的主题。如"桃花节""樱花节"一定要选有桃花和樱花盛开的地方。②设计每年节庆的宣传口号和节徽,为了使每年的节庆活动有新意,有些节庆的口号可以一年一换,也可采取社会征集的办法,引起更多人的关注。③周密策划,力求使每一次节庆活动内容和形式都丰富多彩,独具特色。活动方案的形成既可由专家设计,也可采取参加单位提出自己的活动方案后,由总负责部门协调。④具体活动实施,要井然有序,宽松和谐。节庆活动要在最吸引人的地点、时间举行,同时要注意交通秩序,保证安全。⑤要和新闻机构加强联系,准备好宣传、报道方面的材料,加强宣传力度,使整个活动取得良好的社会效益和理想的经济效益。

四、参观

 小案例

板 鸭 店

南京一家板鸭店过去在加工车间门口挂了一个牌子"工作重地,谢绝参观",购买板鸭的人想从门缝里看看加工过程,也会被工作人员劝离。后来该店接受一位公关行家的建议,将加工车间门口的那块牌子改写成了"加工熟食,欢迎参观",购买熟食的顾客可以进去参观,不仅能看到盐水鸭、板鸭的制作过程,还可获得商店赠给的一张优惠券。许多人参观后兴致勃勃地选购了熟食。该店的生意由淡转旺,销售量日趋上升。该店经理感慨地说:"我们店以前在电视台、电台做了多次广告,花钱不少,效果不大。这次就换了一个牌子,改了几个字,销量就大大增加了。"

参观也叫开放参观,顾名思义就是社会组织为了让公众更好地了解自己,将组织内部有关场所和工作流程对外开放,组织相关的公众到组织所在地参观和考察,以事实说服公众,赢得公众理解和支持的公共关系活动。

(一)开放参观的类型

1. 专题性参观和常规性参观

专题性参观是有特定的目的、围绕一个专门确定的主题而进行的。常规性参观一般没有特定的主题,是组织常规工作的一项内容。

2. 特殊参观和一般参观

特殊参观就是对特定公众对象开放的参观。如上级部门领导人的视察,组织学生来单位参观等。一般参观就是对公众对象不加限制,应事先通过"安民告示"或其他传播手段广泛宣传开放参观的目的、时间及参观须知,争取尽可能多的参观者前来参观。

(二)开放参观活动的组织实施

开放参观不仅是提高组织知名度、美誉度以及争取社会各界理解与合作的重要手段,而且是激发本组织成员的自豪感与凝聚力的有效措施。因此,许多组织将成功地开展这类活动作为组织进行公共关系策划经常选择的方式。要使开放参观活动取得良好效果,需把握好以下环节。

1. 确定主题

开放参观活动是一项细致而复杂的工作,涉及组织内部和外部的各种因素,一定要明确开放参观的目的是什么,解决组织的什么问题,达到什么样的目标和效果。只有在此基础上,才有可能进一步策划和组织好参观活动,使整个活动有的放矢地进行。

开放参观的主题主要有以下四个方面:①扩大组织的知名度,提高美誉度;②促进组织的业务拓展;③和谐组织与社区的关系;④增强员工或家属的自豪感。

2. 安排参观内容

要根据主题来安排开放参观内容。参观内容一般包括以下方面：①情况介绍。事先准备好简明生动、印刷精良的宣传小册子。②现场观摩。让参观者参观工作现场。如生产经营设备和工艺流程；厂区环境或营业大厅；员工的教育和培训设施；组织的科技开发（实验）中心；组织服务、娱乐、福利、卫生等设施。③实物展览。参观组织的成果展览室；可以陈列资料、模型、样品等实物。此外，参观活动内容的确定还要考虑到参观者的需要和兴趣。

3. 选择参观时间

开放参观活动时间，主要是针对公众开放参观的时间，应尽可能安排在一些具体有特殊意义的日子，如周年纪念日、开业庆典活动等，使参观者有充足的时间和兴趣来参观，同时要避开一些重大政治事件、新闻事件和节假日。此外，还要考虑季节和气候因素，太热、太冷都不宜安排开放参观。要尽可能为开放参观活动留有足够时间做准备工作，较大规模的开放参观活动一般需3～6个月的准备时间，更大规模的或极为特殊的开放参观活动则需要更长时间。另外，由于工作需要，一些部门负责人、党政要员、专家学者、社会名流、外商等的开放参观可以没有时间限制，可根据他们的需要，随时组织参观。

4. 安排参观路线

开放参观路线由参观的内容来确定，是全局开放还是局部开放，由组织的决策部门审定。在此基础上再确定开放参观路线，并在开放参观路线的拐角处设置路标，有利于参观者按路线有序地进行参观，开放参观活动不是一种自由随便的活动，不能任由参观者随意参观，要提前拟好开放参观路线，制作向导图及标志，标明办公室、餐厅、休息室、医务室、卫生间等有关方位。如有保密和安全需要，应注意防止参观者越过所限范围，以免发生意外的伤亡事故、影响正常的工作程序。

5. 落实参观者

组织应根据参观活动的目的和主题选择相应公众。对参观公众的邀请，可以通过广告发布信息，还可以向有关公众发出邀请信（函），邀请既要重视目标公众，又要充分考虑一般社会公众，尽可能邀请一些党政要员、社会名流、明星来参观，以制造新闻点。同时还要考虑组织的接待能力，邀请参观的时间不要太集中，应分期分批安排。要编制来宾名册，对参观者进行签到、留言，以便为事后统计提供依据。

6. 培训工作人员

开放参观活动要由一些具有一定素质的接待人员和导游从事接待组织工作。要组织专门的接待人员和导游接受培训，使他们不仅充分了解组织的情况，具有一定的专业知识，还应具有一定的公共关系素质，特别是演讲口才、接待礼仪等，这样才能把开放参观活动开展得生动、活泼、有声有色，给参观者留下深刻的印象，为组织树立良好的形象。

7. 准备辅助设施和纪念品

辅助设施有停车场、休息场所、会议室等。参观场所应设路标，对特殊参观者还应根据参观对象进行特别的准备，如用餐、用车等。另外，还要准备好象征组织的产品，代表组织形象的小型纪念品。如果是外宾,应多选择一些有地方或民族特色的产品作为礼物。

8. 做好宣传工作

为了配合开放参观活动的有效进行,要积极做好传播宣传工作,尽可能邀请新闻记者参加,为他们的采访报道提供便利条件。此外,还应准备各种有关的宣传材料,如广告、关于组织和产品的说明书、画册、纪念册,配备有关的视听材料供参观者播放。

为了使开放参观活动发挥应有的功效,说明书或宣传材料应简单、通俗易懂。在开放参观之前,可以先放录像片或幻灯片进行介绍,帮助参观者了解组织的主要概况。然后再由向导陪同参观,沿开放参观线路作进一步解释和说明。一般最好将参观者分成十人以内一个小组,这样既便于组织,又能让参观者听清讲解。公共关系人员的解说词要写得简明扼要,主要配在图表、数字、模型、样品下方,标语一般写在前面或后面,还可用照片来增加展览的形象性,为小组参观者留下好印象。

9. 搞好接待工作

开放参观接待工作是针对接待任务进行总体安排并予以执行实施的过程,一般包含以下内容:首先,为开放参观活动所做的安排、协调、引领、衔接工作。包括:①制订总体接待方案;②联系协调相关部门,下达和分配具体接待任务;③按照方案调度车辆,搞好宣传讲解,确保开放参观活动高效、有序运转。其次,礼仪工作。包括:①迎送;②陪同;③会见;④纪念性礼品赠送,通过礼仪表达尊重和友好。最后,生活安排及其他有关服务。包括:①住宿与餐饮的安排;②返程票务订购;③物品托运等。通过生活服务,方便参观者活动,进一步体现对参观者的关心和友爱。

10. 参观后工作安排

参观活动结束以后,还需要进行一系列的公共关系活动,比如致函向来宾道谢,登报向各界鸣谢,召开参观者代表座谈会等,目的是听取各方意见和建议,以便有利于改进日后管理。

小案例

伊利工厂的开放之旅

"能亲眼看见伊利牛奶严格的生产过程,我们以后喝伊利就更踏实了。"

"放心品质不是喊口号,不是靠广告,现在市场上奶产品很多,但咱们以后只认俩字,伊利。"

随着 2013 年"伊利工厂的开放之旅"在全国范围内持续开展,很多走进伊利工厂的普通消费者都发出了类似的感慨。零距离接触,让更多消费者以"眼见为实"的实践,带走了信心与放心。

"伊利诚邀消费者走进工厂,接受来自社会各界的审视和监督。作为企业,我们会充分保证消费者的知情权和监督权。"活动相关负责人表示,"在伊利工厂,天天都是开放日,人人都是监督员。"

记者了解到,"伊利工厂的开放之旅"总共有三大亮点,即"全年""全国""全民"。

"全年"——从时间上看,参观活动自 4 月 6 日起启动,将持续贯穿 2013 年全年。

"全国"——从地域上看,北至黑龙江肇东,南至广东佛山,西起宁夏吴忠,东到江苏苏州,本次开放的伊利工厂基本实现了全国性覆盖。

"全民"——全国各地的消费者只需上网搜索"参观伊利",或登录伊利官网按照页面提示,选择距离最近的伊利工厂,简单几步即可完成预约。

2013年,结合"态度决定品质"的年度传播主题,"伊利工厂的开放之旅"将为每一位愿意走进伊利的消费者提供免费接送班车及全程专业讲解,打造更好的消费者体验。

记者在实地参观过程中了解到,伊利在产品的生产过程中,引进了国际领先的设备,采用先进的机械化挤奶技术。在奶车运输环节中,全程采用GPS(全球定位系统)监控,确保牛奶安全到厂。整个生产环节,采用真空灌装技术,确保全程无菌、密闭。此外,伊利品牌代言人、著名女子网球运动员李娜也亲自带领消费者参观了位于天津武清的伊利工厂。李娜表示,此次活动拉近了自己与"粉丝"的距离,更切身感受到伊利的"亲民零距离"。

在伊利看来,品质不是自上而下的口号,而是每一位消费者的亲身感受和见证。在经历了北京奥运会与上海世博会等大事件之后,伊利将更宏远的战略布局与消费者的距离悄然拉近。"务实和开放,是伊利成就品质的态度,更是伊利成就梦想的基石。这不仅仅是伊利人肩负的使命,更是千千万万伊利的消费者,甚至是所有的中国老百姓对安享'放心食品'的期待。"伊利相关负责人坚定地说。

"伊利工厂的开放之旅",用诚恳的态度,表达了企业"成为世界一流的健康食品集团"的信心,这也为整个中国乳制品行业重塑公信力创造了一个良好的开端。

【问题】 伊利举办"伊利工厂的开放之旅"活动的目的何在?

(三)组织开放参观的注意事项

组织对外开放参观活动虽然是件很繁杂的工作,但又是一项很好的公共关系活动。为了使开放参观活动收到应有的公共关系效果,在组织开放参观活动时,必须注意以下事项:①要结合参观者的要求和组织的自身情况,组织公众参观活动,既要有针对性,又要符合参观者的兴趣爱好。②要恰如其分地介绍组织情况,在不泄露机密的前提下,使参观者对组织有较为深入的了解。③要妥善安排参观活动的每一个细节,防止出现不必要的失误。④要虚心征求参观者意见和建议,积累经验,使开放参观活动产生更加积极的效果。⑤在开放参观过程中,如果参观者提出特殊要求,工作人员要注意先与有关管理人员或负责人商讨后再作答复,以免妨碍正常工作或发生意外问题。⑥搞好食宿交通等后勤保障工作。如果开放参观活动的时间较长,注意中间要安排适当的休息时间。

小案例

某大型超市的顾客参观日

上海某大型超市每半年都会组织一次与顾客沟通的机会,让顾客更加了解超市的工作状况,同时也从顾客那儿吸取更多的意见和建议。参加座谈和参观的顾客代表是由超市方面在附近社区和超市班车上选择一些老顾客,邀请他们到超市内的会议室进行座谈,会议室做了精心的布置并准备了水果和茶点。由客服部经理和店长负责接待,并与顾客代表进行座谈沟通,听取他们的意见和建议。座谈会结束后,由客服部经理和店长带领,组织这些顾客代表参观仓库和生鲜部门的加工车间,向他们介绍商品进入卖场之前的验货程序,让顾客代表了解超市对问题商品或是破损商品的处理过程,以增强顾客对该超市商品质量的信心。

通过一次次的座谈和参观,该超市在很多方面进行了改进。如对于顾客提出的商品质量问题,超市方加强了收货和上货架检验;对于顾客提出的商品退货问题,超市方也提供了更简便的方法;对于顾客提出的价格问题,超市方提供了差价退赔的服务;对于顾客提出的标价不明的问题,超市方还提供了标价错误的赔偿服务,等等。这些服务不仅满足了顾客的种种要求,还对自身管理带来了不少提高。此外,顾客还为该超市的管理问题提供了不少建议。如班车的线路安排,超市扩建时的出入口安排,顾客的机动车辆管理,等等。这些不仅为顾客提供不少便利,也使超市的服务更加人性化。①

【问题】

(1) 对外开放接待和顾客代表座谈会,这些活动的意义何在?如何提高这些活动的效果?

(2) 公共关系十分注重通过各种渠道与顾客进行交流沟通,除了案例中介绍的座谈会和参观之外,你认为还有哪些有效途径?

五、会议

会议是指三人以上参加、聚集在一起讨论和解决问题的一种社会活动形式。人们通过会议交流信息、集思广益、研究问题、决定对策、协调关系、传达知识、布置工作、表彰先进、鼓舞士气等。随着社会的发展,人们已经难以想象"没有任何会议"的情形。有一项调查表明,大多数商务人士有1/3的工作时间用于开会,有1/3的时间用于商务旅行。正如深圳万科公司的前任董事长王石曾经说过的一句非常形象的话:"我如果不是在开会,就是在去往下一个会议的路上。"因此,虽然会议可能会带来资源、人力、物力的巨大耗费,但是谁都不得不承认,会议是一种非常有效的商务沟通方式和手段,因为面对面的交流可以传递更多更及时的信息,尤其是需要各方面协作的工作更应通过会议这个纽带来进行协调、安排与推进。

(一) 会务活动的筹备

 小案例

有备才能无患

海达公司的新产品发布会议即将开始,总经理秘书小叶正站在会议大厅的入口处,她一边做着最后的检查,一边等着嘉宾的到来。她检查主席台上放置的名签时,发现有问题,一位嘉宾因故不能前来,名签却没有撤掉,而另一位嘉宾刚才来电话说要来参加新产品发布会,名签却没有准备。这时她的手机又响了,原来是接电视台记者的汽车在路上抛锚了,

---

① 杨加陆.公共关系学[M].上海:复旦大学出版社,2016:248.(注:本案例为2004级工商管理专业学生自编案例)

重新派车已经来不及了。同时,会议秘书组的人员来报告,宣传材料不够。此时嘉宾已经陆续到来。

筹办、主持或者参加一次有效的会议对于公共关系人员来说是十分重要的。在筹办会议时,各方面都要考虑周全;主持会议时,会议主持人员要体现出对整个会议的良好控制能力;出席会议时,与会人员的仪态、精神都要与会议的内容、主题吻合。一个重要会议的举行往往是公共关系人员才华显现的机会,又是其礼仪修养和礼仪业务水平的表演舞台,所以应特别留心。

筹备一次会务活动,就必须对会议的礼节要求、仪式过程了如指掌,如邀请哪些人员与会,会议通知如何措辞,会议的标题、口号、徽记怎么设计,仪式顺序怎么安排,会场怎么布置,礼品奖品怎么颁发,照相时怎么安排位置,怎样调节会议节奏,怎样对外宣传会议,怎样做好会后扫尾工作等。只有了解了这些会议礼仪工作的基本内容,才能在每次会议召开之前,有条不紊地做好充分准备。会议活动筹备有以下基本要求。

1. 周全考虑

在酝酿会议时,对会议活动过程中的各个环节、各个细节都要作全面的考虑,以防差错和闪失。大型的会议活动的通知一旦发出后,所有准备工作都进入倒计时状态,倘若没有事先的周全考虑,是无法应付可能发生的紧张情况的。

周全考虑,不仅指对会议的各项议程的考虑,还包括对一切可能影响会议顺利举行的因素作充分的考虑,如天气状况就是一个重要因素。天气的阴晴、气温的高低可能对在室外举行的会议产生相当大的影响,雨水可能将事先准备的会标、鲜花、旗帜淋坏;与会者也会因天气原因而产生人数、纪律等方面的混乱;雨中的节目表演难以进行;雨中的扩音设备易出故障等。如果室外气温过高,会议参加者中可能会出现中暑昏倒,会场秩序由此也许会引起骚动混乱。即便是在室内举行的会议,天气也是影响其正常进行的重要因素,太冷、太热、太闷都不利于会议顺利召开。天气因素还可能影响交通顺畅,与会者因此可能没法准时到会。所以,根据天气情况,充分考虑会议期间可能发生的天气变化,是会议礼仪所要考虑的一个重要方面。只有充分考虑各种可能发生的情况,才能对会议期间的复杂忙乱状况应付自如。

会议的场所定在哪里,也是应重点考虑的一个方面。选择的场所要适宜于开会、不受干扰、便于集中。虽然目的地选得不错,如果忽略了交通的便利,这也是考虑不周的表现。

在会议出席者的安排上更要考虑周全。有些会议往往是与会者资格、权力和待遇的一种体现。如股东大会、理事会等,倘若考虑不周邀请了不该邀请的人员,或者把重要的人员遗忘了,虽然可能是偶然的疏忽,但是却会引起很大的麻烦,甚至导致会议进程受阻或者决策无法及时做出。

因此,在安排会议工作时,一定要从客观条件、主观因素等诸多方面来考虑会议的礼仪工作,以确保会议圆满成功。

2. 周密安排

在周全考虑的前提下做出周密安排,努力使会议开得顺利。首先体现在会期和会议内容的安排上,既要张弛结合,又要紧凑高效。参加会议人员应是放下手头的日常工作而来的,如果不考虑会议的主题,在会议过程中安排过多的游览、宴请等活动,是不科学、不合理的,是违背会议宗旨的;但一个报告连着一个报告,一个讨论连着一个讨论,又会使与会者感觉疲劳,从而影响会议效果。如果会期太长,与会者可能会因疲劳退场;会期太短,则又来不及反映有关情况,信息得不到充分的交流与反馈。所有这些都说明,只有周密安排会议才能确保会议目标的实现。

周密安排还体现在会议准备工作是否做得充分上。与会者来了,筹备者却发现未给与会者准备足够的文件袋;会议临开场了,发现代表证未配好别针,没法佩戴;表决投票之后,计票结果迟迟未能公布,让场内与会者空等;会议开始了,才发现文件袋内少了一份昨晚刚赶出来的文件,与会者必定会心生埋怨……一切安排的不周,都会影响会议的气氛和与会者的情绪。

怎样安排与会者的入场和退场、怎样接送与会者、怎样安排与会者就座,这些都须事先周密安排。怎么休息,也是应该周密安排的方面。会场布置中的安全通道的位置、工作人员工作区和记者席的位置,都要便于其工作的开展。一些庄重的仪式性会议,其仪式所需要的各种用品、设备,事先都应做充分检查,以防万一发生故障。会议中需要使用的多媒体幻灯片、录音、录像等,都应在正式使用之前先试放。而对特别重大活动,则应事先做演练。

3. 周到服务

保证会议圆满完成各项议程,保证每个与会者精神振奋、情绪饱满地参加会议,保证与会者的安全,是会议服务工作的出发点和最终目的。

会议的服务对象主要有与会领导和贵宾、普通与会者、采访会议的新闻工作者等。进行会议服务时,注意针对不同的服务对象要有不同的服务内容,使会议的主题不但在会内得到体现,而且在会外得到延伸。

领导是会议的灵魂。会议服务首先要为领导提供服务。应根据会议的主题、目的,为领导准备好相关材料,提供可靠翔实的数据,引证真实充分的事实。在会议进行期间,秘书人员要妥善安排领导的其他工作,或由别人代理,或延期改期,或取消。当然,这一切安排都必须在领导同意批准之后才能实施。打搅干扰领导出席会议的事情要尽量少做,在会议进程中发生的各种情况应及时报告给领导,使领导始终能够从统领全局的高度参与会议,而不是和普通与会者一样,被会议既定议程牵着走。

与会贵宾的身份特殊,他们的到来往往是一种会议礼仪的需要。他们不一定有正式与会者的全部权利,然而却享有比正式与会者更高的待遇。他们可能是上级、前辈、功臣、协作对方。会议过程中为贵宾服务,要本着敬重、照顾的原则,使他们也能够被会议的气氛所感染,从而在精神上融入会议,真正为会议锦上添花。

对普通与会者应提供实实在在的服务,从发会议通知开始,直到将与会者送走,按时下发会议纪要,让与会者对会议的精神、目的了然于心;解决会议期间所有工作和生活的不便,从而使与会者安心开会、行使权利、有所收获。

商务会议经常需要邀请新闻媒体的相关人员参加,以扩大会议影响。因此,会议开始之前,会议组织人员就要与领导商量对会议报道到什么程度,以便做到统一口径对外发稿,以免与新闻宣传方面产生矛盾,进而影响会议形象、破坏会议气氛。

（二）会务活动的安排

1. **会场选择**

大型会议的会场选择对会议主题的深化有密切关系，对与会者参会的情绪也有很大影响。举办会议首先要选准会场会址。要考虑交通便利、设施齐全、环境安静、停车方便、大小适中、费用合理等因素，使与会者能够方便地到会，安心地开会。

2. **会场布置**

对于一般的小型会议，会议室只要清洁、明亮，有足够的桌椅让与会者方便地看文件、做记录、讨论发言就行了。而大型会议的会场准备则比较复杂，需要体现会议的主题，应注意会场内座位的布局、主席台的布置以及其他可以渲染和烘托气氛所做的装饰等，一定要讲究科学性、合理性和艺术性。

（1）会标。会标即会议全称的标题化。应将会议全称用大字书写后挂在主席台的正上方，一般用红底白字，也可以用红底金字。这是会议礼仪十分重要的一点、点睛的一点。它能增强会议的庄重性，揭示会议的主题与性质，使与会者一进会场就被会标引导，容易进入会议状态。

（2）会徽。会徽是体现或象征会议精神的图案性标志。要选择具有强烈感染和激励作用的图案，重大会议的会徽可向社会征集，也可在单位组织内部征集。会徽图案要简练、易懂、寓意丰富。

（3）标语。标语当然是会议主题的体现，会场上的气氛往往就是被恰到好处的标语、旗帜等渲染起来的。标语在准备会议文件时就应拟就，并报请领导批准。会议标语要集中体现会议精神，使其简洁、上口、易记，具有宣传性和号召力。

（4）旗帜。会议的旗帜包括主席台上悬挂的旗帜和会场内外悬挂的旗帜。主席台上的旗帜应围挂在会徽两边，显得庄严隆重；主席台的两侧插上对应的红旗或彩旗，又可增添喜庆气氛。而会场门口和与会者入场的路旁插上红旗或彩旗，使会议的热烈气氛洋溢在会场内外，以衬托会议的隆重。

（5）花卉。花卉是礼仪不可缺少的重要道具。在会场上，花卉还能起到解除与会者疲劳的作用。选用花卉应突出中华民族的文化特色，以梅花、牡丹、菊花、兰花、月季、杜鹃、山茶、荷花、桂花、水仙十大名花为代表的中国原产花卉，早已被赋予浓重的文化色彩，以这些花为主构成的花卉艺术品如插花、盆景等都能以无声的语言向人们传播中华民族的文化，表现民族精神。因此，越是重大的会议，越应选取有代表性的中国原产花卉作为摆放的主体花卉，并将中国传统艺术花卉的插放造型作为会议花卉的礼仪形式。

（6）灯光。会议场所的灯光应该明亮、柔和，既给人适宜的照明，也可减缓因会议时间过长而带来身体或精神上的疲劳。大型会议的会场灯光应设计几套，以便于会议颁奖、照相、演出等多种需要。

（7）座位。会场内座位的布局要根据会议的不同规模、主题，选择合适的摆放形式。"而"字形的布局格式比较正规，有一个绝对的中心，因此容易形成严肃的会议气氛，参见图4-1。一些小型的、日常的办公会议以及座谈会等通常在会议室、会议厅进行，可以根据需要将座位摆放成椭圆形、圆形、回字形、T字形、马蹄形和长方形等,这些形式可以使参加会议的人坐得比较紧凑,彼此面对面,容易消除拘束感,参见图4-2。座谈会、小型茶话会、联谊会等多选择六角形、八角形或者半圆形等布局形式。①

图4-1 "而"字形会议室布局

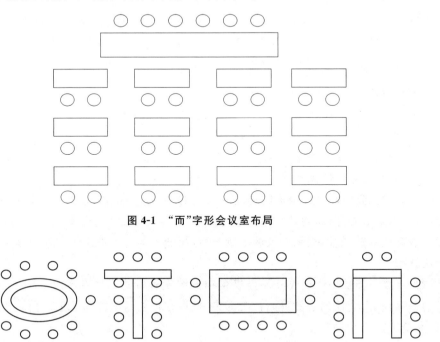

图4-2 椭圆形、T字形、回字形、马蹄形会议室布局

3. 主席台布置

主席台是会议的中心,也是会场礼仪的主要表现位置。主席台布置应与整个会场布置相协调,并作强调突出。

(1)座位。主席台座位要满座安排,不可空缺。倘原定出席的人因故不能来,要撤掉座位,而不能在台上留空。主席台座位若有多排,则以第一排为尊贵。第一排的座位以中间为贵,依我国传统一般由中间按左高右低顺序往两边排开,即第二领导坐在最高领导左侧,第三领导坐在最高领导右侧,以此类推。如果人数正好成双,则最高领导在中间左侧,第二领导在中间右侧,以此类推。但目前国际上流行右高左低,因此安排涉外会议时,也要灵活依据有关规矩。时下一般处理方式为开会以左为尊,宴请以右为尊。每个座位的桌前左侧要安放好姓名牌,既方便入座,也便于台下与会者和新闻采访人员辨认熟悉有关人士。主席台座位不要排得太挤,桌上也不要摆放鲜花之类,以免阻碍视线。但要便于主席团成员打开文件、做记录、翻阅讲话稿,并放置笔、茶水、眼镜等物。

(2)讲台。主席台的讲台应设于主席台前排右侧台口,讲台不能放在台中央,使主席团成员视线受妨碍。讲台上主要放话筒,也可适当放上一盆平铺的花卉。讲台桌面要便于发言者打开讲话稿或摆放相关材料。整个主席台的台口可围放一圈花卉,但要选低矮些的

---

① 杨海清.现代商务礼仪[M].北京:科学出版社,2006:130-135.

绿色品种。

（3）话筒。发言席和主席台前排座位都应设有话筒，以便于发言者演讲和会议主持人或领导讲话。一般发言席和主持人话筒专用，其他主席台前排就座者合用两三个话筒，并且一般放置于主要领导面前。

（4）后台。一般在主席台的台侧与后台，应设为在主席台就座领导和与会者的休息室，以便于安排他们候会，并尽可能在后台排好上台入座次序，以免造成混乱。有时会议也许会发生了一些小意外，后台还可以供有关人员作商量对策、排除困难之用。主席团成员开会也可利用后台休息室。所以，公关人员切不可忽视后台的作用。

4. 会议其他用品

为方便会议进行，公关人员应为会议准备各种工作文具用品，如纸、笔、投影仪、指示棒、黑白板、复印机、计算机数据库以及投票箱等。不同会议有各种不同的需求，满足与会者的需求是有关人员在安排会议、布置会场时必须考虑的。

（三）会务活动中的服务

1. 会议准备阶段

（1）时间选择。开会时间选择要合适。大型会议尽可能避开公众节假日。同时注意会期不能安排太长，否则会影响与会者的日常工作，当某些紧急事件发生时，可以取消或延期举行会议。

（2）邀请对象。对出席会议对象的选择要考虑各种因素，与会者既要有与会资格，又要有参与能力和水平修养。如果被邀与会者不能完成会议的有关任务，会感到痛苦或尴尬，使与会成了一次不愉快的经历，对会议组织者来说，这也是礼仪考虑不周的表现。

（3）详尽通知。会议通知的发送要做到：发得早——既便于与会者安排手头工作，又便于与会者为会议内容做准备；内容细——会议名称、届次、主要议题议程、出席范围、与会者应递交什么材料或做哪些准备、会期、会址等都应明明白白告知，便于与会者有备而来，从而提高会议效率；交代明——食宿如何安排、费用多少、交通线路怎样，都要交代清楚，以免造成麻烦。对特邀贵宾的通知，应派专人登门呈送，以示郑重。

2. 会议召开阶段

（1）接站。一般会议都规定了报到日期。在报到日期应安排好接站。在车站、码头、机场等主要交通站点，用醒目的牌子标明"××会议接站"，使与会者一下交通工具就能看见接站牌而安心。对所接到的与会者要表示欢迎，并慰问其旅途劳顿。

（2）登记。对到达报到地点的与会者，首先要做好签到、登记、收费、预订返程票、发放会议资料、发放会议身份证件等工作。这一过程应尽量在登记处一揽子解决，并应迅速办理，让与会者早点到客房休息。登记时，对与会者的合理要求应尽量予以满足。大型会议的东道主应在会议召开前一天晚上，到会议各住宿地看望与会者，尤其是特邀贵宾和与会领导。

（3）联络。会议进行期间要注意与各小组联络，不要使一位与会者有被冷落的感觉。会议简报要对各小组相对均衡报道，不要只将视点聚焦于有大人物、有热点的小组，使其他小组产生不愉快情绪。

（4）安全。要确保每一个与会者的安全，包括其人身安全、财物安全以及食品卫生。涉密会议还必须强调文件安全。秘书人员要尊重每一个与会者，但涉及机密时，必须按章办事。

（5）娱乐。若会期较长，在会议期间可安排一些影视放映和文艺演出，以调剂精神。也应鼓励与会者主动参与文体活动。可组织一些自娱自乐的卡拉OK演唱或球类、棋牌活动等，活跃会议气氛，调节与会者情绪。还可适当组织与会者参观游览，使会议节奏张弛有度。

3. 会议结束阶段

（1）照相。如果会议有照相一项应早做安排，免得个别与会者提前离开而不能参与。早安排也可使与会者在离会前拿到照片。

（2）材料。发给与会者的材料要有手提袋，以便于集中携带。如需收回的材料要早打招呼，发现有人未交，应尽早查问。不一致的意见不要写到会议的决议或纪要中去。要乐于为与会者提供复印材料、邮寄材料或其他物品等有关服务。

（3）送客。将与会者所订票交给其本人时，要仔细核对车次、航班或船期，并仔细向与会者交代。若有不对或不周之处，应主动承担责任。如果有人需要照顾而影响到了其他人，应向其他人解释，以争取大家谅解。在每一个与会者离开时，都要热情相送，对集中离开的与会者，要尽可能准备车辆送他们去车站、机场或码头，对贵宾则必须送至机场登机处。

（四）商务洽谈的准备与安排

商界中有一条格言："商界无处不洽谈。"许多商家往往就是通过洽谈为自己开辟一条通往成功的道路。洽谈是指在商务交往中，存在着某种关系的有关各方，为了保持接触、建立联系、进行合作、达成交易、拟定协议、签署合同、要求索赔，或是为了处理争端、消除分歧，而坐在一起进行面对面的讨论与协商，以求达成一致或者某种程度上的妥协。因洽谈而举行的有关各方面的会晤，称为洽谈会。洽谈比起商务谈判更普遍、更经常、更简约。它更多突出的是彼此和睦对话的方式，色彩更温和，形式更灵活。商务洽谈总的原则是平等、互利、双赢。洽谈程序一般包括探询、准备、磋商、小结、再磋商、终结、洽谈的重建等环节。其中的每个环节又都有自己特有的"起、承、转、合"，需要洽谈人员沉着应对，处变不惊，对具体问题具体分析，并见机行事、随机应变，以取得最终的成功。

1. 商务洽谈的准备

（1）广泛收集信息。在双方洽谈前，如果能够对对方有全面而深入的了解，早早着手准备，就可以在洽谈过程中"以我之长，克敌之短"，达到自己预期的效果。商务洽谈前主要应收集的信息包括以下两点。

① 对方公司的基本情况，如对方的法人资格、诚信状况、经营范围、历史沿革、主导产品、市场占有率、产品竞争情况、公司规模和管理水平等。与外商洽谈还要注意查清对方的法人资格、对方身份以及资本和信誉状况。

②洽谈对手的基本情况。洽谈前一定要充分了解对方主谈人员的基本情况,包括他的年龄、学历、背景、资历、个性特征、心理特点、做事风格以及他对我方的态度和评价等。对于对方参与此次洽谈的其他人员及对方的整支团队情况也应做到心中有数。

(2) 确定洽谈地点。根据商务谈判举行的地点不同,可以分为客座洽谈、主座洽谈、客主座轮流洽谈以及第三地点洽谈。客座洽谈,即在洽谈对手所在地进行的洽谈。主座洽谈,即在我方所在地进行的洽谈。客主座轮流洽谈,即在洽谈双方所在地轮流进行的洽谈。第三地点洽谈,即在不属于洽谈双方任何一方的地点所进行的洽谈。这四种洽谈地点的确定,应通过双方或多方协商一致,不可自作主张。如果我方担任东道主出面安排洽谈,一定要在各个环节安排到位,合乎礼仪。

(3) 安排洽谈座次。在洽谈会上,如果我方为东道主,那么不仅应当依照礼仪布置好洽谈场地,预备好相关的用品,还应当特别重视礼仪性很强的座次问题,因为它既是洽谈者对规范的尊重,也是洽谈者给予对手的礼遇。举行双边洽谈时,应使用长桌或椭圆形桌子。宾主应分别坐于桌子两侧。若桌子横放,则面对正门的一方为上,应属于客方;背对正门的一方为下,应属于主方。若桌子竖放,则应以进门方向为准,右侧为上,属于客方;左侧为下,属于主方。在进行洽谈时,各方的主谈人员应在自己的一方居中而坐。其余人员则应遵循右高左低的原则,依照职位的高低自近而远地分别在主谈人员的两侧就座。假如需要译员,则应安排其就座于仅次于主谈人员的位置,即主谈人员之右。举行多边会谈时,为了避免失礼,按照国际惯例,一般均以圆桌为洽谈桌来举行"圆桌会议"。如此一来,尊卑的界限就被淡化了。

2. 商务洽谈的安排

(1) 介绍得体。在商务洽谈中,首先相互进行自我介绍。介绍时,不必过于拘泥于小节。如果是同行,就更要表现得自然、轻松。自我介绍时要姓和名并提,还可以简短地说明自己所在的单位和职务、职称等信息。问及对方的姓名时注意礼仪,讲究文明。

(2) 提问礼貌。在商务洽谈中,相互提问在所难免,但提问一定要注意礼仪:①注意内容,不要一直打破砂锅,提对方难以应对的问题;②委婉发问,不要像查户口般地盘问对方;③要善于转换话题,特别是对方一时答不上来或面露难色,就不宜生硬地再度追问。

(3) 沉着应对。商务洽谈在某种意义上说是一种心理上、精神上、智力上的较量。因此,洽谈人员在与对手"交战"时要时刻保持头脑清醒、心态平和,以智取胜。为此,在洽谈前,应当想方设法了解对方的动机、心绪、态度、目标、优势与不足,甚至对方为人处世的态度。洽谈中最忌讳的就是急躁、不冷静。当洽谈遇到挫折时,老到的洽谈人员会冷静地分析洽谈的进展与已经达成的共识,希望能求同存异,寻找到"柳暗花明"的最佳途径,避免洽谈陷入僵局导致关系破裂。

(4) 文明交谈。洽谈既是一个紧张思考的过程,又是一个高度运用语言艺术的过程。在这一过程中,洽谈用语的运用,如叙述、辩驳、论证、说服等功能被加以综合运用,并得到最大限度的发挥。洽谈的成功与失败,以及如何在最有利的条件下达成一致,建立合作协议,取得圆满的结果,在一定程度上都取决于洽谈中语言技巧的运用以及语言表达的礼仪。商务洽谈中的文明交谈不仅体现在要健谈,还体现在要成为一个好的聆听者。倾听对方谈话时要用心,要真诚,要善于从对方的谈话中发现问题,从而也可以有的放矢地打动对方。

口若悬河、滔滔不绝,不给对方发表意见的机会,甚至不礼貌地打断对方谈话,往往会让对方产生强烈的反感,使洽谈无法顺利进行。

此外,洽谈的时间要合理。商务洽谈的时间要视具体情况而定。洽谈之前一定要对洽谈内容做好充分而妥善的准备,以便在最短的时间内以最有效的方式完成洽谈任务,实现洽谈目标,同时也可以有效地提升工作效率。

六、仪式

仪式是指在公共关系工作中,特别是在一些比较重大、比较庄严、比较隆重、比较热烈的正式场合里,为了激发起出席者的某种情感,或者为了引起其重视,而郑重其事地参照合乎规范与管理的程序,按部就班地举行某种活动的具体形式。在现实生活里,我们可能接触到的仪式很多,诸如签字仪式、剪彩仪式、交接仪式、庆典仪式等。

当今社会,对组织而言仪式有着重要的作用,它有利于提高组织的知名度和美誉度,塑造组织形象;有利于鼓舞员工的士气,激发员工对本组织的热爱,培育员工的价值观念,增强组织的凝聚力;有利于传递组织的信息,使组织赢得更多的成功机会和合作伙伴;有利于沟通情感,传达意愿,增进友情。讲究仪式礼仪是现代交际的一项重要内容,也是组织成功的关键。

(一)签字仪式

签字仪式是组织与对方经过会谈、协商,形成了某项协议或协定,再互换正式文本的仪式。它是一种比较隆重的活动,礼仪规范也比较严格。

1. 签字仪式的准备

签字仪式是组织具有"里程碑"意义的大事,应予以充分准备,做到万无一失。

(1)准备待签文本。洽谈或谈判结束后,双方应指定专人按谈判达成的协议做好待签文本的定稿、翻译、校对、印刷、装订、盖印等工作。文本一旦签字就具有法律效力,因此,对待文本的准备应当郑重严肃。

在准备文本的过程中,除了要核对谈判协议条件与文本的一致性以外,还要核对各种批件,主要是项目批件、许可证、设备分交文件、用汇证明、订货卡等是否完备,合同内容与批件内容是否相符等。审核文本必须对照原稿件,做到一字不漏,对审核中发现的问题,要及时相互通报,通过再谈判,达成谅解一致,并相应调整签约时间。在协议或合同上签字的单位数量与为签字仪式提供的样本数量一致。如有必要,还应为各方提供一份副本。与外商签订有关的协议、合同时,按照国际惯例,待签文本应同时使用宾主双方的母语。

待签文本通常应装订成册,并以仿皮或其他高档材质作为封面,以示郑重。其规格一般为大八开,所用的纸张务必高档,印刷务必精美。作为主方应为文本的准备提供准确、周到、快速、精美的条件和服务。

(2)布置签字场地。签字场地有常设专用的签字厅,也有临时以会议厅、会客室来代替的。布置它的总原则是要庄重、整洁、清净。

一间标准的签字厅,应当室内铺满地毯,除了必要的签字用桌椅外,其他一切的陈设都不需要,正规的签字桌应为长桌,其上最好铺设深绿色的台布。

按照仪式礼仪的规范,签字桌应当横放。在其后,可摆放适量的椅子。签署双边性合同时,可放置两把椅子,供签字人就座。签署多边性合同时,可以仅放一把椅子,供各方签字人签字时轮流就座。也可为每位签字人都各自提供一把椅子。

在签字桌上,应事先安放好待签文本,以及签字笔、吸墨器等签字时所用的文具。

与外商签署涉外商务合同时,应在签字桌上插放有关各方的国旗。插放国旗时,在其位置与顺序上,必须依照礼宾序列而行。例如,签署双边性文本时,有关各方的国旗应插放在该方签字人椅子的正前方。如签署多边性合同、协议等时,各方的国旗应依一定的礼宾顺序插在各方签字人的身后。

(3)安排签字人员。在举行签字仪式之前,有关各方应预先确定好参加签字仪式的人员,并向有关方面通报。客方尤其要将自己一方出席签字仪式的人数提前给主方,以便主方安排。签字人要视文件的性质来确定,可由最高负责人签,但双方签字人的身份应该对等。参加签字的有关各方事先还要安排一名熟悉签字仪式详细程序的助签人,并商定好签字的有关细节。其他出席签字仪式的陪同人员,基本上是双方参加谈判的全体人员,按一般礼貌做法,人数最好大体相等。为了表示重视,双方也可对等邀请更高一层的领导人出席签字仪式。

由于签字仪式的礼仪性极强,签字人员的穿着也有具体要求。按照规定,签字人、助签人以及随员,在出席签字仪式时,应当穿着具有礼服性质的深色西装套装或西装套裙,并且配以白色衬衫与深色皮鞋。

在签字仪式上露面的礼仪、接待人员,可以穿自己的工作制服,或是旗袍一类的礼仪性服装。签字人员应注意仪态、举止,要落落大方、得体自然,既不要严肃有余,也不要过分喜形于色。

2. 签字仪式的程序

虽然签字仪式的时间不长,但它是合同、协议签署的高潮,其程序规范、庄重而热烈。主要有以下几项。

(1)签字仪式开始。有关各方人员进入签字厅,在既定的位次上坐好。签字者按照主居左、客居右的位置入座,双方其他陪同人员分主客两方以各自职位、身份高低为序,自左向右(客方)或自右向左(主方)排列站于各签字人之后,或坐在己方签字者的对面。双方助签人分别站在己方签字者的外侧,协助翻揭文本,指明签字处,并为业已签署的文件吸墨防洇。

(2)签字人签署文本。签字人签署文本通常的做法是先签署己方保存的合同文本,再接着签署他方保存的合同文本,这一做法在礼仪上称为"轮换制"。它的含义是在位次排列上,轮流使有关各方有机会居于首位一次,以显示机会均等,各方平等。

(3)交换合同文本。双方签字人,正式交换经有关各方正式签署的文本,交换后,各方签字人应热烈握手,互致祝贺,并相互交换各自方才使用过的签字笔,以志纪念。这时全场人员应该鼓掌,表示祝贺。

(4)共同举杯庆贺。交换已签订的合同文本后,礼仪小姐会用托盘端上香槟酒,有关人员,尤其是签字人当场干上一杯香槟酒,这是国际上通用的旨在增添喜庆色彩的做法。

小贴士

香槟酒

香槟酒是法文 Champagne 的音译,是一种富含二氧化碳的起泡白葡萄酒。原产于法国香槟省,故而得名。香槟酒与快乐、欢笑和高兴同义,是一种庆祝用的酒,具有奢侈、诱惑、浪漫的色彩。

大约 1688 年,在法国的香槟省有位叫派里朗(Perigoon)的修道士,他对酿酒有着极浓厚的兴趣,可是由于香槟省地区偏北,阳光不足,天气较为寒冷,缺乏良好的气候条件,很难酿出好酒。有一次修道士发现他酿出的酒不够甜,于是往里加了些白糖。白糖不能完全溶解,他又将酒加热,不料加热后产生二氧化碳冒起小气泡,变成高级佐餐酒。为了纪念这位修道士对酒的贡献,就以 Don Perigoon 作为高级香槟酒的名字了。

在历史上没有任何酒,可比美香槟的神秘性,它给人一种纵酒高歌的豪放气氛。香槟酒的味道醇美,适合任何时刻饮用,配任何食物都好。如举行大的宴会,用香槟比其他混合酒还恰当。在婚礼和受洗仪式上,也适合用来干杯,它也是第一流的调酒配料,而且价格也不太贵。

(5)有秩序退场。请双方最高领导者及客方先退场,然后东道主再退场。整个签字仪式以半小时为宜。

(二)剪彩仪式

剪彩仪式是有关的组织为了庆贺其成立开业、大型建筑物落成,新造的车船或飞机出厂,道路桥梁落成首次通车,大型展销会、展览会的开幕等举行的一种庆祝活动。

剪彩作为一种庆典仪式,可以在开业典礼中举行,也可举行专门的剪彩仪式,以期引起社会各界的重视。

 小贴士

剪彩的由来

剪彩仪式起源于开张。据说美国人做生意保留着一种习俗,即一清早必须把店门打开,为了使人们知道这是一个新开张的店铺,还要特地在门前横系一条布带。因为这样做既可以防止店铺未开张前有人闯入,又起到引人注目、标新立异的作用。等店铺正式开张时才将布带取走。

1912 年,美国有一家大百货公司将要开张,老板威尔斯(Wells)严格地按照当地的风俗办事,在早早开着的店门前横系一条布带,万事俱备,只等开张。这时,老板威尔斯 10 岁的女儿牵着一只哈巴狗从店里匆匆跑出来,无意中碰断了这条布带。这时在门外等候的顾客及行人以为正式开张营业了,鱼贯而入,争先恐后地购买货物,真是生意兴隆。不久,当老板的一个分公司又要开张时,想起第一次开张时的盛况,又如法炮制。这次是有意让女儿把布带碰断,果然财运又不错。于是,人们认为让女孩碰断布带的做法是一个极好的兆头,因而争相效仿,广为推行。此后,凡是新开张的商店都要邀请年轻的姑娘来撕断布带。

后来，人们又用彩带取代色彩单调的布带，并用剪刀剪代替用手撕，有的讲究用金剪子。这样一来，人们就给这种正式做法取了个名称——"剪彩"。剪彩的人也逐步由一些德高望重的社会名流甚至是国家元首代替。

具体来说，剪彩要遵循以下礼仪规则。

1. 邀请参加者

参加剪彩仪式的人员主要分为主办单位负责人和组织仪式的人员，上级领导、主管单位负责人、知名人士、记者等来宾；主办单位企业的员工；有关管理人员和技术人员。通过参加仪式，参加者身临其境，感受项目或展览的重要，从而留下深刻难忘的印象。对仪式的参加者应做好接待工作。当宾客到达时，接待人员要请宾客签到，然后引领他们到指定的位置上。

2. 做好准备工作

剪彩仪式的主席台要事先布置好，蒙好台布，摆放茶水和就职人员的名牌。为了增添热烈而隆重的喜庆气氛，可以邀请礼仪小姐参加仪式。礼仪小姐可从本组织中挑选，也可到礼仪公司聘请。对礼仪小姐要求仪容、仪表、仪态文雅、大方、端庄。着装宜选择西式套装或红色旗袍，穿高跟鞋，配长筒丝袜，化淡妆，并以盘起发髻的发型为佳。人员确定后，要进行必要的分工和演练。剪彩仪式的用品如剪刀、白纱手套、托盘应按剪彩者人数配齐，系有花结的大红缎带约 2 米，馈赠的纪念性小礼品也应准备好。

3. 剪彩者形象

剪彩者是剪彩仪式的主角，其仪表举止直接关系到剪彩仪式的效果和组织形象。因此作为剪彩者，要有荣誉感和责任感，衣着大方、整洁、挺括，容貌要适当修饰，剪彩过程中要保持稳重的姿态、洒脱的风度和优雅的举止。

4. 仪式开始

仪式主持人在宣布仪式开始时，声音要高亢响亮。然后，向到会者介绍参加剪彩仪式的领导人、负责人与知名人士，并对他们表示谢意，同时，也对在场的其他与会者表示感谢。感谢还要用掌声表示，主持人把两手高举起一些，以作为引导在场各位鼓掌的暗示。仪式上可以安排简短发言，言简意赅、充满热情，两三分钟即可，发言者一般为东道主的代表，向东道主表示祝贺的上级主管部门、地方政府及其他协作单位的代表。

小案例

"请张市长下台剪彩"

某公司举行新项目开工剪彩仪式，请来了张市长和当地各界名流嘉宾参加，请他们坐在主席台上。仪式开始时，主持人宣布："请张市长下台剪彩！"却见张市长端坐没动。主持人很奇怪，重复了一遍："请张市长下台剪彩！"张市长还是端坐没动，脸上还露出一丝恼怒。主持人又宣布了一遍："请张市长剪彩！"张市长才很不情愿地勉强起来去剪彩。

【点评】 剪彩仪式的主持人口无遮拦，请张市长剪彩，他是得走下台去剪彩，但是作为主持人如此宣布，怎能不叫张市长懊恼呢？身为市长，他是十分忌讳"下台"二字的。

5. 进行剪彩

主持人宣布正式剪彩之后,剪彩者应在礼仪小姐的引导下,步履稳健地走向剪彩位置。如有几位剪彩者时,应让中间主剪者走在前面,其他剪彩者紧随其后走向自己的剪彩位置。主席台上的人员一般要尾随至剪彩者之后 1~2 米处站立。当礼仪小姐用托盘呈上白手套、新剪刀时,剪彩者可用微笑表示谢意并随即接过手套和剪刀。剪彩前要向手拉缎带的礼仪小姐点头示意,然后,全神贯注、表情庄重地将缎带一刀剪断。如果几位剪彩者共同剪彩,要注意协调行动,处在外端的剪彩者应用眼睛余光注视处于中间位置的剪彩者的动作,力争同时剪断彩带。还应与礼仪小姐配合,让彩球落于托盘中,剪彩者在放下剪刀后,应转身向周围的人鼓掌致意,并与主人进行礼节性的谈话,然后在礼仪小姐引导下退场。

6. 参观庆贺

剪彩后,一般要组织来宾参观工程、展览等。有时候要宴请宾客,共同举杯庆祝。

案例讨论

百年邂逅,盛世春熙——成都春熙路命名 80 周年庆典活动

一、案例介绍

1924 年被命名的成都春熙路,历经近百年,号称百年金街。从 20 世纪 80 年代改革开放后再现繁荣,与紧邻的青年路一起,被誉为中国第四路、西部第一商业街、西部第一商家高地,成都金街的春熙路打进该榜前三甲,仅次于香港铜锣湾、上海南京路。

春熙路位于成都市中心,是一条历史悠久、热闹繁华的商业街,外地人到成都来如果不逛逛春熙路,就好比到北京不去王府井,到上海不到南京路一样令人遗憾。春熙路不仅是成都的时尚中心,更是美味小吃的云集之所。

看历史更要看发展,春熙路将来何去何从?值此春熙路命名 80 周年之际,成都市锦江区人民政府特地聘请成都宇修公共关系顾问机构,策划此影响重大、效果震撼的 80 周年庆典活动。

目标受众

直接目标:成都市民及周边城市市民。

间接目标:四川各城媒体记者。

传播策略

(1) 以"征集春熙路 VI(Visual Identity,视觉识别系统)"开始,并分别对"金标"征集、"金标"评审、"金标"制作揭幕三个阶段逐步进行传播。

(2) 通过传统媒体、网络媒体、信息媒体等进行多渠道传播,以成都为中心向周边二级城市以及西部主要城市扩散,形成全新的"社会关注热点"。

(3) 提炼春熙路品牌形象的核心传播点,保持信息传播的一致性。

系列活动

庆典活动以"征集春熙路 VI"为起始点,吸引大众关注,通过"百年春熙展"讲述春熙路

的发展历史,"春熙路迎春大联展"让春熙路成了真正的不夜城,而春熙路狗年迎新春庆典活动"狗年旺春熙"将整个活动推向了高潮。

活动之一:春熙路VI的征集、推广

为给春熙路树立一个全新的品牌形象,强化其品牌观念,春熙路街道办携手成都宇修公共关系顾问机构,联合《成都晚报》向全国征集春熙路"金街标识","金标"出炉分三个阶段来完成。

第一阶段:"金标"征集阶段,时间为12月5—16日。参与设计者以及热心市民均有望获奖。

第二阶段:"金标"评审阶段,时间为12月17—19日。评审团对作品进行一一评审,最终确定获奖方案。除获奖者外,参与投票(短信、网络等方式)的市民也将获得奖品。

第三阶段:"金标"制作揭幕阶段,时间为12月20—24日。有关部门将对中标的"金标VI"进行制作,并将其设置在春熙路各个重要节点和出入口。

活动之二:百年春熙展

以在春熙路举办《传世春熙》图片展和《我与春熙》照片展两大展览为起点,将"新旧撞击"作为主线条,营造整个春熙路"大舞台"氛围,把凸显历史新旧交融的元素与生生不息的商业氛围相结合,充分演绎"风雅""时尚""华章""明日"四大板块主题理念,整合所有与之相关的元素,使现场气氛游弋于历史的长河中,淋漓尽致地表现了春熙路80多年来的风风雨雨。

借助春熙路上现存的古建筑,配合图片展与照片展,开展针对外地游客的"春熙一日游"庆典游览活动,散打评书的讲解方式,把人们带入春熙路的过去、现在和未来。

整个活动通过"沉淀历史——追忆春熙文化底蕴;邂逅时尚——体验春熙潮流前线;生生不息——放飞春熙梦想翅膀"向大众展现春熙路百年发展的历史。

活动之三:"时尚成都2005——万人迎新嘉年华"活动

为了给成都市民营造一个祥和、喜庆、欢乐的新年氛围,营造"最佳商务城市",以体现成都的现代、时尚、文化、品质形象,以通宵购物为主线,一系列的娱乐、公益活动相配合,吸引消费者参与。从2005年12月24日至2006年1月3日,在春熙路举行了为期11天的"春熙路迎春大联展",106家大中型商家将展开一系列丰富多彩的夜间展览活动。并在新年到来之际,市领导与市民共同敲响新中国成立以来成都市的首次新年钟声。悠扬的钟声祈祷着国家繁荣昌盛,人民幸福安康。在此期间,春熙路各商家的营业时间将延长至晚上11点。特别是12月31日,整个春熙路商家的营业时间将延长至新年元月1日凌晨2点。活动期间,商场会给予更低的折扣,周围商家、酒店都将全力配合,最大限度地刺激消费,不同程度地延长营业时间,将购物系列活动推向高潮。春熙路步行街成为真正的"不夜城"以及成都市民喜迎新年的欢乐海洋。

活动之四:春熙旺旺——狗年旺春熙

为配合迎新活动,以实现春熙商圈各类型主体之间的有效沟通,引发本地乃至全国媒体大面积报道,打造迎新活动在时间和空间上的商业价值,全面提升春熙路的品牌价值,成都市锦江区人民政府联合成都宇修公共关系顾问机构,从2006年1月26日开始,历时6天,以"狗年旺春熙"为主题拉开了春熙路狗年迎新春庆典活动的序幕。由《爱心狗仔队》大型爱心捐助活动、《谁与争锋》2006年首届春熙路机器狗PK大赛、《春熙一家狗》2006年首届春熙路网络原创Flash大赛、《狗娃闹春》成都狗娃才艺竞技场组成。以大量丰富多彩、市民喜闻乐见的文艺演出为媒,如传统的舞龙舞狮、皮影戏、杂技、旺狗拜年等活动,竭力营造出丙戌狗年欢乐祥和的节日氛围,让所有来到春熙路的人们感受到狗年新春"一旺百旺"的新年祝福,与展望未来、播种希望、倡导和谐互助的新城市风尚。

(资料来源:佚名.百年邂逅　盛世春熙——成都春熙路命名80周年庆典活动[EB/OL].[2007-11-13]. http://www.shichangbu.com/forum.php?mod=viewthread&tid=21863.)

二、思考·讨论·训练

1. 成都春熙路命名80周年庆典活动的目的是什么？庆典活动如何体现了这个目的？
2. 成都春熙路命名80周年庆典活动的亮点表现在哪些方面？

实践训练

项目1　举办企业标识展览会

1. 实训目的

通过模拟训练让学生掌握展览会的组织和相关礼仪。

2. 实训课时

1课时。

3. 实训地点

实训室。

4. 实训准备

企业标识、展板、实物、文字说明等。

5. 实训方法

5~6人为一组,分组进行准备。经过一周的准备后,进行展示,每组一块展板,安排一名学生进行讲解。具体操作要求如下。

(1) 尽可能收集一些企业的标识。

(2) 设计布置展台。

(3) 设置签到席。

项目2　模拟组织开业庆典

1. 实训目的

掌握开业庆典的组织和相关礼仪规范。

2. 实训课时

2课时。

3. 实训地点

公共关系实训室。

4. 实训准备

布置会场、挂横幅、准备致辞等。

5. 实训方法

模拟某企业开业庆典仪式,使仪式落实在某个商业组织上。具体操作要求如下。

(1) 编制一份庆典仪式程序,仪式按照程序进行。

(2) 重要领导和来宾名单的单位、职务可由学生自己拟订,分别扮演相关角色。

(3) 编制一份庆典仪式程序。

(4) 庆典结束后,学生评析,教师总结。

(5) 实训可分组进行,让学生轮流模拟扮演各个角色。

项目3 组织召开供应商大会

1. 实训目的

熟悉会务活动的筹备,成功地组织一次会务活动。

2. 实训课时

3课时。

3. 实训地点

公共关系实训室。

4. 实训要求

模拟为当地一家超级市场有限公司组织一次供应商大会活动。具体操作要求如下。

(1) 将全班学生分为三组。

(2) 一组学生负责确定大会议题、拟写大会通知、安排与会人员座次等工作。

(3) 一组学生负责供应商大会会场布置工作(要求:根据活动内容主题布置会场,会标、台幕、标语、桌签、座签和主席台的布置,要符合会场布置要求)。

(4) 一组做会议流程制定及相关物品准备工作。

(5) 各组对本次实训进行总结。

(6) 指导教师进行点评。

项目4 模拟签字仪式

1. 实训目的

掌握签字仪式的程序以及相关礼仪。

2. 实训课时

2课时。

3. 实训地点

公共关系实训室。

4. 实训准备

准备有关签字仪式的道具,包括文本、文件夹、旗帜、签字笔、签字单、吸水纸、酒杯、香槟酒、横幅、照相机、摄像机、会议桌子等。

5. 实训背景

中国泉水饮品公司将迎来一批来自美国的摩尔集团商务考察团,泉水饮品公司准备向摩尔集团订购2条先进的罐装流水线设备。在这次考察活动中要进行谈判,将签订合同,举行签字仪式。

6. 实训方法

草拟一份签字仪式的准备方案,布置签字厅并模拟演示签字仪式。要求:

(1) 实训分组进行,学生分别扮演相关角色。

(2) 参加实训的双方须简单演示见面礼仪,在着装上适当修饰。

课后练习

1. 一些企业在举办产品展销会时,展销的大多是积压品、处理品。作为公共关系部的一员,你如何看待这一现象呢?

2. 某车展开幕,本次车展来了许多知名宾客进行参观。你作为本次车展的解说员,将为这些知名宾客进行解说,你将如何开展工作(这些知名宾客以演员、歌手为主,可以让一些同学扮演宾客)?

3. 力士有限责任公司为了推广自己的新产品,与一家百货商场达成协议,拟定在该商场门前广场举办新产品展示会。在活动方案拟定后,由公司的公共关系部承担本次活动实施的筹备工作。请问,应该从哪些方面入手?

4. 清泉饮品股份有限公司一直热衷于社会公益事业。最近,公司董事会决议赞助2020年在东京举办的第32届夏季奥林匹克运动会,请结合本次活动说明组织社会赞助活动应注意的问题。

5. 寻找机会参加一次企业的庆典活动,并谈谈你的亲身感受。

6. 就你身边值得纪念的日子模拟举办一次庆典活动。

7. 某酒店开业前,对如何进行开业庆祝活动,酒店公共关系部进行了激烈的讨论。大家议论纷纷,出了不少点子,归纳起来有五种方案。

第一种方案,主张开业那天要把气氛搞得越热闹越好:鸣放礼炮,进行大型军乐演奏,请知名演员登台献艺,大造声势,吸引各方民众。

第二种方案,主张除搞些演出活动外,关键还要请来省市领导,搞好剪彩仪式,请主要领导讲话,给予高度评价,产生轰动效应。

第三种方案,主张进行开业大酬宾,通过抽签选出幸运观众,进行500人的宴请品尝活动。这样既增强吸引力,扩大影响面,又使品尝者得到实惠,使之赞不绝口,将此次活动传为美谈。

第四种方案,主张举行隆重的开业典礼,播放喜庆音乐,请劳动模范剪彩,然后召开顾客与酒店领导座谈会,为酒店出谋划策,中午便餐招待。

第五种方案,主张召开简单的开业典礼,把省下的资金捐献给希望工程,请记者参加采访,形成材料,通过媒体传播产生广泛影响。

对以上策划方案,请你品评一下,你认为哪一种方案比较好?并提出意见。也可以利用或创造条件,提出更好的方案。

8. 如何成功地策划一次对外开放的参观活动?
9. 小杨是某企业的公共关系部经理助理,一批客人要来公司参观,他将承担接待工作,请问,他至少应做好哪些准备工作?
10. 作为会议或仪式的组织者,在会议或仪式之前应做好哪些准备?
11. 案例思考。

2009年中国汽车第1000万辆下线庆典

2009年,全球汽车工业受到严重冲击,中国汽车市场却一枝独秀,年产量突破千万,中国也成为全球第一大汽车生产国和消费国,进一步确立了中国作为"汽车大国"的地位。中国汽车第1000万辆下线是国家事件,是中国力量的辉煌展现。2009年9月,中国汽车工业协会、中国汽车工程学会、中国汽车技术研究中心、中国贸促会汽车行业分会和中国汽车报社共同决策,联合主办"2009年中国汽车第1000万辆下线庆典",创想并铭记这一"国家事件"的辉煌时刻,向世界展现中国力量。

新势整合传播机构具体执行了2009年中国汽车第1000万辆下线庆典活动。

项目调研

营销管理部经与中国汽车工业协会调研发现,作为中国汽车的摇篮与代表,中国一汽对于中国汽车工业发展的推动作用有目共睹。解放卡车的发展历史是中国一汽不断创新探索自主发展道路的历史,也是中国汽车工业的历史,尤其是高端重卡平台解放J6以"品质"承载责任,以"技术"创造竞争优势,以"创新"开创未来,使"解放"品牌成为中国卡车市场引领者,解放J6走上世界汽车市场竞争的舞台。在中国汽车工业第1000万辆汽车下线的重要时间节点上,选择解放J6作为载体,既体现了对包括毛泽东主席在内的老一辈无产阶级革命家和千千万万新中国建设者们的由衷敬意,也展示了国人依靠自主创新实现汽车大国向汽车强国跨越的坚定信念。

项目策划

(1) 核心目标。呼应中国汽车工业的发展史,通过展示中国汽车工业的辉煌成就凸显中国力量,让2009年中国汽车第1000万辆下线庆典活动成为推动中国汽车产业发展的新起点。同时通过主题鲜明、衔接顺畅、富有品质的系列化活动,让公众对中国一汽品牌形成良好认知,传播中国一汽企业品牌形象,强化中国一汽作为共和国长子的地位和实力。

庆典活动在项目策划、实施策略与活动创意上与中国汽车工业的发展史相呼应,凸显中国力量。通过回顾中国汽车工业发展史,2009年中国汽车第1000万辆下线庆典是中国汽车产业的盛事,是中国汽车人的崭新起点,因此活动主题确定为"辉煌时刻,腾飞起点"。

(2) 形象设计。创意策略上借助视觉元素,为了成功营造庆典气氛,为参与者留下独特体验,从视觉形象入手,高效完成基础视觉及延展系统的设计工作。强化"1000万"的核心信息,在公众的每一次接触中,建立起统一、完整的视觉形象。"1"字是延伸向远方道路的抽象提炼,三个"0"是艺术化的车轮形象,预示中国卡车以"1000"为视觉中心,结合中国传统的水纹元素,形成活动的主体视觉表现。

(3) 活动设计。围绕核心目标,策划了一系列以"下线庆典"为重心的体验式主题活动,包括下线活动文艺晚会、中国汽车工业回顾展、视听音乐会、下线庆典仪式、生产基地参观及新闻发布会,让每一位参与者对中国汽车工业的这一辉煌时刻拥有切身美好的感悟。

(4) 传播策略。重点强调活动的产业贡献,利用平面、网络、杂志、电视台、电台以及通讯社等媒体组合手段,进行最大化的传播。通过重大新闻报道形式特别是CCTV的现场直播,提升中国一汽品牌形象,彰显国家实力,展示中国汽车工业的全新面貌。

(5) 媒介选择。考虑到媒体的发行量、受众人群以及在行业内的影响力等综合因素,选取中央级和行业内权威媒体。以网络媒体进行预热,借助其浏览量大、传播速度快和阅读人群广泛等优势为活动前期造势。下线仪式所选媒体以中央、北京、长春当地为主,以大报道形式覆盖全国。通过CCTV《新闻联播》《晚间新闻》及CCTV-2《交易时间》直播栏目,实现最大化的传播,辐射全国,再配以地方媒体后续报道,加强力度。媒体类别覆盖平面、网络、杂志、电台、通讯社以及电视台等全部媒体种类,分频次进行传播,从2009年10月9日一直持续到12月底。

项目执行

(1) 活动筹备。通过一个月的精心筹备,先后完成了下线活动相关的组织邀请工作、视觉系统设计与应用、活动流程设计与实施、媒体参访与传播规划等一系列工作。中国一汽利用企业自身优势,协同仪式组织完成对政府、行业协会领导和媒体记者的邀请工作,国家领导人与中国汽车各企业领导以及从中央到地方的各级新闻媒体近400人一起见证了庆典活动盛况。

在活动前为现场营造庆典气氛,并对活动流程精心设置,传递活动的历史意义。

2009年10月18日开始,长春市的主要街区、一汽集团企业内外都相继挂起与2009年中国汽车第1000万辆下线庆典相关的标识,重要活动区域也布置了大幅的画面墙,喜庆祥和的氛围给所有参与者留下了深刻的印象。

10月19日晚,在南湖宾馆小礼堂举办了时长为90分钟的《辉煌时刻,腾飞起点》电影视听音乐会,表演曲目融入中国汽车产业及中国一汽发展历程元素,现场气氛热烈,为下线庆典活动做了铺垫。

10月20日,在庆典活动流程的环节上进行精心设置,选择解放公司卡车装配车间,播放开场主题片"腾飞",通过感性的文字,精心选择的画面贯穿整个中国汽车工业发展回顾过程,激发起在场所有人的自豪感和使命感。紧接着大屏幕上播放特别制作的60秒倒计时画面,随着心跳的声音节奏,现场4名男鼓手敲击4面大鼓,即刻点燃全场气氛。专题片《辉煌时刻,腾飞起点》的播放将庆典仪式带向了高潮。庆典盛况感动了现场每一位嘉宾,庆典的现场直播感动了电视机旁的亿万观众。倒计时中,全新一代解放

J6——2009年中国第1000万辆汽车下线,当第一位幸运乘客——国资委主任李荣融出现时,全场沸腾;现场的中国老中青三代汽车人、政府及主管部门领导、行业协会领导与媒体记者,很多人都是激动得热泪盈眶。中国汽车工业取得的辉煌成就也让包括中国汽车人在内的每一位国人深感自豪。

(2) 活动管理。2009年中国汽车1000万辆下线庆典准备期不到30天,时间短、难度大。通过与关联单位共同协作,创新应用了P2P Management(点对点活动管理)系统,"一对一,点对点"的细节管理支持使活动中的每一个细节都在全局把控之中,实现了活动执行过程中的有效管理,为庆典活动的顺利完成提供了有力保障。

同时,还编制了运营手册,有效保障了活动执行的效率与成果。

(3) 媒体执行。

首先,预热阶段传播内容。2009年10月20日,中国汽车第1000万辆将在长春下线。在全球金融危机下,中国汽车业逆市而上,成为继日、美之后第三个年产销超千万辆的国家。汽车行业机构与企业将举办隆重的盛典仪式,届时网络媒体将直播盛况。

其次,活动阶段传播内容。新中国60华诞之际,中国汽车业敬献厚礼,2009年中国第1000万辆汽车隆重下线,中国汽车工业协会等单位共同举办庆典仪式。展望未来,第1000万辆汽车下线是辉煌的时刻,也是中国汽车业再次腾飞的起点。以中国一汽为代表的中国汽车人将以新的高度树立新的目标,开始新的挑战,为中国的崛起做出表率。长春作为第1000万辆汽车的诞生地同样意义深远。经过一汽人的努力拼搏,长春已成为中国最重要的汽车产业基地;作为中国汽车工业的长子,中国一汽为汽车工业的发展起到了支柱作用。

最后,深入阶段传播内容。中国汽车工业经历了一个辉煌的时期。2009年年初,汽车产业调整和振兴规划的颁布与实施后,一汽把自己的目标锁定在争做有国际竞争力的大企业集团,成为世界重要的汽车制造商。

项目评估

作为2009年中国汽车工业的最高盛事和中国经济领域备受瞩目的标志性事件,庆典呈现出超级媒体影响力。CCTV-2《交易时间》进行了现场直播,《新闻联播》《晚间新闻》等栏目则在当天进行了重点报道。《人民日报》《经济日报》《中国汽车报》等媒体进行专题报道,至11月下旬,媒体报道达75万字。BBC、CNN等境外媒体也纷纷关注,让这一辉煌时刻呈现出超级媒体影响力。

2009年中国汽车1000万辆下线庆典大型活动从活动准备开始,一系列的体验式主题活动,无论从整体还是从细节都融入了中国汽车产业的发展历程元素,成功地营造了庆典的氛围,让到场的嘉宾充分体验到中国汽车辉煌时刻的喜悦和获得切身美好的感悟。这是推动中国汽车产业发展的盛事,是中国汽车人的庆功大典,是向新中国60华诞的献礼。庆典盛况感动了现场每一位嘉宾,庆典的现场直播感动了电视机旁的亿万观众。活动的社会影响力巨大,形成行业聚焦,充分展示了中国力量。

思考题:

(1) 2009年中国汽车第1000万辆下线庆典活动有何特点?

(2) 请从现代企业的公共关系活动的策划与创意要考虑的因素方面分析此次活动的

成功之处。

车展上的公关绝招

在第四届北京国际汽车展览会上,国内外近千家厂商到场参展,气氛火爆异常。展厅里,一辆辆靓车光彩夺目,赢得满场人潮涌动。更为精彩的是,各参展厂商公关高招迭出:法拉利跑车旁有"法拉利小姐"的狂歌劲舞和歌星签名;绅宝车前有异国淑女迷人的微笑;福特公司则让金发碧眼的姑娘,与活泼可爱的中国儿童同台演出……所有这些,均令观众耳目一新。

强中更有强中手,奥迪厂家破天荒地使出了绝招——所有奥迪展车,欢迎观众试坐。一个个试坐的观众喜形于色,乐不可支;打方向,踩刹车,点油门,揉离合,俨然就是车主,实实在在地过了一把车瘾。更多的围观者则看得眼热心跳,跃跃欲试。一时间,观众对奥迪厂家的做法赞美有加,纷纷前去试坐,奥迪车展台前成了展览的新闻热点,各路记者纷至沓来,奥迪车随之声名鹊起。

思考题:
(1) 结合本案例谈谈如何提高展览会的公共关系传播效果。
(2) 回忆你参加过的展览会,谈谈各参展商都运用了哪些公共关系绝招。

任务 5　新媒体与公共关系

　　新媒体技术的飞速发展为企业的公共关系传播提供了新的机遇,同时也带来了新的挑战,如何把握机遇、应对挑战,从而更好地实现公共关系传播是当今企业要面对的一个重要命题。

——作者

案例导入

王老吉高考"蹭"热点

1. 市场背景与商业挑战

2016年以来,饮料行业逐渐步入低谷,进入增速放缓期。按照行业的规律,每个品类只会保持三年左右的高峰期,继而被其他品类所替代,凉茶亦如此。由于饮料消费品整体疲软,加之品类增多、竞争加剧,凉茶品类的增速预计不及2015年。凉茶品牌为了获得更多的发展空间,赢得新市场,必须率先培育新兴消费者饮用凉茶的习惯,因此须在公关形象和品牌推广上加大力度。在国内凉茶市场中,加多宝与王老吉几乎占据了全行业八成以上市场份额。在这个背景下,王老吉面临以下严峻的挑战。

第一,面对凉茶进入增速放缓期,随之而来的正是凉茶品牌之间竞争的加剧,消费者对于凉茶品牌和凉茶产品都有了一定的了解,王老吉该如何通过公共关系营销与品牌推广,使其保持原来的增长和市场份额呢?

第二,凉茶品牌为了获得更多的发展空间和市场份额,势必会抢夺新的市场,培育更年轻的消费者饮用凉茶的习惯,王老吉该如何更充分地了解新兴的目标消费人群,并与他们展开深度的沟通,提升他们对凉茶的认知度和好感度呢?

第三,利用社会话题来借势营销是品牌近年来常用的方法,尤其是遇上全国性的热点事件,众多品牌都会试图与其产生联系,进行传播,消费者的注意力就无法集中在某一品牌上,王老吉运用社会话题时,该如何独占话题,让用户聚焦在王老吉单一品牌之上,达到借势效果的最大化呢?

伴随着这三个核心问题,且看王老吉如何"扭转乾坤"。

2. 王老吉的公关举措

在中国的教育体制下,大多数考生对高考都存在难以名状的特殊情感。多年寒窗苦读、同学情谊、对未来的期许等,这个话题也最能开启学生的青春记忆,触动他们的内心深处。与此同时,高考也是全民关注的社会事件。每逢高考期间,社交媒体上众多影响者会对高考之于人生未来发展的意义展开激烈的讨论,与高考贴近的热点也会备受关注,比如高考当天考生去考场时遭遇堵车的小插曲、高考后全民对于高考作文题的热议等,还比如很多加入高考大军的童星们,他们的高考成绩也受到大众的瞩目。

考生们无论多么充分地准备,经过长时间的努力,面对如此重大的考试,还是难免会紧张,希望运气能够眷顾自己。因此王老吉与高考热点链接,传播的主题是"从容面对不上火,祝福高考考生吉上吉",取自王老吉的"吉"字,作为高考期间的正能量以及美好祝愿。而6月高考期间,天气渐热,考场又大多没有空调,考生劳累且压力大,容易上火,凉茶饮料清热降火的特点就很好地与消费者联系了起来。高考生既是此次项目的目标人群,又是对于高考最有独特情感的一群人,因此王老吉在内容的传播上让这群与高考有直接联系的学生及对高考有特殊情怀的年轻人群成为事件的核心传播者。

(1) 前期预热。

① 王老吉官方微博发起活动和话题讨论。2016年6月3日起,王老吉官方微博就"2016高考"发布活动,利用粉丝头条精准触达粉丝群体,借势高考全民焦点事件,进行事件营销,其发起的话题背景图全程水印植入王老吉元素。

② 创意考前海报,缓解紧张情绪。从2016年6月4日开始,王老吉便在官方微博开始发布创意考前海报:倒计时系列海报——海报上除了数字计时外,还提醒考生带三角尺、2B铅笔、保持良好的考试心态;学霸系列海报——将五个重要学科的相关记忆知识巧妙地编写成记忆口诀,并和古诗结合在一起,读起来朗朗上口;关爱考生系列海报——通过简单的漫画形式,将每一位考生日常学习生活情节描绘出来,激励考生复习的同时,更为即将毕业的考生们留下宝贵回忆;网红送祝福系列海报——王老吉请来了网络剧《万万没想到》中的主演和剧组人员,为高考考生手写祝福语并在高考前夕发布,送上最后的祝福。

(2) 引爆话题。

① 微博"开机报头"广告①,以近1.6亿微博月活跃用户和近7000万微博日活跃用户为基础,在高考时期的第一时间抢占用户关注,导流"2016高考"化整体页;弹窗消息全面助力双端活动热度,活动期间持续邀请用户参与。霍金大神送祝福,引爆热点。项目上线后,宇宙级学霸霍金博士发布微博信息,祝福中国考生外,霍金博士在博文中带上了"2016高考"的微博话题,微博末尾则自带王老吉Logo的话题头像和简介,博文发出后得到了广泛传播,引爆"2016高考"的话题讨论。

② 媒体策略。

- 微博传播路径。利用微博上的重磅武器"霍金微博"引发的全网效应,吸引微博上的各路明星、媒体转发跟进,从而达到广泛的传播。
- 品牌独占植入。利用微博话题植入产品,用户点击进"2016高考"微博话题,显示话题主持人为微博节日,话题封面图以及背景图均有王老吉的产品展示和品牌Logo,广告位头图链接是王老吉官方微博,置顶微博则为王老吉官方微博发布的为高考学子加油帖,微博、媒体等转发祝福时王老吉全程伴随曝光。

3. 活动取得的效果

(1) 与年轻消费人群沟通"怕上火喝王老吉"。此次参与"2016高考"话题互动的人群属性显示:活动将年轻人群一网打尽。其中,互动人群以"90后"女性偏多,互动人群集中在高考大省(广东、山东、江苏、河南),除了应届考生外,不少大学生也参与了话题讨论,互动人群对名人明星、美食、旅游、校园生活内容感兴趣。调查还显示,微博用户在推广阶段对王老吉正面评价大涨,好感度增加18%。

(2) 品牌推广声量最大化,活化品牌形象。王老吉"2016高考"话题成为超高热点,6月7日和6月8日热门话题自然上榜,总榜第二。"2016高考"话题阅读量7.7亿次、讨论量37万次,霍金微博的转发评论超过23万次、点赞44.5万次。王老吉官微发布活动,

---

① "开机报头"广告是微博在2014年推出的广告产品,帮助广告主在用户打开微博客户端的第一时间实现品牌强曝光。"开机报头"实现了对微博移动端用户的全覆盖,在iOS客户端和Android客户端上均可投放。单次广告时长3秒,每天针对单个UV(独立访客)展示一次,在保护用户体验的同时,充分触达用户。

使用粉丝头条推广,阅读数是日常博文的9.29倍,平均达5万次阅读数。通过微博印象,王老吉品牌认知度得到明显提升:推广前,用户提到王老吉也常提及竞品加多宝;推广中,用户更多提及王老吉的推广内容,比如魔兽、挑战者联盟和高考等;推广后,官方微博粉丝数量净增长了2000多万人。

【问题】
(1)王老吉高考"蹭"热点运用了哪些新媒体?
(2)本案例对你有什么启示?

任务分析

随着信息时代的到来,传统媒体发生了巨大的变化,以互联网技术、通信技术为基础,新媒体得到了有效发展,不仅改变了传统媒体的传播方式,同时也改变了人们的生活方式,人们可以随时随地了解到当下的新闻信息,为人们获得信息提供了一个多角度的新型体验。新媒体在公共关系中也得到了广泛的应用。本任务旨在就公共关系发展的前沿——新媒体进行探讨,通过本任务的学习实现以下目标。

- 明确新媒体的概念、特点和发展趋势。
- 掌握新媒体对公共关系的影响。
- 掌握新媒体在公共关系中的应用。
- 掌握新媒体环境下公共关系的策略。

知识储备

新媒体目前已经不再是一个新鲜或陌生的概念了,新媒体甚至开启和引领了一个新的时代——新媒体时代,如今我们的生活、工作、思维、判断等都将不得不置身于这样的时代,不容我们去选择,而且新媒体发展之快都不容我们去思考与犹豫。显然,公共关系的理论与实践也毋庸置疑地置身于这样的时代背景之中,使之发生了一系列变化的同时也产生了新的研究课题,网络公共关系蓬勃发展就是一个有力的证明。

一、新媒体的概念、特点与发展趋势

(一)新媒体概念的内涵与外延

据研究考证,"新媒体"(New Media)概念最早出现于1967年,时任美国CBS(哥伦比亚广播电视网)技术研究所所长 P. 歌德马克发表的一份关于开发 EVR(Electronic Video Recording,电子录像)商品的计划中提出;1969年,美国传播政策总统特别委员会主席 E. 罗斯托在向尼克松总统提交的报告书中,多次使用 New Media。自此,"新媒体"一词在美国社会开始流行起来,并迅速传到其他西方国家,并在20世纪80年代后成为西方发达国

家新闻界、学术界和科技界最热门的话题之一。1991年万维网协议公布,1993年图形化浏览器 Mosaic 发布,互联网逐渐渗透到生活中。1998年联合国新闻委员会上提出,在加强传统的文字和声像传播手段的同时,应利用最先进的第四媒体——互联网。互联网"第四媒体"的概念正式得到使用。从20世纪90年代后期开始,互联网开始成为新媒体讨论中的主角。①

联合国教科文组织对新媒体的定义为"新媒体就是网络媒体"。Online 杂志给出的定义为"由所有人面向所有人进行的传播"。赛佛林等认为,那些从信源就开始剥离信息冗余,处于向确定的信宿收敛的中间媒介,借助于数字化的语言能力,将不确定的自信息按信宿的需求迅速转化为主观内容,并寓于各种形式的传播方式和业务服务之中,则被称为新媒体。②《圣何塞水星报》的专栏作家丹·吉尔摩认为"新媒体"的概念界定加入了新的元素——数字技术,是数字技术在传播中广泛应用后产生的新概念。继丹·吉尔摩之后,"技术"逐渐成为"新媒体"概念中一个必不可少的要素。互联网实验室(chinalabs.com)对"新媒体"的定义:"新媒体是基于计算机技术、通信技术、数字广播等技术,通过互联网、无线通信网、数字广播电视网和卫星等渠道,以计算机、电视、手机、个人数字助理(PDA)、视频音乐播放器(MP4)等设备为终端的媒体,能够实现个性化、互动化、细分化的传播方式,部分新媒体在传播属性上能够实现精准投放、点对点的传播,如新媒体博客、电子杂志等。"③

新媒体是一个相对的概念,相对于传统媒体而言,是指新的技术支撑体系下出现的媒体形态。"新媒体"可以定义为通过运用网络数字技术及移动通信技术,通过无线通信网、宽带局域网、卫星和互联网等渠道,通过手机、计算机、电视作为最终输出终端,向使用者提供语音数据、音频、在线游戏、远程教育、视频音频等合成信息及娱乐服务的全部新型传播形式与手段的总称。④

从外延上来看,目前的新媒体大体可以分为网络新媒体、手机新媒体和新型电视媒体三类。网络新媒体包括门户网站、搜索引擎、网络电视、网络报纸、网络期刊、网络社区、博客、播客、微博及各类网站等。手机新媒体包括手机报、手机期刊、手机图书、手机电视、手机微博、游戏等类型。新型电视媒体包括数字电视、交互式网络电视、移动电视等。⑤ 图5-1是我们将新媒体外延进行梳理的图⑥,但是,不难看出新媒体是一个较为宽泛的概念,也是一个相对的和发展的概念。"新""旧"是相对而言,随着社会科技发展和传播模式的转变,对媒体的使用热度也会不同,新媒体会变为"旧"媒体,"新"媒体也会不断出现,新媒体的内涵和外延也将随之发生变化。⑦

---

① 吕宇翔,张铮."新媒体"的再认识[J].编辑之友,2012(7):71.
② 赛佛林.传播学的起源、方法和应用[M].北京:华夏出版社,2000.
③ 互联网实验室.中国新媒体发展研究报告(2006—2007)[EB/OL].https://www.douban.com/group/topic/1358321/.
④ 王婉妮.网络新媒体特点及其现状分析[J].今媒体,2014(12):123-124.
⑤ 樊帅.企业公共关系案例解析[M].北京:清华大学出版社,2017:380.
⑥ 匡文波.关于新媒体核心概念的厘清[J].新闻爱好者,2012(10):32-34.
⑦ 张敏.新媒体概念研究辨析[J].安徽科技,2016(9):31-32.

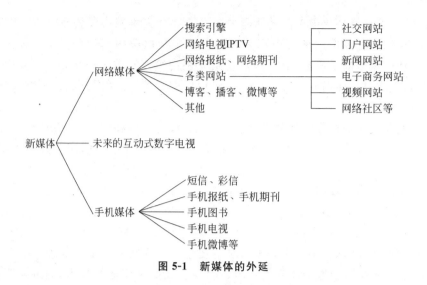

图 5-1 新媒体的外延

(二) 新媒体的特点

相对于报刊、户外、广播、电视传统意义上的媒体,新媒体被形象地称为"第五媒体"。新媒体以其形式丰富、互动性强、渠道广泛、覆盖率高、精准到达、性价比高、推广方便等特点在现代传媒产业中占据越来越重要的位置。新媒体体现了科学技术的进步、内容方式的转变、传播语境的变化、传统话语权的解构与转变。新媒体的"新"体现在以下几点。

1. 即时性

新媒体的一个显著特点便是其能在很短的时间内,让受众获取来自世界各地的信息,几乎不受空间和时间的影响。在传统媒体传播活动中,当受众浏览报纸、看电视新闻的时候,接收的信息往往是已经发生了较长一段时间的,虽然电视新闻有时会进行现场直播,但是频率较少,由此导致受众得到的消息十分滞后,大大降低了用户体验。在新媒体传播时代,人人都可以成为自媒体,可以通过微博、微信等社交软件,随时随地将身边正在发生的事传播出去。

2. 互动性

在传统媒体时代,因为媒介技术发展水平有限,传统媒体缺乏互动功能,带给用户的互动体验十分有限。传统媒体的一个主要特点是其传播方式单一,只能进行一对多的传播,传播主体是传统媒体本身,而接收者则是广大受众。在这一传统传播模式之下,受众只能被动接收信息,而不能够根据接收的信息进行有效反馈,即不能参与信息的互动。20 世纪 90 年代,综艺节目《正大综艺》《曲苑杂坛》《综艺大观》掀起了一阵收视高潮,但是节目播出一段时期之后便都销声匿迹了,其中很重要的一个因素便是互动性较差。这些节目主要是通过"你演你的,我看我的"这种方式进行,不仅与电视机前的观众缺乏互动,在节目现场,观众与主持人之间也缺乏互动。在新媒体时代,新媒体的互动性特征得到充分展示。新媒体的传播模式是双向流通的,信息的接收者同时也可以转化为信息的发布者,这无疑提高了受众互动的程度。此外,随着科学技术的不断更新,新媒体的功能也愈发强大,其能提供给用户的体验方式也更加多元化。比如,支付宝在春节期间开展"集五福"活动,用户可以通过手机扫描家中物品上的"福"字来获得,不仅具有趣味性,还颇有新鲜感。

3. 订制性

新媒体的订制性,顾名思义就是针对每位用户进行全方位解析,根据每位用户使用新媒体时的习惯、筛选信息时的偏好,以及浏览信息时的时间,为每位用户订制他们所需要的信息。如今很多新媒体都体现了订制性特点,比如腾讯的新闻客户端手机应用就十分注重用户的订制性体验。每当用户开启腾讯客户端的应用时,用户的浏览信息喜好、每天使用客户端的频度、经常搜索的词条、用户所在的位置等信息都会被客户端的后台自动进行整理、归纳、分析,最终将提供给该用户的信息进行优化升级。为了给予用户更好的体验,在用户浏览信息时可以自行筛选其喜欢的信息,过滤不感兴趣的信息,并且在自愿原则下填写优化的理由。①

4. 集成性

传统媒体传递的信息符号是单一的,而新媒体传递的信息不仅包括文字、声音、图像,还包括视频、音频、动画等,实现了语音、视讯和文本的真正融合。集成性充分体现了新媒体传播形式的多样性。它集报纸、广播、电视于一体的交流和沟通手段是前所未有的。②

 小贴士

奥巴马竞选与新媒体

2009 年 1 月 20 日,美国当选总统奥巴马手按林肯当年宣誓就职时使用的《圣经》,在华盛顿特区国会山宣誓就职,成为美国第 44 任总统,也是美国历史上第一位黑人总统。回顾奥巴马的竞选策略,"新媒体"这一名词成了研究者关注的焦点之一。

奥巴马竞选团队掌控新媒体的能力为奥巴马最终问鼎总统宝座铺平了道路。事实上,在参加投票的年轻人中,有 2/3 的人将选票投给了奥巴马,而这些人正是使用新媒体的主要人群。奥巴马竞选团队的新媒体公共关系管理无疑是成功的。奥巴马竞选团队敏锐地洞察到新媒体在现代传播沟通中的重要地位和显著作用。借助新媒体,竞选团队得以将多媒体信息精确、及时地传递给公共关系客体,即选民。与此同时,选民们也通过新媒体平台,彼此聚集,分享观点,并且争取让更多的人支持奥巴马阵营。选民在网络上留下个人资料,这些资料为竞选团队进一步与选民接触提供了便利。更重要的是,通过新媒体工具,选民可以设定自己对于信息的偏好,选择自己需要或喜欢的信息。选民的这些设定为奥巴马竞选团队传递信息提供了导向,可以避开那些忌讳或是危险的话题,而只将对奥巴马有利的信息传递给选民。新媒体公共关系在帮助奥巴马维系和联络了大量活跃的支持者的同时,也为奥巴马省去了许多在公共关系活动中亲力亲为所需的时间和精力。借助新媒体工具,奥巴马将总统选举过程变成了一场盛大的全民动员。平等互利的新媒体公共关系,前所未有地拉近了总统候选人和普通民众之间的距离。

---

① 谭望.新媒体的新特点与发展趋势解析[J].戏剧之家,2017(10):118.
② 高红玲.媒介通论[M].广州:中山大学出版社,2001:10.

(三)新媒体的发展趋势①

1. 更加注重用户体验

在未来,新媒体将会更加人性化,更加注重每位用户的实际需求。在传统媒体中一般都是用户搜寻自己想要的信息。而在新媒体不断发展过程中,通过大数据分析,针对每位用户订制的信息将会纷至沓来,自动呈现在受众面前,通过这种循环传播最终实现"信息找人",使用户获得更好体验。此外,新媒体一些强大功能已经初步显现出来,比如,用户可以利用手机进行"摇一摇"、扫描二维码、AR 技术等丰富自己的日常生活,诸如此类的功能将在未来不断增多,用户对于新媒体的满意度也将不断提高。

2. 媒体融合不断加强

新媒体是个相对的概念,当下的新媒体都可能变为传统媒体,因此各种媒体之间互融互补的趋势将愈发明显。媒体融合的方式主要分为两种,一种是新媒体与传统媒体之间的融合,传统媒体为了扩展自身传播广度与深度,急需与新媒体进行整合,运用新兴媒介技术实现多平台联动。新媒体为了获取更多的内容渠道也需要传统媒体的协助。另一种是新媒体之间的融合,充分利用各种新媒体不同的优势,整合配置,最终展现更强大的媒介功能,给受众带来更好的用户体验。

3. 使用成本更加低廉

随着信息技术不断革新、媒体受众不断增多、媒体资源不断丰富,在未来,新媒体的使用成本将会更加低廉。例如,苹果公司发布的一代平板电脑 iPad,其售价较为昂贵,而之后推出的几款换代新品,功能更加强大,价格并没有上涨,有些产品价格反而有所下降。新媒体使用成本的下降不仅仅体现在硬件方面,在软件方面同样如此。很多媒介的资源库通过资源整合与优化升级而不断丰富,加上日益增加的用户带来的更多广告效益,很多媒介平台都将大部分资源低价甚至免费提供给用户,可以想象,未来受众将能享有更加优质低廉的新媒体资源。

二、新媒体对公共关系的影响

随着时代的更迭以及科技的进步,媒介传播技术的变更都被公共关系所利用,同时也推动了公共关系的发展。从最早的报刊到后期的广播电视等媒体形式,都极大地影响了公共关系的发展。新时代,基于互联网的新媒体给现代公共关系创造了全新的传播方式以及传播环境,给公共关系的发展带来了更好的机遇以及影响。

互联网带来的是一个崭新的媒体环境,它与以往的传播模式和传播环境有着本质的区别。随着这些新媒体的飞速发展,它们会很快地对现代公共关系实践的各个方面产生影响。

---

① 谭望.新媒体的新特点与发展趋势解析[J].戏剧之家,2017(10):118.

（一）新媒体改变了公共关系从业者的工作方法

1. 调研

作为公共关系过程的第一个步骤，调研包含着很多方面，由新媒体技术带来的巨大的信息，将会使整个调研过程变得更加复杂。组织形象的调研、消费者对组织形象和产品服务等的评价、已存在或潜在的问题分析、机遇和威胁等的分析，都会由于巨大的信息而比以往花费更多的人力、物力和财力。当然新媒介技术也提供了收集、分析信息的新方法，能够更快速、便利地收集到有效信息并进行分析，但它的使用范围却是有限的。

2. 策划

由于新媒体的开发和利用，受众的媒介选择余地越来越大，而受众间的区别也日渐明显，这就使得如何针对具体的媒体进行有效的策划变得更复杂，策划人需要在各媒介间权衡。美国著名广告人曾说过，一个成功的产品得益于成功的媒介购买技巧而非广告本身的技巧。而问题是虽然策划人知道各种媒介各自的优缺点，但要成功地进行媒介组合使之发挥更大的作用却很难。因而如何有效地利用新媒体对目标受众开展公关活动，需要策划人有新的思维并进行不断地实践。

3. 实施

主要是指传播策略的实施。传统的传播策略要求符合四大原则。第一个原则是联系目标的原则。新媒介能够帮助企业有效地开展内部公关，像手机短信、内部网络邮件等都能够及时地传达信息。第二个原则是适应受众的原则。随着新媒体的出现受众也逐渐被细分，新媒体能比传统媒体更有效地细分受众，同时为组织确定目标消费者、节省预算。第三个原则是区分内容的原则。由于新媒体同时具备印刷媒介和影视媒介的优点，因而适合多样化的传播推广。第四个原则是符合经济的原则。这一原则要求策划人员需要花费大量的时间和精力去考虑使用哪个媒介，或者哪几种媒介的组合能够达到最佳的传播效果。而新媒体恰好提供了一个经济的方法来开展公共关系。

4. 评估

在活动展开的过程中以及结束后都要评估，运用新技术对新媒体进行评估比传统媒介效果的评估更简单而准确。由于巨大的信息以及大范围的受众，使得新媒体评估基数更大而更精确。

（二）新媒体创造了一种新的关系

传统媒体中受众与媒介之间的交流是极少的，受众之间的交流更是微乎其微。而新媒体拉近了受众与媒介之间特别是与信息发布者之间的距离，更促进了受众之间的交流。这些变化也间接影响着公共关系的发展：一方面，新媒体提升了受众的地位，受众在选择信息上变得更积极主动，在获得信息的渠道的选择上更自由。他们不再只是被动接收信息的受众，更可以成为信息的发布者，拿 YouTube、土豆网等网站的播客来讲，播客使得受众与媒介之间的界限越来越模糊，人们很难分辨这些视频是网站发布的还是单独的个人发布的。另一方面，新媒体确实促进了受众与媒介之间以及受众之间的联系。人们可以在论坛上自由地发表言论,在新闻消息的后面自由地发表自己的看法。人们更能通过 QQ、MSN、飞信等手机软件即时交流。媒介也可以迅速地得到受众的反馈。同时,传播主体可以自己在互联网上发布消息、组织活动等,而不必依赖媒体,从而增强与受众间的互动。受众与组织间的互动也能提升受众对组织的好感与忠诚度。①

小案例

NIKE 大打"科比退役"公关牌

2015 年 11 月 30 日,NBA 现役最伟大的超级巨星科比在 Twitter 上发文,宣布将走完自己 20 年的职业生涯,正式从联盟退役;与此同时,科比还通过新浪微博发文向中国球迷们宣告退役的消息,此篇退役文章达到了约 15 万次转发、3 万条评论和 6.7 万次点击的效果。科比的退役文中带出了微博话题"KB20",成为一个热门话题,其阅读量达到了 2.1 亿人次以上,而"科比"这个词的百度搜索指数也达到峰值,远远超出其他同时间段的热度指数。在 2016 年 4 月 14 日前夕,"科比退役"这个词的百度搜索指数一直呈现逐渐增长的态势。

1. 科比的纪念日——Mamba Day

作为与科比合作时间最久的品牌,NIKE 为科比 20 年的职业生涯一共推出了 13 代黑曼巴经典球鞋。在科比宣布退役之后,耐克宣布将 4 月 14 日定为 Mamba Day(曼巴日),这是专属于科比的纪念日;并且在 4 月 14 日科比正式退役时,耐克旗下的 200 多名球员都会穿上黑色或金色的球鞋致敬科比。此外,NIKE 的设计师 Eric Avar——科比的 NIKE"御用"设计师、13 代黑曼巴经典球鞋的设计者,在科比职业生涯的最后,为科比专门设计了一套属于他的字体,通过这些由科比·布莱恩特字体组成的经典语录,向人们传达科比的职业篮球精神。

NIKE 这一时期的活动主题以黑曼巴为主,在社交媒体和官方网站上引导更多的球迷进行纪念照片的制作与合成上传,其官方微博也被打造成为球迷纪念科比篮球生涯的海洋。

2. 科比的告别视频——《别爱我,恨我》

在比赛开始的前一个星期,NIKE 品牌就发布了科比和耐克中国一同为自己拍摄的一个告别视频《别爱我,恨我》。在黑白的镜头中,科比向中国的篮球少年们发出他最后的挑战,深沉却饱含情绪的背景音乐让影片肃穆而直指人心。

而在 2016 年 4 月 14 日 24 时,科比·布莱恩特长达 20 年的篮球职业生涯即将在洛杉矶落下帷幕,而耐克为此即时推出了其最新广告短片 *The Conductor*,并在各大媒体渠道投放。在该片中,科比幽默地指挥了一支欢呼声与嘘声的交响曲,展现了科比在 NBA 球员、教练和球迷中无与伦比的影响力,延续了围绕科比的"爱与恨"主题。这部最新广告短片由马克·罗曼尼克(Mark Romanek)执导,影片中群星闪耀,包括名人堂教练菲尔克逊(Phil Jackson)、十次入选全明星赛的洛杉矶当地球员保罗·皮尔斯(Paul Pierce)、前总冠军球员拉希德·华莱士(Rasheed Wallace)、公牛队吉祥物 Benny(Benny Bull),以及代表九支不同

---

① 盛晓晨.新媒体在现代公共关系中的应用及其影响[J].科技信息,2010(4):626-627.

球队的热情球迷。

3. 表达敬意的三封邮件

为了表达对科比光荣篮球职业生涯最大的致敬,NIKE还特别量身定制了一整套13双属于科比的胜利战靴,并且定于科比的最后一场比赛跳球时开始发售。早在3月,NIKE就通过邮件渠道向所有用户推送了此活动的第一封预热邮件,告知用户该系列定制产品即将开启发售,第一时间与用户进行购买活动预告。邮件主题及内容与体坛界的重大事件牢牢绑在一起,展示出邮件营销对于该热点事件的强势助力。

在比赛的前几天,NIKE的第二封预热邮件随即发送到用户邮箱。邮件告知和提醒消费者,产品将在4月14日科比的谢幕比赛当天正式进行发售,通过邮箱登录网站以解锁用户购物车,实现售卖当日的快速购买。此举是邮件营销与购物车营销最有力的联手,巧妙地引导了用户通过点击邮件至官网获取专属优先购买特权。

在赛事当天正在进行的时候,NIKE通过一站式邮件平台完成了最后一轮促销邮件的正式投递,实现邮件与赛事的神同步。在该封邮件中,不仅加入了定制款球鞋的购买按钮,还增加了赛事观看的相关链接,与所有用户共同见证最后这场胜利战役。

通过前期的专题活动、预热邮件及当天的即时邮件,借助影响力巨大的各类社交媒体平台,NIKE让消费者立即获取了科比的专属战靴信息,最大限度地激发了狂热粉丝们的购买热情,大大提升了对该球鞋的购买转化率。

【问题】 结合本案例谈谈应该如何协调好新媒体与传统媒体的功能,达到传播效果最大化。

(三)新媒体给公共关系带来新挑战

传统的企业公共关系(以下简称公关),本质上是"操纵舆论"和"制造同意"。对于大众而言,他们可以享受的权利是沉默和反对,但他们不能直接主张什么。[①] 而新媒体时代的到来让每一位大众都成为自己的发声筒,企业公关人员所面对的一个大众群体变成无数个个体,让公关活动的进行变得异常艰难。这表现在以下两点。[②]

1. 公关对象不可控性

新媒体的飞速发展和持续创新,几乎彻底颠覆了传统媒体信息的传播秩序。公众不再是传统媒体环境中单一身份的信息接收者,每个人都是一个自媒体。新媒体传播逐渐成为社会大众乃至媒体记者获知危机事件的首要渠道,引起危机爆发。在数位时代前期,对于企业公关人员而言,不断打交道的其实是拥有控制信息传播的媒体人员,并非是企业的客户,因此公关显得很轻松。而新媒体时代的到来,使每个人拥有了话语权,环境变得更为错综复杂,控制越来越难,为这份工作加上了沉重的负担。特别是信息全球化的发布与传播,更是加速了负面信息的传播。一方面,媒体的竞争在新媒体带来的"眼球经济"下更为激烈,为了获取注意力,媒体记者对爆炸性新闻孜孜以求,埋藏在社会组织内部中的危机隐患

[①] 魏武挥.谷歌,我不想成为你"亲爱的网友朋友"[N].21世纪经济报道,2007-03-28.
[②] 吴程伟,刘雅惠,梁洁颖.新媒体,新挑战,新契机——浅析新媒体形势下公共关系应对之道[J].现代物业·现代经济,2013(9):13-15.

被触发的概率大幅度增加。另一方面,普通大众在新媒体上的信息发布不受控制,更容易产生负面信息,形成"蝴蝶效应"。

2. 传播信息不可控性

传统媒体时代,公关信息的发布和传播可受控制。新媒体时代的到来让绝大部分大众拥有话语权之后,不遗余力地发声,口碑影响力不断加强。当其传播的信息对公关主体有利时,自然具有很好的宣传效果,但其中更不乏偏见、情绪化言论的出现并不断被放大,对公关主体十分不利,而这些对于公关主体而言的计划外信息及其传播具有很强的不可控性。

小案例

六六京东事件

开端

2015年7月11日12时32分,知名作家六六在微博上称,自己在京东(具体应为其平台供应商天天果园旗舰店)购买的8斤山竹,总计236元,送到家后发现已经烂得不成样子,"像扔垃圾堆的货一样烂"。随后,六六便申请退货,按照客服要求的步骤退单并上传水果的照片,但结果却被告知不予退款,"售后申请审核不通过"。气愤难平的六六忍无可忍,选择将该事件公布在自己的微博上。作为拥有1000多万粉丝的知名女作家,此文一出,迅速引来大量网友关注并引发舆论热议。

转折

一个多小时后,13时51分,六六的微博更新,并指出"天天果园打电话来说全额退款,之前与之反复沟通无果,与京东客服也反复沟通,均无效。在微博上一说就要立刻退款,你们的存在就为糊弄欺负老百姓的吗"?同时,六六在其7月13日发布的长微博中指明了详细的时间,"我将沟通过程发布到微博上,不到5分钟,天天果园电话来了,半小时后京东客服电话来了"。

商家这种前倨后恭的态度遭到很多网友的吐槽。

高潮

两天后,7月13日11时51分,六六再次在微博上发表了一篇题为《我要的只是公平》的长微博,称自己拒绝了京东和天天果园的和解,始终没有接受他们的道歉和退款,因为自己想要的是属于老百姓的公平。文中,六六感慨"在中国,做一介草民好难",并直言"我作为普通百姓的生活,举步维艰,每每都要靠大V身份和粉丝帮助才能讨回我本该拥有的权利"。此文一出,该事件其实已经从普通的维权事件上升到了普通老百姓的权益与平等问题。

该文引起了网友的强烈共鸣并造成了极大的影响。截至2015年12月9日,该微博收获了500多万条的阅读量,共计转发39076次,收到评论7286条和点赞34719次。

当天这篇文章又被六六发到了其同名微信公众号上,瞬间阅读量10万次,点赞5000余次,加之微博、微信分享功能的传播力度,使得事件很快蔓延到视频以及传统纸质媒体等平台,进一步推升了该事件的舆情热度。

回复

7月14日10时3分,@天天果园在微博上发文《世界上没有100%的完美,但要有追求完美的心》,对事件中天天果园的后台客服处理过程进行了阐述,并正式对此事公开道歉。"六六所提到的平等和公正都是天天果园所追求的,而做水果生鲜的没有一家能承诺商品完美。但只要客户不满意,天天果园希望尽全力去弥补中间的'不完美'。"

10时34分,@京东也转发了该微博,并附言"请大家一如往常将自己的感受反馈给我们,不满意和不完美的交给我们去修补"。这也是京东首次在微博上对此次事件做出回应。

此后虽然网民对此仍有讨论,但舆情热度整体趋缓。

"二次高潮"

眼看六六与京东和天天果园的纠纷已经接近尾声,王思聪的突然出现让这个话题再次活跃起来。

7月18日12时26分,王思聪转发六六在13日中午发布的长微博并附称:"作为拥有同样经历的人,我特别赞同六六,不管是大V还是老百姓,都希望能获得消费者该拥有的尊重和权益。"并提出自己前两天在京东主页买个组装机,第三方将其私人信息截图给发微博上了,京东也没给个说法。截至2015年12月9日,该转发微博共计转发次数10662次,收到评论34123条和点赞数109161次。

不到一天时间,19日清晨7时22分,认证微博@京东发言人发布微博向王思聪公开道歉,并对第三方店铺员工违规私自泄露顾客个人信息进行了调查和处罚。7时23分,@京东转发了该条微博,并再次致歉。

然而京东的道歉引来了更多网友的质疑:"怎么没见为那些被侵权的普通人公开道歉?为什么王思聪就能得到公开道歉?""看人下菜碟"的帽子,就这样戴在了京东的头上。

【点评】 新媒体平台是一把双刃剑,给企业公关带来机遇的同时,也带来了诸多的挑战。不同的企业面对各种突如其来的变故,反应也千差万别。必须注意的一点是,企业自身对市场和受众必须具有足够的敏锐度,公关人员自身也需要更加小心翼翼。信息时代,任何企业的变化都会在网络上得到迅速传播和扩大,一句话可扭转劣势,也可以令整个企业陷入荆棘。2015年7月,京东曾卷入一场"看人下菜碟"的风波中,在网民群体中造成了极大的影响。企业若是跟此次"六六京东事件"中京东的危机公关一样,对潜在的危机视而不见,对危机的处理引起更大的危机,就是一次极为"失败"的危机公关。(陆蓓)

【问题】

(1)根据本案例谈谈新媒体给企业公共关系带来的挑战。

(2)京东和天天果园对危机的处理存在什么问题?如果是你,应怎样处理?

三、新媒体在公共关系中的应用

互联网技术的发展给新媒体的形成提供了技术基础,新媒体的快速发展给现代公共关系的变革提供了平台。随着门户网站、自媒体、搜索引擎、微博等新媒体的出现,用户可以更加自由地使用这些工具进行沟通交流。这些新媒体也将传统单向的、灌输式的公共关系转变成了双向的、平衡的公共关系,逐渐成为现代公共关系的新平台。

（一）简易信息聚合

简易信息聚合（Really Simple Syndication，RSS）的一种普遍解释是"真正简单的联合发布系统"，通过 RSS 源，读者可以在任何 RSS 阅读器或聚合器中预览对内容所做的更新。RSS 允许读者订阅多个源，并自动将信息组合到一个表中，这样用户就可以快速浏览列表，而不用访问每个网站便搜索到兴趣的最新信息。企业可以利用 RSS 功能根据公众自己感兴趣的内容选择推送的信息。众多知名企业如惠普、美孚、福特汽车、通用电气、宝洁、施乐、安捷伦等很多都为其网站的媒体中心部分配置了 RSS 功能。IBM 更是将其新闻稿分成 13 个子类别并分别配以 RSS 订阅，这样网络用户就可以只选择其感兴趣的内容进行订阅。RSS 订阅最大的一个优点是保证了企业给用户传递的沟通信息是用户感兴趣的，而不是恼人的信息。

（二）社交网络

新媒体最广泛的应用之一就是社交网络媒体，较为典型的包括 QQ、微信、MSN、Skype 网络电话等。这些社交网络都在一定程度上体现着新媒体通过口碑进行传播的重要特性。口碑传播必然存在着好坏之分，并且坏消息更容易进行传播，因此，这些新媒体对于舆论市场的公关就显得特别重要。新媒体性质的社交网络本质上就是现实社交的网络模拟或者网络映射，这样就使得通过品牌推广以及口碑影响社交服务网络成为可能。

（三）博客

博客属于新型的自媒体工具，其本质上属于全新形式的网站应用，可以为所有使用博客的人提供有关信息发布以及思想交流的平台。博客的使用人员不需要具有较特殊的网络知识以及技能，只需具有基本的素质就可以较为方便地通过文字、图片、影音等方式建立起具有自身鲜明特色的网络世界。除了普通的个人博客外，商业博客也是重要的组成部分。这些博客主要是以营销以及公关为主，例如，很多企业 CEO 的博客、产品的博客、企业的博客等，虽然这些博客不能明显地界定自身的性质，但是大体上可以表现出其所属的领域。博客是具有个性化的社会媒体，在其平台上可进行相关的交流以及讨论，这样就会从小群体的受众逐渐扩展到大群体的受众，从而影响到媒体以及社会公众。博客公关传播是现代最具潜力的现代公共关系传播方式之一。

想要企业的博客真正被公众认可并发挥其作用，其前提是博客是与公众进行交流和分享的地方，而不只是简单的宣传广告。以汽车行业来说，由汽车业传奇人物、通用汽车副总裁鲍勃·鲁兹主笔的美国通用汽车 Fast-Lane 博客，话题集中在汽车设计、新产品、企业战略等方面。博客的日浏览量近 5000 人，对每个话题的评论都有 60～100 条。鲁兹的文章诚恳，并且内容能够深入、直接地面对社会大众对通用的各类正负面评论，让消费者公开反馈意见。用户一旦出现问题，通过博客，可以在 24 小时内得到解答，这是 Fast-Lane 受到欢迎的重要原因。①

---

① 李慧珍.新媒体环境下企业公共关系策略研究[J].现代商贸工业，2013(6)：75-76.

（四）WebCast/PodCast

WebCast 是利用卫星广播信道进行互联网内容"推送"的服务，即根据 ICP 和用户的要求，定时将网站的内容投递到用户的计算机硬盘上，并按照设定的时间间隔更新。WebCast 软件可以自动判断一个网页是否在规定的时间间隔内被改变过。中国通信广播公司将与国内外多家著名 ICP 合作，利用卫星广播信道将网站内容实时广播更新到用户的 PC 上，可以离线本地浏览，这样不需要进行网络连接就能够得到全新的信息以及最为热点的资讯。企业网站也可以利用这种方式向客户发送最新信息。WebCast 软件还可以监控广播网页的浏览情况，用户每点击一次页面或一条广告后，该记录会被自动存储，并在用户下次上网时回传到网络运行中心的数据库，并报送内容提供商。

PodCast 是数字广播技术的一种。出现初期借助一个叫 iPodder 的软件与一些便携播放器相结合而实现。用户可以将网络中的内容进行下载，再存储到自己的电子播放器设备中（例如 MP3、iPod 等）随时进行收听，而不需要固定在计算机前，具有更大的自由。同时，也可以将自己制作的节目进行网络上传，与他人共同分享。[①]

（五）论坛

论坛是新媒体时代的衍生物，它是围绕一个特定主题创建起来的、可以发布信息、发表评论和交换思想的网站。目前，有许多企业已经拥有了自己的企业论坛，以此来吸引公众的关注。企业可以通过在论坛上建立经验累积奖励机制，鼓励公众参与论坛交流讨论。此外，当消费者提出意见和不满时，也可以在论坛的意见反馈机制中通过及时有效的沟通，防止其扩大到其他网络渠道中而导致公关危机的爆发。

（六）微博

在极短的时间内，微博就已经成为收集公众建议和意见的重要渠道，也为政府宣讲政策，改进公共治理提供了新平台。同时，微博平台市场也成为各个企业竞争的重中之重，大批企业启用官方微博，以高频率的微博信息发布，不断吸引公众关注。因此，如何利用微博多元化的传播方式使得企业不断发展壮大，是企业建立良好公共关系的关键因素。首先，微博可以更好地帮助企业扩大知名度，因为微博推广过程与整个社会舆论的大环境有着紧密的联系。企业适当地利用微博进行宣传推广必能取得非常好的效果。因此，企业务必要将前期工作做好，合理利用微博效应，只有这样才能更好地将企业的美好形象展现给公众。其次，一个企业在不断发展成熟的过程中，难免会出现各种危机事件，微博可以利用其特点来处理企业的各种危机、消除企业的负面言论。因为，微博拥有大量的用户群和非常高的使用率，这能够使得企业的负面消息在网络各个角落迅速扩散，让公众对企业产生抵触情绪，甚至会使得企业局面变得难以控制。所以，利用微博开展公共关系的重要工作内容就是，对企业公共关系危机的预警和及时处理。[②]

---

① 康琳.新媒体在现代公共关系中的应用及影响[J].新媒体研究,2016(9)：40-41.
② 杨宇.新媒体时代的企业公共关系[J].东方企业文化,2015(4)：100-101.

微博运营的最关键之处在于人气,但不只是以粉丝数量为指标,因为目前微博上充斥着大量的无效"僵尸粉"。提高微博人气也无外乎两点:一是自身内容要有特色能吸引人。原创为主,适度转发,勤于更新(但不要刷屏),内容精练,用词谨慎,紧跟社会热点与主流价值观;二是宣传微博本身也要卖力、恰当、巧妙。商业伙伴或竞争对手都可关注,亦敌亦友,微妙互动,平衡关系,广结善缘。企业领导人若能单独开博更好,拉近公众,减少神秘感,更加亲民,更有魅力,因为企业领导者形象也是企业整体形象中至关重要的一环。企业微博也是官方网站的最有效延伸,它与公众更为接近,互动更多,企业微博已是公众最关注的信息发布窗口。企业微博如今已经成为企业形象识别系统(Corporate Identity System, CIS)中一个举足轻重的代表和缩影,也是企业一个重要的展示橱窗和组成部分,它就是企业在互联网大社会中从事社交的角色扮演者。①

(七)公告栏

每家企业都有自己的网站,网站公告栏具有稳定、即时更新和信息发布量大等特点。企业可以有效使用公告栏,采用介绍、讨论、展示等方法,全方位宣传自己的产品和服务。同时密切关注网络世界虚拟社区对企业的正负面评论及意见,及时采取相应措施应对突发事件和不利消息,使良好的公关形象得以建立与延续。

(八)搜索引擎

搜索引擎是指根据一定的策略、运用特定的计算机程序从互联网上收集信息,再对信息进行组织和处理后,为用户提供检索服务,将用户检索的相关信息展示给用户的系统。目前常见的搜索引擎有百度、谷歌、搜狗、360等。本来搜索引擎仅仅是计算机工具,但是在公共关系充分发展的今天,搜索引擎也成为"公关战"的热点。这种公关可以分为进攻与防御两个方面。

从进攻的方面看,公关人员需要尽量使本组织的搜索排名靠前,以便引起社会公众的关注。具体方法包括在搜索引擎投入广告费,使自己的排名靠前;通过在一些子网站(例如百度旗下的百度百科、百度文库、百度知道、百度地图等),多发本组织的相关信息,以便引起搜索公众的注意。

从防御的方面看,则是可以通过对搜索引擎内部员工的"公关"删除或屏蔽负面信息,或者组织网络写手多发相关新闻的正面信息,使负面新闻被置于几十页之后,不容易被公众发现。目前社会上以及学术界,对于这种搜索引擎公关颇有微词,但是仍然被一些组织实际采用。②

 小案例

飞跃"红牛平流层"

2.5 小时的漫长升空时间!

---

① 任昕.新媒体时代现代公共关系的应对策略[J].中国市场,2015(21):142-145.
② 张践.公共关系学[M].北京:中国人民大学出版社,2017:149.

36570米高度起跳!

4分36秒自由落体!

1382千米/小时超过声音的速度!

−60℃的最低气温!

50年的纪录被打破尘封!

这些令人惊诧的数字和关键词都来自2012年10月红牛能量饮料公司(Red Bull Energy Drink)赞助的一项名为"红牛平流层"(Red Bull Stratos)的活动。通过这项活动,奥地利跳伞狂人菲利克斯·鲍姆加特纳创造了人类历史上的一次跳伞传奇,被誉为"在太空边缘跳下来的疯子"。43岁的菲利克斯从距离地面36570米的同温层跳下,最高速度达到1454千米/小时,成为第一位在自由降落中突破音速的人。他还凭借此举创下多项世界纪录,并为未来的太空探索提供了宝贵数据。理所当然地,红牛成为这起"新闻事件"的背后赢家,那么红牛究竟是如何做到的呢?

1. 用"传奇故事+新媒体"来聚拢粉丝

为了运营这场极限运动,红牛准备了7年。在活动即将开始的预热阶段,红牛就对菲利克斯和跳伞事件从多个角度进行了专题报道,包括菲利克斯的成功故事、特邀专家发表评论和预测等;还打造了多个亮点,包括号称本次跳伞为一次"对死亡的反抗"、声明其对科学研究的重要性、邀请现有跳伞纪录保持者Joe Kittinger作为菲利克斯的导师、推测挑战菲利克斯身体极限的潜在后果等。红牛还整合了传统媒体、网络视频、新闻网站、Twitter、Facebook等多个平台组织并传播了相关话题讨论,吸引受众关注事件。在这一阶段,其传播的受众几乎覆盖了红牛所有的潜在消费群体。

(1) 视频直播营造现场感。在YouTube上,红牛开设了企业专题视频栏目,对整个跳伞过程进行了近3个小时的连续视频直播,吸引了3万多人同时在线观看。最终,视频点击量800多万,一举超过了此前由伦敦奥运会保持的单视频破50万点击量的纪录。

(2) 话题讨论增强参与感。在Twitter上,红牛从多个角度引爆跳伞话题,并提供许多高质量图片和视频剪辑,推动粉丝进行激烈的讨论和转发。在Twitter上,红牛在发布跳伞事件信息后的一小时内,就收到近3万人的投票和评论。直到事件结束,参与跳伞事件互动的人数已超过100多万。在事件传播最火热的时间里,红牛这个名字被提及超过26万次。更加有意思的是,竟然还有人在Twitter上假冒菲利克斯,出现仅2小时就增加了近10万粉丝,足见红牛赞助跳伞事件在媒体上传播力度之大。

(3) 名人参与提高关注度。在Facebook上,菲利克斯降落之后,红牛就立即将跳伞照片上传至企业主页。不到40分钟,其上传的图片就被用户分享了2.9万次,得到超过1万条的粉丝评论和22万人点赞。除了关于本次跳伞的内容外,在Facebook上正当红的韩国说唱歌手、《江南Style》的演唱者Psy也被红牛邀请,出现在其主页,得到了广泛关注。

2. 专业素材+专门网站,识别粉丝

红牛团队为了后续宣传用途考虑,在整个跳伞行动中使用了大量专业设备来拍摄和追踪跳伞细节,记录尽可能多的视频镜头。据Red Bull Stratos的网站介绍,太空舱共包含9个HD相机、3个数码摄影机和1个3D数码相机;而且菲利克斯本人携带着3个HD相机,这些设备与地面上部署的摄像技术设备全方位地对整个跳伞过程进行记录,并为媒体内容创作提供了海量专业素材。

为了从众多粉丝中间筛选识别出强关系群体并与之建立有效连接,红牛特别建立了专门的网站,便于分享者们获取跳伞事件的照片、视频及详细的文字内容,轻松就能完成故事撰写。但是,只有提供身份详细资料、完成账号注册的用户才能下载特定的第一手资料,虽然具有一定的强制性,可是因为"菲利克斯极限跳伞"实在太吸引人眼球了,使众多极限运动爱好者、红牛的品牌粉丝及其他对此事件保持极大关注的群体纷纷注册,而红牛则从这些注册用户中获得海量的有效信息,为其后续的品牌传播及用户关系维系奠定了良好的数据基础。比如,在这些群体中不乏众多各大职业媒体人和自媒体人,使红牛轻松获取了大量的媒体联系方式,积累了可观的一手媒体资源。在这个完整的跳伞纪录片拍摄公布之后,菲利克斯自然受到了媒体的密切关注,成为红牛最佳的"行走的代言人"。

此次极限跳伞事件,不仅使菲利克斯打破了维持超过50年的世界纪录,也使得红牛实现了在全球范围内的曝光,成功将红牛的品牌威望推至顶点。同时,红牛也在对新媒体公关营销不断深化和筛选的过程中,成功俘获了众多免费的品牌传播者——一群职业媒体人和喜欢分享新鲜事的忠实粉丝,为今后的口碑传播打下基础。

【问题】
(1) 红牛本次公共关系活动中都利用了哪些新媒体?
(2) 红牛的新媒体公共关系有何特点?

四、新媒体环境下的公共关系策略

随着新媒体的不断发展与普及,无论是企业还是政府,现代社会的任何组织在公共关系工作与活动领域中都不得不接触、参与、运用,以致再也离不开新媒体了。新媒体也迫使组织必须重新思考公共关系的本质意义,重视沟通互动的基本方法,回归真实真诚的基本原则。面对新媒体普及不可阻挡的趋势,在新媒体环境下,公共关系策略应体现在以下方面。

(一)转变观念,实施专业化运作

思想观念主导行为举动,若要真正地利用好新媒体,首先必须转变观念,尤其是组织的管理层和领导者。领导者必须首先深入认识新媒体的重要性和特征,以积极的态度去接纳新媒体,主动学习与新媒体相关的知识和技能,并且要有勇于改变、敢于变革的魄力;在运用新媒体时,要扩大胸怀,改变以往居高临下的姿态,以更加亲切、包容的心态,去对待公众中的每一位成员。

在新媒体时代,组织必须组建专业的团队专门负责与新媒体有关的一切,其主要负责人必须是组织最高管理团队中的一员,或专任或兼任,因为这样可以直接与最高管理者沟通,便于更迅捷地将企业高层的决定传达给公众,也便于更及时地将公众的反馈舆情传递至企业高层。尤其在发生危机时,可以及时调动组织的人、财、物资源积极应对,权责明确,实施有效,执行有力。对于如企业网站、博客、微博、微信、网店、手机APP等具体的新媒体平台或客户端,必须专业策划设计、专人维护更新与服务客户,人员或特招或培训,一定要专业化运作,着力打造精品;此外,针对新媒体平台的各部分主要负责人以及组织的新闻发言人,都要落实到具体人上,制定岗位手册,明确责任权力,规范工作流程,规定奖罚机制;且组织必须做好应对公关危机的预案,其中要包括危机发生时新媒体平台所应做的一切,平时有系统的培训和演练也是必需的。①

(二)病毒式传播,扩大企业影响

媒体批评家道格拉斯·洛西可夫在著作《媒介病毒》中曾经做过以下描述:假设一支广告成功到达了"易感"用户,这个用户就会被"感染",然后继续去"感染"其他"易感"用户。从理论上看,只要每个被"感染"的用户发送电子邮件告知平均一位以上的朋友,那么这个传播机制就会不断进行下去,直到所有"易感"用户都收到了这条消息。这一描述可以看作是病毒式营销的起源。除了利用社交网络、RSS等开展企业病毒式传播,还可以利用以下方面扩大企业影响。

1. 利用公众自创内容

病毒式传播的一个原动力是消费者所传播的内容是他们所感兴趣的,企业仅仅是创作一个普通的企业公关新闻发布在网络上,然后就企图公众自动分享传播企业信息是不现实的。因此,要使病毒式传播真正发挥作用,企业必须利用广泛的公众参与,使得企业发布的信息尽可能符合公众的兴趣。成功的数字营销者会花时间去了解由消费者创造内容的网站,然后才会很小心地把适合的语调和主题放进去。这些内容会尽量简短并切中要点,不会是冗长的广告词。因此,企业可以建立一个讨论区以关注和组织公众自创内容,并为公众提供公正客观的专业意见。在品牌公关上,企业在及时跟进最新技术和工具的同时,要在与广大受众沟通时,擅长使用新媒体语言。如"凡客体"之类的网络病毒式传播恰好符合了当今人们的心理,利用新媒体,受众自己进行传播,从而扩大影响力,既达到了公关效果,又为大众所喜闻乐见。此外,也可以举办以视频质量和分享量为主要评判标准的比赛,通过奖励机制吸引公众积极为企业创作公关宣传视频,达到公关传播的目的。

2. 利用意见领袖

网络意见领袖往往能引导社会舆论,不少人在某一话题上也许并没有很强烈的情感倾向,因而,往往会跟着意见领袖的评论方向走,意见领袖们的文章、评论或是分享也能够得到网民的更为广泛分享。因此开展病毒式传播需要企业利用网络意见领袖的力量,加强对意见领袖的引导,通过他们对企业积极正向的评论或者帮助企业发布信息,得到更有信服力和更广泛的传播。

(三)关注个体,满足个性化需求

新媒体时代,公众分散成为众多的个体,可以独自发声,借助新媒体的传播渠道,影响力都不容小觑。因此,组织必须重视每个相关公众个体与组织有关的一切信息,包括他们或明确直接或隐晦间接的意见表达、好坏征兆与变化趋势,而且要做到动态、持久地关注。虽然这样收集信息内容会变为海量、工作量剧增、难度前所未有地增大,但借助先进的数据

---

① 任昕.新媒体时代现代公共关系的应对策略[J].中国市场,2015(21):142-145.

分析方法或工具,以及不断更新升级的硬件基础,数据是更加真实、全面的,分析结果也是更加深入、透彻的,比如现在最流行的"大数据"解决方案。这也是公共关系基本职能之一,"信息收集、环境监测"的全面升级,为其他公共关系基本职能更好地实现与发挥铺垫了更加坚实的基础。

在公众信息收集的基础上,企业公共关系要更多地转向个性化服务。一方面,要充分了解公众使用新媒体的行为特点,比如人们看新闻大多只看标题、对评论更感兴趣的特点,对图像更敏感、更喜好的特点,对微博、微信等社交媒体的公信力、信誉度问题,对视频中插入广告的容忍度问题,对手机流量的敏感度问题,单手或双手操作触屏手机的习惯性等,都需要做深入了解。另一方面,在对公众更加细分的基础上,针对不同特征的人群采用更加契合、有特色、人性化的个性化服务,着力提高每个个体的满意度,不能忽视任何个体的感受与反馈。尤其要重点培养长期忠诚的资深粉丝或意见领袖,充分发掘利用庞大用户群体的内在价值。比如,有意地引导他们为组织发声,鼓励支持甚至资助他们主动或自发地开展各种能提高组织知名度或美誉度的活动。在发生公关危机时,以他们为主要切入点、突破口或关照对象,可以做到事半功倍。

在微博、微信等社交媒体的影响下,越来越多的公关传播对象倾向于将自己的经验和感受告诉给其他传播对象,与之进行分享。一言以蔽之,极高的传播效率是新媒体环境下公关传播对象的一大特征。对于传统媒体来说,新媒体公关的低门槛准入度,具有更加有效的双向互动性、灵活性和便利性,进一步深化了传播对象需求的差异化。新媒体环境下,信息的海量化、碎片化,传播对象的注意力有限,集中于一个地方的可能性越来越小,传播对象的个性化需求越来越明显。因此,公共关系传播主体更应该针对传播对象的个性化需求进行公关活动的策划和推广,迎合并满足传播对象的需求,以建立良好的形象。[①]

(四)掌握主动权,增强传播互动性

新媒体时代,"议程设置理论"仍然有效,组织仍可以掌握信息传播的主动权。尤其是企业,反而可以绕过传统媒体的限制,摆脱旧有传播方式的束缚,建立新的更直接的沟通渠道,有效施展自己的话语权,求得舆论平衡。企业应积极配合政府各层面对信息传播的监管与审查,有力地打击谣言与虚假信息,主动地保护自己的声誉,维护自己的市场地位。企业本身在信息传播上也要更加慎重、灵活、敏锐,在规则允许的范围内大胆尝试,善于创新,敢于突破,占据主动,引导舆论。[②]

1. 建设公关型的企业网站

企业网站是帮助企业树立形象的最佳工具之一。网站上的企业背景资料、商标、广告语、经营理念、企业视觉形象识别系统等公关信息元素,可以源源不断地向公众进行传播。公众也可以通过网站提供的联络方式提出自己的疑问、咨询及投诉,并快速地得到企业的答复。以上的过程使公关活动的本质,即组织和相关公众之间的双向信息传播与沟通得到最好的诠释。这也要求企业在设计网站时充分考虑网站的公关功能,不仅把网站作为一个

---

① 王琰.新媒体环境下的公共关系传播策略研究[J].新闻知识,2015(10):44-45.
② 任昕.新媒体时代现代公共关系的应对策略[J].中国市场,2015(21):142-145.

销售平台、服务平台、采购平台、广告平台，也要把其作为企业公关活动的平台，使网站融入企业的文化、精神和理念。在利用网站公关的过程中，企业公关人员必须明确两个问题。首先，网络公关的对象包括客户、供应商、经销商、投资者、企业内部员工、媒体、金融机构、政府机关、社会团体等。这些公众对企业的经营管理活动都会产生直接或间接的影响，需要得到企业的重视。其次，网站需要根据这些公众的特点为其提供各种信息服务。企业的背景资料、组织结构、管理技术水平、新闻等是向上述全体公众提供的。此外，企业也应该注意提供针对特定公众的特定信息服务。

2. 借助网络媒体发布新闻稿

以新闻传播为重要任务的网络媒体发展速度惊人。新浪、搜狐、网易等站点在新闻传播方面的影响力，已经丝毫不亚于一些传统的电视、报纸、杂志媒体。通过这些网络媒体来发布关于企业的新闻，无疑是行之有效的公关方法。不仅如此，如果企业网站有足够的访问量，网站本身就可以在一定程度上代替传统媒体的新闻发布功能。企业还可以通过公共论坛、与企业业务相关的新闻组来发布这些新闻，同样也可以达到较好的效果。网上新闻稿的制作应注意以下几点。

（1）注意稿件的链接问题。网上新闻稿的制作不同于现实生活中的新闻稿。在现实世界中，新闻稿通常不超过两页，因为有这个限制许多信息只好删去。在网络上则没有这种限制，而且还可将新闻链接到其他相关信息上，使得公众在搜寻信息时可以从中寻找更有用的信息，既方便了公众又大大增加了组织的信息发布量。因此，在进行网上新闻稿的制作时，要特别注意稿件的超链接问题，应创建新闻稿与各种相关信息的链接，如创建新闻稿与站点中过去的新闻稿及相关信息的链接，使公众能获知事件发展过程的概貌及更多的信息；创建新闻与其他站点中相关信息的链接；创建新闻稿与有关图片的链接，使公众有可能获得相关的图片资源。

（2）注意稿件的形式问题。为了提高公众对组织网上新闻稿的浏览率，新闻稿的形式应力求生动、活泼、富有新意，能抓住网上公众挑剔的眼睛。形式千篇一律、语言枯燥乏味的新闻稿在任何时候都是无人问津的，在强调"注意力经济"的网络时代尤其如此。因此，为吸引公众对组织新闻的注意，组织在设计网上新闻稿时，公共关系人员可运用Flash动画、音乐等多媒体技术，增强新闻发布形式的趣味性，从而加深公众对新闻的印象。

（3）加强新闻稿的互动性。网络区别于传统媒体的一大特征是它的互动性，在制作新闻稿时也应充分增强它的互动性，从而使组织及时得到公众的反馈信息，为组织的下一轮决策提供依据。首先，应该在新闻稿页面的顶部或底部添加联系信息，使公众一旦有疑问，能和公司的公关人员快速取得联系，实现公众与组织公关部门的即时互动；其次，应在新闻稿后设立专门的评论区或设立常规性的电子论坛，使公众可以自由发表自己的读后感，参与讨论。

3. 刊登网络公关广告

公关广告是企业推销自身形象的一种特殊手段，是一种特殊形态的广告，也是一种特别的公关活动方式。而网络广告所具有的超时空、低成本、内容可扩展等优势，无疑使它成为一种理想的公关工具。在网络上做的形象广告、公益广告、观念广告,都能有效加强公众对企业的理解,融洽企业与公众的关系。

4. 创新运用新媒体,注重传播方式的互动性

新媒体环境下的公关传播必须创新运用新媒体,注重传播方式的互动性。具体做法:一是通过与企业相关或较为信赖的新媒体来报道相关的新闻,在说明产品的问题时,一定要通过新媒体传达出正能量,传播企业好的一面,这样可以在一定程度上消除公众的抵抗心理;二是要懂得运用新媒体的巨大影响,在危机发生后及时地通过新媒体将相关的事件公布在公众面前,不让危机朝着更坏的方向发展,不要使得问题没解决而产生更大的矛盾。①

(五)建立、健全危机预警系统和机制

新媒体的飞速发展和持续创新几乎使得每个个体皆可成为信息发布者,彻底颠覆了传统媒体信息传播秩序。一直以来由传统媒体编辑部门承担的"把关人"角色和权力,迅速转向成千上万的普通大众。新媒体可能成为企业危机爆发的直接诱因,也会在企业危机事件传播过程中推波助澜。因此,在网络环境下,企业必须建立起危机预警系统。企业可以利用数字监测工具监看重点博客和网站论坛,及时找出可能引起企业公关危机的诱因,并快速而妥善地处理,避免危机的爆发。②

建立、健全危机预警机制是企业公共关系的关键,因此,要预测可能发生的情况,做好事前预防工作,请专业人员、媒体共同来研究预防和应对计划,做到防患于未然。当危机发生时,要冷静处理,迅速成立危机公关小组,用极短的时间搜索所有与危机相关的信息,想出谨慎负责的说法向公众澄清,并选择一个有威信的发言人,告知社会公众发生的情况。发生危机时,企业应该大量地宣传良好品牌形象,以此降低危机的影响,寻找发展出路,转危为安。即使公关危机做了稳妥处理,危机结束后,企业仍需要花大力气重建媒体与公众关系。③

(六)开展网络整合营销、整合公关

新媒体形势下,公共关系的最终目的还是通过实现传播业务和传播模式的创新来达到大众的认同,因此并不能顾此失彼。毕竟在新媒体形势下,传播环境复杂化,当人人都有发言权时,市场上一定需要一个把噪声和真正有分量的声音区分出的机制。而该机制,就当今环境,必定要由传统媒介来承担。目前很多人对网络营销的认识比较片面或有局限,导致其在实际应用上陷入一个狭隘的状态。真正的网络营销,本质上,是基于网络新媒体的整合应用,我们称其为在线整合营销。具体来说,就是以互联网的兴起和运动为特征,将传统整合营销的思想,根据互联网优势和受众特征的双重属性,进行的系列性营销、公关创新。事实上,网络新媒体的应用和网络营销的兴起,不是说要抛弃传统的广告、公关、事件、

---

① 王琰.新媒体环境下的公共关系传播策略研究[J].新闻知识,2015(10):44-45.
② 李慧珍.新媒体环境下企业公共关系策略研究[J].现代商贸工业,2013(6):75-76.
③ 杨宇.新媒体时代的企业公共关系[J].东方企业文化,2015(4):100-101.

促销等手段。完整的整合营销,是一种无缝传播,以追求实效为目的,在线加线下、传播加传媒的全景整合营销。①

应实施旧元素、新组合的策略,即发挥传统公共关系实务的旧元素与新媒体这一新元素的组合作用,形成公共关系的新发展动力。人们容易在新潮流到来的时候,忽略传统的东西。然而,计算机不能代替人脑,新媒体不能取代公共关系的实务作用。许多公共关系专业职能,如议题管理、危机管理、公关调研、关系管理等,并不因为新媒体的发展而被取而代之。② 相反,如果将这些旧元素与新媒体组合,开展网络整合营销、整合公关,更能产生交相辉映的效果。

网络营销策略改变了传统营销渠道,使生产商与最终消费者直面相对成为可能。因此过去营销渠道的中间商的作用有所削减,网络营销对定价、品牌、广告策略也带来不容忽视的影响,它以多角度、多板块、多手法来开展营销与服务。如高露洁公司认识到"争夺眼球的工作是第一位的",因此,该公司网站在内容上除去一般企业皆有的"公司介绍""历史回顾""全球业务分布""股东投资""经营实绩"和"企业新闻"等栏目外,其主导板块放在"儿童天地""护理咨询"和"专家培训"等核心栏目上。仅以"儿童天地"栏目为例,就可以发现网络营销所带来的广告效应是传统营销所不可比拟的。"儿童天地"栏目以"明亮的微笑,明亮的未来"为标题,设立以牙齿保健为内容的兔医生"没有蛀牙"俱乐部。网站通过各种游戏方案设计和编辑上的独具匠心来吸引儿童的回访率,让网络使用者在游戏过程中潜移默化地完成了对产品信息和品牌的认识。企业还可以利用网站培养潜在消费者,通过网站传递企业文化,利用各种网络手段与消费者形成持续联系(如利用电子邮件定期发送服务信息、收集消费者意见、提供技术培训、在节日发去电子贺卡等),使消费者更好地融入企业之中。

(七) 以网络微公益,塑造企业形象

公益活动是企业公共关系很重要的一部分,通过公益活动能够很好地提高企业形象和新闻曝光率。然而,中国目前大多数企业举办的公益活动仍然仅仅是传统的组织方式,并没有结合利用网络微公益这一新兴公益方式。微公益依靠互联网 Web 2.0 技术,将网络上的单个用户联系起来,通过用户间的协同合作实现其公益价值,具有效率高、成本低的特点。不少明星都利用过微博进行微公益活动,并且得到很好反响。微博女王姚晨在西南旱灾救灾时,曾发微博说,关注她的粉丝有多少,她就按"一个粉丝一毛钱"来捐款给灾区。最后,关注她的粉丝有 1308715 人,她就凑了整数为灾区捐出了 13.1 万元。要充分利用新媒体进行企业公关,网络微公益也是企业公关活动不可缺少的一个环节。企业可通过微博、论坛或社交网站发出公益活动信息,呼吁网民转发,通过这样一种微公益活动传递企业正面形象。

---

① 黄小川.公共关系的新媒体前景[J].国际公关,2009(2):84-85.
② 谢景芬.新媒体环境下的公共关系策略[J].新媒体与公共关系研究,2009(10):257.

（八）加强网络舆论监控，防范网络风险

加强网络舆论监控，防范网络风险，要重点做到以下方面。[①]

1. 对整个网络世界进行监控

有时公众对本组织的意见并不一定反映在我们自己的网站上，而是在其他地方。因此要通过搜索工具，及时发现网络中所有有关本组织的信息。2003年12月，丰田汽车公司在《汽车之友》杂志上为一款名为"霸道"的越野车作了两则广告。一则是在青藏高原的无人区，一辆丰田吉普拉着一辆国产的东风大卡车，意在宣扬自己车辆的大马力、高性能。另一则广告是一只巨大的石狮子，举起前腿向丰田"霸道"敬礼，并配上广告词"霸道，你不得不尊敬"。这两则有伤中国人民感情的广告立即在网上激起了轩然大波。有一网民按照丰田的广告样式制作了一幅宣传画，一只石狮子将霸道吉普打翻在地，并踏上一只脚，上面写着"霸道，不得不拿下"。同时很多网民发表了大量批评丰田公司的文章，丰田公司面临严重的公关危机。这一事件迫使丰田公司正式向中国人民道歉。如果没有互联网，某一杂志的广告很难引起这么多公众的关注。

2. 加强对反馈信息的管理

互动性是网络的一大特色，但互动必须及时得到管理。如果公众在组织网站的信箱上向组织提出了问题，而组织却迟迟没有回音。或者公众点击组织的网站，准备参加组织的某一项活动，但却始终没有见到下一步的说明。那就会使公众感到自己受到了冷落，不被组织重视，甚至是感觉受了组织的欺骗。那么他就有可能在网上论坛或公告牌上发表不满的言论或抱怨。这种不良信息在网上一传十、十传百，会对组织形象造成极大的伤害。正如美国一位学者所说："以前，如果我们的服务让一个客户不满意，他可能告诉他的五个朋友；而现在通过互联网，他可能会告诉五千个人。"在日本就发生过这样的事件：一位顾客购买东芝录像机，因销售人员言辞欠妥，结果被顾客录音并传送到网上，引得500万人次去听，对组织产生了极为不利的影响，最后东芝社长不得不亲自出面道歉。由此可见，网络传播比口头传播的影响力要强大得多。

在无形资产竞争的今天，组织如果做到了"以客户为中心"，则会留住客户，增加客户的品牌忠诚度；而客户传播有利于组织的信息，会使更多的人感受到组织的诚意、服务与温暖，从而很好地树立组织的形象。有时公众回馈的信息，也可能包含着巨大的商机，没有及时回复，就会错失良机。

3. 遵守网络礼仪

人们在网络上交往，除了要遵守一般人际交往礼仪外，还要注意遵守网络世界特殊的网络礼仪。《网络百科全书》对网络礼仪的定义："这是针对在互联网上发布信息的礼节规范，尤其是在新闻组里。网络礼节不仅要求在讨论中行为要文明，而且还特别根据网络论坛电子信息的特点订立一些指导原则。例如，网络礼节建议人们使用简单的文本格式，因为复杂花哨的格式并非都能在每个读者的计算机上显示出来。通常情况下，如果你违反了

[①] 张践. 公共关系学[M]. 北京：中国人民大学出版社，2017：150-151.

某条网络礼节,其他网络用户会强烈地提出抗议,以此来要求人人都必须遵守网络礼节。"

4. 坚持虚拟世界的诚信原则

互联网虽然是一个虚拟的世界,但在这个世界中并不是可以无所顾忌、为所欲为的。国家对互联网的运行制定了相关的法律规定,对于在互联网上散布不利于国家稳定的政治舆论,发布欺骗顾客的经济信息,编造诽谤其他组织的谣言,都要依法追究法律责任。组织在网络上除了要遵守国家的相关法律法规外,还要注意自己的行为也必须遵守诚信的原则。网络是无形的,一些组织在网络上对公众承诺了各种服务,刊登了许多美丽的商品图片,但是一旦公众下了订单,拿到手的产品却与网上的承诺有很大的差距。这样的行为只能得逞于一时,组织失信的行为迟早要被揭露,必将对其形象带来不可挽回的损失。少数组织在网上的失信行为,导致了人们对网络的信任危机。网络虚拟化的人际交往方式,使得许多网民往往抱着游戏的心态参与网上交往,致使网上的信任危机甚于现实社会其他领域。要改变这种现状,就要求所有上网的组织,必须从自己做起,在网络上的一切言行都应当恪守诚信的原则,在网络世界树立自己的良好形象。

5. 注意防范网络风险

网络媒体的优点有目共睹,但是由于网络媒体还是一个很年轻的媒体,无论是在技术上还是在法律上、道德上,还有很多问题有待解决。从技术角度看,如何防范黑客的攻击,如何防范不负责任的网民在组织的网站上散布虚假信息或诽谤言论;从法律角度看,网络上的金融安全、版权保护、言论责任等,法律规范都不够严谨;从道德伦理角度看,在网络这个虚拟的世界中如何恪守诚信的原则,如何将现实世界中人际关系的道德准则转化成网络道德准则,人们也都在探索。必须牢记的是组织在运用网络这种新型的传播工具时,一定要注意网络也是一把双刃剑,用其所长,但也要防止伤及自身。

总之,随着时代的发展以及技术的进步,人们的生活变得更加复杂,所以公共关系需要更加关注受众的变化。通过新媒体可以创造出全新的传播环境,改善公共关系建设。新媒体已经并且会在今后长时间内成为影响现代公共关系的重要力量。

 小案例

蒙牛"随变随芯果"的新媒体公关

1. 项目背景

2014年冰品市场遭遇"寒冬",2015年冰品经销商们主要在"清库存"。有"史上最热夏天"之称的2016年,冰品市场尤其是新品之间竞争更加激烈。蒙牛和伊利两大乳制品集团在冰品方面的竞争尤为火爆,蒙牛乳业因负面报道等因素导致销售业绩不断下滑,而伊利集团"巧乐兹"系列产品成为支棒类冰品销量最高的单品之一,以巧脆棒、巧恋果为代表的产品销售额高达15亿元,是蒙牛随变品牌整体销量的近2倍。

蒙牛需要研发一款全新的雪糕,以应对与"巧乐兹"系列产品的竞争,而创新研发的"随变随芯果"系列产品,拥有与伊利"巧乐兹"竞争的产品实力。

2. 项目调研

蒙牛冰激凌是上海迪士尼乐园的独家合作伙伴。作为中国内地第一座迪士尼主题乐园,上海迪士尼乐园对游客具有极大的吸引力。针对这一热点,蒙牛发起"眼力大闯关"互动小游戏,以迪士尼乐园的六大主题公园为关卡,每关一道问题,在游戏页面植入产品及产品口味对应的水果,强化"随变随芯果"的产品特点。结合上海迪士尼乐园开园的热点,有效强化消费者对"随变随芯果"的了解,与大众纵向深入互动。

《超级女声》作为中国本土影响力巨大的选秀节目,粉丝覆盖量以千万计。利用蒙牛与《超级女声》合作的资源优势,进行线上线下推广活动,通过娱乐营销互动的方式,增强"随变随芯果"的影响力。

3. 项目策划

策划目标:线上线下联动,为"随变随芯果"新品上市造势;活动得到最大化的传播告知,吸引消费者参与;提升消费者对蒙牛随变新品的好感度,为"随变随芯果"上市进行推广并向销售引流。

4. 策划策略

(1) 多渠道资源整合:上海迪士尼乐园独家冰品合作品牌资源,"2016年蒙牛酸酸乳超级女声"合作资源。

(2) 线上线下纵横双向推广:预热阶段通过微博、微信等线上平台为新品上市预热,并告知消费者线上活动信息;正式推广阶段开始"随便摇一摇,扫码赢大奖"活动的互动传播,辅之以线上微博话题"随变聊:奇妙冷品"进行横向传播,最大面积地告知大众新品的产品信息和网上互动活动信息,并设计"眼力大闯关"线上游戏,推动产品与粉丝之间的互动纵向深入;在持续传播阶段,借势《超级女声》决赛高潮热点,与超级女声深入互动。

(3) 借势《超级女声》,推动娱乐营销:与《超级女声》展开深入互动,组织线上线下推广活动,拉动粉丝对"随变随芯果"的好感,增强产品曝光度。

目标受众:各地的冰品经销商和广大终端消费者。

传播内容:"随变摇一摇,扫码赢大奖"网上互动,在微信、微博等平台定期推送,与《超级女声》进行线下深度互动活动,线上线下联动传播,为"随变随芯果"上市造势和推广。

媒体策略:终端消费者对于选择成本极低的雪糕类商品,常常容易受到产品本身之外因素的影响,而左右其最终的消费决定。通过调研我们发现,消费者尤其是年轻消费者对于关联热点活动及有明星代言的产品,最易影响他们的消费决策。同时,我们还发现通过第三方信任与权威背书,也能够给予消费者足够的购买动力。

5. 项目执行

实施细节:

(1) 预热期利用微信、微博平台展开新品上市信息的传播和网上互动信息的推广,设计一系列GIF动画海报、表情包,结合时下热点话题,吸引公众注意。

(2) 推广期发布"随便摇一摇,扫码赢大奖"线上互动,网友可以通过扫取"随变随芯果"活动二维码参与摇奖活动,所有摇到奖品的用户需要购买"随变随芯果"产品,输入雪糕棒上的11位兑奖码才可以领取奖品;消费者也可在购买产品之后直接扫取产品包装上的二维码参与摇奖活动,摇奖和购买两个环节形成双向循环过程。同时,"随变摇一摇"网上互动中镶嵌了一个集"随变随芯果"的众筹互动,用户可以分享给5位好友,6个人一起集齐6块"随变随芯果"图案就可以获得现金红包,购买产品之后可以兑奖领取。

(3) 发起微博话题活动"随变聊,奇妙冷品",与25家微博平台合作,合作的微博平台涉及美食、娱乐、萌宠、星座、科技等各个领域,微博"大号"的转发引起了网友的广泛关注。

(4) 发起"眼力大闯关"互动小游戏,以迪士尼乐园的六大主题公园为关卡,每关一道问题,在游戏页面植入产品及与产品口味对应的水果,强化"随变随芯果"的产品特点,每人每天有3次游戏机会,通过分享可增加游戏机会,每分享一次额外获得2次游戏机会。

(5) 直播《超级女声》活动现场比赛吃"随变随芯果"环节,为《超级女声》提供"随变随芯果"产品犒劳粉丝,摇奖红包可以兑换成为《超级女声》投票等系列活动。

项目进度:

(1) 预热阶段:双微平台传播,为新品上市造势,拓宽铺货渠道,增加终端覆盖率。

(2) 推广阶段:"随便摇一摇,扫码赢大奖"活动线上传播,增加销售黏性,有效兑奖70万次,引发千万人次参与摇奖活动;线上微博话题活动横向传播,两次登上微博话题排行榜;"眼力大闯关"线上游戏互动纵向深入,引发消费者深度了解产品。

(3) 持续传播阶段:与《超级女声》线下互动推广,推动产品持续曝光。

控制与管理:

(1) 推广力度与铺货渠道结合,在前期铺货覆盖率有限的情况下,通过双微平台进行推广;在铺货渠道打开,终端覆盖率大增之后,新品进入正式的推广期,在保持"双微"(微信和微博)平台推广的同时,对"随变摇一摇,扫码赢大奖"的互动信息进行大力传播,吸引海量消费者参与。

(2) 及时更新传播借势资源,借势《超级女声》的 IP 资源,开展线上线下活动进行推广。随时跟进《超级女声》热点,如每周的线下拉票会和超级演唱会。随着《超级女声》的赛况设计移动端互动线上游戏,推动产品的持续曝光。

6. 项目评估

效果综述:"随变随芯果"产品自4月中旬上市,产品销量增长迅速,成为2016年蒙牛冰品四大主推产品之一,迅速提升随变品牌整体销量,与竞品"巧乐兹"展开强势竞争。

现场效果:截至7月15日,共参与9地10场《超级女声》线下活动,累计现场售卖超过1万支"随变随芯果"雪糕,新品认知度迅速提升,变身网红冰品。

受众反应:"随变摇一摇,扫码赢大奖"活动参与量突破千万,最多当日参与量可达30多万,活动有效兑奖70万次。"随变聊,奇妙冷品"微博话题阅读量达4347万次,讨论量达10万次,先后两次登上微博话题榜前十。

市场反应:截至6月,产品累计贡献净利润达到700万元。

媒体统计:在30家微信平台,20家微博平台发稿,中国冰激凌、草根生活、吃货一族等微信平台也积极参与。[①]

【问题】

(1) 蒙牛"随变随芯果"运用了哪些新媒体进行公共关系传播?

(2) 蒙牛"随变随芯果"新媒体公关的亮点表现在哪些方面?

---

① 金旗奖编委会.2016最具公众影响力公共关系案例集[M].北京:新世界出版社,2016:73-78.

案例讨论

阿斯利康企业内部微信平台营运

一、案例介绍

1. 项目概述

在阿斯利康(中国)的发展策略中,企业员工发展和企业内部建设同样是非常重要的议题之一,如何实现企业内部的有效沟通、传播及信息整合是公司当前迫在眉睫的问题。在经过员工问卷调查、行业分析及传播工具分析等调研工作后,公司决定以微信作为主要传播渠道和平台,并期望通过该项目实现传播企业文化、增强员工凝聚力及企业信息整合协同三大目标。

2016年8月3日阿斯利康(中国)企业内部微信号"我们的阿斯利康"正式启动上线,主要作为企业消息、活动和专题内容固定推送的平台。至2015年12月关注人数已上升至8000人。不管是微信推送的阅读量,还是员工对活动的高度关注和参与,都体现了此次项目的阶段性成功。

2. 项目背景

1) 需解决的问题

阿斯利康是一家以创新为驱动的全球性生物制药企业,专注于研发、生产和销售处方类药品。阿斯利康(中国)总部位于上海,在中国内地主要城市有29个分支机构,在中国香港特别行政区设有一家办事处,拥有超过一万名员工,遍布于中国各个省和地区。在员工数量及团队部门如此庞大的结构下,如何有效利用微信的特性,善用其功能,保障信息的安全并能规避其局限性,实现传播企业文化、增强员工凝聚力及企业信息整合协同三大目标,是当前企业发展所必须面对的挑战。

2) 执行时间和执行地域

自2015年6月至今,项目团队协助阿斯利康(中国)策划企业内部传播方案,建立企业内部微信企业号——"我们的阿斯利康",负责日常营运、图文设计、线上活动策划及执行等。

3. 项目调研

1) 企业员工调研

针对企业内部传播方案的设计,我们随机对员工进行了采访,收集员工的反馈意见。多数员工反馈希望改变企业现行的传播方式,增加员工相互之间的交流和沟通机会,发掘公司和同事的更多不同的面。

2) 数据观察

微信平台于2014年9月推出微信企业号,为企业提供移动应用入口,帮助企业、政府机关、学校、医院等事业单位和非政府组织建立与员工、上下游合作伙伴及内部IT系统间的连接,并能有效地简化管理流程、提高信息的沟通和协同效率、提升对一线员工的服务及管理能力。微信企业号作为服务号的支撑,连接企业外部系统,包括与上下游合作伙伴建立连接,甚至在业态和业态之间建立连接。

截至2015年5月,微信月活跃用户超过5.49亿,公众账号达800万,服务号超400万,微信企业号达30万。

为更好地掌握微信企业号营运的可行性,我们对微信企业号在企业中的使用现状和数据进行了资料收集,从而观察微信企业号的使用情况。

研究2015年中国中小企业日常办公对微信的使用情况,我们发现开通了企业内部微信沟通群与微信企业号的企业有5.3%,仅开设微信企业号的企业有2.7%,微信企业号的覆盖有望进一步提升。①

3) 分析评估

综合企业员工调研及行业和数据观察,微信企业号虽然还未能达成大范围的覆盖,但无疑已成为企业内部传播的新趋势,其功能性和服务性都非常符合我们的传播目标。微信企业号建立在微信平台上,具有高管理权限、多应用接口支持的功能,可以帮助企业在微信的大社交生态中聚合出一个紧密、层次分明的企业社交圈。在此企业社交圈中,借助微信在工作场景中的亲和力,企业号用户在办公系统和私人社交网络中切换互动,给严肃的办公场景带来乐趣。员工从被动接手的角色转换为主动参与、积极互动的主人翁角色。综上,微信企业号成为此次项目平台的首选。

4. 项目策划

1) 目标及受众

此项目受众为阿斯利康(中国)所有员工,期望通过项目能实现传播企业文化、增强员工凝聚力及企业信息整合协同三大目标。

- 传播企业文化:通过微信平台传递及分享企业文化及价值观,策划创意线上活动,让员工分享内容,打破部门隔阂,促进零距离沟通。
- 增强员工凝聚力:利用微信平台的开放互动性,协助内部沟通交流,尤其是加强管理层与前端销售之间的沟通交流。提供便捷的互动沟通方式,促进内部信息传递效率与生产力的提升。
- 企业信息整合协同:为企业内部传播及内部活动提供方便的线上线下整合平台。

2) 主要概念

"我们"是阿斯利康大家庭,"我们"是平等开放,乐于互动,有丰富专业知识,更追求趣味生活的一群人。主要概念突出体现"我们在一起,为了共同的阿斯利康"。以"我们的阿斯利康"为理念,以"我们分享""我们发问""我们表达"三大概念贯穿整个平台信息输出,并与后续的线上线下活动结合,如图5-2所示。

3) 传播策略

以多媒体视觉化及互动性呈现作为核心传播策略,注重开放、互动及沟通的传播方式,打造集互动性、趣味性、资讯性于一体的企业内部传播平台。

4) 执行计划

(1) "我们的阿斯利康"账号内容架构设计。"我们的阿斯利康"账号平台由"我们的新

---

① 艾媒咨询公司关于2015年中国微信企业号市场研究报告。

我们分享	我们发问	我们表达
• 我们分享工作中的喜悦与成就，团队的卓越成绩 • 我们分享生活中的点滴，让同事也成为家人 • 我们分享工作与生活的平衡人生	• 无论是公司未来方针，或是个人业务上的困难，我们都可以发问 • 无论是对其他部门的好奇，或是对管理层的疑问，都开放沟通	• 我们可以自由表达工作上的诉求，个人的烦恼，或是个生的迷茫 • 我们从互动中表达对彼此的关心，互助成长

图 5-2 "我们的阿斯利康"

鲜事""我们的互动""我们的专题"三大部分组成。"我们的新鲜事"将每日推送从部门和管理层收集编写的企业消息与公司通告，让员工一手掌握企业最新信息。"我们的互动"包括所有节日线上活动及对话管理层互动模块。"我们的专题"设置总裁信、员工故事及热门招聘三个专题板块，以固定栏目专题形式推送。

（2）项目执行时间如表5-1和表5-2所示。

表 5-1　第一阶段项目时间表

日期 项目	5月				6月				7月			
	1	2	3	4	5	6	7	8	9	10	11	12
整体规划,账号设置及内容框架建立				■	■	■						
运营与内容流程准备							■	■				
"从A到Z"上线；第一批内容测试发布与反馈优化									■			
定向邀请用户，尤其是销售代表关注										■		

表 5-2　第二阶段项目时间表

日期 项目	8月				9月				10月				11月				12月			
	1	2	3	4	5	6	7	8	9	10	11	12	13	14	15	16	17	18	19	20
我们的新鲜事	■	■	■	■	■	■	■	■	■	■	■	■	■	■	■	■	■	■	■	■
专题：总裁信		■			■			■			■			■			■			■
专题：员工故事			■			■			■			■			■			■		
专题：热门招聘				■			■			■			■			■			■	
中秋送祝福						■														
对话大佬									■			■			■			■		
AZ人，敢自豪																■				■

5. 项目执行

1) 实施细节

(1) 项目启动。初始阶段为吸引更多员工关注企业内部微信平台，计划从线下宣传海报及管理层号召开始，举办"求自拍"活动，通过活动增加受众对企业内部微信账号的认知，了解其功能和意义。

在提前一周的线下海报宣传预热后，企业内部微信号"我们的阿斯利康"正式于2015年8月3日启动，以"我们来了，你在哪里"作为第一篇微信推送，以漫画的形式向大家介绍此微信平台的功能和意义，并号召大家参加启动活动，以主题相框拍照上传，赢取奖品。

企业内部微信账号启动活动为期两周，收获了大量员工的照片投稿，成功为账号启动初期吸引了超过3000位员工的关注，平均每条微信阅读量接近1000，并在后续营运中持续增长。

(2) 内容推送。为了使企业内部微信账号能作为企业上下整合协同的平台，我们设置了两大板块作为日常推送的内容，一是企业最新消息及活动通告；二是专题栏目。设定每周每月的编辑计划，按时按点进行推送。

(3) 线上活动。为了能有效地调动员工的积极性，打破管理层、部门及员工之间的距离，营造融洽的企业文化和氛围，除了日常企业信息及专题的推送外，还在节日之际设计有趣、有创意的线上活动，增强线上线下的互动。

2) 中秋祝福网上创意互动

(1) 概念。紧贴新媒体社交平台的热点，以"老板来电"作为网上创意点打破沉闷，在中秋节之际，以幽默的方式让管理层为员工送上祝福。同时，颠覆式的创意为员工们带来新鲜感，也带来有趣的话题。在传达祝福之际，达到传播企业文化、企业关怀的目的。

(2) 中秋祝福"轻应用"的获取传播途径。中秋祝福通过官方微信企业号发布推送，点击推送图文自动进入"轻应用"。该"轻应用"模拟来电界面，用户按接通键后进入模拟通话界面，以语音接收祝福；用户按挂断键后进入模拟信息界面，以图文接收祝福信息。

3) "对话大佬"平台

(1) 创意概念。

- 一个由管理层按月轮流"值班"的分享对象平台。
- 持续性的新内容及开放式的你问我答形式。
- 设置生活化的主题营造轻松的对话氛围。
- 跳出企业的框架，促成高层管理团队与员工开放沟通。

"AZ人，敢自豪"创意概念如图5-3所示。

(2) 参与机制。

- 员工通过专门设计的轻应用平台提交问题。
- 每月的"值班管理层"挑选20个问题进行回复。
- 每周于微信平台推送精选问答。
- 每月"值班"结束时将问题整理为专题发布。

(3) 具体执行。

- 前期宣传。由于"对话大佬"是建设在"我们的阿斯利康"账号下的子应用，必须提

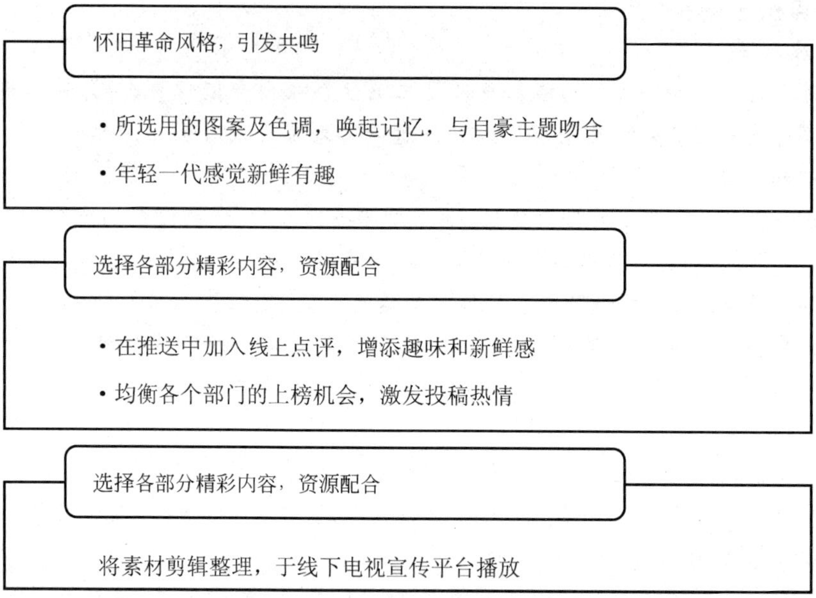

```
┌─────────────────────────────────────┐
│  怀旧革命风格,引发共鸣              │
└─────────────────────────────────────┘
  • 所选用的图案及色调,唤起记忆,与自豪主题吻合
  • 年轻一代感觉新鲜有趣

┌─────────────────────────────────────┐
│  选择各部分精彩内容,资源配合        │
└─────────────────────────────────────┘
  • 在推送中加入线上点评,增添趣味和新鲜感
  • 均衡各个部门的上榜机会,激发投稿热情

┌─────────────────────────────────────┐
│  选择各部分精彩内容,资源配合        │
└─────────────────────────────────────┘
  将素材剪辑整理,于线下电视宣传平台播放
```

图 5-3 "AZ 人,敢自豪"创意概念

前通过在各地办事处放置海报及宣传物品,达到前期宣传及预热的效果,让员工关注其子应用,并通过发放奖品等奖励机制鼓励员工踊跃参与。
- 正式上线。"对话大佬"于 2015 年 10 月 28 日正式上线,至 12 月 31 日,共完成精选问答 8 期,于微信平台总推送 11 次。
- 轻应用及图文设计。

4)"AZ 人,敢自豪"线上照片投稿比赛

在年底之际,配合阿斯利康(中国)年会主题"赢道、高效、创新",以展示过往辉煌,激励员工士气为目的,设计"AZ 人,敢自豪"线上照片投稿比赛。

(1) 创意概念。
- 通过图文分享,让员工感受到企业和团队的认同及鼓励。
- 为强调"自豪感",以"红色革命"为设计主调。
- 作为年会预热活动,同时收集照片素材供年会活动使用。

(2) 参与机制。
- 员工通过专门设计的轻应用平台提交图文照片。
- 需要将照片分享给微信好友拉票。
- 后台定期挑选精选图文于微信平台推送。
- 最终以投票数量前 10 位为优胜者,颁发奖品及奖状。

(3) 具体执行。
- 前期宣传。"AZ 人,敢自豪"活动搭建于独立的轻应用平台,因此线下宣传也是活动前期预热不可或缺的部分。在活动开始前一周,于阿斯利康各办事处设置主题线下海报及易拉宝,并附上二维码可以直接扫描跳转到活动页面。
- 正式上线。"AZ 人,敢自豪"于 2015 年 12 月 1 日正式上线,为期一个月至 12 月 30 日

结束。每周2次精选图文投稿于微信平台推送,共推送8期。

6. 项目评估

自2015年8月3日平台启动至2015年12月,总共推送249条微信,平均阅读量超过2000次,最高月总阅读数量达12万次,单条微信最高阅读量超过3万次。

1) 中秋祝福网上创意互动

中秋祝福网上上线当天,即获得超过4万浏览量,上线5天共获得51203次浏览,平均每位员工访问1.8次。

受众反应及效果评估:在繁忙的日常工作中收到老板的来电,以幽默的方式送上中秋祝福,新颖的形式受到员工的一致好评,更成为企业里甚至行业中的热门话题。

2) "对话大佬"平台

"对话大佬"上线两个月累计获得14万次浏览,收到员工的积极提问,精选问答于微信推送,总平均浏览量达3000次,单条最高浏览量更超过6000次。

受众反应及效果评估:"对话大佬"成功实现了管理层与前端员工的双向沟通,匿名提问的机制设置大大增加了员工提问的积极性及提问内容的真实性,有效营造企业内部沟通的良好氛围。

3) "AZ人,敢自豪"线上照片投稿比赛

"AZ人,敢自豪"自2015年12月1日上线至12月30日,累计总浏览量超过24万次,访客数超过6万人次,平均每人浏览4次,照片投稿上传131份。

受众反应及效果评估:为了让员工不只感受到企业内的认同,更能收获家人和朋友的鼓励,此次"AZ人,敢自豪"图文比赛设置对外开放投票和转发功能,除了能提高员工的参与热情之外,更扩大了活动的辐射范围。在此次活动中,员工是参与者,员工的家人和朋友成为见证者。在年会之际成功达成预热效果,并将收集的素材用于年会活动,此次活动无论从数据统计还是员工反馈方面,都得到了前所未有的成功。

(资料来源:金旗奖编委会.2016最具公众影响力公共关系案例集[M].北京:新世界出版社,2017.)

二、思考·讨论·训练

1. 阿斯利康(中国)启动企业内部微信平台强化内部公关,其创新点表现在哪些方面?
2. 请结合本案例谈谈企业应如何更好地应用新媒体实现公共关系目标。

实践训练

撰写网络新媒体公关考察报告

1. 实训目的

掌握网络新媒体公关的特点、原则和活动基本方式等。

2. 实训课时

1课时。

3. 实训地点

实训室或教室。

4. 实训步骤

（1）把全班同学分成若干小组，每组6～8人。

（2）每组通过上网收集和归纳网络新媒体公关的表现形式，并指出各自的利弊。

（3）每组针对一家企业开展网络新媒体公关的情况考察，撰写一份网络新媒体公关考察报告。

（4）在全班交流各组的考察报告。

（5）教师点评、总结。

课后练习

1. 一家公司挑选出一些适于传播的内容，然后去游说相关网站，他们试图将这些挑选好的内容放在这些网站的新闻版和BBS（电子公告牌系统）上，引发消费者参与讨论的兴趣。这种做法符合科学的公共关系做法吗？为什么？

2. 新媒体有哪些特点？上网观察一下企业是如何开展新媒体公关的。

3. 通过上网收集和归纳新媒体公关的表现形式，指出各自的利弊。

4. 把全班同学分为若干个小组，每组设计一个虚拟的组织网站，策划网上新媒体公共关系活动。

5. 怎样加强博客的诚信建设？

6. 登录中国博客网、赛我网、全球企业博客网、中国企业博客网，了解一下企业借助这些第三方博客网络平台开展了哪些富有特色的公共关系活动。

7. 请登录SOHO中国的潘石屹、万科董事长王石的博客，并谈谈他们为什么能够获得巨大的声誉和网络影响力。

8. 请为自己建立一个博客，并与同学分享一下作为博客一族的体会。

9. 案例思考。

大众汽车的网上推广策略

大众汽车为了推广2000辆最新款式甲壳虫系列——亮黄和水蓝，决定在网上发布销售信息。公司花了数百万美元通过电视和印刷媒体大做广告，推广活动的广告语为"只有2000，只有在线"。推广活动从5月4日到6月30日，根据大众公司商业部经理的介绍，网站采用Flash技术来推广两款车型，建立虚拟的网上试用驾车，将动作和声音融入活动中，让用户觉得他们实际上是整个广告的一部分。

网上试用驾车使得网站浏览量迅速上升。网站的每月平均流量为100万人。在推广的第一天，就有超过8万的访问量。在活动期间，每天独立用户平均为47000人，每个用户花费时间翻了数倍，达到19分钟，每页平均浏览1.25分钟。网上试用驾车得到更多的注册用户，用户能够在网上建立名为"我的大众"的个人网页。在推广期间，超过9500人建立了自己的网页。他们能够更多地了解自己需要的汽车性能,通过大众的销售系统检查汽车的库存情况,选择一个经销商,建立自己的买车计划,安排产品配送时间。推广活动产生了2500份在线订单。

思考题:
(1) 试分析此次公共关系活动的成功之处。
(2) 试分析网上推广策略与大众传播媒体推广策略的异同点。

华普汽车借"天涯网"成名

天涯社区曾经产生过这样一个热点,那就是上海华普汽车的老总徐刚和一名天涯网友的对辩。事件源于这名ID为"四海一家99"的网友,针对华普汽车在经营以及市场策略、车型上的质疑,公开在天涯经济论坛发帖,帖子名称就叫《给上海华普汽车总裁徐刚的一封信》,文中措辞激烈,对华普大肆诋贬。帖子一经发表,在天涯经济论坛上立即引起不小的反响,点击量一路走高。一周后,华普汽车老总徐刚以"华普徐刚"一名郑重出面回应,帖子题为《给"四海一家99"网友的回信》,两个帖子一先一后在天涯网站被关注浏览了半个月之久,经过天涯主版的推荐,更是处在天涯头条的位置,一时间吸引了大量网民的关注。

姑且不论两个帖子的内容如何,单看这件事情的本身,上海华普通过这则事件可以说收益颇多。"四海一家99"的原帖在天涯上创造了4万的点击量,华普徐刚的回帖点击量为4万多,以天涯社区的网民注册量20多万人来计算,大致可以估算出有1/5的网民关注过华普事件,这一数量还不包括两个帖子之外其他引出来的副帖,其点击量也非常可观。同时,华普老总徐刚的博客点击量也飞升,在百度上面搜索"华普天涯",依然会有48万多条信息,这些数据加总在一起,足见两个帖子所创造出来的巨大价值。

思考题:
(1) 华普汽车是如何借"天涯网"成名的?
(2) 本案例对企业开展新媒体公关有何启示?

Stormhoek葡萄酒厂的博客公关

南非有一家小的葡萄酒厂叫Stormhoek,该厂家的葡萄酒在英国很多大小商场均有销售。企业发展初期,由于Stormhoek是家小企业,资金不足,没有资金在英国投放广告,只好尝试利用博客进行网络营销。它的策略是:只要博客满足以下两个条件就可以收到一瓶免费的葡萄酒,其一是住在英国、爱尔兰或法国,此前至少3个月内一直写博;其二是已到法定饮酒年龄。于是在2005年它送出了100瓶葡萄酒。此次试验取得了非常好的成效。2005年6月,用Google搜索这家公司只有500条记录,而9月8日就达到了2000条。这几个月中,估计有30万人通过Blog获知了这家公司。在不到一年的时间里,Stormhoek的葡萄酒销量翻倍,达到了"成千上万箱"的规模。

思考题:
(1) Stormhoek的博客公关有何特点?
(2) 本案例对企业开展博客公关有何启示?

毛里求斯旅游局"让爱开始的地方"博客征文公关活动

大文豪马克·吐温曾说:"上帝先创造了毛里求斯,再仿造毛里求斯创造了伊甸园。"毛里求斯是非洲东部的一个火山岛国,四周被形态万千的珊瑚礁环绕,沿海平原拥有风光旖旎的阳光海滩,中部矗立着景色壮观的高原山地。近年来,毛里求斯作为新兴旅游目的地异军突起。同许多非洲国家一样,毛里求斯开始把目光投向中国,谋求将中国发展为传统欧美客源市场之外的第二个重要旅游客源地。继免签证政策后,上海前往毛里求斯直达不经停航班在2013年1月25日正式开通。直航受到国内游客爆仓热捧,也使毛里求斯这个旅游胜地迅速进入国民视野。

趁此良机,又适逢2013年情人节,毛里求斯旅游局联合新浪博客面向中国这个重要客源地,开展"让爱开始的地方"博客征文大赛。活动宣传标语是:"如果只凭想象,你永远无法触摸到'印度洋的珍珠'之称的美丽岛国毛里求斯的真容,现在有一个绝佳的机会,让你带上爱人一起共度浪漫时光!"

博客征文活动的主题是参与者分享和伴侣爱情开始的"地方",这个"地方"可以是某个地点、某一首歌、某一件事、某一个心动时刻等。活动规则是撰写一篇博文分享爱开始的地方,配上情侣照,形式可以包含文字、图片、视频等。活动同时在微博平台开设微话题,参与者需要发布带有"毛里求斯爱开始的地方"标签的微博,也可分享参与海选的博文链接。活动于2月8日至3月15日进行博文投稿、投票海选,3月16日至3月20日进行大奖评选。特别大奖是毛里求斯蜜月自由行,一等奖是当地特色大礼包,二等奖是当地特产,三等奖是渡渡鸟玩具,幸运奖是毛里求斯T恤衫及毛里求斯旅游资料套装。博客征文活动开始没几天,就陆陆续续有《毛里求斯"风水"酒店》《毛里求斯海滩狂欢节》《实拍:毛里求斯罕见的七色土》《沙滩海水都没闲着》《毛里求斯植物园》等多篇草根博文发布。

博客征文是博客公关的新鲜形式。毛里求斯旅游局"让爱开始的地方"博客征文大赛推出丰厚奖项来吸引网民踊跃参加。"让爱开始的地方"主题一方面契合情人节这一特别节日;另一方面也突出了毛里求斯主打"浪漫海岛游""蜜月新选择"的旅游主题线路。而从参赛博文来看,不少博主把毛里求斯视为"让爱开始的地方",深情执笔,生动记述了在毛里求斯独特的旅游体验,热情描绘了毛里求斯的自然美景与人文发现。通过草根博主的"言传身教",毛里求斯的千种面貌、万般风情便跃然纸上,更多网友开始去了解并关注毛里求斯,也会有更多的国民把赴毛里求斯旅游付诸实践。毛里求斯旅游局策划"让爱开始的地方"博客征文大赛这样一个公关活动,吸引了旅游客源,也打造了"天堂海岛"的美好形象。

不同于很多组织团体赞助一项旅途后在博客平台上连载行程记录的惯常做法,激励草根博主参与公关活动,然后借用他们真情流露的笔墨来传播推广,既调动了网民们的积极性和参与度,又提高了公关活动的真实感与可信度,这对于达到公关效果收效颇大。

思考题:
(1) 结合本案例谈谈你对博客公关的认识。
(2) 博客公关在运作过程中应该注意哪些问题?

宾利微博营销获560多万元订单

2012年2月底,厦门一家宾利(Bentley)销售部的销售经理通过微博140字的媒介销售出了一辆价值560多万元的宾利慕尚。厦门这家宾利销售部的销售经理姓黄,经常在其个人微博上发布宾利的相关活动资讯以及产品信息,在厦门地区具有一定的知名度。据黄经理透露,2011年10月底,在一次宾利的大型活动期间有位客户通过微博主动私信了他,咨询活动及车型相关信息。因为一直有微博营销的计划,黄经理通过私信告知客户车型的相关信息,并邀请客户到店看车,通过一段时间的交流,最终获得了这份560万元的订单。

世界著名的豪华汽车制造商宾利在新浪微博仅拥有8万多粉丝,粉丝数量并不算大,但由于宾利善于在微博上制造话题并发起微活动,与粉丝形成积极的互动,取得非常良好的宣传效果。宾利先后在微博发起"来自克鲁的问候""缤纷时刻""乐享宾利""宾临天下""宾利传承""宾利视觉盛宴""悠久手工艺""奥运时间"等多个话题,极具吸引眼球度和贴近性,其知识性和文化性都属行业最优。而且,宾利还在微博坚持发起"宾利GT V8驾控体验"等话题的微活动,充分调动粉丝参与互动的热情。

微博因其注重价值的传递、内容的互动、系统的布局、准确的定位等特性,目前已被众多商家采纳作为重要的营销平台。而且,微博用户群是中国互联网使用的高端人群,也是购买力最高的人群。奢侈品企业完全有理由将微博营销纳入产品营销策略之中,顶级奢侈品牌宾利通过微博实现订单即是最好的佐证。

思考题:
(1) 新媒体公关如何做到形式和内容的创新?
(2) 本案例对你有何启示?

康王"头头是道"网络公关活动

洗发水品牌康王与豆瓣联合发起的"头头是道,关关有礼"网络闯关抽奖活动于2012年12月28日开始,2013年1月20日结束。据官方数据显示,此次活动的用户参与次数总计超十万次,其中更有多达近两万人通过闯关抽取到由康王提供的惊喜奖品。

康王长期以来秉承"关爱大众""关爱社会"的品牌理念,"亲民"是其一大特点,其产品的高质量也受到了不少消费者的青睐。但是,康王在消费者心目中的形象是偏向于中老年人用的洗发水,许多年轻人对康王的首选度并不高,甚至从未听说过。此次康王首次试水SNS网络平台的品牌推广,也旨在提高品牌的知名度与首选度,并改变消费者的刻板印象。这次网络公关活动抓住新年临近这一时点,实现了对广大顾客的回馈。同时,此次互动性很强的活动,畅通了消费者与品牌的沟通渠道,大大提升了康王的品牌形象。此活动也受到了媒体的广泛报道,品牌知名度与美誉度有较高的提升。

此次网络活动的基本内容,是在活动期间,凡是参与者在规定时间内答对相应的问题,即可参加抽奖,具体的活动规则如下。

活动期间,通过闯关完成每个环节必答的问答题,获取抽奖机会。每人仅限兑换奖品一次。

选择豆瓣账号登录或者匿名登录(豆瓣用户有更多机会获得奖品。如参与活动的豆瓣用户将有机会得到2个豆瓣小豆)。

任务一:在规定时间内回答第一关随机出现的3道题→全答对即能参与抽奖(没有答对也不要灰心,还有一次机会再次答题参与抽奖)。

任务二：在规定时间内全部回答第二关随机出现的3道题→完成仅有3道题的问卷→立即抽奖。

任务三：在规定时间内全部回答第三关随机出现的3道题→完成仅有3道题的问卷→立即抽奖。

顺利闯过前三关的用户将进入第四关激动人心的夺苹果MacBook Pro笔记本大奖的环节。

用户需在规定时间内全部回答第四关随机出现的3道题→完成仅有3道题的问卷→进入大奖抽取候选名单。

在奖品设置上，康王在每一关分别设置了不同的奖品，具体奖品设置如下。

第一关：豆瓣特定明信片、豆瓣环保袋、康王环保袋、康王试用装。

第二关：谢娜作品《娜么快乐》、康王子毛绒玩具、康王卡包。

第三关：LOMO相机、康王定制高档工艺筷。

最后一关：MacBook Pro笔记本。

康王这次活动取得成功的两大要素是闯关题目的趣味性和赠送奖品的慷慨性，这都体现着"人性化"，与康王的品牌理念契合。一方面，闯关题目十分有趣，如图5-4所示，设置很有新意，不仅涉及范围广，并且在玩游戏的过程中，参与者也能轻松了解到不少有关头皮健康的知识。因为康王只将少部分与品牌信息相关的提问设置在闯关题中，所以并不会对消费者体验产生影响，消费者不会产生抵触情绪。同时，康王的品牌信息在潜移默化中传递给了活动参与者，可谓一箭双雕。康王能够将问题的专业性和幽默性巧妙结合，给大家带来新鲜感，使网民真正觉得好玩和想玩，同一账号的用户大多都会进行多次闯关体验，使得活动受到大家的热捧。

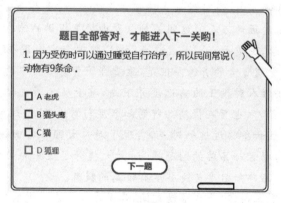

图5-4　闯关题目

另一方面，在奖品设置上，随着闯关数量的层层递进，奖品的数量也十分"慷慨"，从结果看，20%的参与者都获得了奖品，确实为"回馈消费者"之举。据中国网报道，康王品牌推广经理戴女士介绍，活动中康王共投入了数万袋产品试用装作为奖品激励。康王这样做的原因有两点：一是唤起消费者对头皮健康的关注，体现康王切实关注消费者利益的一面；二是通过派发试用装这一契机，搭建品牌产品与消费者之间的桥梁，让更多的活动参与者能够接触到康王产品，由潜在顾客转化为品牌产品消费者，并提高消费者对于品牌的忠诚度。另外据介绍,康王在活动过程中添加了部分调研类信息,希望能从消费者中获得第一手资料,为之后康王品牌更好地关怀消费者奠定基础。

从活动的平台看,康王选择了SNS网络社区平台,豆瓣网的受众互动强,兴趣的聚集度高,为活动的推进提供了很好的平台。康王通过在豆瓣网建立康王官方小站(见图5-5),通过小站公告栏与小站广播的方式,前期为活动的推广进行宣传。在活动举行期间,小站也作为重要平台进行重要信息发布,如豆瓣网豆友中奖信息的及时发布。由于康王成熟的媒介策略手段与活动策划,活动吸引了许多网友参加,并通过豆瓣这一良好SNS平台,成功实现了口碑传播与病毒式传播,使活动大获成功。与此同时,活动的奖品有豆瓣的环保袋,豆瓣FM明信片等,也体现着康王实现了公关主体与媒介平台之间相得益彰的关系,活动在提升康王品牌形象的同时,也提高了豆瓣网的影响力,这次网络公关活动无论对于公关主体康王,还是媒介平台豆瓣,都是双赢的。

图5-5 豆瓣网的康王官方小站

在此次"头头是道,关关有礼"活动中,康王的代言人谢娜与张杰的作用也不容小觑。谢娜与张杰是娱乐界有名的明星模范夫妻,在广大年轻网友中有着较高的人气与号召力。在奖品设置上,康王安排了谢娜的作品《娜么快乐》作为吸引点;在活动宣传上,康王在其豆瓣小站专门开设了代言人活动,主要以图片的方式进行宣传。有不少网友原本根本不知道张杰和谢娜是康王洗发水的代言人,但是借这次活动,康王有效地与消费者进行了沟通,凡是参与此次活动的网友都会知道康王的代言人是何许人也,代言人的明星效应也得到了进一步发挥。

在活动的媒体推广上,康王充分利用了媒体的力量,可见公关主体进行了良好的媒体沟通与媒体公关。在活动期间,利用论坛、SNS平台等形式对活动进行推广宣传,在活动结束后也吸引了众多媒体进行报道。中国网对活动进行了重点的关注和报道,如1月23日的《康王"头头是道"活动落幕,重重惊喜惠及万人》,1月30日发表的《康王"头头是道",掀起寒冬网络热浪》等。这些文章也受到了其他媒体,如东南网、千龙网、四川在线、南方网等的引用与转载,媒体报道的火爆也为品牌的推广与宣传助力。同时,康王的官方网站与官方微博也参与进来,对活动进行实时的关注与报道。值得一提的是,康王官方微博会对网友关于头发头皮的疑问一一进行解答,无不体现着康王人性化关怀的品牌理念。

思考题:
(1)康王"头头是道,关关有礼"活动的成功运作得益于哪些方面?
(2)本案例对你有哪些启示?

参 考 文 献

[1] 殷智红.公共关系实务[M].大连：东北财经大学出版社,2017.
[2] 佚名.成功参展十二秘诀[EB/OL].[2017-12-14].http：//www.sohu.com/a/210427231_100085964.
[3] 佚名.中国农业银行：e时代 赢精彩[EB/OL].[2017-11-27].http：//a.iresearch.cn/case/3860.shtml.
[4] 佚名.百事把乐带回家2016,春节品牌营销最大赢家[EB/OL].[2017-06-29].http：//www.huodonghezi.com/news-103.html.
[5] 佚名.王老吉靠一瓶饮料就能拿下考生和家长[EB/OL].[2017-06-07].http：//www.sohu.com/a/146814938_548823.
[6] 佚名.携程"泄密门"风波[EB/OL].[2016-09-28].https：//wenku.baidu.com/view/202f0314102de2-bd97058817.html.
[7] 佚名.经典公关案例——留意隐藏的上帝[EB/OL].[2016-09-14].http：//www.docin.com/p-1735124032.html.
[8] 佚名.参加展会的12个小技巧[EB/OL].[2016-07-28].http：//www.ynshangji.com/z3000000035705948.
[9] 李东阳.今年高考,最大的赢家居然是王老吉[EB/OL].[2016-06-09].http：//www.sohu.com/a/82165314_260113.
[10] 佚名.只为青春和情怀——一双买来收藏的球鞋[EB/OL].[2016-05-29].https：//post.smzdm.com/p/436988.
[11] Mayi.科比退役营销广告哪家强？感觉耐克赢了[EB/OL].[2016-04-15].http：//pcedu.pconline.com.cn/778/7786297_all.html.
[12] 佚名.NIKE如何利用邮件营销助力科比退役赛事[EB/OL].[2016-04-14].http：//www.cifnews.com/article/20017.
[13] 佚名.京东上市公关获最具公众影响力海外传播事件[EB/OL].[2016-03-17].https：//wenku.baidu.com/view/0ce93dd17cd184254a3535d8.html.
[14] 佚名.赞助活动的策划[EB/OL].[2016-02-28].http：//www.docin.com/p-1470068294.html.
[15] 中国公共关系网编委会.2014年最具公众影响力公共关系案例集[M].北京：企业管理出版社,2015.
[16] 吴少华.公共关系理论与实务[M].北京：人民邮电出版社,2015.
[17] 邢伟,徐盈群.公共关系[M].北京：高等教育出版社,2015.
[18] 唐宁.斯巴达勇士游街主办方回应：经验不足[EB/OL].[2015-07-23].http：//yule.sohu.com/20150723/n417390730.shtml.
[19] 佚名.王思聪力挺六六声讨京东泄露隐私 网友：不如把京东买了[EB/OL].[2015-07-18].http：//jiangsu.china.com.cn/html/ent/hot/2023355_1.html.
[20] 霜月.知名作家六六与京东开撕 拒绝对方道歉称"我要的只是公平"[EB/OL].[2015-07-17].http：//www.yicai.com/news/4646657.html.
[21] 佚名.2013年危机公关案例展示[EB/OL].[2015-04-28].https：//wenku.baidu.com/view/eb83b8920975f46527d3e190.html.
[22] 夏姜.危机公关的"黑镜子"[EB/OL].[2015-02-26].http：//news.hexun.com/2015-02-26/

173553846. html.

[23] 佚名. 可口可乐山西公司的"余氯门"事件[EB/OL]. [2015-01-15]. https：//wenku. baidu. com/view/68bc217eba1aa8114431d9de. html.

[24] 倪东辉. 公共关系策划[M]. 合肥：中国科学技术大学出版社, 2014.

[25] 范黎明. 公共关系实务教程[M]. 北京：电子工业出版社, 2014.

[26] 张亚. 公共关系——原理与实务[M]. 2 版. 北京：北京理工大学出版社, 2014.

[27] 张芹. 公共关系学[M]. 武汉：华中科技大学出版社, 2014.

[28] 杨俊. 新型实用公共关系教程[M]. 北京：高等教育出版社, 2014.

[29] 朱晓杰, 蒋洁. 公共关系项目式教程[M]. 北京：清华大学出版社, 2014.

[30] 齐杏发. 网络公关实务[M]. 上海：华东师范大学出版社, 2014.

[31] 赛来西·阿不都拉. 公关专题活动与经典案例[M]. 杭州：浙江大学出版社, 2014.

[32] 佚名. 静佳"八面女孩秋季护肤"主题营销项目荣膺金旗奖[EB/OL]. [2014-12-02]. http：//it. chinabyte. com/475/13160975. shtml.

[33] 佚名. 谁来认领座椅、凉亭[EB/OL]. [2014-10-30]. http：//www. doc88. com/p-9552770100703. html.

[34] 红领巾. 分析《小苹果》走红的原因 火爆背后的电影互联网营销术[EB/OL]. [2014-08-20]. http：//www. shangc. net/news/n/27028. html.

[35] 佚名. 通用汽车玛丽·巴拉：CEO 如何成为危机公关榜样[EB/OL]. [2014-08-13]. http：//money. 163. com/14/0813/11/A3HBIDQ5002552IK. html.

[36] 杨凯奇. 顺丰小哥路上被掌掴 神秘王卫霸气现身记[EB/OL]. [2014-04-26]. http：//news. mydrivers. com/1/479/479823. htm.

[37] 佚名. IBM 公司的金环庆典活动[EB/OL]. [2014-04-03]. http：//www. docin. com/p-787732958. html.

[38] 吕蕾莉, 廖飒. 公共关系理论与实务[M]. 北京：教育科学出版社, 2013.

[39] 孙延敏. 公共关系入门：理论与案例[M]. 上海：上海交通大学出版社, 2013.

[40] 佚名. 宝马公关思维[EB/OL]. [2013-10-24]. https：//wenku. baidu. com/view/3dc7632de87101f69-e3195a8. html.

[41] 佚名. 玫琳凯 50 周年庆典举办[EB/OL]. [2013-09-04]. http：//finance. china. com. cn/roll/20130904/1787236. shtml.

[42] 佚名. 博派智达斩获毛里求斯旅游局公关及活动推广项目[EB/OL]. [2013-07-18]. http：//www. xinwengao. net/release/powertate/84173. shtml.

[43] 佚名. IBC 公益计划——2013"人·沙·敦煌"沙裸艺术活动[EB/OL]. [2013-06-25]. http：//www. cenbo. cc/case_con. php? action＝1＆aid＝97.

[44] 游昌乔. 2012 年十大品牌危机公关案例之一——麦当劳过期食品风波[EB/OL]. [2013-06-19]. http：//www. emkt. com. cn/article/591/59184. htm.

[45] 佚名. "微公益, 做不凡"联想微公益大赛案例心理分析[EB/OL]. [2013-05-25]. http：//www. doc88. com/p-2324710525938. html.

[46] 佚名. 伊利工厂全年持续开放"透明品质"重塑乳业公信[EB/OL]. [2013-04-27]. http：//news. 163. com/special/news_test363.

[47] 佚名. 伊利工厂开放, "透明品质"重塑乳业公信[EB/OL]. [2013-04-26]. http：//news. cnfol. com/130426/101,1280,14978373,00. shtml.

[48] 佚名. 2012 年度十大奢侈品公关事件盘点[EB/OL]. [2013-02-01]. https：//www. douban. com/

group/topic/36438058.

[49] 人人网.中国农业银行"e时代,赢精彩"[EB/OL].[2013-01-16]. http：//page.renren.com/600946775/channel-noteshow-892713391? id=892713391&pid=600946775&.

[50] 杨再春,林瑜彬.公共关系理论与实务[M].北京：机械工业出版社,2012.

[51] 佚名.一致式开局策略——周总理的赞美技巧[EB/OL].[2012-12-19]. https：//wenku.baidu.com/view/b7960321647d27284b735121.html.

[52] 佚名.挪威宜家：搬家也可以是一场营销秀[EB/OL].[2012-11-12]. https：//club.1688.com/article/30021820.htm.

[53] 佚名.鲍姆加特纳：超越极限[EB/OL].[2012-10-16]. http：//money.163.com/12/1016/02/8DTEG56L00253B0H.html#from=keyscan.

[54] 佚名.大众汽车的网上推广策略[EB/OL].[2012-08-29]. https：//wenku.baidu.com/view/1666507a27284b73f2425053.html.

[55] 胡笑红.7.6万箱含氯可口可乐流入市场　可口可乐致歉[EB/OL].[2012-04-30]. http：//roll.sohu.com/20120430/n342047545.shtml.

[56] 赵晨.驾驭由我　品质体验——和悦飞行秀巡演常熟站[EB/OL].[2012-04-30]. http：//m.pcauto.com.cn/x/192/1922408.html.

[57] 佚名.量产车也疯狂 江淮和悦飞行秀苏州站精彩上演[EB/OL].[2012-04-30]. http：//www.pcauto.com.cn/qcbj/suzhou/sjhd/1204/1922232.html.

[58] 箭牌糖果(中国)有限公司."箭牌希望图书室"赠书读书公益活动公关案例[EB/OL].[2012-02-03]. http：//www.doc88.com/p-970163302805.html.

[59] 谢红霞.公共关系原理与实务[M].大连：东北财经大学出版社,2011.

[60] 李鸿欣,冀鸿,冯春华.公共关系原理与实务[M].北京：北京大学出版社,中国农业大学出版社,2011.

[61] 佚名.潘婷——爱上你的秀发——万博宣伟公关公司获金奖案例[J].公关世界,2011(11).

[62] 佚名.2009年网络营销十大案例[EB/OL].[2011-12-28]. https：//wenku.baidu.com/view/6c3ece26192e45361066f51b.html.

[63] 佚名.市场营销案例[EB/OL].[2011-09-19]. https：//wenku.baidu.com/view/b048c5e49b8968-0203d825d1.html.

[64] 佚名.欢迎试坐奥迪厂家有魄力[EB/OL].[2011-01-07]. http：//www.docin.com/p-115616848.html.

[65] 佚名.博客营销案例：Stormhoek[EB/OL].[2011-01-04]. http：//blog.sina.com.cn/s/blog_718b69e40100omzt.html.

[66] 中国国际公共关系协会.最佳公共关系案例[M].北京：企业管理出版社,2010.

[67] 余禾.公共关系学[M].成都：西南交通大学出版社,2010.

[68] 佚名.潘婷润发精华素市场推广公关案例[EB/OL].[2010-06-08]. https：//wenku.baidu.com/view/3b75f81755270722192ef774.html.

[69] 许丽遐.现代企业公共关系实务[M].北京：北京航空航天大学出版社,2009.

[70] 朱晓杰.公共关系理论与实训[M].北京：清华大学出版社,2009.

[71] 罗建华.实用公共关系[M].北京：机械工业出版社,2009.

[72] 何伟祥.公共关系原理与实务[M].大连：东北财经大学出版社,2009.

[73] 董明.公共关系实务[M].杭州：浙江大学出版社,2009.

[74] 章金萍.市场营销技术[M].北京：高等教育出版社,2009.

[75] 何伟祥.公共关系原理与实务[M].3版.大连：东北财经大学出版社,2009.
[76] 武珊珊.新媒体背景下的公共关系变革研究[D].上海：上海外国语大学,2009.
[77] 佚名.史上最牛股市杀手：一个视频丢掉美联航1.8亿元[EB/OL].[2009-07-29].https：//www.douban.com/group/topic/7438025.
[78] 朱权.公共关系基础与实务[M].北京：机械工业出版社,2008.
[79] 杨俊.新型实用公共关系教程[M].北京：高等教育出版社,2008.
[80] 林友华,杨俊.公关与礼仪[M].北京：高等教育出版社,2008.
[81] 谢红霞.公共关系实训[M].大连：东北财经大学出版社,2008.
[82] 沈瑞山,张洪波.实用公共关系[M].大连：大连理工大学出版社,2008.
[83] 段文杰.公共关系实例与运作[M].北京：高等教育出版社,2008.
[84] 陆季春,田玉军.公共关系实务教程[M].北京：经济科学出版社,2008.
[85] 奥蒂斯·巴斯金,克雷格·阿伦诺夫,丹·拉铁摩尔.公共关系：职业与实践[M].孔祥军,等,译.4版.北京：中国人民大学出版社,2008.
[86] 龙新明.公共关系原理与实务[M].北京：中国传媒大学出版社,2008.
[87] 佚名.奥迪A8新产品上市策划方案[EB/OL].[2008-03-19].http：//www.docin.com/p-1100390597.html.
[88] 段文杰,曲丹辉.公共关系基础与实务[M].北京：科学出版社,2007.
[89] 李祚,张东.公共关系学[M].北京：中国劳动社会保障出版社,2007.
[90] 王银平.现代公共关系[M].北京：高等教育出版社,2007.
[91] 黄昌年.公共关系学教程[M].杭州：浙江大学出版社,2007.
[92] 杜创国.公共关系实用教程[M].北京：清华大学出版社,2007.
[93] 任焕琴.商务公共关系学[M].北京：清华大学出版社,2007.
[94] 中国国际公共关系协会.最佳公共关系案例[M].北京：清华大学出版社,2007.
[95] 姚伟.奥运前夕的李宁[EB/OL].[2007-06-29].http：//finance.sina.com.cn/leadership/myxcl/20070629/15263738754.shtml.
[96] 蒋楠.公共关系原理与实务[M].北京：中国人民大学出版社,2006.
[97] 熊越强.公共关系实务[M].北京：清华大学出版社,2006.
[98] 沈杰,方四平.公共关系与礼仪[M].北京：清华大学出版社,2006.
[99] 居延安.公共关系学[M].上海：复旦大学出版社,2006.
[100] 龙志鹤,等.现代公共关系学[M].北京：经济管理出版社,2006.
[101] 张岩松.现代交际礼仪[M].北京：中国社会科学出版社,2006.
[102] 杨海清.现代商务礼仪[M].北京：科学出版社,2006.
[103] 赵文明.公关智慧168[M].北京：机械工业出版社,2006.
[104] 余明阳.公共关系学[M].北京：北京师范大学出版社,2006.
[105] 陶应虎,顾晓燕.公共关系原理与实务[M].北京：清华大学出版社,2006.
[106] 佚名.浅谈网络时代的公关[EB/OL].[2006-08-12].http：//www.njliaohua.com/lhd_4ltnl14clx1lh1d7s72y_3.html.
[107] 佚名.奇瑞汽车成为天安门卫队专用车[EB/OL].[2006-06-30].http：//news.sohu.com/20060630/n244016708.shtml.
[108] 佚名.赞助活动的策划[EB/OL].[2006-05-16].https：//i.globrand.com/2006/49121.html.
[109] 佚名.公关策划——美国芝加哥房地产[EB/OL].[2006-02-20].http：//read.cucdc.com/cw/68133/127317.html.

[110] 黄寰,谢敏.对网络公共关系的几点思考[J].商业研究,2005(18).

[111] 王世胜.企业网络公共关系的时间与应用[J].河南机电高等专科学校学报,2005(3).

[112] 车驾明.解读同仁堂长盛不衰的奥秘[J].公关世界,2005(9).

[113] 弗雷泽·P.西泰尔.公共关系实务[M].梁夜洁,等,译.北京:机械工业出版社,2004.

[114] 叶茂康.公共关系写作教程[M].上海:复旦大学出版社,2003.

[115] 李健荣,邱伟光.现代公共关系[M].上海:东方出版社,2002.

[116] 张百章,何伟祥.公共关系原理与实务[M].大连:东北财经大学出版社,2002.

[117] 李道平.公共关系学[M].北京:经济科学出版社,2002.

[118] 郭文臣,等.公共关系原理与实务[M].大连:大连理工大学出版社,2000.

[119] 张岩松.企业公共关系危机管理[M].北京:经济管理出版社,2000.

后　记

我国经济社会的发展为应用技术型高校和高等职业院校的发展提供了难得的机遇。为了贯彻落实国务院《关于加快发展现代职业教育的决定》，我们策划了这套"高等学校应用型特色规划教材"系列丛书（含公共基础课程规划教材），旨在为应用技术型本科院校和高等职业院校提供富有特色的系列教材。

该系列教材是大连职业技术学院、河南牧业经济学院、大连东软信息学院、沈阳工程学院、吉林华侨外国语学院、辽宁对外经济贸易学院、天津职业大学、六盘水职业技术学院、辽阳职业技术学院等院校教学改革和教材建设的最新成果，目前已出版和即将出版的教材主要有《现代交际礼仪》《职业礼仪教程》《现代旅游礼仪》《现代礼仪教程》《职业形象设计》《人际沟通艺术》《演讲与口才教程》《人际沟通与社交礼仪》《公共关系与商务礼仪》《公共关系理论与实务》《政府公共关系教程》《现代管理沟通实务》《新编现代公共关系实用教程》《新型现代交际礼仪实用教程(第2版)》《社会工作法律事务》《法律基础》《组织行为学——理论·案例·实务》《现代管理学——理论·案例·实务》《人力资源管理——理论·案例·实务》《市场营销——理论·案例·实务》《企业文化——理论·案例·实务》《企业危机管理——理论·案例·实务》《人际沟通与语言艺术(第2版)》等20余种。我们陆续还要出版更多的高等学校应用型特色规划系列教材。

该系列教材作为反映高等教育教学改革最新理念的新型实用教材，是贴近工作实际，反映高等职业教育特色，深受师生喜爱的好教材。该套教材在体例和框架上独树一帜，突出操作性和任务导向性。每项任务作为一个内容单元，由"案例导入""任务分析""知识储备""案例讨论""实践训练"和"课后练习"构成。这种体例安排便于学生在做中学、在学中做，学做结合，使其实践操作能力和职业基本素质得到有效提升。

本套系列教材可作为应用型本科、高职高专院校各专业学生相关课程的教材，还可作为各界人士提高职业能力的优秀读物及自我训练手册，它也是各企事业单位进行员工培训的创新型实用教材。

希望这套"高等学校应用型特色规划教材"得到兄弟院校的欢迎和认可。不当之处，敬请指正。

让我们共同携手，开创新时代我国高等教育的美好未来！

编　者

2018年3月